岩波講座

「帝国」日本の学知

第1巻　「帝国」編成の系譜

岩波講座
「帝国」日本の学知
第1巻 「帝国」編成の系譜

[責任編集] 酒井哲哉

岩波書店

編集にあたって

本講座は、一九九二年から九三年にかけて刊行された『岩波講座 近代日本と植民地』を受けて、近代日本における学知の生成と展開を歴史的文脈のなかに位置付けようとするものである。『岩波講座 近代日本と植民地』では、帝国日本による植民地形成のプロセスと、それに抵抗する植民地ナショナリズムの論理や脱植民地化の過程を、世界史的な視座のなかで把握しようとした。

敗戦後日本は、アメリカの占領と冷戦下の極東戦略のなかで、「極東」「アジア太平洋」という地域概念に組み込まれていったが、冷戦の終わりを契機として、アジアの共同体構想を促す機運が高まっている。また、グローバル化の中で、新たな世界像を認識するために、かつての帝国的世界システムへの関心もまた高まりを見せている。そして、帝国的認識空間の先行経験として、植民地帝国日本において構築されてきた学知への問い直しや再検討が、学問分野毎に、あるいは分野を超えて広範囲に胎動しつつある。

本講座は、一九九〇年代以降の研究状況をも踏まえつつ、開国期に欧米の学問を移入する形で出発し日本の「帝国」化の過程で構築されていった日本の諸学の形成過程に改めて焦点をあてることで、いわば帝国的認識空間の位相を明らかにすることを目的とするものである。従って本講座がめざすものは、単なる輸入学問の移植史でもなければ、諸学の境界内に安住した学説史でもない。「学知」という問題設定には、学問の内在的理解を踏まえつつ、同時にそれを知の実践文脈のなかで捉え直す複眼的視点が念頭におかれている。近代日本の経験をアジアの広域的秩序のなかで反芻すること、日本の学知をアジア諸地域との相互的交渉の場として捉え直すこと、それらを通して今日我々が所与のものとして受け入れている理論としての学説や実践の指針、制度としての学問のありかたを省察し、新たな学知の分野や体系を構想するための糧とすること。これらが本講座のねらいとするところである。それはまた、ともすれば戦前と戦後の学問を裁断しがちな思考の惰性を正すとともに、冷戦後の今日の視点から、近代日本の学知の批判的継承を目指すものにもなるであろう。

各巻の構成は以下の通りである。

第一巻「「帝国」編成の系譜」では、政治学・法学・植民政策学など帝国の政治システムを運用する実践的技術知の文脈が扱われる。

第二巻「「帝国」の経済学」では、国内環境と国際環境の動的交渉のなかで日本の経済学の展開を考察し、いかなる構想あるいは政策として具体化されたかについて検討する。

第三巻「東洋学の磁場」では、日本を中心とする東洋学が、漢学の遺産と西欧の学問的方法を摂取しながら、アジアという場において独自の歴史認識を模索してきた系譜が分析される。

第四巻「メディアのなかの「帝国」」は、新聞・雑誌・放送・写真といった各種メディアの歴史的展開と帝国統治におけるその機能を検討する。

第五巻「東アジアの文学・言語空間」では、多言語・多民族の帝国的空間のなかで創造された文学を対象としながら、国民文学を超える広域文学の可能性を探る。

第六巻「地域研究としてのアジア」は、調査という技法に焦点を絞り込むことで、アジア研究の系譜を浮き彫りにするとともに、戦前における海外事情調査の戦後の地域研究への継承関係を問うものである。

第七巻「実学としての科学技術」は、農学・公衆衛生学・衛生工学などを中心に、近世日本の実学が近代自然科学へと継承され、それらがアジア諸地域に伝播していった経緯を論ずる。こうした学問分野ごとの検証とともに、本講座では絶えず知の再生産を支える媒体・制度・技法にも目を配っていきたい。

これらの考察を受けて、最終巻である第八巻「空間形成と世界認識」では、既存の学問分野を超えて近代日本の学知を貫通する時間性と空間性のトポロジーを鳥瞰し、新たな世界認識への視座を提供することが目指されている。

また各巻毎に付録として、各学問分野毎の主要文献解題や研究機関の沿革表や各種年表などを付す。付録はいわば、日本の近代科学の財産目録である。

『岩波講座「帝国」日本の学知』は、単なるイデオロギー批判を目的とするものではなく、それは近代日本の学知の歴史的省察を通して、明日に向けて新たな知の可能性を問うための跳躍板となることをめざす書である。グローバル化に対応するための国家戦略のなかで、諸学問の「科学的管理の学」としての再編が進められつつある。本講座の刊行が、ささやかながらも「人間性の学」としての学問と知識への信頼を取り戻すよすがになるのならば、編者としてこれに優る悦びはない。

岩波講座「帝国」日本の学知　編集委員

山本武利　田中耕司　杉山伸也　末廣　昭

山室信一　岸本美緒　藤井省三　酒井哲哉

目　次

序章　帝国のなかの政治学・法学・植民政策学

酒井哲哉

一　本巻のねらい

『岩波講座「帝国」日本の学知』は、一九九二年から九三年にかけて刊行された『岩波講座 近代日本と植民地』を受けて企画されたものである。九〇年代以降の日本近代史研究において、最も研究が進んだ分野の一つは、植民地帝国日本の統治構造とそれを支えた思想やイデオロギーの研究であり、法制・教育・言語・文化などさまざまな領域で、多民族帝国であった戦前期日本の支配様式が明らかにされてきた。これらは、近代日本における国民国家形成の特質を明らかにするとともに、帝国を世界秩序のなかに位置づけることで国際関係に対する新たな知見を与えるものであった。それらはまた、ポツダム宣言の受諾に伴い、大日本帝国の脱植民地化がいわば他律的にもたらされたことによって、ともすれば見えにくくなっている戦前と戦後を繋ぐ連続性をも明るみに出すものでもあった。こうした新たな研究動向を踏まえたうえで、本講座は、開国期に欧米の学問を移入する形で出発し日本の「帝国」化の過程で構築されていった諸学の形成過程に改めて焦点をあてることで、いわば帝国的認識空間の位相を明らかにすることを目的としている。

第一巻『「帝国」編成の系譜』は、政治学・法学・植民政策学など、帝国の政治体制を運用する実践的技術知の文脈を分析するとともに、アジア地域の諸勢力との動的交渉のなかで、近代日本の学知がいかなる相互作用をもたらし、変容をこうむったかを明らかにする。近年の研究が強調しているように、近代日本の国民国家建設自体が北海道開拓に示されるように内国植民から始まるものであり、それは日本の植民地帝国化とともにやがて外延部へと拡張していった。さらに、第一次大戦後の民族自決主義と植民地における抵抗運動の台頭は、「帝国再編」という形で世界秩序モデルとしての帝国論を産出していった。大日本帝国の生成・展開・崩壊とその運命をともにした植民政策学のたどった軌跡は、そのような学知の構造を象徴的に示しているといってよい。

本巻では、今日ではその存在すら忘れがちである植民政策学の展開をいわば縦糸とし、「国内」と「国外」という古典的二分法を相対化する重層的関係としての帝国の構成を明らかにしたうえで、横糸として政治学・法学をこのような帝国の統治構造のなかに位置づけてみたい。それとともに、こうした帝国統治をいわば本国から植民地への一方向的な権力過程としてのみ捉えるのではなく、可能な限り両者の相互規定的な関係性をも俎上にのせたい。『「帝国」統治の系譜』ではなく『「帝国」編成の系譜』を表題に掲げたのは、「帝国」を「編む」行為には、本国においても植民地においてもさまざまな指向性を持った動向が存在したことを、より自覚的に捉えたいためである。

さらに従来必ずしも十分に論じられてはいなかった台北帝国大学や京城帝国大学などいわゆる植民地帝国大学における学問的実践とその制度的機能も、本巻では射程にいれて論を進めたい。かくして統治官僚や民間人の実践にも目を配りながら、学知の思想内在的理解と実践文脈の双方を鮮明にすることが本巻の狙いである。「学知」という用語には、学問の内在的発展を踏まえながら、それを現実政治のなかで捉えようとする複眼的視座が想定されている。従ってそれは、学問の政治的機能を視野に入れつつも、単なるイデオロギー批判にとどまらない過去の知的遺産の批判的継承を目指すものといえよう。政治学・法学・植民政策学に関しては、これまでも個別的には学説史的検討がなされており、本巻も当然のことながらそれらの優れた先行業績を踏まえている。しかしながら、この三者を『「帝国」編成の系譜』として領域横断的に論ずることで、従来の議論では必ずしも意識されなかった相互の論理連関や知的文脈を再発見することもありえるであろう。そのことはまた、狭義の政治学・法学・国際関係論といった諸学の系譜に関心を有する読者のみならず、広く植民地帝国日本の認識空間の位相に興味を抱いている読者にも、何がしかの知的刺激をもたらすものと考えたい。なお、巻末の政治学・法学・植民政策学に関する文献解題は同時代的文献を中心としているが、それ自体が一つの筋書きを持った研究入門的性格を持つものになるように配慮している。

二　本巻の構成

さて、以上のことを念頭においたうえで、手短に本巻に採録された論文の紹介を行っておこう。第一章、井上勝生「札幌農学校と植民学の誕生――佐藤昌介を中心に」は、札幌農学校及びその後身である北海道帝国大学における植民学の創始者であった佐藤昌介を中心に、近代日本における植民政策学の誕生とその意義を論ずるものである。既に述べたように、日本の国民国家建設は内国植民である北海道開拓から出発したのであり、新たに設立された札幌農学校はそうした植民事業を担う人材と知識を生産していく装置であった。本論文は、佐藤昌介の初期の論説「大農論」の検討から筆を起こし、留学先であったジョンズ・ホプキンス大学の農政学者イーリーの影響を受け、当初は独立自営・自作農の大農業経営の創設を目指した佐藤昌介が、小作農民の窮状に言及することを止め大地主論者へと変容していく過程を、北海道庁の創設に伴う開拓政策の転換という現実的背景から説明する。さらに著者は、世紀転換期に佐藤が内国植民論から満韓進出論へと論旨を変えていく経緯をも克明に追跡している。これまで部分的にしか利用されてこなかった佐藤昌介の講義ノートの復刻を自ら行ってきた著者による佐藤の思考過程を抉りとった論文であり、先住民族との軋轢や開拓農民の階層構造を視野に入れた、射程の長い議論を展開した論稿である。また、佐藤昌介・新渡戸稲造と並ぶ北大学派の代表的植民政策学者であり太平洋戦争中に設立された大日本拓植学会の会長であった高岡熊雄の足跡についても、随所に興味深い記述がなされている。

さて、国民国家の建設を考えるうえで、対外的安全保障を担う軍隊とともに国内の治安維持を担う警察が重要な位置を占めることはいうまでもないであろう。警察は紛れもない国家の暴力装置であるとともに、国家と社会を媒介する規律的権力作用を担っている。だが従来の研究においては、近代日本の警察制度の導入と展開は専ら西欧からの制度移植の文脈でのみ扱われ、西欧の植民地や租界での警察制度が日本に与えた影響や、日本の植民地や租界の警察制度の実態やそれが本国の警察制度に与えた影響関係については、必ずしも十分に論じられてはこなかった。第二章、梅森直之「変奏する統治（ガヴァメント）——二〇世紀初頭における台湾と韓国の刑罰・治安機構」は、台湾における笞刑の導入と朝鮮における警察制度改革を対象にしながら、このような問題に正面から取り組んだ論文である。著者は、フーコーの規定によりながら、内部と外部の敵と闘うことを内容とする伝統的な統治実践たる「ポリティーク」と個人を対象としてその内面的矯正をはかることで社会への同化を促していく「ポリツァイ」を区別しつつ、大日本帝国の植民統治を単に前近代的な「暴力的抑圧（ポリティーク）」としてではなく、「近代的統治（ポリツァイ）」と「暴力的抑圧（ポリティーク）」の複合体として問題化することを提唱する。台湾における笞刑は、その導入の是非をめぐる論争を通して、単なる前近代的な身体刑の復活としてではなく、犯罪者個人の「主体」に対する効果から精密に計測された近代的刑罰として位置づけを与えられることとなった。また、松井茂により推進された朝鮮における警察制度改革は、「内地」において日比谷焼打事件により蹉跌した松井が「外地」において新たな警察の役割を模索したものであり、そこで案出された「排日思想」撲滅のための思想警察への着眼は、本国の「危険思想」撲滅へも転用可能なものであった。このように著者は、本国と植民地をともに包含した領域において、空間的移動により統治の意味変容がなされていく態様を「変奏する統治」と名づけて、その意味を問うている。フーコーの規律権力論を帝国研究のなかで再検討した刺激的な論稿である。

　第三章、浅野豊美「保護下韓国の条約改正と帝国法制——破綻した日韓両国内法の地域主義的結合」は、保護から併合へと移行する日韓関係のダイナミズムを、第二次日韓協約から第三次日韓協約にかけての工業所有権をめぐる日米関係と韓国国内法制整備の関連を中心に、再検討した論文である。韓国は不平等条約体制にあったため治外法権に基づく属人法主義が外国人に適用されていたが、領事裁判権は工業所有権関連法規には及ぼされず、このため在韓日本人は商標盗用など工業所有権の侵犯をしばしば行い、英米との外交問題にまで発展していた。アメリカは日本に対して、工業所有権保護を日本国内のみならず清韓にまで拡大することを要請したが、このことは工業所有権に関する韓国の法制度を一元的に属地的に管理することを必要とするものであった。著者は、日韓の国際条約と付属規則によりこの問題の解決をはかろうとした日本外務省と、これに難色を示した伊藤博文統監との対立を浮き彫りにしながら、第二次日韓協約で定められた「保護」の実態が、単なる日韓の間での外交権の付託にとどまるものから、ハーグ密使事件を機に、主権一般の監理へと質的に変化していく過程を追跡している。「内政」と「外交」の区分自体が曖昧な保護国という枠組のなかで、工業所有権をめぐる治外法権撤廃と韓国国内法制整備の持つ論理連関と政治的文脈を精緻に分析した論稿であり、国際関係論的視点から帝国法制を考察する一連の業績を発表してきた著者の知見が伺われる章である。それはまた、帝国法制に関する学知の現実的背景を知る手がかりともなるであろう。

続く三つの章は、いずれもいわゆる植民地帝国大学における学問的実践に関わるものである。第四章、呉豪人「植民地の法学者たち――「近代」パライソの落とし子」は、弁護士・裁判官として台湾実務法曹として活躍した姉歯松平と、特異な国粋主義的憲法学・法理学者として著名な筧克彦の弟子に当たる台北帝国大学助教授増田福太郎の軌跡をたどりながら、植民地台湾における法学者の役割を問うている。日本統治下の台湾史は通常、「特別統治期」と「内地延長主義統治期」に区分されるが、こうした区分は便宜的なものに過ぎず、寧ろ時期区分の指標は「在台日本人法律家の性質の変化」に置かれるべきであり、台湾法社会史の真の主力は、特別統治期における岡松参太郎のような「大物法学者」や一九三〇年代の右翼的思潮の影に隠れて、あまり顧みられることのない実務法曹であった、と著者は主張する。かくして著者は、東北出身者という姉歯松平の出自的背景まで遡りつつその活動を検討したうえで、これと対比させる形で、増田福太郎の実践を論じていく。筧の皇学的国家観を継承した増田が、国家の起源に関する法人類学的関心から戦中期の日本法理学研究会での活動に傾斜していった過程が描かれ、増田は一公法学者として決して傑出した存在ではないが、それ故に統治集団の代表的存在であったことが力説されている。帝国主義は主人も奴隷も参加する「協同の冒険」であるというサイードの指摘の意味を、台湾法社会史のなかで反芻した論文である。

第五章、石川健治「コスモス――京城学派公法学の光芒」は、戦前期日本の公法学の頂点を極めた京城帝国大学における学問と政治の関わりを、清宮四郎・尾高朝雄を中心に描いた論文である。堅実な憲法学者という戦後の印象とは異なり、戦前の清宮は峻厳なケルゼン主義の理論家であった。また戦後は『法の窮極に在るもの』の著者として知られる尾高は、そもそもは西田幾多郎やフッサールの薫陶を受け、社会学者シュッツを友とした現象学的法哲学の先鋭な主唱者であった。著者は清宮・尾高の理論的展開を踏まえたうえで、彼らが戦時下に辿った軌跡を詳述している。二〇世紀の社会科学の最前線で欧州の僚友に伍して学問をしているという自負を持つ京城学派の公法学者にとって、いわばその知的故郷は東京ではなくウィーンであり、それはまさしく「民族の牢獄」の最前線に位置していた彼らが、「法と政治の臨界」に立たされた時代に、「帝国」の学知としての公法学を展開する契機にもなったことを著者は鋭く抉り出している。

第六章、苅部直「「始原」と植民地の政治学――一九四〇年代の中村哲」は、南原繁の下で西欧政治思想史を専攻し、戦中期は台北帝国大学の憲法学担当の教授であった政治学者中村哲の戦中から戦後にかけての論説をたどりながら、中村における植民地体験の意味を検討している。中村は、英国流の植民統治政策を説いた『比較殖民制度』の著者である竹越三叉を伯父に持ち、後藤新平『日本植民政策一斑・日本膨張論』を自ら解題を付したうえで再刊した際にも、竹越と重ね合わせる形で後藤を捉えていた。中村はまた早くから柳田國男に私淑し、民俗学に深い関心を抱いていた。こうした国家権力の「始原」への希求は、本来ドイツ・ロマン主義研究から出発した中村の知的性向と相まって、新憲法を護持する「戦後民主主義」の論客として華々しく活躍した戦後においても継承されていた。著者は、終戦直後の『潮流』創刊号に寄稿した論説「憲法改正と天皇制」から中村の戦中・戦後を貫く「国体」観を読み取りながら、このような関心が晩年の大作『宇宙神話と君主権力の起源』へと展開される態様を描き出している。戦中から戦後への錯綜した知的状況を読み解く鍵を与える章といえよう。

ところで、「帝国」編成の系譜を考えるうえで、一九三〇年代の広域秩序論は欠かせない領域である。本講座の最後に配置された二つの章は、いずれもこの問題を扱っている。第七章、有馬学「誰に向かって語るのか――〈大東亜戦争〉と新秩序の言説」は、盟主的日本という現実と植民地主義の否定という建前の間で、大東亜共栄圏に内実を与えようとする試みがいかになされたかを、政治学者矢部貞治を中心に論じている。この問題を検討するに際して、著者は戦時下の言説の差異より同一性に着目し、一見矛盾するような要素が同一人格内に共存しえる構造を明らかにするとともに、当時の言説に特徴的な、共栄圏を否定する語り口によって共栄圏理念を逆に説明するような「否定の反復」とも呼ぶべき構図を描き出している。このことは、太平洋戦争の勃発に伴う米英の世界秩序論への対峙が相手の土俵にのった説得力の必要性をもたらし、日中戦争期のいわば自己説得の論理としての東亜協同体論からの転換を迫られたことの意味をどのように捉えるかという著者の問題設定に関わっている。表題の「誰に向かって語るのか」はこのことを示しており、太平洋戦争期の自閉的な状況においてこそ〈開かれた言葉〉が要請された逆説を明らかにした論文である。

第八章、酒井哲哉「「帝国秩序」と「国際秩序」――植民政策学における媒介の論理」は、主権国家間関係からなる「国際秩序」と帝国内関係からなる「帝国秩序」の相互関係を、植民政策学における両者の媒介の論理から説明した論文である。帝国主義と国際主義はしばしば対立的に捉えられがちであるが、実はしばしば同一人格のなかに両者は共存している。その共存を可能とするものは、「社会」概念の位相と密接に関連したトランスナショナルな理論装置であり、この装置を駆使することで、「帝国秩序」と「国際秩序」を媒介する植民政策学者の言説が成り立っている点を指摘している。それは国際関係論の知的系譜のなかに植民政策学を位置づける試みであるとともに、「アメリカの世紀」としての二〇世紀の「帝国」の学知として、植民政策学が持った意味について再考するものにもなっている。

なお本来有馬論文と酒井論文の間には、米谷匡史「植民地／帝国の社会思想——「東亜協同体」論と朝鮮」が採録される予定であったが、諸般の事情により今回は実現しなかった。朝鮮における東亜協同体論の展開を、日本と朝鮮双方の知識人の言説から検討する論稿が予定されており、本国と植民地の学知の緊張をはらんだ双方向的関係性を描き出す本巻のねらいを示すものであったことを付記しておきたい。

なお巻末の文献解題は、政治学（酒井哲哉）、法学（呉豪人、石川健治）、植民政策学（井上高聡、浅野豊美、米谷匡史・酒井哲哉）の順で配列し、各々の分野で主題にふさわしい文献を解説している。もとよりこれらは網羅的な文献解題ではないが、この分野に関心を持つ読者にとって一種の研究入門となりえるような性格を持たせるよう努めた。

三　おわりに

学問の専門分化によるいわゆる「蛸壺化」現象を嘆く声は、相変わらず絶えない。他方、堅固な学問的規律を踏まえない議論は空論であり、専門分化は時代の宿命であるという主張もあり得よう。だが社会科学と歴史学を往復しながら学問的自己形成をしてきた私の眼には、同時代的には異なる専門領域に属する研究で、著者同士も相互に没交渉であった作品群が、時代を経てみると、驚くほど相似形の構成を持っていることは決して少なくはないのであり、歴史的視座とは異分野との交流を自然に生み出していくものだと思われてくる。その意味で、強いて「学際的」という標語を掲げずとも、対象に対して真摯に向き合うことが自から越境的な知の形態を生み出す、そういう自由な精神の働きが歴史を学ぶ行為のなかには、いまなお存在するのではないか。本講座に採録された論説に触れた読者のなかから、近代日本の知的遺産を批判的に継承する担い手が現れれば、編者としてこれに優る悦びはない。

第一章　札幌農学校と植民学の誕生

——佐藤昌介を中心に

井上勝生

はじめに

日本の植民学(殖民学とも記す)は、札幌農学校ではじめられた。一八八七(明治二〇)年に、日本最初の植民学の講義が、佐藤昌介教授の意見書によって開設される。その二〇年後、東北帝国大学農科大学へと改組される一九〇七(明治四〇)年に、農政学・殖民学講座が設置された。日本最初の植民学の講座であった。

札幌農学校の植民学講座は、農政学と一体になった講座であり、はじめは北海道開拓のための植民政策学として形づくられ、やがて、台湾や樺太、満蒙、朝鮮、南洋への農業植民地の拡大を提唱しつづける。植民学の講義は、佐藤昌介、新渡戸稲造、そして高岡熊雄という戦前期の札幌農学校、東北帝国大学農科大学および北海道帝国大学を代表する農政学の教官たちによって開講された。

植民学講座が設置された一九〇七年六月、日本は日露戦後であり、二年前に朝鮮を保護国化して統監府を設置するなど、東アジアの植民地支配に向けて大きく展開していた。札幌農学校の時期に始まる植民学と、このような時代の大きな展開とのかかわり方を確かめておく必要があろう。

札幌農学校、東北帝国大学農科大学、そして北海道帝国大学の植民学を検討するためには、日本の植民学の成立を画した佐藤昌介の植民学だけではなく、佐藤と交代で講義を担当していた新渡戸稲造の植民学、その後を継承した高岡熊雄の植民学についても検討する必要がある。とりわけ高岡熊雄は、北海道帝国大学の総長(第二代)も勤め、当時の大学を代表する教官である。新渡戸稲造の植民学については、帝国主義者か自由主義者か、評価が分かれて論争もされており、論考が発表されているが、その一方で、高岡熊雄の『普魯西内国殖民制度』(一九〇六年)、『ブラジル移民と満蒙移民』(一九三三年)、『樺太農業植民問題』(一九三五年)、『北支移民の研究』(一九四三年)、『ドイツ内南洋統治史論』（一九五四年）、『イタリア領リビア開発政策史論』（一九九五年）などの大著群に結実する植民学については、いままで内容はおろか存在も紹介されていない。しかし、高岡熊雄こそは、戦前、戦中期、北海道帝国大学の植民学を集大成し、大日本拓殖学会の初代会長などを務め、学界、官界で巨大な位置を占めていた学者である。戦後も公職追放解除後、北海道の学界、官界の指導的位置を占め、札幌市名誉市民の称を与えられた。たとえば、一九九五年、高岡死後に、高岡顕彰の意をこめて刊行された『イタリア領リビア開発政策史論』は、戦時中の講義ノートがもとになったもので、内容の中心は、北アフリカ・リビアへのファシスト・イタリア、ムッソリーニによるイタリア農民集団移民実行の詳細な研究である。[1] ドイツ学派に傾倒して「科学的植民学」を自負した高岡にふさわしい研究であり、自身が立案の一端に携わった満洲集団移民計画を補強するための研究だったと推測される。戦後も講義ノートに熱心に手を入れつづけていたと同書に解説されているが、集団移民政策と「原住民」アラブ民族の位置づけなどについて、自省の形跡はまったく認められない。植民学という学問を、現在の時点であらためて問い直す必要があろう。

もちろん、札幌農学校時代に始まる植民学の検討は、上に述べたように、植民学という学問の成立と発展、そして日本帝国の敗戦による消滅、という大きな歴史のなかで検討される必要がある。しかし、ここでは、新渡戸や高岡の植民学については、検討すべき課題のあることを示すにとどめ、植民学の誕生と佐藤昌介のかかわりを中心にして、今まで触れられることのなかった主要な事実について述べたい。

一　「楽土」としての北海道

佐藤昌介は、札幌農学校校長心得に就任以来、約四〇年間、校長、学長、総長をつとめ、「札幌農学校の父」とも呼ばれる。

佐藤昌介の履歴を掲げよう。一八七六(明治九)年七月に札幌農学校に第一期生として入学し、八〇年七月に卒業、ただちに開拓使御用係となる。八二年に渡米、翌年にボルチモアのジョンズ・ホプキンス大学に留学して、歴史政治学科に所属、アメリカ土地払い下げ問題で学位を取得する。あたかも三県が廃止されて北海道庁が開設された八六年に帰国し、北海道庁属に任じつつ、札幌農学校教授に任命される。九一年に三六歳で札幌農学校長心得に、九四年に校長に任ずる。一九〇七年には、改組された東北帝国大学農科大学の学長に、一八年には、北海道帝国大学総長に就き、三〇年に総長を辞任した。[2] 北海道帝国大学総長を辞任するのは、実に七五歳。退官後も、北海道農会長を務めた。佐藤昌介の歩みは、まさしく北海道大学の歴史そのものであった。札幌農学校は、当時、北海道知事に管轄されており、「北海道庁属」に任じて、道の政策顧問という役割もはたしていた。

佐藤昌介校長は、アメリカ留学から帰国以来、農業雑誌や植民雑誌、農会報、新聞などに植民にかんする多数の論説を発表しつづけた。後に述べるように、論説の内容は、最初の論文発表の二年後、一八九〇年の頃にいったん大きく変貌し、さらに一九〇〇年の頃を境に論旨がふたたび大きく転換している。

はじめに、最初の論文、「大農論」(一八八八年)を中心として見ておこう。[3]

佐藤昌介の植民論の特色は、第一に、人口問題から植民論を組み立てる、その構成にある。これは、一九〇〇年以後も変わらない佐藤昌介植民学を一貫したゆるがない特色である。日本の国土の狭隘さと農家人口の過剰をくり返し常に強調する、つぎのような論述である。「本邦ノ人口ハ、年々凡ソ三十万ヲ増ト云フテ大過ナカルベシ……人口ノ増加ト共ニ農家ノ人口モ亦タ益々増殖スベシ……サレハ、農家ハ年ヲ逐フテ益々究状(ママ)ニ迫ルニ至ルハ鏡ニ懸テ見ルガ如シ、棄テ、之ヲ措カン乎」(「大農論」、一二一―三頁)。日本の年々三〇万人(後には四〇万人)が増加する人口の過剰を前提にして、農家の窮状を指摘し、さらにつぎのように日本農業の「過小農」の性格が説かれる。

欧米諸国ニ於テハ、専ラ大農ヲ営ナミ、本邦ニ於テハ、専ラ小農ヲ行ヒ、否本邦ノ農業ハ、小農中ノ小農ニシテ、即チ過小農、或ハ所謂、鋤農ナルヲ以テ（同、一八頁）。

本邦ノ農ハ、小農ニ非ラズシテ過小農ナリ、本邦農家ガ耕作スル面積ハ、愛蘭土〔アイルランド、筆者注〕地方ニ於テ、農業的労働者ガ傭役ノ余暇ニ耕作スルモノニシテ（同、二四頁）。

日本の農業は、アイルランドの貧農が、彼らの「余暇」に耕す程度の農業と評価される。一九世紀半ばにイギリス本国の不在地主の容赦ない取り立てや追放、加えて大飢饉によって人口の四分の一を減らしたアイルランド貧農の悲惨な状況は、当時、世界の貧農の典型とされていた。その悲惨にまさる日本の「過小農」の農家は、右のように「小農中の小農」とか、「鋤農」と、のちには「園芸的過小農業」（「我邦農業ノ前途ニ就テ」一九〇二年、四一頁）または「侏儒的耕作法」（同、四二頁）と評される。日本農業の技術の現況について、佐藤昌介の評価は、「鋤農」、「園芸的」、「侏儒的」などときわめて低いものであった。すなわち日本農業の脆弱性が極端に強調されていた。「棄テ、之ヲ措カン乎」と佐藤は説く。農村の窮乏問題が、佐藤昌介農政学の出発点の一つである。

そうして「大農論」では、日本の小作農民の窮状が、つぎのように指摘されていた。

嗚呼、我ガ農家ハ、最小ノ農地ヲ耕シ、最高ノ小作料ヲ払ヒ、最多ノ労力ヲ費シテ粒々辛苦、漸ク露命ヲ繫グ、実ニ憫涼スヘキモノハ本邦ノ農家ニアラズシテ何ゾヤ（「大農論」二二頁）。

「最小ノ農地」、「最高ノ小作料」、そして「最多ノ労力」の三要因である。とくに注目されるのは、最初の論説である「大農論」では、小作問題が「最高ノ小作料ヲ払ヒ」と、高額小作料の問題として論及されていることである。次のようにイギリスの小作農との比較として論じられていた。「英国ノ小作料ハ、カアレド氏ニ従ヘバ、千七百七十年ニハ、十三シルリング……即チ、百年三期間ノ平均、二十三シルリング四ペンスニシテ、我ガ凡ソ六円余ニ当ル」と計算し、「之ヲ本邦ノ小作料ニ比スルトキハ、僅カニ半額ニ過ギス、実ニ本邦ノ小作料ハ高価ト謂ツ（ママ）ベシ」（同、二一―二二頁）。日本の小作料は、イギリスのそれの倍の高額と指摘されていた。あとで検討するように、佐藤の以後の論説では、高額小作料問題の指摘が見られなくなる。

佐藤昌介は、こうして国際的にアイルランド以下と位置づけた日本農民の窮状の解決策を、つぎのように、北海道への植民策、日本農業過剰人口の移民策として主張する。過小農問題から北海道植民策への接続は、佐藤の多くの論説で説明されているが、「大農論」では省略されているので、翌年の論説から紹介しよう。

> 過剰の労力を国内に於て利用し、以て新に農業を営むへき場所は、我北海道を措て他にあらさるなり、夫れ北海道の殖民は、即ち内国殖民なり、内国殖民は之を外国殖民に比すれは、其難易果して如何そや、外国殖民者にして渡航費及移住後の資本を有するものは、之を北海道に転し、北海道に於ける起業に使用せは土地財産を有し、独立の農家たるを得るは固より疑を容れさるなり（「日本農業の改良と北海道殖民との関係」一八八九年、三頁）。

> 苟も進取の気象を推揮し、或は農業の規模を大にし、或は独立の自作農たらんと欲せは宜しく北海道に移住すへし、彼輩安心立命の場所は実に北海道たることを知らさるへからす、何んぞ布哇（ハワイ）、濠洲、若しくは墨西哥（メキシコ）の如き絶域に移住、或は出稼するを要せんや（「北海道ノ移住ト外国ノ出稼」一八八九年、四―五頁）。

北海道への移住、植民は「内国殖民」と呼ばれる。北海道内国植民によって貧農（小作人）は「独立の自作農」になることができ、北海道は「農家将来の楽土」（「日本農業の改良と北海道殖民との関係」）であり、「安心立命の場所」（「北海道ノ移住ト外国ノ出稼」）なのだと主張される。ハワイやオーストラリア、メキシコなどへの移民は不必要、むしろ、なすべからずという主張でもある。佐藤昌介のこのような北海道植民論は、一九〇〇（明治三三）年以前には、一貫した論調となっている。

一方、佐藤昌介の主張では、欧米の大農法は、日本農業には導入できない。すなわち「本邦ノ農業ハ小農中ノ小農ニシテ、即チ過小農或ハ所謂鋤農ナルヲ以テ、近世農業的学術ノ進歩ヲ利用スルノ局面甚ダ狭隘ヲ究ムト謂ハザルヲ得ズ、鶏ヲ割クニ焉ンゾ牛刀ヲ用ヒンヤ」（「大農論」一八頁）という。日本の過小農（「鋤農」）においては、農業経済の

「組織」が欧米と違っており、そこに大農を応用するのは、「鶏ヲ割クニ焉ンゾ牛刀ヲ用ヒンヤ」というものであって、論は「痛快」だが、「本邦農業ノ実況ニ適切ナラザルモノアルヲ如何セン」（同、一八頁）と、農業の実地においては適切でないという。そこで、佐藤の議論によれば、北海道こそは大農論を導入できるところである。佐藤昌介は、北海道植民による「独立の自作農」の形成、すなわち日本の「過小農」問題の解消の見通しを主張する。そうして北海道を「農家将来の楽土」、「安心立命の場所」と位置づけるのであった。

二　フロンティア・北海道の大農論

日本の府県に大農論を導入することの議論にすぎることを指摘した佐藤にとって、北海道こそは、こうした大農論を実現できるところと考えられた。

然ルニ、北海道ノ如キ人口稀疎ニシテ、気候ハ稍々寒冷、邦土ハ未開ニシテ、耕スベキノ原野饒多ナル地方ニ於テハ、十八エークル乃至二十エークルノ土地ハ猶ホ小ナリ、宜シク十万坪以上、若クバ(ママ)二十万坪ヲ耕作スルヲ務メザルベカラズ、嗚呼、北海道ハ実ニ本邦ノ大農ヲ施行スベキ所ナリ、又タ英米ノ農業モ稍々之ヲ実行スルヲ得ヘシ、学理ヤ技術ヤ経済ノ適用モ北海道ハ之ヲ試ムルノ余地アルモノトス、米国西方諸州ノ移住民ガ新土ヲ開発シテ其利ヲ収ムルヤ、必ズ先ヅ其ノ組織ヲ疎ニス（「大農論」、二四頁）。

北海道は、「未開」で「原野」が豊富に広がり、府県では、現実離れして不適切であった英米の農業も徐々に実行可能（「稍々之ヲ実行スルヲ得ヘシ」）と考えられ、「学理」や「技術」、「経済」（農業経済）の適用も試みる余地がある。「嗚呼、北海道ハ実ニ本邦ノ大農ヲ施行スベキ所ナリ」と、北海道における「大農」の、府県とは異なる固有の可能性が説かれる。

佐藤昌介が、この有名な「大農論」を書いたのは、一八八八年、アメリカ留学から帰国した二年後である。アメリカ大農場の実情に影響を受けたことは、右の引用文の末尾「米国西方諸州の移住民」(アメリカ西部フロンティア)の大農粗放経営の紹介からもうかがえよう。「大農論」は、この後、アメリカ西部農業の経営規模を詳論し、そして、

普通ノ移民ハ、少ナクモ米国移民払下ノ最小数ナル四十エークル、則チ凡ソ五万坪ハ之ヲ耕作スルヲ務メザルベカラズ、蓋シ本邦ノ農業ハ、北海道ノ大農ヲ以テ本邦大農ノ極点トナシ、北海道ノ中小農ヲ以テ内地府県ノ大中農トナスガ如キ権衡ヲ得ルニ至ラバ本邦ノ農運ハ実ニ理想ノ境域ニ達セルモノト云ツベシ(ママ)、未ダ然ルヲ期セズシテ英米ノ大農ヲ談ズルモ、吾人唯ダ其空論タルヲ知ルノミ(同、二五頁)。

と結んでいる。北海道に大農、中小農を育成し、北海道の中小農(右の引用文でいう「普通ノ移民」)が、アメリカでの払い下げの最小数であった五万坪(四〇エーカー)を経営し、それが府県の大中農の経営規模になってゆけば、日本の農業は「理想ノ境域」に達してゆくことができるという。五万坪は、約一七町歩であり、北海道庁が当時、植民計画の標準経営、中小農と想定していた一万五千坪(五町歩)をはるかに凌ぐ大経営である。アメリカでの払い下げの「最小数なる四十エークル」という右の言及は、実は、次のように、アメリカの西部開拓の公有地払い下げの法律であるホームステッド法が規定する払い下げの最小限の面積なのである。

佐藤が、ジョンズ・ホプキンス大学に留学した頃、同大学の社会派の若手教官イーリらによって西部開拓の公有地不正払い下げ問題が「社会悪」として追及されていた。かつて不正な払い下げが横行し、土地投機が農地価格を高騰させてもいた。そういう不正払い下げによる巨大農場は、スペイン語系のボナンザ・「幸運」にゆらいして「ボナンザ・ファーム」と呼ばれていた。これを解体して家族農場、ファミリー・ファームを中心にする自作農創設法が「ホームステッド法」であった。これは、イギリス流帝国主義全盛の学説への一定の反省であった。当時の学者たちによって独立自営小農の再評価がなされていたのである。佐藤は、このような農業経済論をジョンズ・ホプキンス大学で

社会派教官たちから学んで、英文の学位論文「アメリカ合衆国における土地問題の歴史」で学位をあたえられ、帰国後、社会問題に取り組んでいた教官イーリの著作を『威氏経済学』として翻訳、刊行もした[4]。佐藤も、「大農論」のなかで、イーリらと同じように、小農は「強壮不羈」であり、「国家ノ幸福」であるが、大農については「非常ノ不平等ト人口ノ離散ト階級ノ軋轢及ビ腐敗ヲ生ズ」(同、一六頁)と否定的に述べていた。

一方、北海道の大農は、前に引用した部分で「宜シク十万坪以上、若クバ(ママ)二十万坪ヲ耕作スルヲ務メザルベカラズ、嗚呼、北海道ハ実ニ本邦ノ大農ヲ施行スベキ所ナリ」と、一〇万坪以上、大きいものは二〇万坪(六四町歩)と構想されていた。この根拠も、アメリカの、佐藤が「宅田律」と翻訳したホームステッド法(自作農創設法)である。ホームステッド法では、自作農が無代価で払い下げを受けられる上限が一六〇エーカー、すなわち二〇万坪であった。佐藤は、これを上に引用した部分の前で、次のように説明している。

宅田律(ホームステッド法)ニ由リ、移民ガ無代価ニテ得ル所ノ地積ハ百六十エークルトス、以上ノ収益ヲ以テ之ヲ計算スルモ一個ノ移民ニテ、尚ホ一ヶ年千弗以上ノ純益ヲ得ルナリ、北海道ノ移民ハ其ノ資財、其智力、素ヨリ米国ノ移民ニ及バスト雖トモ、少シク農業経済ノ大局面ニ於テ熟慮スル所アラバ百六十エークル、則チ二十万坪ノ土地ヲ耕作スルハ敢テ絶望ノ事ニアラザルヘシ(「大農論」、二五頁)。

ここでは、ホームステッド法の上限、一六〇エーカー、つまり二〇万坪、約六四町歩のアメリカ西部の自作農の大農が、「(北海道では)則チ二十万坪ノ土地ヲ耕作スルハ敢テ絶望ノ事ニアラザルヘシ」と記されているように、期待される北海道自作農の大農経営規模の最大限の上限でもあることが、はっきりと説明されている。一方、北海道の普通の農家は、前述のように四分の一の五万坪(約一七町)の経営を期していた。

佐藤昌介の初期の一八九〇年代の講義ノートが、現在、北海道大学農学研究科農業経済学図書室に保存されている。この初期講義ノートでは、アメリカ合衆国の「ヤンキー」(「ヤンケー」)の活発さが、「生活ハ汽車の如ク、其精神ハ機関の如シ」と紹介され、フロンティア精神も「漂白性（ママ）」というタームをもって、郷土にこだわらない、あくなき「活動性」が説明されている。旧国の「慣習」に束縛されないところで、「道理的ノ特性」が生まれていると、「自由精神」も肯定的にとらえられ、植民地は「自由共和主義」がひろがり、「共和的ナルを以テ、進歩ノ階段ハ急激ナリ」とも述べられる。(5) アメリカ合衆国の活動的な肯定的なイメージ、およびジョンズ・ホプキンス大学に集っていた社会派の新進気鋭の学者たちの強い影響が、佐藤昌介の大農論の当初の背景にあったことは否定できない。佐藤昌介の当初の大農論は、独立自営、自作農の大農業経営の創設を目指すものであった。そして、佐藤の大農論は、この二年後にいったん大きく変貌するのである。

三　一大試験場・北海道の大地主論

佐藤昌介がアメリカ留学から帰国した一八八六年は、あたかも、北海道の三県が廃止され、北海道庁が設置された年である。それは、北海道開拓に転換が起きた年であった。初代北海道長官の岩村通俊は、今後は「貧民」を植民するのではなく、「富民」を植民すると、大資本家を招致する政策に転換した。

同年に制定された「北海道土地払下規則」では、土地払い下げは、一人一〇万坪（三三町歩）以内と、それまでと同じ制限面積が設けられたが、第二条で「盛大ノ事業」を行う場合には、一〇万坪の制限をはずすとしたために、資本家への大土地払い下げが大規模に進行し、大土地所有制がつくられてゆく。特権層である華族や大商人、大地主、官僚らによる小作農場が一般化し、多くが不在地主の大地主・零細小作制が支配的になる。その代表例が、世間を驚かせた首相兼内大臣三条実美ら華族がはじめた雨竜農場であった。雨竜原野一億五〇〇〇万坪の払い下げを受け、しかもその開拓の開墾設計・管理・道路などの基礎工事を道庁に依頼するなどという特権的な開墾であった。国有地の不正な大土地払い下げが、はげしく弾劾され、社会問題化していた。(6) その一方で、欧米流の自営大農場は不成功のまま、一八九〇年代には姿を消してゆく。

一八八八年に公にされた佐藤昌介の「大農論」は、二年ないし三年後に、一度、大きく変貌するのである。論説の一例は、一八九一年の「北海道農業之進歩」の、次のような主張である。

> 無資産にして、内地に在て雇夫となり、単に労力を以て生活をなすは不安心なる故に、移住して土地を得んとする者あり……彼等は一種の資本を有す、何ぞや、労力是なり、資本家は此等の労力者に資金を貸与し、其方向を付けしめて土地を耕作せしむれば、一反歩六十銭乃至一円の小作料を得へし、然るに今に一反歩の開墾料五円と仮定し、其小作料を五十銭とすれば、乃ち小屋掛料、農具、種子、開墾賃、井戸掘代、鍬下期限中利子等を凡て包含して、壱割の利子に相当して、公債証書又は鉄道株券に劣らざるへし、且つ夫れ地価なるものは、其地市街等に変更の節は、非常に高騰するものなれとも、通常は下落の憂なく、反つて歳を逐ふて増加するは自然の数なりとす、既に西南地方の如きは、一反歩百円内外なり、而して札幌近傍にある墾成地は十五六円の価を有す、然れとも今後益々騰貴するは必然なり、故に内地の資本家は来つて当道の土地に資本を投ずれば、実に安然にして尤も利益ある事なるへしと雖も、資本家は農業の何たるを知るもの少なく、亦た之か管理者を得んとするも適任者多からず、故に寧ろ労力者に小作をなさしめ其収穫物なり現金なりて小作料に取るの利有るに如かず(同、一八九一年、一〇—一一頁)。

この論説の続く結論部分では、「北海道農業の振起は、如此しと雖も、吾人決して之に安んずべきにあらず、益々勉めて拓殖の事業を進歩せしめ、規模広く米国風の大仕掛にて、終には北海道は日本の米国なりとの美称を博せんことを望む、是れ実業家諸氏の責任なりとす」(同、一四頁)と、アメリカ式農業の美称を期待すると結んでいる。しかしながら、「日本の米国なりとの美称」は、文章に記されているように「之に安んずべきにあらず」という、いっそうの期待のレベルなのであって、アメリカ式農業の有利性が具体的に例示されたわけではない。

右の論説では、府県(「内地」)の「無資力者」を小作農に入れて、「小作料を取るの利有るに如かず」という、地主経営着手の有利性が示されている。小作料の利回りが年利一割に達し、公債証書や鉄道株券に劣らないことも説明される。一反の「開墾料五円」の原資で、札幌近郊で「十五六円」、道南で「百円内外」への、すなわち地価の三倍から二〇倍の必然的な騰貴を期待できるという大土地「投機」の有利性の分かりやすい例示もされている。札幌近郊であれば、「今後益々騰貴するは必然なり」と保証される。こうして、まとめとして、「内地の資本家」が「当道の土地に」資本を投ずれば、「実に安然にして尤も利益ある事なるへし」と説かれた。大地主の小作料収入と土地投機であって、これは、佐藤がジョンズ・ホプキンス大学で学んだ、ファミリー・ファーム(自作農)ではなく、「社会悪」を指摘されていた、ボナンザ・ファームの推奨そのものである。

また、この前年の論説「北海道の農業に就いて」(一八九〇年)では、「先ず北海道に小作人を引き入るへし……内地の小作人を北海道に入るゝは、甚た必要なり」(同、六頁)と、小作人の植民を説いて次のように、当面の課題を述べている。

北海道の土地は、天が我々に賦与したる一大試験場にして我々北海道にあるものは北海道の農業の為めに尽すは国家に対するの義務なり、斯く申す予も多年北海道に居住せるも、未た開墾の実効を奏せす、実に嘆息なり、然も今より十ヶ年後には今日十年以前の事を追想して憾軻〔ママ〕する如きことなきを期せり、本会々頭は百町歩余の土地を開墾せると聞く、実に本会の面目なり……今北海道に於て大農を興さんと欲せは農学校卒業生の如きは之か管理をなすに適せり、中農を興さんと欲せは農芸伝習科卒業生の如きは之に適せり(同、七―八頁)。

北海道は、天が佐藤たちに与えた「一大試験場」である。「斯く申す予も多年北海道に居住せるも、未た開墾の実効を奏せす、実に嘆息なり」と述べ、一〇年後にあらためて後悔しないことを誓って、佐藤昌介自ら「開墾の実効」

へ着手することを示唆している。佐藤は、某会頭の「百町歩余の土地を開墾せると聞く、実に本会の面目なり」と、先人を学ぼうとしているが、その経営は、「百町歩余の土地を開墾」である。前に一八八八年の「大農論」で見たように、自作農の、「敢テ絶望ノ事ニアラザルヘシ」という、辛うじて可能な最大限の経営規模が、二〇万坪、すなわち約六四町歩であった。自作の限度を数十町歩越えているのである。

佐藤は、この年、一八九〇年に、右の論説で示唆していたように、札幌村近郊の苗穂に土地払い下げをうけ、佐藤農場を拓いた。その規模は、二〇五・九町歩、当初は、五戸の小作からはじめ、やがて二六戸の小作人を入れる。[7]一八八六年の「北海道土地払下規則」では、前に述べたように、土地払い下げは、一〇万坪(三三町歩)以内であるが、第二条で「盛大ノ事業」を行う場合は制限をはずすという規定によって大土地払い下げが進行したのである。佐藤は、この第二条の例外規定に従ったのだった。二〇五・九町歩は、佐藤が「大農論」で述べていたように、自作大農経営が可能な最大限の規模、六四町歩の三倍余であり、この佐藤農場も小作経営の大農場である。佐藤は、札幌の近郊であれば、土地が「今後益々騰貴するは必然なり」と土地騰貴の期待も語っていた(「北海道農業之進歩」前引)。

論説では、「今北海道に於て大農を興さんと欲せは農学校卒業生の如きは之か管理をなすに適せり、中農を興さんと欲せは農芸伝習科卒業生の如きは之に適せり」と指摘されていた。農学校卒業生は、中農を担う農芸伝習科卒業生とちがって、大農・大規模地主経営を担うような特別のステータスと位置づけられる。佐藤昌介校長に続いて、札幌農学校卒業生たちが、事実上無償の、特権的な大土地払い下げをうけた。実例として、二例だけあげれば、一八九一年に札幌農学校に入学した小西和の空知郡栗沢町小西の農場や、[8]一八九二年に入学した有島武郎の同窓生佐藤政次郎の一九〇四年に払い下げをうけた石狩郡当別村の農場などがある。[9]大局的に見れば、有島武郎の、一八九九年に再払い下げをうけた後志郡狩太村の有島農場九〇万坪余(二八八町歩余、有島武郎名義にしたのは一九〇八年)も、当時は同じ流れにあったであろう。大土地払い下げを申請した有島父子は、かの土地を見てすらいなかった。こうした特権的恩恵にあずかったのは、華族や政治家、大資本家だけではなかったのであり、佐藤校長自身が、生徒に「大農」の担い手になることをすすめ、そして右のように、自身で実践していたのである。

有島武郎の同窓生、佐藤政次郎は、成績抜群により、授業料免除で学費を支給される「校費生」であり、やがて日露戦争に応召、北海道の大農経営を肉親に委託し、佐藤昌介の韓国統監府への紹介により朝鮮の農業技師に転身し、ついで朝鮮巨大地主になるのだが、恩師の佐藤昌介と新渡戸稲造のうち、自身は佐藤校長に師事したと回顧談をのこしている。ソウル(当時、京城)に拠点を置いた佐藤政次郎の農場(佐藤農場)は、秋収籾四〇〇〇石、殖産銀行、漢城銀行整理農場管理委託、秋収籾七〇〇〇石を合わせ、秋収籾一万石を処理した。米は、単一品種、銀坊主で、すべて日本に搬出したという。[10] 有島武郎は、「特待生」(特待生は授業料免除だけ)であり、札幌農学校の卒業時総合成績は三四名中、一一位の成績で、優秀とはいえなかったが、四年生前期に開講された佐藤昌介の「殖民史」講義では生徒の最高点をとっていた。[11] 有島は、その後、有島農場の困苦する小作人をモデルにした名作『カインの末裔』(一九一七年)を発表、一九二二年に農場を開放する。しかし、これらの生徒は、一八九〇年代の当時には、有島も含めて、佐藤校長の植民学の教えを忠実に受け継いでいたと評すべきであろう。

こうして、一八九〇年代の北海道では、大地主による寄生地主制が大きく展開した。国有未開地の払い下げの原則的上限を、さらに大規模払い下げを可能にする例外規定も設けて、いっきょに一五倍の一五〇万坪(五〇〇町歩)に引き上げる「北海道国有未開地処分法」が新設され、寄生地主制がさらに伸張するのは、佐藤昌介が佐藤農場を開設した七年後、一八九七年のことである。大地積の処分を受けたのは、本州の華族・大地主・官僚などが大部分をしめた。

明治維新前後の北海道の人口は、アイヌ民族二万人、和人が一〇万人前後と推定され、これが、三十数年後の一九〇一年には、人口一六一万人余、耕地面積五三万八千町歩余に急増した。北海道の可耕地の主要部分が、半世紀経たないうちに「開拓」された。きわめて急進的な北海道開拓が、世界的に見ても農業開拓の「成功例」と評価されるのは、この故である。しかし、北海道の小作地率は、一九二五年には五割を越し、この頃から小作争議が頻発する。佐藤は、かつて「大農論」で、大農が「非常ノ不平等ト人口ノ離散ト階級ノ軋轢及ビ腐敗ヲ生ズ」と言っていた。予測されていた事態が起きるのである。

もともと、北海道の植民は、府県の過小農問題の解決策だと主張されていた。この点について、引用した一八九〇年の「北海道の農業に就いて」で佐藤は、次のように論じていた。

日本の農民は、実に憐れむへきものなり、所謂、過小農業に従事する農民なり、此の過小農五百五十万戸あり、一戸に付き、僅かに一町歩未満の土地を耕作するに過きす、若し少しく農業の規模を拡張し、一戸五町歩を耕作するものとせは、五百万町歩の土地を耕作するには百万戸の農家にて足れりとす、然るときは、四百五十万戸の労力は日本に余剰を生するに至るへし、此の四百五十万戸の労力を移すの余地は、即ち北海道なり、近来海外移住の問題起りたれとも、海外の移住は、尚ほ未た日本に早し、北海道に於て大農なし、中農なし、之れを起すの余地充分あり(同、六頁)。

北海道は、ここでは、過小農の「一戸五町歩」への拡張を想定して、「四百五十万戸の労力は日本に余剰を生する」として、労力(小作・貧農)の移住先、すなわち「労力を移すの余地」なのである。そして、前に見たように佐藤のこの論説では、移住する無資産の労力者は、「労力者に小作をなさしめ」と、小作人として北海道へ定着することを求められていた。したがって、右の末尾の文章、「北海道に於て大農なし、中農なし、之れを起すの余地充分あり」とは、無資産の移住民にとっては、具体的な展望ではなく、幻想の「大農、中農」だった。また、北海道が、余剰民を吸収することによって、そのために日本で「一戸五町歩」が実現するのであれば、誰が北海道へ移住するであろうか。その後の事実が示すように、日本の「一戸五町歩を耕作」もまったくの幻想であったのである。当時から批判があったのだが、人口論、つまり過剰人口移住政策によっては過小農問題は、改革されないのである。はじめに説かれている「北海道の土地は、天が我々に賦与したる一大試験場」という魅力的なフレーズも、前節で見た「農家将来の楽土」や「安心立命の場所」を引きついでいるのだが、よく吟味されるべきであろう。華族、大商人、大地主、官僚そして権勢ある学者の「一大試験場」だったというのが事実であろう。佐藤昌介は、「大農論」以後、小作制や高額小作料を問題として取り上げなくなっていた。(12)

北海道「開拓」の最大の被害者となったのは、アイヌ民族である。一八九〇年代まで、内陸部を中心としてアイヌ民族は、強力な圧迫を受けながらも、多くの地域で、まだ民族の生活・文化を固守していた。アイヌ民族を「旧土人」と差別し、強力な差別的「同化」を強制した「北海道旧土人保護法」が一八九九年に制定された。「北海道旧土人保護法」が決めたアイヌ民族一人一万五〇〇〇坪以内という規則は、移民には一五〇万坪以内(さらに例外規定が設けられていた)であったから、法律の「旧土人」という民族差別と、現地役所窓口での一層苛酷な民族差別とあいまって、事実として、アイヌ民族の土地保有を強力に制限し、肥沃な大地から排除するものであった。(13)

佐藤昌介の、「北海道の大地は天が我々に賦与したる一大試験場」という北海道開拓論に、北海道の先住民族、アイヌ民族の権利が留意されていないのも、確認すべきことである。一八八六年、アメリカ留学から帰国した直後、佐藤昌介は、農商務省と北海道庁の命令に応じて「復命書」を提出しており、その「第弐　国領地ノ件」の第二部で、従順なアイヌ民族は日本人を敵視せず、隷属を甘受しているという見解を示し、アイヌ民族を「従順な民族」と見なしていた。(14)この認識は、新渡戸稲造も同様である。新渡戸は、「北海道の植民が大した困難を伴わなかったのは、原住民のアイヌ族が、臆病で消滅に瀕した民族だったからである」という、佐藤と同様の認識であった。(15)

注目すべきは、佐藤昌介が、アメリカ合衆国の大土地払い下げの進行による白人と先住民の衝突を紹介した一八九〇年当時の、前出の初期講義ノートで、「危険ナル人民ニシテ移民ヲ襲ふ蕃民トナるものなり」と叙述し、「当時ニ至り初めテ土地を彼輩の為めニ囲込コト、財産を備ひ置クコトの必要を生スルニ至レリ」と、先住民の保留地とその矛盾、矛盾の深刻さを指摘している点であろう。ニュージーランドの先住民族への土地十分の一保留法にも言及している。初期講義ノートは、当時の佐藤が、アメリカ先住民族の窮状にも大いに関心を持っていたこと、アメリカ・インディアン保護法など先住民族の深刻な問題に、かなり正確な知見をもっていたことを示す史料である。[16]

また、初期講義ノートは、「此件ニ関シテハ M'Culloch の注釈アリ On the Rate of Profit」のように、欧米の原典によった部分が散見される。この原典は、H・メリヴェールの『植民地化と植民地に関する講義』二巻本、(一八四一・四二年)であり、大英帝国、植民地省高官のメリヴェールが著したこの本がもっとも頻出するテキストである。北海道大学附属図書館佐藤昌介文庫に所蔵されている同書二巻は、背表紙が剥落、多用された跡を遺している。内容は、植民地での「労働力の供給・確保の方法」や、「囚人の労働力」、「土地払い下げの方法」、「先住民に対する政策」など、実際的なテキストである。佐藤昌介は、ジョンズ・ホプキンス大学社会派の学問に強い影響をうけていたが、その教官たちが批判した大英帝国の植民政策学へとスタンスを移したのであった。[17]

四　満韓進出論の時代

北海道に迎える移民の必要性を、日本農村における人口過剰と、農民の過小農の性格から論じ、その反面で、海外への移民の必要性を否定するという一八九〇年代の以上のような議論は、一九〇〇年の頃を境に、ふたたび、大きく転換する。

佐藤昌介は、日露戦争中の論説「戦時北海道農民の覚悟」(一九〇四年)で、農民は刀と銃の代わりに、鋤と犂を「握ルヘシ」、「奮起セヨ農家、激励セヨ耕夫」と説いている(一〇頁)。そして、戦後には、軍事費の増加にともなう、さらに重い増税をすすんで負担する必要を、つぎのように強調する。

我国の農業界は近時頗る悲境に沈み、地主は薄利に苦しみ、小作人は生計難を訴るもの頻々たり、蓋し日露戦役以来増税に次ぐに増税を以てし、遂に戦時税は平時税となり、地方の農民は二重或は三重に課税を負担するの止むを得ざるに至れり、加之、戦後各種の公共的事業の勃興するに及んで、益々其負担の増加せるものありて地方の農業関係者は多くは其過半を負担するの有様なり、勿論軍事費の如き、又は戦後国運の発展に伴う各種の経費の如きは、国民一般之を甘受すべき所にして(「何を以て我国農業界の積弊を救済すべき」一九〇六年、一頁)。

日本農民に負わされた莫大な日露戦争の戦費と、その後の軍事費の負担によって、いわゆる農村の疲弊、「我国の農業界は近時頗る悲境」を招き、農民問題は、いっそう困難なものになったと論ずる。「地主は薄利に苦しみ、小作人は生計難を訴るもの頻々たり」なのである。それは、「増税に次ぐに増税」、あるいは「二重或は三重に課税を負担する」、膨大な軍事費負担によるものであり、過小農の困窮という状況だけではなく、地主も「薄利に苦しみ」と、農村全体の疲弊の問題になったのである。佐藤は、農村全体のこうした疲弊を十分に知ったうえで、なお農民は、「軍事費の如き又は戦後国運の発展に伴ふ各種の経費」を「甘受すべ」し、とあえて主張する。

日本農業の過小農の貧困についても、つぎのように、事態はむしろ深刻になっていると認識していた。

我国に於ける一般農村は、人口過剰なり、農地狭隘なり、而して其の耕作栽培は極端なる園芸的なり、其の経済力は頗る薄弱なり、其の生計は最も劣等なり、従って我邦の農民は、之を世界強国の農民に比し、決して対等なるものにあらざるなり(「農政統一論」一九〇七年、六頁)。

日本農村の「人口過剰なり、農地狭隘なり」という問題設定が変わらない。佐藤昌介は、日露戦争直後の一九〇七年の日本農村について、右のように農業技術が「極端なる園芸的」で、経済力は「頗る薄弱」、生計は「最も劣等」、つまり最下位と、世界列強の農民と対等でないと述べる。一八九〇年代よりさらにきびしい認識を強調する。そのように論じた上で、これまでの北海道内国植民論を大きく転換して、海外植民論を積極的に提唱するのである。

海外植民の主張について見ておこう。

(一)彼の薄利に苦しむ地主、生計難を訴ふる小作人は、宜しく之を内にしては我北海道・樺太、若しくは台湾に向って益々農業殖民を起し、之を外にしては満韓若しくは南北米国に向って大に農業の新天地を開発すべく、国の内外を論ぜず、其発展的事業にあらざれば新機運の到来せる今日に於て、決して農業界の病根を医すること能はざるなり、況んや区々小刀細工的たる改良事業をや……宜しく農政の大本を農業殖民に樹て……冀はくば時弊を救ひ農業界の天地を一新するを得ん(「何を以て我国農業界の積弊を救済すべき」一九〇六年、三―四頁)。

(二)世界経済の進歩に伴ひ其競争場裡に立たしめんと欲せば、須らく稠密に過ぐる農民を移して希薄の地に殖民せしめ、以て農業の規模を拡張し、競争に備ふべき実力の養成に努めざるべからず、海外に対する殖民としては満韓最も可、南北両米も不可とせず、阿非利加亦大に其手を伸ばすに足るべし……殖民の目的は経済的領土を拡張するにありて、政治的領土を得んとするにあらず、平和の発展策にして侵略主義にあらず、故に殖民すべき土地の政治上の関係は毫も憂ふるを要せず……故に殖民者が其土地の主権を尊重し其法規に従順なるべきは勿論なり、満洲は我同胞の血を流せる所なるも其主権は之れを尊重するを要す、韓国は我が保護の下に立てるものなるも其国際的位置は飽迄も之を重んずべし、然れども是れ政治上の関係のみ、国民が移殖して其富源を開発するは独り日本の利益なるのみならず、殖民地其もの丶利益とする所なり、南北両米大陸も亦毫も異ることなし、(「農政上に欠けたる要素」一九〇七年、四頁)。

北海道内国植民の推進を唱え、海外植民に反対する一八九〇年代までの主張が、台湾、朝鮮、中国東北部へ、さらには南北アメリカへの植民を推進する主張に、大きく転換したことが分かる。前に述べたように、一九〇一年には、北海道の可耕地の主要部分が「開拓」を終えていたこと、そして、それにもかかわらず、「彼の薄利に苦しむ地主、生計難を訴ふる小作人」(一)、「稠密に過ぐる農民」(二)という日本農業の苦況の深刻化したことが出発点である。佐藤は、「区々たる改良事業」(いわゆる日露戦後農村改良運動)には消極的であって、「海外に対する殖民としては満韓最も可」という、海外、とくに「満韓」進出を唱える農政学者となったのである。「時弊を救ひ農業界の天地を一新」が期された。「満洲は我同胞の血を流せる所」とか「(世界の)競争場裡」というナショナリズムがもうひとつの動因となっていることも分かる。こうして、はじめにで述べたように、一九〇七年に東北帝国大学農科大学に改組されるや、日本ではじめての植民学講座の開設が認められた。担当教官、佐藤昌介も、植民学者の本舞台へ登ったのである。

札幌農学校の佐藤昌介校長は、このように、二〇世紀初頭という時期に、すでに、台湾、朝鮮そして中国東北部にたいして、積極的な進出策を提唱し続けていたのである。『北大百年史 通説』「北大百年の諸問題」の論文「北大における満蒙研究」で、長岡新吉氏は、一九〇五年に札幌農学校を第二三期生として卒業し、やがて満鉄総裁などの植民地高級官僚となる東郷実が、卒業論文を改稿して、翌年に刊行した著書『日本植民論』で、「満洲」に「移民の奨励をなささる可らす」と論じた満洲進出の意図をこめた論旨を紹介し、北大の満蒙進出への関心の萌しを指摘していた。[18] 順序を言えば、事実は、佐藤昌介校長の方が、生徒であった東郷に先行して、「満韓進出」を盛大に主張し始めていたのである。

東郷実が卒業した一九〇五年七月、卒業式(「卒業証書授与式」)での佐藤昌介校長の挨拶文(「告辞覚書」)は、次のように述べている。

今や我国振古未曾有の時局に際し、日露戦争の結果は常に我国の大勝利に帰し、国威の海外に赫々なるは勿論……後来諸氏が最も其力を致すべきものは、之を外にしては満韓の経営あり、之を内にしては富源開発、殊に我北海道又は台湾の拓殖事業あり、是れ皆諸子の手腕を揮ふべきものなり、此等の事業は大率社会の競走場裏に於て経営すべきものなれば、固より薄志弱行の徒の能く堪ゆる所に非ず、諸子は自今社会の競走場裏に雄飛し、其目的を達せんと欲せば益々其志を鞏固にし其操行を高潔にし以て他日の大成を期せられよ……(「北海道農会報」五

—五六、一九〇五年八月二八日)。

引用した文章は、短い決まり文句の祝詞文につづく挨拶文本文の冒頭、第一段落部分なのである。とくに「満韓の経営」が最初に述べられていることにも注意したい。卒業生、東郷は、この時、植民地台湾総督府官吏に就職することが決まっており、佐藤校長から「満韓の経営」や「台湾の拓殖事業」の「競走場裏に雄飛」せよと、格別に強力な檄を飛ばされた。

東郷実は、一九〇一年に札幌農学校に入校した第二三期生で、卒業時は、二六人中の成績席次は第二位、最優秀の校費生であった。学校から学費を支給される校費生は、卒業後五年間、「身分進退」について佐藤校長の「許可」を得る規則であった。「殖民論」の授業は、三年級の一学期、七月から一二月の半年間で、一五週、四五時間の授業が行われた。東郷実の「殖民論」試験の結果は優秀で、これも席次第二位である。授業を担当したのは、佐藤昌介である(「本科第三年級第一学期試験成績表」明治三七年一二月、「本科第四年級学年成績表」明治三八年七月、『札幌農学校一覧』)[19]。東郷は、卒業論文を改稿した『日本植民論』の公刊に当たってとくに佐藤昌介と新渡戸稲造、高岡熊雄(当時、農政学担当)、三人の札幌農学校教官に校閲を求めたのだった[20]。

卒業式にのぞんだ東郷実の同期、一九〇五年卒業の第二三期本科生二五名、そのなかでは、台湾へ一人、朝鮮へ一人、樺太へ一人が、高級官吏、農場監督、実業として赴任することになっていた。ほかに「一年志願兵」が七人おり、うち一人は翌年、奉天の農業技師に就き、また一人は、翌々年、朝鮮の大地主経営、片倉組の農場監督におもむく[21]。佐藤昌介の日記によれば、こうした農商務省や在京の新渡戸稲造などの人脈をたどった人事を、佐藤は「斡旋」と呼んでおり、佐藤昌介の重要な業務の一つであった[22]。

新渡戸稲造が、札幌を離れたのは一八九八年。その後、台湾総督府に招かれ、糖業意見によって台湾統治の経済政策を立てる事業に参画し、植民政策家として名声をあげる。その後も、新渡戸が、佐藤校長の植民地関係の人事「斡旋」に積極的に協力しつづけていたことは、現存する農学校の文書や書簡に記されている。

たとえば、一九〇六年五月、佐藤昌介校長から奉天軍司令官宛電報「新渡戸博士ノ電報ニヨル農事試験ノ技手ハ適任者アルニツキ月俸百五十円ヅツノモノ二名採用セラレタキ旨横山技師ニ御伝ヘヲ乞ふ」(「明治三十九年　札幌農学校公文録」第一冊)[23]や、一九〇八年一〇月の佐藤校長の宮部金吾宛書簡「(前略)一、関東州山林技師之義ハ、時機相後れ為ニ他ニ決定セル旨、先般当局ヨリ新渡戸氏迄申来リ候旨、昨夜通報ニ接シ候……一、台湾ニ化学専攻者一名ヲ入ル丶事、見込相付キ候由、先般大島氏ヨリ断リ来リ候ものニ代ルベキ人之由、右、新渡戸氏ヨリ電報ナリ、依テ大島氏江御伝言、可然ものヲ人選シテ差向ケラレ度候、成績ノ良好ナルもの要スル由候」などがある。[24]前者は、新渡戸が、電報によって、佐藤校長に中国東北部農事試験場技手の人事を仲介したもの、後者は、やはり新渡戸が台湾に農業化学専攻の農学校生徒を仲介したものである。当時、技師や技手は、高級官僚(奏任官)であり、佐藤や新渡戸の仲介によって植民地へ派遣されたのである。佐藤昌介と札幌農学校は、このようにしても日本の満韓進出に参画してゆく。韓国水原の統監府勧業模範場の第二代所長に札幌農学校教官が赴任し、札幌農学校生徒から人材が送られるが、やがて東京帝国大学農学部(駒場)が朝鮮支配の主導権をとる。

佐藤昌介の植民学の問題点を二点について紹介しよう。

一つは、引用した論説「戦後の経済政策」(一九〇五年)と「何を以て我国農業界の積弊を救済すべき」(一九〇六年)で、くり返し指摘されている「彼の薄利に苦しむ地主、生計難を訴ふる小作人」という農民問題である。日露戦争後、日本の農村の疲弊は、事実、進行していた。北海道の「開拓」は、「北海道国有未開地処分法」で、さらに急激に進展し、半世紀足らずで、世界的ともいえる「急進的開拓の成功例」と評され、しかも、日清・日露の両戦争により、植民できる、佐藤昌介が言う「経済的領土」は、画期的に広がった。ところが、「経済的領土」が急激に、そして大幅に広がったにもかかわらず、日本農業はあいかわらず「薄利に苦しむ地主、生計難を訴ふる小作人」という状況であって、佐藤の言う過小農の農民問題は、むしろ深刻化した。この農民問題の深刻化が、また、国権拡張の主張を招く。問題の一つは、この悪循環なのである。人口過剰論からの植民政策論は、一大試験場、北海道の急進的「開拓」論から満韓進出論へと一見華々しく展開していたが、実際には早くから袋小路に入っていたのだった。

問題の二つは、引用した論説「農政上に欠けたる要素」に見られる、佐藤の「侵略主義にあらず」という議論である。「満韓」進出を唱える論について、佐藤昌介に「政治的領土を得んとするにあらず、平和の発展策にして侵略主義にあらず」というような議論があることは事実である。

佐藤昌介の上の論説「農政上に欠けたる要素」が書かれたのは、一九〇七年である。日露戦争が終わり、日本が韓国に統監府を設置し、韓国の外交主権などを奪い、「保護国」にしたのは一九〇五年、その二年前である。論説が書かれた一九〇七年の段階で、日本が、事実として、「殖民者が其土地の主権を尊重」したか、そして日本の軍事進出が、韓国の「其国際的位置は飽迄も之を重ん」ずることが可能と認識できる程度のものだったか、この点は問題であろう。

佐藤昌介は、日露戦争前後に二回、朝鮮と満洲を農業経済学と植民学の専門家として招請されて視察している。最初は、統監府設置の直前、一九〇三年で、五十余日、相当の時間をかけてシベリア、満洲、中国、朝鮮を視察した。朝鮮では、「仁川、京城、木浦、釜山を視て帰朝した」(「露情視察談」一九〇四年)。朝鮮をほぼ縦断して、視察したのだった。二回目は、一九一三年で、日本に併合されて三年後の朝鮮を専門家として視察した。帰国した佐藤昌介(当時、東北帝国大学農科大学長)は、次のような談話を述べた。

『北海タイムス』大正二年九月一三日号、一面

●鮮満旅行土産(上)

(農学博士、佐藤昌介氏談)

▲国滅びて山河依然

余は、今回、朝鮮に旅行の序を以て、満洲地方をも視察せるが、之は二回目で三十六年に一回同地方を旅行したことがある、先づ安奉線を経て奉天に達し、北上南下満鉄沿線を具さに視察したが、朝鮮は何人も足一たび其地を踏まば忽ち油然として同一の感想が起るであらう、如何にも満目荒涼、風物凄惨で幾多年の間、山野自然の賜を虐待し放任の結果、山は高く骨を露はし野は空しく磽确を呈し、堤防崩れて道路なく実に満目只蕭篠の光景を呈して居る、又、人民とても幾世紀間悪政に圧迫せられ生活は最低度に下って居る、実に其情態は惨めなものである、幸ひ我国と併合後善政着々施かれ人民の幸福之に過ぎぬことゝ思ふ、

併合から三年後、当時、土地調査事業がはじめられ、日本人地主による土地掠奪も進行し、日本の大地主の全羅北道群山などへの進出は、急激に進行していた。解散させられた韓国軍隊は義兵として抗日結社を組織して日本軍にたいして激烈に武装闘争を展開し、日本軍も大討伐作戦を展開していた。当時、満韓にたいする日本の植民地支配の実状は「平和の発展策にして侵略主義にあらず」(「農政上に欠けたる要素」)と言える状況ではなかった。佐藤自身が記しているように、「満目荒涼、風物凄惨」、「生活は最低度に下って居る」、「山は高く骨を露はし野は空しく磽确を呈し、堤防崩れて道路なく実に満目只蕭篠の光景」という韓国農村を専門家として視察した佐藤昌介学長は、それを、朝鮮の幾世紀、数百年の「悪政」の結果と断じた。朝鮮を、未開とみなしたのである。しかしながら、見てきたような、アイルランド貧農以下の貧農、あるいは、高額小作料、鋤農、園芸的、侏儒的過小農、生計の「(世界で)最も劣等」などという佐藤昌介の日本農民像を想起したい。そうした日本農民の世界最下位の惨憺たる悲境は、ますます深刻化していると佐藤は説いていたはずである。それは、当時の日本の農村の実状そのものでもあった。佐藤の日本過小農論と対比すれば、歴史的な朝鮮農民を日本人農学者がもっぱら未開視するのは、一方的な、不当な民族蔑視であろう。

朝鮮農村の、併合直後の、そうした日本農村をはるかにしのぐ惨状は、前に紹介した、札幌農学校卒業生の秋収籾、

殖産銀行などからの管理委託を含めて一万石、生産米のすべてを日本へ搬出というような日本人大地主の侵出などによって急激に進行したものである。佐藤は、一九一三年の視察で、この卒業生と面会、満洲まで同行していた。佐藤昌介や新渡戸稲造は、現地では、このような日本人大地主経営を視察して朝鮮農村を調査したことも注意したい。一九〇六年一一月四日、新渡戸は群山に入り、中西譲一らの日本人農場を視察、中西らが群山を案内したが、その年の二月、中西農場では、朝鮮小作人数十名が暴動、日本人農場事務員らを襲撃したことが報道されていた。[25]

佐藤昌介は、「幸ひ我国と併合後、善政着々施かれ、人民の幸福、之に過ぎぬ」という、当時の時流と一般の、実状とかけ離れた談話を発表した。「亡国」（朝鮮の亡国）と「枯死国朝鮮」を記した新渡戸は「消滅の運命」の朝鮮未開論を特有の博識と美文で展開してみせた。満韓の実地を視察した佐藤昌介学長は、なによりも農業経済と植民学の、草創の専門家であったのだが。

くり返して言えば、併合三年後、韓国統監府支配に入ってから八年後、農業経済の専門家、佐藤昌介は、あらゆる面で惨状を極め、荒廃しきった朝鮮を眼前にし、日数をかけて「具に視察」した。そして、「幸ひ我国と併合後、善政着々施かれ、人民の幸福、之に過ぎぬ」と批評した。歴史を後知恵で裁断せよと言っているのではない。これは、札幌農学校と植民学の、私たちが記憶すべき事実なのである。

おわりに——北大の満洲研究

一九三二年三月一日、傀儡国家「満洲国」が中華民国から「独立」した。国際連盟のリットン調査団が来日し、国際世論の批判が起こるなか、日本は、九月一五日にこの「独立」を承認した。同月二四日、札幌市豊平館では、北海道協会の主催で、講演会が開催される。講演会の記録が、翌年『満蒙と北洋』という小冊子として刊行された。[26]序言を記すのは、北海道協会専務理事の田中清輔、講演をしたのは、北大の農業経済の高岡熊雄、林学の宍戸乙熊、北海道庁水産試験場の横山将来である。高岡は、「満蒙移民問題」を講演した。北海道協会は、華族、近衛篤麿らがつくった大地主の組織で、田中清輔は大地主の代表であった。田中清輔の挨拶は、つぎのように述べている。

国土狭少にして天然資源に乏しく、人口は歳と共に過剰に赴き、食糧は必然的に欠乏を告げんとすることが、戦時と平時とを問はず、常に我国の深患たるは争ふ可らざる事実である。国内に於て充たされざるものは、之を国外に求むるの外は無い。……我等が多年北進政策の開展を高唱し、之が契点として北海道拓殖の促進に努力した所以のものも、亦此見地より出発したのである。

……今次満洲国の独立承認、日満両国の結合は、我国上下の総意を如実に反映したもので、北進の一段階は此に建設せられた……(二―三頁)。

満洲国を北進の一段階ととらえたのである。人口過剰論による植民論が一般的に主張されていたこともわかる。食料欠乏により、「国内に於て充たされざるものは、之を国外に求むるの外は無い」という、大地主の代表の、あからさまな侵略論である。

高岡は、日本の真意について国際連盟は「余計な邪推をなし」ていると演説する。

現在の政情より推察すれば、支那は容易に満洲国の独立を承認しないであらうから、其の間に我が国は一日も早く満蒙移民に関し、確乎たる方針を樹立し、特殊の保護を加へ、極力之を奨励し、悔を他日に貽すことの無き様大いに努めなければならない。仮令如何なる障碍が横はり、如何なる困難に遭遇しても、能く此等の障碍を除去し、困難を打破して、成る可く多くの農業移民を彼の地に送りて、日本民族の根拠を確立し、日満両国提携の実を挙げなければならない。然らざれば我が国が過去三十余年間に、二回までも国運を賭して、満洲の為めに払った偉大なる犠牲も、又現に満洲国の独立の為めになしつゝある活動も、共に有終の美を済すことは出来ないであらう……既に満蒙の治安を維持する為めに巨額の犠牲を払ひつゝある我が国民は、農業移民政策を遂行するが為めにも、等しく多大の犠牲を払ふ覚悟と決心とが必要である(二三―二四頁)。

論旨は、明快であって、中国やロシアが「満洲国の独立」を承認しないから、両国は、移民を送ることができない、これを奇貨として今すぐ一日も早く、たとえいかなる障害があり、いかなる困難があっても、日本から農業移民を送るべし、と主張する。

高岡の言論活動は、きわめて活発であった。同趣旨の論説を、①「満蒙移民問題」(『中央公論』一九三二年一二月号)、②「日満人口統制に就いて」(『外交時報』第六七四号、一九三三年一月)、③「日本人移住地としてのブラジルと満蒙」(『改造』一九三三年五月号)と立てつづけに発表する。ブラジルと満蒙が比較されているのは、すべての論説のメイン・モチーフであり、移民としてはブラジルが条件が整備されており、有利だが、満蒙は血を流した土地であり、生命線であり、あらゆる犠牲を払っても移民せよ、という論である。戦時中の講義で、戦後も手を入れつづけて、没後に刊行された大著が、「はじめに」でも紹介した『イタリア領リビア開発政策史論』(一九九五年)である。北アフリカ・リビアへのファシスト・イタリア、ムッソリーニのイタリア農民集団移民実行を中心とする詳細な研究で、満洲集団移民策定を念頭に置いた研究と推測される。一九三〇年代、高岡は、満洲農業移民について、日本学術振興会(一九三二年設立)の嘱託研究や、満洲国立開拓研究所の委託研究に北海道帝国大学農学部農業経済学科の教官をまとめて調査班をつくって参加した。その経過や刊行物などの成果は、長岡新吉氏の論稿「北大における満蒙研究」にゆずる。調査には、満洲研究の主導権をとっていた京都帝国大学調査班、また東京帝国大学調査班なども参加した。

講演後の晩餐会で、二年前に北海道帝国大学を退官していた男爵佐藤昌介は、テーブル・スピーチをした。冊子『満蒙と北洋』に全文が収録されているが、興味深いスピーチである。高岡の講演は、大講演であったことがわかるが、佐藤のスピーチは短い。満洲国承認について触れたのは、冒頭だけであった。承認に祝意を述べ、日本の農業政策と移民政策は「両々其進展を期する」ものでなければならない、という。そして、その後の発言は、北海道農村の疲弊を訴えたのである。日本では「約六〇億円」の農家の負債がある。北海道拓殖銀行の低利融資政策実現をもっぱら訴え、最後に満洲での「馬賊の討伐」の後は農民移民だと手短に結んだ。有名な馬占山などの中国農民の蜂起については高岡も言及し、「会津藩の新政府への反抗に比すべきものではあるまいか……皇軍の絶大なる努力に依り遠からず治安の維持せらるゝことは火を睹るよりも瞭らかである」と、革新にはつきものの抵抗にすぎないとして触れている。日本の膨張は、アジアに大被害を与えつつ、農村の犠牲で行われた。かつて、佐藤校長は、農民に犠牲を「甘受すべ」しと主張した。それから約三〇年後、満洲国承認、日本帝国の膨張を祝賀する演説会後のテーブル・スピーチで、佐藤昌介は、もっぱら極度に深刻化した農村窮乏の救済を訴えた。

「朝鮮総督府」も「満洲国」も、この一三年後に日本の敗戦によって崩壊する。「韓国併合」や「満洲国建国」は、アジア民衆に計り知れない被害、惨禍と苦痛をあたえた。この時、高岡が、いかなる困難をも乗りこえて送りこまねばならないと演説し、策定された移民計画によって、中国東北部、「満洲」に移民し(送り込まれ)、アジア民衆にたいする加害の最前線に立たされた貧しき日本農民も、約三二万人のうち帰国したのは、一一万余人にすぎなかった。戦前・戦中の日本の植民学を深く問い直す必要があろう。

注

(1) 高岡熊雄、北海学園大学、一九九五年九月。北大の植民学の系譜については、最近、竹野学「植民地開拓と「北海道の経験」」が、北海道大学『北大百二十五年史 論文・資料編』北海道大学(二〇〇三年三月)に発表されたので参考になる。なお、本稿のもとになったのは、同書に発表した拙稿「札幌農学校と植民学」である。本稿作成にあたって、全面的に改稿した。

(2) 「佐藤昌介とその時代年譜」佐藤昌彦『佐藤昌介とその時代』玄文社、一九四八年一〇月、二三三—二四五頁。

（3）『農学会会報』第三号、一八八八年一一月。以下、本稿で引用する佐藤昌介の論説は、最後に掲載誌の一覧に掲げる。
（4）和泉庫四郎『農業経済学の形成過程に関する研究――佐藤昌介の場合を中心とする』昭和五七年度科学研究補助金研究成果報告書。佐藤のアメリカ留学時代の研究である。ジョンズ・ホプキンス大学の教官、その学問などを参考にした。
（5）拙稿「「植民論」初期講義ノート（上）」『北海道大学文学研究科紀要』一一六号、「同（中）」同、一一七号に掲載した。引用部分は、（上）一一一一五頁。
（6）論考は多い。たとえば、湯沢誠「北海道の小作問題と北大」『北大百年史 通説』北海道大学、一九八二年、七一四―七二八頁。
（7）『新札幌市史』通史四「転換期の札幌」五三〇頁、一九九七年。中島九郎『佐藤昌介』川崎書店新社、一九五六年九月、四の一〇「学問の実際化（佐藤農場の創設経営）」二六五―二七二頁。
（8）小西和は、一九一九年の第四一回帝国議会北海道旧土人保護法中改正法律案委員会で保護法を批判した。略歴は、山川力『政治とアイヌ民族』未來社、一九八九年、九一―九二頁の補注。
（9）北海道大学文学部『古河講堂「旧標本庫」人骨問題報告書』一九九七年、一一一頁以下を参照。筆者は、一九九五年に起きた北大の古河講堂「旧標本庫」人骨放置事件の調査委員として、北大に放置されていた朝鮮の東学農民戦争（甲午農民戦争）の地方（珍島）農民軍指導者の遺骨について、韓国側「東学農民革命軍指導者遺骸奉還委員会」（代表・韓勝憲弁護士）と共同で、調査と返還を担当し、東学農民戦争における日本軍の弾圧の調査と、遺骨の搬入路の解明のために佐藤昌介、新渡戸稲造の植民学の調査もおこない、報告書も執筆した。この事件の東学農民軍指導者遺骨に関する経緯については、拙稿「北大で発見された東学農民軍指導者遺骨の調査と返還について」『歴史地理教育』五七一七、五八一六三頁、一九九八年、「甲午農民戦争（東学農民戦争）と日本軍」田中彰編『近代日本の内と外』吉川弘文館、二三五―二八一頁、一九九九年、「日本軍による最初の東アジア民衆虐殺」『世界』六九三号、二三八―二四七頁、二〇〇一年に記した。佐藤昌介の植民論の論説収集では、当時、同大学日本史学専攻大学院生であった一瀬啓恵氏の協力をいただいた。
（10）同右。
（11）「札幌農学校本科成績表」北海道大学附属図書館北方資料室。有島農場について、高山亮二『新訂有島武郎研究――農場解放の理想と現実』明治書院、一九八四年が詳しい。

(12) 佐藤昌介「小作農業ヲ論ス」『北海之殖産』第七号、一八九一年、があるが、地主の「慈善心」などの議論であり、未完に終わっている。札幌農学校は附属農場七五五万坪の大土地と小作農家(最大時、一〇九八戸)を保有して地主経営を行ってもいた。前掲『北大百年史 通説』の大庭幸生「附属農場――小作農場を中心として」が詳しい。

(13) 筆者は、「北海道国有未開地処分法」(一八九七年)と「北海道旧土人保護法」(一八九九年)の密接な関係を、アイヌ民族共有財産裁判、札幌高裁(二〇〇三年一二月二日、第八回口頭弁論)で証言した。研究会で、小川隆吉原告団長、山田伸一氏・滝沢正氏ら研究者、佐藤昭彦弁護士ら弁護団など多くの方々の協力をいただいた。証言は、小笠原信之『アイヌ共有財産裁判――小石一つ自由にならず』緑風出版、二〇〇四年四月に、大部分が収録されている(二三二―二五七頁)。

(14) 田中慎一「植民学の成立」『北大百年史 通説』「北大百年の諸問題」五八九頁。

(15) 『新渡戸稲造全集』第二一巻、教文館、一九八六年四月、「日本の植民」(一九一九年一二月の講演記録)四八四頁。

(16) 佐藤昌介の「植民論講義ノート」のこの部分は、注(5)の拙稿の続きとして掲載予定。

(17) 注(5)拙稿「「植民論」初期講義ノート(中)」の解説参照。佐藤昌介文庫の欧文書籍、およびH・メリヴェール他のイギリス帝国時代の植民学などについて、イギリス近代史の長谷川貴彦氏から貴重な教示をいただいた。

(18) 長岡新吉「北大における満蒙研究」前掲『北大百年史 通説』七四六―七六一頁。

(19) 北海道大学附属図書館北方資料室資料。

(20) 注(18)と同じ。

(21) 札幌同窓会「札幌同窓会報告」北海道大学附属図書館北方資料室。

(22) 佐藤昌介「日記」北海道大学附属図書館北方資料室。一九〇七年一月五日に「一月中之回憶大要」として「宴会・演説・論文・職務・旅行・斡旋・訃音・送迎・通信・訪問」が記される。「斡旋」は卒業生の人事、教員・技師への就職の斡旋で、この一月だけで、八件の斡旋をしていた。なお、前掲『古河講堂「旧標本庫」人骨問題報告書』一二三頁参照。

(23) 「札幌農学校公文録」は北方資料室。文章の加除は省略した。この史料について、井上薫「北海道大学文学部古河講堂頭骨放置事件」巨大情報システムを考える会編『〈知〉の植民地支配』社会評論社、一九九八年、一六―二八頁参照。札幌農学校簿冊について井上薫氏・朴孟洙氏・筆者の共同の調査を行った。井上薫氏には調査全体で協力をいただいた。

(24) 北海道大学農学部宮部文書。

(25)　佐藤昌介の朝鮮視察は、前掲『古河講堂「旧標本庫」人骨問題報告書』一一二頁以下参照。一九〇六年の朝鮮視察で、日本人地主を訪問する状況が詳しいのは新渡戸で、『朝鮮新報』に動向が報道される。同前、一三五頁参照。新渡戸は、一九〇六年に朝鮮を視察し、「亡国」と「枯死国朝鮮」という随想を記す。「枯死国朝鮮」で、「彼等(朝鮮農民)は有史前紀に属するものなり」と、朝鮮の「消滅の運命」を論じた。なお、最近、権錫永「朝鮮「亡国」論」が、新渡戸・「亡国」論の思想構成を詳細かつ鮮明に分析している(科研費(B)(2)「近代における日本・朝鮮半島関係史と地域社会」研究成果報告書、代表者白木沢旭児(北大文学研究科)二〇〇三年)。

(26)　北海道協会『満蒙と北洋』同会刊、一九三三年二月。

引用した佐藤昌介の論説一覧

「大農論」『農学会会報』第三号、一八八八年一一月。

「北海道ノ移住ト外国ノ出稼」『殖民雑誌』第二号、一八八九年七月。

「日本農業の改良と北海道殖民との関係」『殖民雑誌』第三号、一八八九年八月。

「北海道の農業に就いて」『北海之殖産』第一号、一八九〇年三月。

「北海道農業之進歩」『北海之殖産』第七号、一八九一年二月。

「我邦農業ノ前途ニ就テ」『札幌農学会報』第三巻、一九〇二年四月。

「露情視察談」『北海道農会報』第四巻第三七号、一九〇四年一月。

「戦時北海道農民ノ覚悟」『北海道農会報』号外、一九〇四年五月。

「戦後の経済政策」『北海タイムス』一九〇五年一月。

「札幌農学校卒業証書授与式　佐藤校長の告辞」『北海道農会報』第五巻第五六号、一九〇五年八月二八日。

「何を以て我国農業界の積弊を救済すべき」『農業世界』第一巻第六号、一九〇六年三月号。

「農政上に欠けたる要素」『農業世界』第二巻第一三号、一九〇七年一一月。

「鮮満旅行土産(上)、(中)、(下)」『北海タイムス』一九一三年九月号。

第二章　変奏する統治（ガヴァメント）

——二〇世紀初頭における台湾と韓国の刑罰・治安機構

梅森直之

はじめに――帝国と統治

韓国併合直後の一九一一年、大日本文明協会から、『最近埃及(エジプト)』という翻訳書が出版された。原著は、クローマー(Evelyn Barring Cromer)の *Modern Egypt*。[(1)] クローマーは、一八八三年にイギリス代表兼総領事の地位につくや、一九〇七年の引退まで、エジプトの事実上の支配者として君臨した人物であった。当時大日本文明協会長の地位にあった大隈重信は、本書の翻訳・出版の動機を次のように説明している。「余は先年英国大使館よりクローマー卿演説集の寄贈を受くるや、卿の埃及に於ける経営は我韓国に於ける保護政治の上に参考すべきもの多きを思ひ、之を当時の統監伊藤公に送りたることあり。我国民が此書に就て玩味せば其裨益する所多大なるは余の信じて疑わざる所なり」[(2)]。大日本帝国が本格的な植民地帝国へと変貌を遂げつつあったこの時代、大英帝国のエジプト支配を、植民地支配のモデルとして利用しようとする空気が、統治エリートの一部に存在したのである。エジプトに対するこうした関心を一過性の流行として過小評価することはできない。なぜならこの時期おこなわれたエジプトに関する調査は、大日本帝国の植民地統治に影響を及ぼしたからである。たとえば一八九八年から一九〇六年まで台湾総督府民政局長の地位にあった後藤新平は、台湾における司法制度の改良にあたり、クローマーの治安政策に強い関心を寄せ、植民地における刑罰制度に関しての実地調査をおこない、それに触発された刑政改革を実行した。[(3)] また一九〇七年に韓国内部警務局長に就任し、以後韓国併合にいたる直前まで同地において近代警察の扶植に尽力した松井茂も、エジプトの警察制度に強い関心を抱き、イギリスの文献を中心とする精力的な調査研究に立脚した韓国警察改革の意見書を提出した。[(4)] さらに注目すべきは、後藤新平にせよ松井茂にせよ、この時期にエジプトと関係をもった人物が、有力な内務官僚として、本国の政治制度の構築にも強い影響力を行使したことである。この意味において、エジプトにおけるイギリスの統治経験は、大日本帝国の統治へとつながっていた。エジプトの歴史はまた、大日本帝国の現実の一部であった。

本章は、二〇世紀のはじめ、台湾、韓国でおこなわれた刑罰・治安機構の整備をめぐる議論を手がかりに、近代的統治の特質を、帝国とネーションとの錯綜する関係において明らかにすることを試みる。「一八世紀と一九世紀におけるイギリスのインド征服を調査するにあたり、わたしが絶えず意識していたのは、本国と植民地が、単一の分析のフィールドと見なされなければならないということである」[5]。アメリカの人類学者バーナード・コーンは、みずからの著作の冒頭でこのように述べている。一国史を超え、本国と植民地をともに包含した領域を問題化しようとする視座は、こんにち帝国研究の名をもって呼ばれる。こうした帝国研究が、近年世界的に影響力を増しつつあることは、すでに周知の事実に属する[6]。一方、日本近代史に目を転じても、本国と植民地の密接な関係が、近年あらためて問題化されつつある。伝統的な経済分析に加え、こんにちでは、思想、文化、制度の領域においても、本国と台湾や朝鮮をはじめとする植民地との密接で錯綜する関係がさまざまに議論されている[7]。こうした帝国をめぐるさまざまな問題のうち、わたしが本章でとりあげたいのは、統治という主題である。ここでは、統治という用語を、ミッシェル・フーコーにならって、「人もしくは人々の行為を形成し、導き、影響を与えようとする活動の形式」と定義しておきたい[8]。周知のようにフーコーは、個々人の行為を観察し、形成し、管理するための具体的なテクノロジーこそが現代社会を理解する鍵であることを論じ、監獄や警察といった諸制度の発展と実践のうちにその具体的あらわれをみた。しかしながらその際フーコーは、分析の対象を、もっぱら西洋の国民国家に限定したため、そこで問題化された近代的な統治と、植民地統治の現実がどのように連関するのかは、依然として論争を呼ぶ問題であり続けている。

従来の研究において、本国と植民地における統治との関係については、主として以下の二つの視角から分析が行われてきた。その第一は、植民地における前近代的要素の残存を強調し、そこにおける統治のダブル・スタンダードを問題化する視座である。それはまた、本国における統治を基準とし、植民地における統治を「十分に近代的ではない」として批判することへとつながってゆく。[9] これに対し、「近代の実験室」としての植民地の意義を強調する議論がある。こうした研究は、本国の政治的制約から解放された規律訓練権力や社会工学の最新統治技術が、植民地において、どのように展開されたのかに焦点をあわせる。[10] 大日本帝国による植民地統治が、このいずれの像により近かったのかは、依然として検討に値する課題である。しかしながら、より重要なのは、こうした二つの側面がもつれ合い絡み合うことにより、そこでどのような統治が誕生し実践されたかを明らかにすることであろう。思想や文化、制度と同じく、統治もまた旅をする。本国で誕生した技術が植民地に輸出され、植民地で発展した技術が本国へと回帰する。本国と植民地とのさまざまな条件に対応し、新しい統治の技法が編み出され、古い慣習が呼び起こされる。こうした空間移動によって生ずる統治の意味変容のプロセスを、本章では「変奏」という用語で問題化する。フーコー自身は、統治を問題化するにあたり、変奏を分析の主題として取りあげることはなかった。しかし、こうした主題は、統治を帝国という視座から分析する際に、見落とされてはならない視角である。

そもそも近代的な統治とは、どのような性格を有するものであろうか。フーコーは、一七世紀から一八世紀にかけて大陸ヨーロッパを中心に、それまでの伝統的な統治技術(ポリティーク)にかわって、新しい知＝権力の形態(ポリツァイ)が登場したと論ずる。かれはその新しさを、ドイツの行政学者、von Justi の著作を引きつつ、次のように説明する。「ポリツァイ」とは、「ポリティーク」と区別される新しい統治実践である。「ポリティーク」が、国家にとって、内部および外部の敵と闘うことを内容とする「根本的に否定的な務め」を意味するのに対し、「ポリツァイ」とは、市民の生活と国家の活力の双方の発展をはかる「肯定的な務め」を指している。フーコーは、「ポリツァイ」を、全体性、個別性、生産性という三つの観点から特徴づける。[11] まず全体性とは、権力が、その活動域を、人々が行ったり企画したりするすべてのことがらに広げてゆく傾向を意味している。次に個別性とは、権力が、活動的で生産的な生きた個々人を監視・管理する傾向を意味している。最後に生産性とは、権力が、被治者に対して、否定を通じてではなく、その活力を増強するようなかたちで機能する傾向を意味している。フーコーは、近代的統治の特質を、こうした三つの権力の特有の結びつき、すなわち、「個人の共同体への統合を、個人に対する知識の精緻化と、共同体全体の力の増強とを結びつけることで実現する」ありかたのうちにもとめた。[12] フーコーは、こうした近代的統治の特質を、「全体化し個別化する」という卓抜な用語で表現した。[13]

　近代日本をフィールドとする研究者は、明治後期から大正前期にかけての時期を、新しい統治実践が出現した画期であると考えてきた。この時期に生じた、急激な工業化・都市化といった根本的な社会変動に対応するかたちで、大日本帝国における統治もまた、方法と主体の両面において、根本的な変動を余儀なくされたのである。たとえば芹沢一也は、この時期に発展した新派刑法学、精神医学、方面委員制度の言説と実践のうちに、「絶対的な他者の撲滅ではなく、理解可能な他者の社会への同化」を目論むような新しい統治の誕生を見いだしている。芹沢は、こうした主題をめぐる言説が、いずれも逸脱した個人を対象化しその「解剖学」的な知見に立脚した矯正を通じて社会への同化をもくろむものであったことを指摘し、その特質を「〈法〉から解放される権力」[14]と表現した。そしてこの時期、こうした新しい実践の中心的な担い手として台頭したのが、帝国大学出身の官僚たちである。これは、本章で取りあげる松井茂、小河滋次郎という帝国大学出身の学士官僚が、いずれも日露戦争前後の時期に、それぞれ警察行政、監獄行政の分野における第一人者としての地位を確立していったことのうちに象徴的にあらわれている。松井と小河は、帝国大学でともに穂積陳重の指導下にあり、穂積がこの両者に対し、警察学ならびに監獄学という新しい研究対象を示唆したとの記録もある。[15] 幕末維新期の動乱を経験した藩閥官僚にとって、統治（ガヴァメント）が、戦闘行為（ポリティーク）と切り離しえない問題であったのに対し、かれら学士官僚は、統治を、純粋に行政（ポリツァイ）的な見地から問題化することができた最初の世代であった。

　国内において、ポリツァイという新しい統治原理が誕生しつつあったこの時期、大日本帝国が、台湾と韓国を舞台とする苛酷な征服戦争を展開しつつあったことは忘れられてはならない。大江志乃夫は、台湾と朝鮮の植民地化が、条約という外交手段を通じた割譲と併合により実現したとする歴史認識を、大日本帝国の軍事行動の実際に即して批判し、むしろその植民地化の過程を、「植民地戦争」として問題化することを主張した。[16] こうした植民地戦争の象徴が、台湾における匪徒刑罰令を手段とするゲリラ的抵抗の殲滅であり、韓国における憲兵警察を中心とした抗日義兵闘争の弾圧であった。植民地をフィールドとする研究者が、大日本帝国の植民地統治の本質を、こうした暴力的抑圧（ポリティーク）に見いだし、その内実を明らかにすることに努めてきたことには十分な理由がある。しかしながらこのことは、植民地におけるポリツァイ的思考の不在を意味するものではない。このことは、後藤や松井、小河といった本国における近代的統治の推進者たちが、いずれもこの時期、植民地における統治問題に深く関与したという事実のうちに明瞭にあらわれている。大日本帝国の植民地統治は、前近代的な暴力的抑圧（ポリティーク）としてでなく、むしろ近代的統治（ポリツァイ）と暴力的抑圧（ポリティーク）との複合体として問題化されるべきであろう。

本章では、近代的統治（ポリツァイ）と暴力的抑圧（ポリティーク）とが、どのように融合したのかを分析する事例として、台湾における笞刑の導入と、韓国における警察の制度改革をとりあげる。こうした事例は、「匪徒」や「義兵」を対象とする暴力的抑圧と比較した場合、その苛酷さの程度が一見軽度であるために、植民地統治の分析にとって周辺的な主題とみなされがちである。しかしながら、統治が空間を移動しその意味を変容させていったのは、一見マイナーなこうした事例をめぐる議論を通じてであった。暴力的抑圧（ポリティーク）が本国と植民地における統治の異質性を際だたせるとすれば、近代的統治（ポリツァイ）こそが両者の共通性を浮き彫りにする領域である。本章は、これらの事例の分析を通じて、暴力的抑圧（ポリティーク）と近代的統治（ポリツァイ）が融合し変奏する帝国統治の一断面を描き出そうとする試みである。

一　笞刑の政治学

笞刑の復活

「私が（後藤新平台湾総督府民政局長に）エジプト総督クローマー卿に聞いた話をいたしますと、大層感服せられて、いろいろとその意見を採用された。例えばクローマー卿は、当時台湾のような、民度の低い未開地では、即決裁判で、昔のままにやはり鞭で打つようにしなければならぬと言われた」[17]。これは『後藤新平伝』に記された上田恭輔の回想の言葉である。上田恭輔は、台湾総督府通訳事務の嘱託として、民政部総務局に勤務した人物であり、一九〇三（明治三六）年四月一四日付けの勤務命令と、一九〇四（明治三七）年二月一一日付けの解職の届けが台湾総督府文書中に残っている[18]。上田の回想は、次のように続く。「しかしながら、内地法曹界の反対がはなはだしいので、後藤長官はまづ当時の覆審法院長、後に大審院検事たりし鈴木宗言氏を各国の植民地に派遣して、各地の実情を視察せしめた結果、鈴木法院長の献策を容れ、ついに断然日本法曹界反対を押し切り、笞杖刑を実施せられたのである」[19]。残念ながら『後藤新平伝』は、この興味深い事実に関する詳細な記述を欠いている。そもそも上田は、いつどのような目的でクローマーに会ったのか、鈴木は、いつどのような植民地の調査を行ったのであろうか。

上田の履歴に関しては、国立公文書館所蔵の履歴書に詳しい[20]。この書類によると台湾総督府嘱任までの上田の履歴は以下のようなものであった。一八八八（明治二一）年アメリカ、インディアナ州のハイスクールを卒業後、コーネル大学でサンスクリットと比較言語学を学んだ。その後カリフォルニアからシカゴへと転じ、博士号を取得したのち、一八九九（明治三二）年九月よりイギリスへ留学しロンドン大学とオックスフォード大学の聴講生となった[21]。上田が台湾総督府と密接な関係をもつようになったのは、このロンドン留学時代のことであったらしく、履歴書には、当時台湾総督府の内意を受け植民地制度の調査に従事したとの記述が見える。その後一八九九(明治三二)年一二月には、フランス、パリに留学し、植民地の司法行政について調査を行った。一九〇一(明治三四)年には、パリを根拠として数回に亘り欧州各国及びアフリカ地中海沿岸の各国植民地を旅行見学している。一九〇二(明治三五)年には、帰朝の途中、台湾総督府の「内命」により、エジプト、インド、南洋各植民地を視察したとある。同年八月から台湾覆審法院事務嘱託をつとめ、一九〇三(明治三六)年四月一四日付けで民政部総務局通訳となったことは、前述の台湾総督府文書に記されている通りである。一方鈴木の植民地調査に関しては、国立公文書館に、「法院判官鈴木宗言香港海峡殖民地ヲ経テ欧米各国へ派遣ノ件」という一九〇一(明治三四)年三月二六日付けの書類が存在する。[22] この文書において、台湾総督児玉源太郎は、鈴木派遣の理由を説明するにあたり、「風俗慣習ヲ異ニスル殖民地ノ司法制度並裁判事務ニ関シテハ我国未タ智識経験ニ乏」しい状態にあるとの現状認識を示したのち、「先以テ欧米各国ノ其殖民地ニ対スル司法制度並裁判事務ノ関係ヲ究査スルコト本島ニ採リ再急務」であると主張していた。上田が、いつどのようにクローマーと会い、それをいつどのように後藤へ伝えたのかという点に関しては、依然として不明の点が残る。しかし、これらの資料は、『後藤新平伝』の記述を、大筋で裏付けているように思われる。

日本の台湾領有が周到な準備なくして実現した結果、初期の台湾統治が混乱を極めたことに関しては、すでに多くの指摘がある。[23] こうした混乱に終止符をうつべく、台湾統治の切り札として一八九八(明治三一)年に台湾総督府民政局長として送り込まれたのが後藤新平であった。後藤の基本方針が、台湾の実情を理由に、「特別統治」の重要性を強調する「植民地主義」であったことに関しても、すでに指摘がなされている。[24] 国家統合の次元において、台湾と本土との間に制度上の区分を立てず、同じ帝国臣民として内地臣民と同等の権利・義務を与えるべきことを主張する「内地延長主義」に対し、「植民地主義」とは、台湾を日本本国とは政治的および法制度上の別の統治領域とみなし、台湾の住民には本国人とは異なる法および統治制度を適用すべしとする差別化の政策を意味している。[25] こうした後藤の「特別統治」を象徴する政策とみなされたのが、一八九八(明治三一)年律令第二四号として公布された「匪徒刑罰令」と一九〇四(明治三七)年律令第一号として公布された「罰金及笞刑処分例」である。前者は、「何等ノ目的ヲ問ハス暴行又ハ脅迫ヲ以テ其目的ヲ達スル為多衆結合スルヲ匪徒ノ罪ト為シ」、「首魁及教唆者」や「謀議ニ参与シ又ハ指揮ヲ為シタル者」を死刑、さらにそれ以外のものであっても、「官吏又ハ軍隊ニ抗敵シタルトキ」には死刑に処することを規定し、後者は、「主刑三月以下ノ重禁錮」、「主刑又ハ附加刑ノ罰金百円以下」、「拘留又ハ科料」などの多様な「刑ニ処スヘキ本島人及清国人ノ犯罪」を、「其ノ情状ニ依リ罰金又ハ笞刑ニ処スル」ことをその内容とした。[26] いずれも、本国の刑法に比して「苛酷」な植民地統治の内実を示すものであるが、前者が、戦争としての植民地統治を浮き彫りにするのに対し、後者は、取締という局面における植民地統治の特別さを示すものである。

「罰金及笞刑処分例」をめぐる論争

「罰金及笞刑処分例」の施行は、本国の行政官や知識人のあいだに大きな波紋を巻き起こした。それはこの法令が、単に「同化主義」の要請する法の下の平等と対立するだけでなく、前近代的で野蛮な刑罰を復活させる試みとして理解されたからである。明治政府は、一八七二(明治五)年懲役法により、「王朝以来一千年の久しきに亘つて採用せし笞刑を廃止し、之に代ふるに懲役刑」を以てすることを決定し、一八八二(明治一五)年のいわゆる旧刑法の施行によって、完全にそれを廃止していた。[27] 一八七一(明治四)年末に提出された「司法省伺」は、こうした決定の背後にあった基本的認識を示す。「今般開化日進ノ御政体ニ準シ新律ノ刑名モ追々改正増損シテ條例取調候ニ付テハ笞杖ハ其刑名ニ照シ之ヲ日数ニ折シ懲役ニ換ヘ各役業ヲ授ケ候ヘハ自ラ世用ヲ弁シ身体ヲ強壮ニシ従来ノ弊害モ自ラ除キ懲戒悔悟ノ道相立可申奉存候」。[28] この書類から二〇年余りが経過した二〇世紀の初頭、笞刑が「今般開化日進ノ御政体」にふさわしくない刑罰であるという認識は半ば常識化していたといってよい。台湾における笞刑の「復活」は、本国の知識人にとって、あたかも葬り去ったはずの過去の亡霊が蘇ってきたかのように、恐れられ、嫌悪されたのである。

台湾における笞刑復活に対する反対キャンペーンの急先鋒となったのが、当時司法省監獄事務官の地位にあった小河滋次郎であった。[29]小河は、一九〇四(明治三七)年一月の『監獄協会雑誌』において笞刑反対の意見を開陳した後、さらにそれを敷衍し、六二頁のパンフレットとして出版した。[30]これに対し、植民地調査の実行者であり「罰金及笞刑処分例」導入の立役者でもあった台湾覆審法院長の鈴木宗言は、直ちに『台湾日日新報』誌上でこれに論駁し、やはりそれを冊子として出版した。[31]この興味深い論争に関しては、すでにダニエル・ボツマンの詳細な紹介が存在する。[32]ここでは、ボツマンが分析の対象とした両者の差異に加えて、議論のなかでしだいに明らかとなってくる両者の共通点にも留意しながら、笞刑の「復活」の意味に対する筆者の解釈を提示することにしたい。

「この度台湾に罰金笞刑処分例を発布したるに付て之れに対する世間の批評就中都下の新聞紙等を見ると如何にも蛮刑を行ふかの如く中には随分冷笑的の批評をなせしものもある」。当時総督府法務課長であった手島兵次郎は、「罰金及笞刑処分例」を擁護する論文をこのように書き出している。[33]手島の目的は、笞刑をもって「蛮刑」とする常識を論駁し、それが「学理上並に実際上十分実行する価値あること」、「殊に台湾の如き所には最も適切の刑罰方法と見ざるべからざる」ことを論証することにあった。まず手島は「学理上」の理由として、笞刑が「我が国を始め多くの文明国が行ひ来り居る短期自由刑」の弊害、すなわち「一場に多くの罪人を集めて刑を執行する為に罪悪研究の媒介」となること、「犯人の入監と共に其家族をして衣食に窮せしむる」ことなどを免れている点を強調した。さらに手島は、みずからの議論の裏づけとして、諸外国において現在も広く笞刑が施行されている事例を挙げてゆく。その範囲は、英国のほか、「豪州」、「香港」、「英領東印度」、「英領ギアナー」、「阿弗利加のゴールドコオースー(ママ)」、「加奈多」、「独領保護領地「亜米利加カメルン、トーゴ」」、「蘭領東印度(インド)」、「丁抹(デンマーク)」、「諾威(ノルウェー)」、「瑞典(スウェーデン)」の一一の植民地と国におよぶ。次に手島は、「実際上」の理由として、笞刑が安上がりな刑罰であることを強調する。「年々犯罪人の増加することは夥しきもので国家が犯罪の処分又は刑罰執行の為めに要する経費は実に莫大のもの」となっている。こうしたなかで、短期自由刑を笞刑で置き換えることは、「経常費に於ては少くとも二割……を減ずべく監房増築の設備は悉く廃止すを得て一挙両得の策」なのである。最後に手島は、笞刑が「殊に台湾に於て実行するの価値あり」という理由を、その「沿革」と「人情風俗」の両面から、次のように説明する。まず笞刑が、領台前まで行われていた制度であり、また「出稼に往来せる数万の対岸清国人」にとっては現在も本国で行われているという理由である。したがって、台湾には、「この刑を行はれたればとて敢て意とする」ものがいないであろうと述べられている。次に台湾人の「情緒」が、「優雅の点なく其品賤劣なる」という理由である。かれらに対して「肉体上の苦痛を感せしむることは易きも精神的苦痛を感ぜしむることは」容易ではない。したがって、「重禁錮制よりも笞刑の如きは余程其人柄に嵌り居ると云はざるべからず」と結論されるのである。

小河滋次郎は、こうした植民地官僚による笞刑復活の試みを、次のような言葉で激しく批判した。「未開蒙昧なる台湾新領土を支配するに直ちに文明寛大の刑典を以てしたること流石に文明国が未開の民族を待つの公明正大なる態度にして斯くの如くにして能く人道を全ふしまた能く彼れ未開の民俗を撫育し啓発するの大義に適ふものなりと称せられたる我が名誉ある光輝ある台湾民政の歴史は今や一朝にして蛮刑復興の為めに拭ふべからざる汚点を蒙ふむるに至らんとす(34)」。一見したところ、小河の批判は、「同化主義」の立場から、手島ら植民地官僚が前提としている「植民地主義」に痛棒を加えたものであるかのように思われる。しかしながら、ここでまず注目しておきたいのは、小河の笞刑批判が、台湾人と日本人との平等を主張する素朴なヒューマニズムとは無縁な地点から行われていることである。笞刑導入の反対者たる小河も、その推進者たちと同様に、台湾が「未開蒙昧の民族」の住まう新領土であるという認識を共有していた。小河の笞刑批判は、その強い倫理的文飾にもかかわらず、本質的にテクノロジカルなものである。そして小河の批判は、「台湾新領土」における笞刑の導入が、大日本帝国本国の統治に重大な障碍をもたらすという予見に導かれたものであった。

小河は、統治という問題を考えるにあたり、笞刑令の推進者たちとは異なり、内地対台湾という単純な二元論に与することはなかった。これは監獄官僚としてそれまで培ってきた統治者としての視線が、そうした粗雑な分類を許さないほどに微細なものであったからである。「文明の国にも蒙昧の時勢あり蠢愚の民衆あり否な犯罪に対するの世論は如何なる国、如何なる時代にも常に意外に愚かなるものにしてまた犯罪者なる所の人格も如何に燦然たる文華を以て装飾せられたる国にありと雖も多くは即ち無智蒙昧、殆んと野蛮種族と相撰ふ所あるに非さるなり[35]」。文明国たる大日本帝国において監獄行政に携わってきた小河は、「未開蒙昧の民族」の統治という「台湾問題」を、大日本帝国の統治そのもののなかに発見してしまう。ここにおいて「台湾新領土」の統治問題は、本国における統治問題と接合される。「彼れは曾て此の蛮刑に支配せられたる歴史を有するの民なりと言はんか何んそ必すしも彼れ台湾土人のみに限らん、吾人一般臣民も亦た曾て此の蛮刑に支配せられたる歴史を有する所のものなり、彼れに必要あり効果ありとならは我れにも亦た同一の必要と効果となかるへからす、台湾土人のみに限りて笞杖の必要効果あるへしとは余輩の首肯する能はさる所なり[36]」。小河の笞刑批判は、それを適用される台湾人への共感や同情に根ざすものではなく、むしろ「吾人一般臣民」の統治にかかわる問題であった。

小河が笞刑を批判するのは、それが個々人の精神的な多様性にまで浸透することができない粗雑なテクノロジーであるからであった。小河の刑罰観の前提には、犯罪者個々人の精神的身体的状態が千差万別であり、刑罰はその個々人の精神にまで深く分け入ることによってはじめて効果を発揮しうるという権力観がある。ところが、笞刑という刑罰は、個々人の精神状態にまで、十分に深く到達できない。その理由の第一は、刑罰の執行に要する時間が短いため、個々人の精神状態を把握するための十分な観察と働きかけの時間がえられないからである。「痛苦は唯た是れ一時の瞬間のみ教育なく廉恥なき彼れ蛮族の身に取りては一時唯た之れに堪ふるを得れは即ち後害の毫も彼れを畏怖せしむるに足ものあるに非す」[37]。その理由の第二は、笞刑によって加えられる身体的暴力が、原理的に微細な調整を許さない性質のものであるからである。「其の精神状態に至ては到底千差万別ならさるを得さるへきが故に之れに均一の力を加へんとするの結果は勢ひ感受の不均一となつて発現し強て感受の均一を求めんと欲するの結果は一方の者に対して惨酷の程度にまで其の執行を進めさるへからさるの必要を見るに至らさるを得す」[38]。

小河は、こうしたみずからの権力観が、すでに同時代の西欧の常識を超えたものであることを自負していた。小河は笞刑を、統治のテクノロジーとしてではなく、むしろ欧米諸民族の文化的特性として問題化した。「笞杖と欧米民族とか殆んと先天的に相離るべからさるの関係を有する」[39]。したがって現代におけるその残存もまた植民地におけるその発現も、かれら民族に固有な「自利的獣欲性能」の発露として意味づけられる。かれら欧米民族は、その民族的特性に災いされることにより、十分に洗練された統治権力を発動させることができないというのが小河の見立てであり、その蹉跌の象徴が笞刑であった。小河は、この統治合理性を持たない笞刑の採用を、外国崇拝の帰結であると切り捨てる。「外国崇拝は文明後進の国に免れさるの弊にして世人動もすれば事例の外国に徴すへきものありと言ふを以て信憑すへき金科玉條なりと認め深く其の原因及ひ利害を研究するに及ばず唯た其の皮相若くは半面の利便に垂涎して以て容易に之れに模倣せんことを希求するの傾きあるを見る、台湾土人に対して笞刑を採用するに至りしが如きも亦た之れが為めにあらさるなきを得んや」[40]。当時小河をはじめとする笞刑導入反対論者に対しては、その導入を推進した植民地官僚の側から、「人種の相違地方の伝習的旧慣其他地方特有の民情如何を顧慮」しない「西洋かぶれした半可通」の議論であるという批判が加えられていた[41]。小河は、刑罰を、微細な権力を通じた個々人の精神の改造ととらえる立場から、笞刑の採用こそが、「西洋かぶれした半可通」の議論にほかならないことを弁証したのである。

笞刑の復活を過去への回帰であると批判した小河らの議論を受けて、植民地官僚の側は、笞刑の近代性を弁証する責を負わされることとなった。たとえば鈴木宗言は、笞刑の刑罰としての合理性を、次のように主張した[42]。「本島笞刑例の如く特に相当なる制限と注意とを加ふるに於ては……親が子を鞭撻すると一般一種の懲治処分たるに過ぎざる文明的寛刑にして……之を微罪に対してのみ適用し且つ今世の文明的諸制度と調和し行べき程度に於て執行するに於ては短期自由刑に代用せしむべき文明的最良の寛刑たるなり」。ここで重要なのは、鈴木もまた、刑罰の文明度を、個々人の精神への浸透力の関数とみなす点で、小河と認識を共有していたことである。両者の対立点は、その権力観のレベルにではなく、むしろ犯罪者の懲戒という課題をめぐる裁判官と監獄官との権限争いのレベルにあった。「凡そ監獄吏員が改過遷善の方法を攻究するは刑罰執行官として甚だ可ならざるにあらず然れども獄吏が刑政に容喙するに至ては蓋し監獄学の範囲を超説するものにして真に之れ乱階たり」。監獄官たる小河が、刑罰を通じて権力が主体へ浸透するプロセスを刑罰の執行の過程に見ていたとすれば、法務官たる鈴木は、それが裁判を含めた判決と執行の一連の連鎖のなかでとらえられるべきことを主張したのである。鈴木は、「近世進歩せる法律思想」の特質を、裁判官に与えられた「自由裁量」に見いだしていた。これにより裁判官が、「犯罪の性質犯行の情状犯人の廉恥心の有無感応力の如何貧富の程度身体精神の強弱老若男女の区別等種々の点に鑑み」て、もっとも適切な判決を下すことが可能となるからである。鈴木は、こうした見地から、台湾の笞刑例を、「三箇月以下の重禁錮又は百円以下の罰金に処すべき微罪」について、「笞刑」という新しいオプションを加え、「一層偉大なる自由裁量の権能を裁判官に与へたるもの」として評価したのである。

鈴木の刑罰観は、犯罪者の精神をターゲットとする点で、小河の刑罰観と一致する。「笞者恥也、薄懲示辱、所以発其恥心也」。ここで鈴木は、「近世進歩せる法律思想」にのっとった台湾の笞刑を、小河の批判する「残虐峻酷の蛮刑」としての笞刑から切り離そうと試みる。そして両者を分かつメルクマールとして、その執行に際しての「相当なる制限と注意」に焦点が当てられることとなる。鈴木は主張する。「現今の笞刑就中台湾の笞刑は笞数笞具共に大に制限を加へたる寛刑にして決して受刑者の健康を害する如きものにあらず」。たしかに、笞刑例の実施とともに作られた「笞刑執行心得」には、次のように厳密な規定が記されていた。「第二条　笞刑執行者ハ右手ニ笞ヲ携ヘ之ヲ垂下シテ受刑者ノ左側ニ進ミ其ノ腕ヲ延長シテ笞頭ノ受刑者右臀ニ接触スルコト約三寸ノ距離ニ於テ位置ヲ定メ同時ニ左足ヲ約一歩後ロヘ引キ其ノ足尖ヲ外側ニ向ケ左手ハ肘ヲ軽ク張リ拇指ヲ背ロニシテ(執行者帯剣ノ場合ハ左手ニ剣柄ヲ握リ)之ヲ暁骨ノ側方ニ当テ体ノ重ミヲ右膝ニ託シテ稍前方ニ傾クノ姿勢ヲ為スベシ」[43]。加えて台湾に導入された笞刑の近代性の証左として、見懲らしの否定を指摘することができる。笞刑処分例の第十一条では、「笞刑の執行は監獄に於て秘密に之を行う」ことが規定されていた[44]。これもまた、「観客」の存在を前提として、もっぱらそれに対する政治的効果の点から追求した前近代の身体刑の場合とは異なり、あくまでも刑罰を、犯罪者個人の「主体」に対する効果から計られなければならないとする近代的な意思のあらわれであった。

限定と密行。この二つの基準こそが、近代的な笞刑をそれ以前の身体刑から分かつメルクマールであった。笞刑は、この基準を満たすことで、「野蛮」という空間と「過去」という時間から解放された、新しい権力のテクノロジーとなる。当初笞刑に込められていた「民度」の低い民族を統治するにふさわしい前近代的な刑罰という植民地主義的な意味づけは、論争のなかで大きくその意味を変容させた。いまや笞刑は、多種多様なる犯罪者個々人の精神を変容せしめることを可能にする近代的な刑罰として、台湾固有の「沿革と人情風俗」から解き放たれることとなった。鈴木の小河に対する以下のような批判は、ここで解放された権力がたどりうるひとつの道筋を暗示していた。「若し仮りに一歩を譲り氏の言の如く是非刑制統一主義をして徹底せしめんと欲せば普通刑法を改正して内地にも笞刑を行はば可なるのみ」[45]。

笞刑のゆくえ

小河の予言した如く、台湾における笞刑の導入は、大日本帝国全体の統治に広範な影響を及ぼすことになった。その直接的な影響は、まず、他の植民地または勢力圏においてあらわれた。一九〇五(明治三八)年以後、台湾で形成された統治制度が他の植民地または勢力圏に移植・応用され、それにともなって「笞刑」という統治実践も、台湾から他の植民地や勢力圏へと拡散していったからである。[46] 関東州では、一九〇八(明治四一)年九月に「罰金及笞刑処分令」が施行された。軍政時代から導入されていた清国人に対する笞刑制度が、「支那人種」に適する刑罰制度としてあらためて確認されたのである。[47] 韓国においては、一九一二(明治四五)年三月に公布された「朝鮮笞刑令」を通じて、朝鮮人のみに適用される笞刑制度が導入された。[48] 朝鮮総督府司法部は、「朝鮮笞刑令制定の要旨」を説明するにあたり、「台湾の「罰金及笞刑処分例」」が「反対論を鎮圧して」実施されたという「制定当時の事由」を概説したのち、「朝鮮に於ける制定の理由亦異なるなし」と断言している。[49] 限定と密行によって特徴づけられる新しいテクノロジーもまた、こうしたプロセスを通じて拡散した。[50] 一九一七(大正六)年、朝鮮総督府司法部監獄課によって作成された記事は、朝鮮笞刑令の近代性・文明性を、次のように誇っている。[51]「最近世界刑法の新傾向は、窮屈なる議論を避け、実益ある取締方法を増加するの趨勢」にあり、そのなかで、「前世紀に於て殆ど消滅に瀕したる笞刑は、再び漸く勃興の機運に嚮ひつつ」ある。そのなかでも朝鮮笞刑令は、「経験に鑑み事情に照らし、頗る適実愷切なる制度なりと謂はざるべからず」。

こうした朝鮮笞刑令の「適実愷切」さは、まず、それが受刑者の健康に十分に留意したものであるという点にあらわれているとされた。「其の執行は一定の姿勢の下に右の隻手を以て鞭下し、打撃力甚だしく強烈ならず、且引打、横打を禁じて皮膚の毀損を防ぎ、執行前医師をして健康診断を為さしむるを原則とし、其の執行に適せざる者と認めたるときは之が執行を猶予し、若は免除する等執行上細密なる規定を設け、……危険の発生を防止」している。次に朝鮮笞刑令は、「犯人の名誉を毀損す」ることなく、「犯人の情状」にあわせた自由度の高い刑罰の執行を可能にしている。「現行笞刑令に於ては一定の官吏の外其の場に入るを許さざるは勿論、同時に笞刑受刑者二人以上あるときは一人宛執行し、其の間他の一人は其の場に入らしめざる等之を密行して被執行者の名誉を維持せむことに注意したり」。一方このテクストは、その「文明的最良の寛刑」が、植民地においてどれほど猛威をふるったかを数字によって示す。台湾と朝鮮における一九一三(大正二)年から一九一五(大正四)年にいたる三年間の年平均の総受刑者数は、それぞれ六四三一人と二万七一六人を数え、そのうち笞刑に処せられたものの割合は、それぞれ三四・四パーセントと三六・〇パーセントに及ぶ。[52] この間平均して一年間に、台湾では二二〇九人が、朝鮮では七四六二人の人間が笞で打たれたのである。

台湾における笞刑は、一九二一(大正一〇)年五月一日に廃止された。朝鮮では、これに先立つ一九二〇(大正九)年四月に、すでに朝鮮笞刑令廃止制令が公布されていた。このわずか三年前、朝鮮総督府は、朝鮮笞刑令の将来について、次のような予想を述べていた。「現状に格段なる変遷を見るか、或は本制度に代ふることを得べき最良の刑罰を発見せざる限り、本制度は長く其の将来を有すべし」。[53] 笞刑の廃止は、現地の官僚にとって、いわば想定外の出来事であった。こうした展開の背後には、朝鮮における三・一独立運動の勃発や、台湾における抗日運動の新たな担い手の台頭と手法の発展といった、[54] 被統治者側の「格段なる変遷」が存在した。しかしこのことはけっして、笞刑とともに呼びだされた新しい統治の亡霊の消滅を意味するわけではなかった。なぜなら、笞刑の廃止をめぐるこのときの議論で否定されたのは、笞刑そのものではなく、その人種差別的な運用であったからである。たとえば、台湾高等法院長谷野格は、笞刑廃止の理由を、「実は笞刑其のものを不可なりとするのではなく内地人に行はざる刑罰を本島人に加へるのは宜しくない」からであると説明した。[55] また、当時法務部長であった長野景徳は、「笞刑の廃止については実に種々の議論が続出し之を法理論上より徹底的に論議すれば或は笞刑存続論が勝利を占むるならんも、之を直観的に観れば笞刑は蛮刑であると云ふことが認められる」と苦しい説明に終始している。[56] 結局のところ、笞刑を実際に廃止する段に至っても、その導入を正当化した権力観そのものは、無傷のまま残されたのである。

植民地における笞刑廃止論は、直観的に野蛮な要素を取り除かれた笞刑的なるものが、内地と外地を問わず平等に適用される可能性を論理的に排除することができなかった。では直感的に野蛮な要素を取り除かれた笞刑とは、具体的には、どのような形態をとるのであろうか。実際に台湾に赴任して、はじめて笞刑を目撃した谷野格は、次のような感想を残している。「人の代わりに機械の力で打たせるとすれば偏私の出来る憂もなく見ても惨酷の感じが幾分薄ぐことになる。工芸の進歩した今日に在ては歯車仕掛けか何かにすれば一寸ハンドル回はし器械力で打つ仕掛を工夫する位のことは何んでなかろう[57]」。植民地を舞台に展開された「近代」的な笞刑のひとつの帰結が、こうした純粋で透明な暴力のユートピアであった。

一方台湾における笞刑論争に敗れた小河滋次郎も、その後きわめて興味深い経歴を歩んだ[58]。まず確認しておかなければならないのは、小河のいわゆる「敗北」が、けっしてかれの権力観そのものに根ざすものではなく、むしろ監獄という空間の限定性に由来するものであったことである。論争の途上で、「獄吏が刑政に容喙する」ことを鈴木から咎められた小河は、その後「獄吏」という身分から離れることで、単に「刑政」のみならず、より広い社会政策一般に「容喙する」道を選択した。小河は、一九〇八(明治四一)年、清国政府の招請に応じ、獄務顧問として北京に赴任し、同地における監獄制度の近代化に尽力したのち、一九一〇(明治四三)年に帰国する[59]。小河が帰国ののち官を辞して、社会事業の開拓者として活躍したことはよく知られている。社会事業家としての小河のもっとも重要な貢献のひとつが、一九一八(大正七)年大阪府で発足した方面委員制度の構築であった[60]。芹沢一也の整理に従って、方面委員制度のあらましを描けば、それは以下のようなものとなる[61]。「方面委員」とは、およそ一小学校の通学区程度の範囲を意味する「方面」において、社会奉仕的な実務に名誉職として携わる者たちのことであり、その地区に居住するか密接な関係をもつ「善良なる公民」が、地方長官によって選抜・嘱託された。方面委員には、地区内を巡視し、家庭訪問を行い、生計が困難である者を認めた場合には、その原因を調査し、救済の必要が認められた場合には、迅速なる処置を施し、かつその境遇を改善するよう指導することが期待された。

小河は、犯罪者の内面に分け入り、その改善を期すためには、徹底した観察と絶えざる働きかけが必要であると考えていた。笞刑に対する拘禁刑優位の主張も、こうした人間観・権力観に立脚したものであった(62)。「論争」に破れ、監獄から離れた小河は、社会事業家という分野に、新しい活躍の場を見いだすことになる。それは別言すれば、それまで監獄官として培ってきた統治のテクノロジーを、より広い社会という領域で、貧困者という新しい対象にむけて、応用しようとする試みであった(63)。しかしそれは別言すれば、社会全体を一種の監獄へと変容させる試みでもあった。監獄という空間に閉じこめられていた新しい権力は、笞刑論争を経て、こうして社会に向けて解き放たれたのである。

二　脱臼する「ポリツァイ」

ある警察官僚の蹉跌

「六日の朝余は帰庁して独り第一部長室に在り、無限の感慨に浸つてゐた。余思へらく「我国の警察は世界に雄飛し、其の前途に就ても之が改善発達につき大いに期するところありたるにも拘らず、昨日来の状況は原因の如何は姑く措き、甚だしきは警察官署、巡査派出所を焼毀せらるる如き実に警察の大失態と云はなければならぬ」(64)」。当時警視庁第一部長兼消防本部長として、いわば首都警備の重責を担う立場にあった松井茂は、日比谷焼打事件の衝撃をこのように書き残している。一九〇五(明治三八)年九月五日、東京日比谷公園で開催予定であった日露戦争の講和条約反対国民大会が政府によって禁止されたことがきっかけとなり、暴動が発生した。桂内閣の御用新聞と目された国民新聞社のほか、とりわけ警察の諸機関が民衆の徹底した破壊のターゲットとなった。内務大臣の官邸と、二つの警察署、九つの警察分署、さらには二五八の派出所と交番が焼き打ちされ破壊された(65)。この事件にいわば責任者として直面した松井は、一八九三(明治二六)年、警視庁初の学士官僚として警察行政に携わって以来、その改善と発展に努めてきた人物であった。日清戦後期から日露戦争期にかけての時期が、日本における警察行政におけるひとつの画期をなすことについては、すでに指摘がなされている。中澤俊輔の整理に従えば、急速な都市化と工業化、内地雑居をもたらした条約改正、政党勢力の伸張といったこの時期の社会変動が、「行政警察の拡大、法制度の整備、政党との緊張緩和、人材の改良」といった一連の警察改革を促す契機となったのである。[66] 警察行政に関心をもつ研究者は、こうした警察改革の主要な推進者としての松井に大きな関心をよせてきた。[67] 日比谷焼打事件とは、松井によって推進されてきた警察改革そのものに対する重大な挑戦でもあった。

一方、植民地研究の分野においても、近年松井茂は大きな関心を集めている。これは松井が、一九〇六(明治三九)年八月に釜山理事官として韓国に赴任し、その後一九〇七(明治四〇)年八月からは韓国内部警務局長として、同地における警察行政に大きな影響を及ぼしたためである。[68] 朝鮮植民地化の過程における警察機構を分析した松田利彦は、そこにおける松井の役割を、主として伊藤博文韓国統監の意を体現する立場から文官警察の重要性を主張し、憲兵と警察との職務上の差異を明確化しようと試みたことに求めている。[69] そしてその背後には、憲兵を中心とする軍事力によって地方支配を貫徹しようとする明石元二郎憲兵隊長と、観察使や郡守などの李朝地方官吏から徴税・警察・司法などの権限を排除しこれを日本人または親日的朝鮮人官僚に担わせることで植民地支配体制を構築しようとする伊藤との韓国統治をめぐる路線対立が存在した。しかしながら、一九一〇年六月、韓国警察が駐韓日本憲兵隊に吸収されるかたちで憲兵警察制度が創設されるに及び、松井の構想は挫折し、辞任と帰国を余儀なくされる。[70] 韓国からの撤退は、松井にとって、いわば二度目の蹉跌を意味するものであった。

現在までのところ松井の警察改革に関する研究は、内地と植民地と別々に行われており、日比谷焼打事件という本国における蹉跌が、どのように韓国における警察改革に反映したか、また憲兵警察制度の創設に伴う韓国での挫折が、どのようにその後の本国における警察行政を規定したかという連関は必ずしも明らかでない。しかしながら、松井自身の言動は、こうした二つの挫折を、かれの警察構想全体のなかでつなげて考えてみることの重要性を示唆しているように思われる。松井は、日比谷焼打事件による暴動のさなかの一九〇五（明治三八）年九月六日に、はやくも「責任上進退を決する堅き決意を持つて」当時の安立綱之警視総監に辞表を提出した。その後松井は、官房主事として、事件の残務処理に奔走したのち、一九〇六（明治三九）年四月、「前年九月の日比谷騒擾事件の責任を感じて」、安立総監の留任要請、原内務大臣の地方長官への就任要請を振り切って辞職する。[71]「暫く民間に下つて、民衆より見たる警察を研究」したいというのがその理由であった。その際、松井が、警察研究の具体的な場として外地を選択したことの意味は重要視されるべきであろう。松井の『自伝』は、当時松井が、「清国又は朝鮮の警察方面に将来活動したき希望」を有していたことを伝えている。また同じく『自伝』は、一九一〇（明治四三）年七月に韓国統監府を辞任し、帰国して浪人状態にあった松井を、後藤新平が、台湾警察の責任者として迎えようと試みたことを記している。結局松井は、この申し出を断ることになるが、その理由としてあげられたのが、「此の際は寧ろ内地に在つて地方官として警察事務にも携はりたき希望」であった。[72]韓国における二度目の挫折を経験した松井が、活躍の場を「内地」に求めたのも、やはり意識的な選択の結果であった。

「騒擾の事実は之を忌憚なく評すれば、官憲の措置は姑く之を措き、群衆の付和雷同と云ふ事に帰着するのは言ふ迄もない。此の点に於て切に将来国民の自覚を希望する所以である」。[73]松井は、日比谷焼打事件の原因をこのように総括している。この総括は、この時点で、松井の警察改革の何が具体的に挫折したのかをはっきりと示すものである。この時期の松井の警察論の特質は、ドイツ公法学の国家の「統治主体説」から導き出された「臣民服従説」と、それを補足する臣民の「公徳」の育成の強調に求められる。[74]中澤俊輔に従えば、「臣民服従説」とは、「国民には秩序を維持するために警察に服従する「自然的義務」がある」とする立場で、松井は、一九〇一年の欧米出張の際に、ドイツの行政法学者オットー・マイヤー(Otto Mayer)から、直接その示唆をうけたという。またここでいう「公徳」とは、「公衆」に便宜を与えるような「個人の行為又は不行為」を意味していた。すなわち国民の「公徳」育成とは、警察教育の積極的な展開を通じ、社会の自発的な秩序維持機能を高めていく実践であった[75]。こうしたこの時期の松井の警察論を、かれが残した日比谷焼打事件の総括の言葉と対比させるとき、その衝撃の内実も明らかになる。かれが事件のうちに発見したのは、警察に服従する「臣民」でも、自発的に秩序維持活動に参加する「公衆」でもなく、むしろ付和雷同する「群衆」にほかならなかった。こうした理論と現実とのギャップは、おそらくそれまでみずからが理想としてきた警察のモデルそのものへの懐疑へとつながったはずである。ドイツの、もしくはより広く欧米の警察制度をモデルとすることで、この荒れ狂う群衆を統治することがはたして可能なのであろうか。松井が、日比谷焼打事件の蹉跌ののち、その「研究」の場を植民地に求めたこと、さらにそこにおいて、エジプトの警察制度を徹底して調査したことのうちに、かれの懐疑の深さとそこでの模索の方向性があらわれている。

警察か憲兵か

松井の韓国での四年弱は、それまでの内地での生活と同じく、同地における警察行政の発展に捧げられた。ただ、韓国の警察が、内地の警察と大きく異なっていたのは、それが駐韓憲兵隊という治安任務上の対抗勢力を有していたことである。松井の植民地における警察改革の意味を考察する前提として、日露戦争期から韓国併合にいたる時期の警察制度の変遷を、松田利彦の研究に従って整理しておきたい[76]。朝鮮植民地化の過程において同地には、三系統の警察機構が存在した。その第一は、韓国警察であり、これに対し日本側は、顧問政治や次官政治を通じて影響力を行使することを試みていた。その第二は、領事館警察であり、朝鮮在留日本人の保護と取締を目的とし、日朝修好条規に基づく領事裁判権を行使したが、やがて韓国警察に吸収された。その第三が、駐韓憲兵隊であり、日露戦争中は、韓国植民地化の主導力として想定されていた。この間、韓国警察と駐韓憲兵隊のあいだで、治安維持の責任と方法をめぐる綱引きが展開した。一九〇六(明治三九)年、伊藤博文が韓国統監として赴任したのち、一時治安の主体を軍から警察に移し、日本人顧問の活用によって韓国警察を充実させる構想が浮上した。しかし、義兵闘争の高まりのなか、一九〇七(明治四〇)年七月の第三次日韓協約の締結以降、再び駐韓憲兵隊が治安維持の主力となり、一九一〇(明治四三)年の憲兵警察制度の構築へとつながってゆく。こうした状況下で展開された松井の警察改革は、もっぱら憲兵との対抗を意識しつつ、韓国国内の治安維持を実現するという課題を有するものとなった。

一九一〇(明治四三)年二月、当時韓国内部警務局長の地位にあった松井茂は、統監曾禰荒助に宛てて、「韓国警察ニ関スル意見書」と題された文書を提出した(以下「意見書」と略記)[77]。松井が「意見書」を記すに至った直接の要因は、当時韓国において実現の途上にあった憲兵警察制度に対する危惧であった。「意見書」は、全二〇七頁にも及ぶ浩瀚なもので、松井は「意見書」全編にわたり、軍隊中心の警察制度の非と、行政警察を本位とする警察制度の構築を訴えている。寺内正毅統監のもと、憲兵警察制度の構築が既定路線となるや、松井が直ちに統監府の官職を辞任し、帰国の途に就いたことは前述の通りである。「意見書」は、松井にとって、韓国における活動の集大成であると同時に、その時点での警察理論の到達点を示すテクストであった。また、この「意見書」において、韓国の警察制度を論ずるにあたり、頻繁にエジプト警察の例が引証されている点は注目に値する。「意見書」は七章構成よりなるが、そのうち第六章では、「埃及警察ノ沿革」というタイトルのもと、六五頁にわたる詳細なエジプト警察の分析が行われている。「意見書」を松井文庫から発掘し、それを広く学界に紹介した松田利彦は、松井を中心に行われたこのエジプト警察調査の詳細を明らかにし、その調査と「意見書」の関連についても検討を行っている[78]。以下ではもっぱら、日比谷焼打事件までの松井の警察構想が、植民地という空間を通じてどのように変容したかという点に論点を絞り、このテクストのわたしなりの解釈を示すことにしたい。

「意見書」において、松井が最大の問題と考えているのは、一九〇七(明治四〇)年一〇月の勅令三二三号により、憲兵が、「主トシテ治安維持ニ関スル警察ヲ掌」ることが定められたことである。[79] この結果、韓国国内においては、憲兵と警察という「恰カモ二個ノ警察機関」が併設されたかのような状況が到来した。[80]「意見書」のねらいは、この二重権力状態を、文官警察本位のかたちで解消することにあった。それは具体的には、勅令三二三号を根拠に韓国全土の警察権を掌握したと主張する明石元二郎憲兵隊長に対する理論的批判として展開された。

ここで松井が行った反論には、大きく二つの論点がある。ひとつめは、制度的な問題に関するものである。松井は、明石の主張を、「勅令第三百二十三号韓国駐剳憲兵職務ニ関スル規定ノ解釈ヲ誤解セルニ基クモノ」と主張する。[81] なぜなら、「特別ノ協約存在セサル限リハ」、日本帝国政府の法令が韓国政府やその臣民に効力をもたないことは明らかであるからである。一九〇七(明治四〇)年の第三次日韓協約によれば、法令の執行権は、韓国政府に属することが規定されている。したがって、「該勅令ノ本旨」もまた、あくまで「在留帝国臣民ニ対スル治安維持」に限定されたものと解釈されるべきであり、「韓国臣民ニ対スル職務ノ行使ヲ憲兵ニ付与シタルモノ」でないことは、「瞭トシテ火ヲ睹ルカ如」しである。[82] 松井は、律令によって形式的にはいまだ独立国である韓国の内政に介入できないとする法律論を楯に、韓国臣民に対する警察職務が、韓国警察の職掌から離れることを防ごうとした。

ふたつめは、警察の業務内容に関するものである。そもそも松井自身、形式的な法律論をあまり重視していなかった節がある。松井が「意見書」で繰り返し強調するのは、韓国統治という最終目的のために、「区々タル法律論及権限論」にとらわれることなく、憲兵と警察が、「円満ニ両者ノ成功ヲ期」さねばならないということであった。[83] 松井の憲兵隊に対する批判の主眼は、「警察行政ノ組織ハ内務行政ヲ本位トスルコト」という認識にあった。松井は、それを次のように説明する。「警察行政ノ根本義ハ直接民衆ヲ基礎トスル以上ハ其系統ハ内務行政系統ノ官衙所属トナシ随テ民衆ニ直接スヘキ牧民官ト密接スヘキハ論ヲ待タサル所ニシテ軍隊ノ如キ直接国家ノ治安ヲ目的トシテ民衆ヲ第二位ニ置クモノトハ其根本的観念ニ於テ其淵源ヲ異ニスル」[84]。ここで松井は、軍隊と警察という制度上の差異を、行使される権力の質的な差異として意味づけている。警察が軍隊と異なるのは、それが民衆のより近くに存在し、それによって行使される権力が、より微細かつ柔軟であるからである。松井は、こうした両者の差異を、次のように説明する。「今日ノ如ク暴徒鎮定ノ為メニ専ラ軍隊ノ力ヲ以テセラレル、ハ鶏鳥ニ当ルニ牛刀ヲ以テスルノ感アリ」[85]。「民衆ノ細事ヲ偵察シ若クハ人事ノ鎖事ニ直接スル如キハ概シテ軍人出身者ノ得意ノ業ニ非サル」[86]。松井の憲兵警察批判の根底にあるのは、統治におけるポリツァイのポリティークに対する優位であった。

松井の警察中心主義を特徴づけるこうした権力観は、基本的にドイツの警察学を学習する過程で育まれていったものだと考えることができる。元来ドイツ語を得意とし、帝国大学卒業後もさらに法学研究科において警察学の研鑽を重ねた松井が、ドイツ流の「ポリツァイ・ヴィッセンシャフト」の本格的な導入者となったのはある意味自然なことであった。

松井のポリツァイ志向は、まず行政警察へのコミットメントという形であらわれた。ここでいう行政警察とは、犯罪の捜査、被疑者の逮捕を中心とする司法警察と区別された、行政上の目的を達成するために行われる警察を意味している。『自伝』では、そもそも松井が警察行政を志した動機のひとつとして、学生時代に、友人の内務省警保局主事から、「警察行政の振興は時節柄最も急務」と聞かされ、「警察の根本法たる行政警察規則」の整備の遅れを指摘されたエピソードが伝えられている[87]。その後も松井は、行政警察の「不備ナル点」に警鐘をならす一方で、行政執行法の立法過程などにおいても重要な役割を演じた[88]。さらに松井のポリツァイ志向は、社会問題への関心としてもあらわれている。松井自身、四谷警察署長時代を振り返り、次のように回想している。「貧民研究も余の最も熱心とするところで、管内鮫ヶ橋の貧民窟の救済には真先に乗出したものである。後年警視庁に入るや社会研究家として知られた窪田静太郎、桑田熊蔵、井上友一君等と共に貧民研究会(今の中央社会事業協会の原始時代)を起こしたのも、動機は余の四谷時代に胚胎する」[89]。ちなみに、前節で検討した小河滋次郎も、この研究会の有力なメンバーであった[90]。松井が、一九〇二年の欧州出張後に展開した「公徳」涵養論も、それが警察が住民の日常生活へ浸透する手段である限り、こうしたポリツァイ的権力のひとつの発現形態であった。

しかしながらまた、日比谷焼打事件にいたるまでの松井の経歴をポリツァイの導入者として特徴づけることは、韓国におけるその変容を際だたせることにほかならない。フーコーはポリツァイの特質のひとつを、国家が、人々の幸福、すなわち、その生存を維持し、より良い生の実現を保障する義務を負うという思考様式に求めた[91]。こうした視点は、たしかに内地における松井の活動のなかに、貧民研究や「公徳」涵養というかたちで確認可能なものであった。そこにおいて警察は、少なくとも建前上は、住民のよりよい生活を保障するために、微細で浸透力のある権力を必要としたのである。しかしながら、韓国における「意見書」では、統治の対象たる住民は、「公徳」を涵養すべき主体としても、良き生活を保障されるべき客体としても登場しない。そこに存在するのは、ただ「暴徒」のみである。「現今地方ニ於テ最モ困難ニ苦シムハ暴徒ニシテ目下ノ急務ハ一日モ速ニ之ガ鎮定ヲ計ルニアリ之ニ対シテハ勿論武力モ必要ナレトモ暴徒ノ現状ハ小集団ノ多キノ状況ナレバ軍隊ノ力ノミヲ以テスルモ実際之ヲ絶滅スルハ頗ル困難ニシテ寧ロ警察ヲ以テ主動力トスベキナリ」[92]。日比谷焼打事件を経て韓国における警察業務にコミットする過程で、松井のポリツァイは、住民の福祉という目的を大きく後退させた。むしろそれは、反政府勢力の「鎮圧」と「絶滅」を目ざす微細で浸透力のある権力として、ひたすら研ぎ澄まされてゆくことになる。

警察の主要な課題を「暴徒」の殲滅に求めることは、警察もまた憲兵と、その目的を共有することにほかならない。一方、この時期、明石憲兵隊長を中心に、憲兵隊の任務を拡張し、徴税や拓殖等といった広範な行政的職務を手中に収めようとする構想が練られつつあった[93]。こうして警察と憲兵の差異は、業務の目的・範囲・対象において、曖昧になっていったのである。こうした状況下で、松井が警察アイデンティティの最後の砦として向かったのが、思想警察の分野であった。「意見書」は、当時の韓国における思想警察の実態と、またそれに対する松井の自負と自信のほどを伝えている。ここで松井が批判の対象とするのは、韓国における「高等警察」を「保護国ノ警察主管タルヘキ憲兵ニ於テ之ヲ掌握」させようとする見解である。「意見書」は、韓国における思想警察の意義について、次のように述べる。「韓国ニ於ケル高等警察トハ陰謀集会結社新聞紙等ノ取締ニシテ殊ニ排日思想ノ傾向ヲ偵察検挙スルヲ以テ第一義トナス」[94]。そして「意見書」は、「排日思想ノ傾向ヲ偵察検挙スル」という目的に照らして、現在の韓国警察にどのようなメリットがあるかを説明する。まず松井は、現在韓国における思想警察が、完全に日本側によって掌握されていることを強調する。「新聞紙ノ押収処分ノ如キ韓国内部大臣ノ名ヲ以テ之ヲ行フト雖モ其実ハ小官等カ直接之ヲ取捨シテ処分ヲナシ居レリ」[95]。松井は、こうした二重権力状態が「韓国警察組織ノ真相」であり、しかもそれが、効率的な統治を実現する鍵であることを、次のように赤裸々に語るのである。「若シモ直接日本官憲ノ権限ニ依リテ警察権ヲ行フ事トセハ排日思想ハ益々瀰漫スルニ至ルヘク今日ノ実際上ヨリ推ス時ハ毫モ日本官憲ニ於テ直接高等警察ヲ掌握スルノ必要ヲ認メザルナリ」[96]。

東洋人(オリエンタルズ)、暴徒、群衆

「意見書」のねらいのひとつは、すでに松田利彦も指摘しているように、韓国における警察中心主義の妥当性を、他の植民地、とりわけ台湾とエジプトとの経験に照らして検証することであった[97]。まず台湾が、その成功例として位置づけられた。「台湾ノ例ニ徴スルモ児玉総督ハ土匪ノ未ダ已マザル時代ニ於テスラ警察官吏ヲ以テ治安維持ノ任ニ当ラシメ善ク之ヲ訓育シ以テ台湾ノ治安上其効果ヲ奏セラレタルコトハ人ノ皆知ル所ナリ」[98]。児玉と後藤によって推進された警察中心の統治政策が高く評価されたのである。これに対し、エジプトに対する評価は両義的であった。これは「埃及警察ノ沿革」が、大きく一八九四年の「パシャー氏(Nubar Pasha)ノ警察改革時代」の前後に分けられ、

「軍隊的警察ヲ組織シテ埃及ヲ治メント欲シテ大ナル誤謬ニ陥」た前期と、「埃及警察ヲシテ埃及本位ニ移シ」、「埃及警察制度ノ新面目ヲ発揮シ成蹟良好能ク社会ノ秩序を維持スルコトヲ得」た後期が、対照的に論じられているためである。[99] 松井は、こうしたエジプトの経験が、韓国警察のあり方を考える上で重要な参考例となりうると主張する。それは「韓国ト埃及トハ其国情ノ頗ル相肖タル所」があるからである。「殊ニ其国ノ疲弊シテ行政上ノ実権ハ終ニ外国官吏ノ掌中ニ帰スルニ至リタルカ如キモ比較的研究ノ資料トシテ頗ル趣味アル点ナシトセス」。[100] 松井は韓国で直面した外国人による実効的な民衆統治という課題が、クローマーをはじめとするイギリスの植民地官僚がエジプトで取り組んだ課題と同じものであることを疑わなかった。

松井にとって、韓国とエジプトをつないでいたのは、統治者を悩ませる住民の存在であった。松井は、「意見書」のなかで、とくにクローマーとコルヴィン(Auckland Colvin)の名を挙げ、両者の著作からエジプトの警察行政制度に対する批評をまとめている。[101]「意見書」に引かれた両者の評言のうち、コルヴィンの次のような一節は興味深い。東洋における警察行政の組織は最も困難な課題である。なぜなら、そこにおいて社会は警察官吏に重きを置かず寧ろ之を軽蔑するの状を示すからである。東洋においては、外来当局者の施設の効果が上がっても、人民はけっして「感謝」の意を表さず、当局者の存在を「嫌忌憤怨」するをもって常とする。英国が埃及のために悩まされたのも当然である。コルヴィンにとってのエジプトとは、「人種異リ宗教政治風俗習慣ヲ異ニシ謝恩ノ観念異ナル」完全なる他者を、いかに効果的に統治しうるかという問題として存在した。[102] コルヴィンが、この問題に与えた回答は、きわめて融和的なものであった。「此ノ如キ未開ノ人民ニ対シテハ警察官ヲシテ親シク之ニ接セシメ能ク彼等ヲ指導シテ行政ノ実ヲ挙クルニ努メタラン」。[103] 松井が、感謝知らずの「東洋」の民という記述のうちに、「排日思想ノ傾向」を強める韓国の民を重ね合わせていたことはたしかであろう。そして松井もまた「韓国警察ノ信頼」を高めるための警察官の「日常ノ心得」として、「紀律ノ育成」と「廉恥心ノ砥礪(しれい)」に加え、「民衆ニ対スル執務上親切ナルコト」を挙げていた。[104]では、この感謝知らずの東洋人というイメージは、はたして外地にのみ限定されるものであったのか。たしかに松井にとって海峡の向こうは、「排日思想」が瀰漫する「暴徒」の国であった。しかしながらかれにとっては、海峡のこちらも、「付和雷同」する「群衆」の住まう国であったはずである。統治という課題を前に、「当局者ノ存在ヲ嫌忌憤怨スル」エジプト人と跋扈する韓国人「暴徒」と「警察官署、巡査派出所を焼毀」した日比谷の「群衆」との間に、どれだけの差異が認められたであろうか。

松井は、統監府を辞任して帰国したのち、静岡県知事、愛知県知事を歴任したのち、一九一九(大正八)年、創設間もない警察講習所長兼内務監察官となり、警察行政の第一線に復帰する。こうした松井の決断の背景に、前年の米騒動に象徴されるような「群衆」統治の現状に対する強い危機意識が存在した。宮地忠彦は、米騒動を契機に、内務省と司法省との間の治安維持方針の対立が顕在化したことを指摘している。[105]すなわち、警察官の「親切丁寧」な対応により、民衆の反警察意識の払拭を試みる内務省路線と、あくまでも「暴動」の違法性を強調し、「国法の威厳」をもってこれに対応すべきだとする司法省路線との対立である。ここで注目されるべきは、こうした内務省と司法省の路線対立が、「暴徒」の統治をめぐる柔軟政策と強硬政策の対立という点で、韓国における松井と明石の路線対立の再現であったことである。それはまた松井が、エジプトの警察制度の歴史のなかに見いだした、警察中心主義と憲兵中心主義との対立にも通ずるものでもあった。

先行研究は、米騒動以後の大正デモクラシー状況において、警察と民衆の接近をはかる内務省路線が主流となり、それが「警察の民衆化と民衆の警察化」というスローガンによって喧伝されたことを伝えている。[106]「警察の民衆化と民衆の警察化」路線の定着は、韓国で敗れた松井が、この時期ようやく本国で、一応の「勝利」を収めたことを意味している。しかしながら、われわれはすでに、松井の韓国における警察中心主義が、どのような内実をもつものであるかを見た。一方大日方純夫は、「警察の民衆化と民衆の警察化」政策の政治的意味を次のように総括している。「それは、一面でデモクラシー状況に対する警察の改善、政治警察・官僚警察の改良をはかるという側面をもちながら、他面では、より深く民衆の中から秩序の維持をはかり、デモクラシー状況を下から掘り崩していこうとするものであった」[107]。韓国において、「排日思想」の殲滅を目的に洗練された微細で浸透力のある統治のテクノロジーは、本国における「危険思想」の撲滅に対しても、等しく利用可能なものであった。

おわりに——埃及の痕跡

大日本帝国の統治において、台湾も朝鮮も、帝国消滅の瞬間まで本国とは政治的な異域であり続けた。それは法律的にいえば、これらの地域が、本国の諸法令が適用される法域とは異なる法域であり続けたことを意味する。台湾や朝鮮の統治にあたり、現地の支配者は、おおむねこうした法域の違いを最大限に活用するかたちで統治を行った。「匪徒刑罰令」や「笞刑令」といった刑罰も、本国からは、時に苛酷に過ぎるとの批判を受けながら、統治の必要を理由とし、植民地でのみ施行された。本国と植民地とのあいだに、統治の内実において、とりわけその苛酷さの程度において、明確な差異があったことは事実である。しかしながらこのことは、本国における統治が、植民地における特別な統治から完全に隔離されていたことを保証するものではない。

二〇世紀の初頭、台湾に導入された笞刑は、関東州と朝鮮に広がったのち、本国では実施されることなく、一九二〇年代の初頭に相次いで姿を消した。笞刑はあくまでも、植民地のためにデザインされた「特別統治」であり、本国における統治に、そのままのかたちで影響を与えることはなかった。しかしながら、台湾における笞刑の是非をめぐって展開された議論の途上で、身体へ直接加えられる刑罰の意味づけが変化していったことは重要である。笞刑は、この論戦を通じて、非文明的で前近代的な刑罰から、文明的で近代的な統治テクノロジーへとその意味を変えたのである。身体刑が文明的で近代的な刑罰と表象されたことのひとつの帰結が、身体に加えられる暴力に依拠した統治そのものに対する警戒感や嫌悪感の希薄化である。たしかに、笞刑そのものは、けっして本国に導入されることはなかったが、体罰を有効な統治手段とみなしてゆく発想それ自体は、本国と植民地という法域の差異を超えて拡散可能なものであった。そして日本がこんにちにいたるまで、警察の取り調べから教育の現場まで、統治の一環として身体へ加えられる暴力に、一種の「甘さ」を残し続けている社会であることもまた事実であろう。こうした「体罰」志向の起源を、台湾に導入された笞刑に求めることにはもちろん飛躍がある。しかしこのことは、両者のあいだに一種の共犯関係が生じていた可能性までを否定するものではない。

一方、「暴徒」の「絶滅」と「排日思想」の「偵察検挙」を目的とした併合直前の韓国警察もまた、「公徳の涵養」をスローガンとした同時代の本国の警察と、その統治の内実においてきわめて対照的である。しかしながら、明治期において「公徳の涵養」を主張した学士官僚が、韓国警察において、こうした実務を担当していたことの意味はけっして小さくないと考える。なぜならこの経験はこの官僚に、「区々タル法律論及権限論」にとらわれることなく目的の達成をはかることの重要性を強く印象づけたからである。一見したところ、大正デモクラシー状況下で進行していた本国における「警察の民衆化と民衆の警察化」は、朝鮮統治のために導入された憲兵警察制度とは、正反対のベクトルを持つ統治の展開であったように思われる。しかしながらこの両者は、警察による統治実践を「法律論及権限論」から解放するという点では、同一の志向を有するものであった。警察による統治実践が「法律論及権限論」から解放されたことの意味は、昭和に入り「陛下の警察」の名のもとに苛酷な思想弾圧が展開されるようになったとき、本国においてもはじめて十全なかたちで開示されたのである。[108]

新たに獲得した植民地の統治が問題化していた二〇世紀初頭、大日本帝国の官僚のなかに、大英帝国の植民地統治をモデルとして学習しようという志向が芽生えた。その際、とりわけ大きな関心を集めた空間がエジプトであり、統治の主役としてのクローマーであった。しかしながら、クローマーのエジプト統治は、大日本帝国の台湾・韓国統治に応用されることを通じて、その特殊条件を、さまざまな角度から照らし出すことになった。エドワード・サイードは、その著『オリエンタリズム』のなかで、クローマーの *Modern Egypt* を、典型的なオリエンタリストの言説と位置づけ、そこにあらわれている統治の「一般理論」を次のように要約している。「一方に西洋人、他方に東洋人がいる。前者は支配し、後者は支配されなければならない」[109]。この時期大日本帝国の植民地官僚が、クローマーの著作のなかからこうしたオリエンタリズムを読みとり、それと同様の視線を台湾・韓国の住民に向け始めたことは事実である。しかしながら一方でかれらは、同じ東洋人（オリエンタルズ）として、支配者と被支配者、本国の住民と植民地の住民のあいだに、クローマーほどの明確な差異を設けることができなかった。かれらはむしろ「色黒き東方人」に対する統治問題を、植民地という異法域のみならず、本国のなかにもまた発見してしまうのである。エジプトにおける統治問題は、こうして内地の統治問題へと接合された。近代的な統治（ガヴァメント）は、ヨーロッパ、エジプト、台湾、朝鮮、日本を単一のフィールドとしながら変奏し拡散していったのである。『最近埃及』もまた、そうした変奏する統治の痕跡のひとつとして、われわれの眼前に置かれている。

注

（1）E. B. Cromer, *Modern Egypt*, London: Macmillan, 1908.
（2）クローマー／安田藤吉訳『最近埃及』上、大日本文明協会、一九一一年、一二頁。
（3）鶴見祐輔／一海知義校訂『〈決定版〉正伝　後藤新平』第三巻（台湾時代一八九八―一九〇六年）、藤原書店、二〇〇四年、二〇〇―二〇二頁。
（4）松井茂『松井茂自伝』松井茂先生自伝刊行会、一九五二年、二六一頁。松田利彦「韓国併合前夜のエジプト警察制度調査――韓国内部警務局長松井茂の構想に関連して」『史林』八三巻一号、二〇〇〇年。

(5) B. S. Cohn, *Colonialism and Its Forms of Knowledge: The British in India*, Princeton: Princeton University Press, 1996, p. 4.

(6) A. Stoler and F. Cooper eds., *Tensions of Empire: Colonial Cultures in a Bourgeois World*, Berkeley: University of California Press, 1997.

(7) 代表的な例として、『岩波講座 近代日本と植民地』(全八巻)岩波書店、一九九二―一九九三年。山本有造編『帝国の研究――原理・類型・関係』名古屋大学出版会、二〇〇三年。浅野豊美・松田利彦編『植民地帝国日本の法的構造』信山社出版、二〇〇四年。浅野豊美・松田利彦編『植民地帝国日本の法的展開』信山社出版、二〇〇四年。

(8) C. Gordon "Governmental rationality: an introduction", in G. Burchell, C. Gordon and P. Miller eds., *The Foucault Effect: Studies in Governmentality*, Chicago: University of Chicago Press, 1991, p. 2.

(9) P. Chatterjee, *The Nation and its Fragments: colonial and postcolonial histories*, Princeton: Princeton University Press, 1993, p. 15.

(10) P. Zinoman, *The Colonial Bastille: A History of Imprisonment in Vietnam, 1862–1940*, Berkeley: University of California Press, 2001, p. 6.

(11) M. Foucault, "Omnes et Singulatim: Toward a critique of political reason", in J. D. Faubion ed., *Power/Michel Foucault* (The essential Works of Foucault 1954–1984 Volume 3), New York: New Press, 2000, pp. 298–325.

(12) M. Foucault, "The Political Technology of Individuals", in J. D. Faubion ed., op. cit., pp. 403–417.

(13) M. Foucault, "Omnes et Singulatim".

(14) 芹沢一也『〈法〉から解放される権力――犯罪、狂気、貧困、そして大正デモクラシー』新曜社、二〇〇一年、二三〇頁。芹沢のインスピレーションに溢れた思想史研究に対し、わたしが若干の疑問を抱くのは、権力の〈法〉からの解放の過程が、はたしてそこで述べられた如くスムーズに進展しえたのかという点である。行論を通じて明らかになるように、わたしが重視したいのはむしろ、「植民地」という空間が権力の〈法〉からの解放の重要な前提をなした可能性である。

(15) 小野修三氏のご教示による。穂積陳重『穂積陳重遺文集』第三冊、岩波書店、一九三四年、四五四―四五九頁。また、この時期の学士官僚登場の意義を強調する見解として、宮地忠彦「「自治訓練」としての「自衛団」組織化」『法学政治学論究』第六四号、二〇〇五年。

(16) 大江志乃夫「植民地戦争と総督府の成立」『岩波講座 近代日本と植民地2 帝国統治の構造』岩波書店、一九九二年。

(17) 鶴見前掲書、一九九頁。

(18) 中京大学社会科学研究所・中華民国台湾省文献委員会監修『台湾総督府文書目録』第八巻、ゆまに書房、二〇〇一年。同、第九巻、二〇〇一年。

(19) 鶴見前掲書、二〇〇頁。

(20) 「正六位勲五等上田恭輔叙勲ノ件」(叙勲裁可書・昭和二年・叙勲巻三・内国人三、国立公文書館蔵)。

(21) この書類によるロンドン留学までの上田の履歴の詳細は以下の通りである。一八八八(明治二一)年アメリカ、インディアナ州のバーリントン市ハイスクールを卒業したのち、八九年から九二年までコーネル大学でサンスクリットと比較言語学を学び、九三年にサンフランシスコのラーシアー外国語学校に招聘される。その後九五年から九八年まで、カリフォルニア州立大学医学部教授の下で学びマスター・オブ・アーツを取得。その後、イリノイ州ナショナル(シカゴ)大学に転じ、九九年にPhDとなる。以上、前掲「正六位勲五等上田恭輔叙勲ノ件」。

(22) 「台湾総督府法院判官鈴木宗言香港海峡殖民地ヲ経テ欧米各国へ被差遣ノ件」(任免裁可書・明治三十四年・任免巻六、国立公文書館蔵)。『台湾総督府文書目録』のエントリーは以下の通りである。「【殖民地ノ司法制度並ニ裁判事務ニ関スル調査ノ為】法院判官鈴木宗言香港海峡殖民地ヲ経テ欧米各国へ派遣ノ件 明治三十四年二月十一日 明治三十四年八月五日」『台湾総督府文書目録』第六巻、一九九九年、四七五頁。なお台湾総督府文書の閲覧には、岡本真希子氏の協力を得た。また同氏からは、本章執筆にあたり、大日本帝国の台湾・朝鮮統治全般にわたり、貴重なコメントと資料提供を受けた。記して感謝したい。

(23) 小熊英二『〈日本人〉の境界』新曜社、一九九八年、七〇―七八頁。

(24) 春山明哲「近代日本の植民地統治と原敬」春山明哲・若林正丈編『日本植民地主義の政治的展開 一八九五―一九三四年』アジア政経学会、一九八〇年。駒込武『植民地帝国日本の文化統合』岩波書店、一九九六年、三四頁。

(25) 春山前掲論文。駒込前掲書、七二頁。

(26) 「罰金及笞刑処分例」台湾総督府警務局編『台湾総督府警察沿革誌』第四編「司法警察及犯罪即決の変遷史」緑陰書房、

一九八六年、九〇二頁。

(27) 刑務協会編『日本近世行刑史稿』下巻、矯正協会、一九七四年、一〇九一頁。

(28) 「司法省伺」内閣記録局編『法規分類大全』五四巻、原書房、一九九九頁。

(29) 小野修三氏のご教示による。小河の経歴に関しては、小野修三「「小河文庫」蔵書目録」『慶應義塾大学日吉紀要社会科学』第七号、一九九六年一一月、を参照。なお本章執筆にあたり、同氏からは、小河滋次郎にかかわる事実と論点に関し、有益なコメントと資料提供を受けた。記して感謝したい。

(30) 小河滋次郎『笞刑論』(パンフレット)。D. V. Botsman, *Punishment and Power in the Making of Modern Japan*, Princeton: Princeton University Press, 2005, p. 213.

(31) 鈴木宗言『台湾罰金及笞刑論——附小河氏著笞刑論批評』台湾日日新報社、一九〇四年。

(32) Botsman, op. cit., pp. 211–220.

(33) 手島兵次郎「台湾の罰金及笞刑処分例発布に就て」。この論説は、一九〇四年二月発行の台湾協会紙上で発表されたという。以下、台湾総督府警務局前掲書、九一〇—九一六頁より引用。

(34) 小河前掲書、一七頁。

(35) 小河前掲書、一五—一六頁。

(36) 小河前掲書、一六頁。

(37) 小河前掲書、五四頁。

(38) 小河前掲書、六〇—六一頁。

(39) 小河前掲書、二九頁。

(40) 小河前掲書、二三頁。

(41) 台湾総督府警務局前掲書、九〇二頁。

(42) 鈴木宗言「小河氏の笞刑論を評す」。この論説は、『台湾日日新報』の一九〇四年三月二三日—四月一日にわたって掲載された。以下、台湾総督府警務局前掲書、九一七—九三二頁より引用。

(43) 「笞刑執行心得」台湾総督府警務局前掲書、九〇五—九〇六頁。

(44)「罰金及笞刑処分例」。
(45)鈴木前掲論文、九二〇頁。
(46)文竣暎「植民地司法制度の形成と帝国への拡散――初期台湾型司法制度の成立に至る立法過程を中心に」浅野・松田編前掲『植民地帝国日本の法的構造』。
(47)文前掲論文、六一頁。
(48)文前掲論文、六五頁。
(49)司法部監獄課「笞刑に就て」『朝鮮彙報』一九一七年一〇月一日。
(50)朝鮮笞刑令の「近代」性に関しては、C. Lee, "Modernity, Legality, and Power in Korea under Japanese Rule", in G. W. Shin and M. Robinson eds., *Colonial Modernity in Korea*, Cambridge (MA): Harvard University Asia Center, 1999, p. 36.
(51)司法部監獄課「笞刑に就て」司法部監獄課「笞刑に就て」(承前完)『朝鮮彙報』一九一七年一一月一日。
(52)司法部監獄課、「笞刑に就て」(承前完)。
(53)司法部監獄課、「笞刑に就て」(承前完)。
(54)若林正丈『台湾抗日運動史研究』研文出版、一九八三年。
(55)谷野格「民族待遇と笞刑廃止」。『台法月報』一九二一年一月。台湾総督府警務局前掲書、九四二―九四四頁より引用。
(56)「愈々決定した笞刑廃止(長野法務部長談)」『台湾日日新報』一九二〇年一二月一二日。台湾総督府警務局前掲書、九四一―九四二頁。
(57)谷野格「笞刑の執行を見て」。『台法月報』一九一八年一月。台湾総督府警務局前掲書、九三八頁より引用。
(58)小河滋次郎の略年譜は、小野前掲論文。
(59)島田正郎「清末の獄制改革と小河滋次郎」手塚豊教授退職記念論文集編集委員会『明治法制史・政治史の諸問題』慶応通信、一九七七年。
(60)小野修三『公私協働の発端――大正期社会行政史研究』時潮社、一九九四年。
(61)芹沢前掲書、一七六頁。

(62) 小河の人間観・権力観に関しては、芹沢前掲書、五〇—八四、一六〇—一八一頁。小野前掲書、五八—一二七頁。小野修三「小河滋次郎の行政思想——刑法改正案をめぐって」『法学研究』(慶應義塾大学)第六七巻第一二号、一九九四年。小野修三「小河滋次郎覚書——監獄行政官僚の誕生」『三田商学研究』第四一巻第四号、一九九八年一〇月。
(63) 小河の行刑思想と救貧思想との連続に関しては、芹沢前掲書。
(64) 松井茂『日比谷騒擾事件の顚末　松井茂手記』松井茂先生自伝刊行会、一九五二年、一三六頁。
(65) 大日方純夫『近代日本の警察と地域社会』筑摩書房、二〇〇〇年、一〇六頁。
(66) 中澤俊輔「日清・日露戦間期の警察改革」『本郷法政紀要』第一三号　二〇〇四年。
(67) 大日方前掲書。中澤前掲論文。宮地前掲論文。
(68) 松井茂の韓国時代に関しては、松井前掲『松井茂自伝』二二七—二七三頁。
(69) 松田利彦「朝鮮植民地化の過程における警察機構(一九〇四—一九一〇年)」『朝鮮史研究会論文集』第三一号、一九九三年一〇月。
(70) 松田前掲論文。
(71) 松井前掲『松井茂自伝』二一七、二二一頁。
(72) 松井前掲『松井茂自伝』二七七頁。
(73) 松井前掲『日比谷騒擾事件の顚末　松井茂手記』一四三頁。
(74) 中澤前掲論文。宮地前掲論文。
(75) 中澤前掲論文。
(76) 松田前掲論文。
(77) 「極秘韓国警察ニ関スル意見書」松田利彦監修『韓国「併合」期警察資料』第八巻、ゆまに書房、二〇〇五年、一五一—三五九頁。
(78) 松田前掲「韓国併合前夜のエジプト警察制度調査」。
(79) 「意見書」一八三頁。
(80) 「意見書」一八四頁。

(81)「意見書」一九四頁。
(82)「意見書」一九五頁。
(83)「意見書」二二三頁。
(84)「意見書」一八五頁。
(85)「意見書」一八八頁。
(86)「意見書」三四一頁。
(87)松井前掲『松井茂自伝』九一頁。
(88)中澤前掲論文。
(89)松井前掲『松井茂自伝』一四八頁。
(90)窪田静太郎「社会事業と青淵先生」日本社会事業大学編『窪田静太郎論集』日本社会事業大学、一九八〇年、四四一頁。
(91)M. Foucault, "Omnes et Singulatim".
(92)「意見書」一八八頁。
(93)松田前掲「朝鮮植民地化の過程における警察機構(一九〇四—一九一〇年)」。
(94)「意見書」二〇一—二〇二頁。
(95)「意見書」二〇二—二〇三頁。
(96)「意見書」二〇四頁。
(97)松田前掲「韓国併合前夜のエジプト警察制度調査」。
(98)「意見書」一八六頁。
(99)「意見書」三一三、三三一、三三五頁。
(100)「意見書」三三九頁。
(101)松田前掲論文。
(102)「意見書」三三五—三三六頁。
(103)「意見書」三三二—三三三頁。

(104)「意見書」二四五—二四六頁。
(105)宮地前掲論文。
(106)大日方前掲書、一二四—一五六頁。宮地前掲論文。
(107)大日方前掲書、一四三—一四四頁。
(108)「陛下の警察」というスローガンとそのもとでの統治の展開とその実態に関しては、大日方前掲書、一九一—一九五頁。
(109)エドワード・サイード／今沢紀子訳『オリエンタリズム』上、平凡社ライブラリー、一九九三年、九一頁。

第三章　保護下韓国の条約改正と帝国法制

——破綻した日韓両国内法の地域主義的結合

浅野豊美

はじめに——第二次日韓協約中の保護の性格とその変容

日露戦後から併合まで、日本は韓国を保護国としたとされる。では、日本の韓国への保護権とはいかなる性格を有するものだったのであろうか。[1] 本稿は、この問題に対して、一九〇五年の第二次日韓協約が当時東アジアに影響力を強めつつあったアメリカとの交渉中でいかに運用され、韓国在住アメリカ人の権利をも左右した韓国の国内法体制が構築されようとしたのか、その政治過程を軸にして保護国の内政と外交の構造を解明していこうとするものである。条約の運用に焦点をあてることで、日韓の保護関係がハーグ密使事件後に第三次協約へと変更され、保護の性格自体が変質していくというダイナミックな過程とその後の併合へのプロセスに、国際関係と帝国法制の視角から光をあてることとしたい。

日本の保護下にあった韓国の国内法体制の中でも、特に本稿が注目するのは、工業所有権と総括されるところの発明特許、意匠、商標に関する権利である。[2] この権利の性格は後述するが、今までの日韓関係の研究では、その権利保護をめぐる交渉記録は実務的なそれと見なされ、豊富な外交史料が存在するにもかかわらず、十分に活用されてこなかった。[3] しかし、この工業所有権保護制度のあり方に関しては、日米交渉のみならず、日仏、日英関係における交渉も展開されていたし、この分野における撤廃方式を土地等の他の分野にも拡大していくことも構想されていたのであった。

どのような工業所有権法制を韓国に施行するのかという問題は、伊藤博文統監が目指した韓国での完全な治外法権廃止に向けた最初のステップとして、その後の廃止のあり方を規定する雛形としての重要な意味があったと考えられる。治外法権廃止のための外交交渉と、法典と司法制度整備という内政改革は、「協同」してこそ初めて条約改正が達成されるものであり、その協同のための、外交と内政の役割を決定するという機能を、その交渉が担ったと考えられるからである。それ故に、たとえ、工業所有権法という特異な法領域に限ったものであったとしても、その国内法制度整備と外交上の治外法権廃止をいかなる法形式や手続きに則って進めていくのかという雛形は、他の領域に拡大させるのに十分な可能性を有し、将来の韓国国内の法体系全体の整備と一貫性を有するものにしなければならなかったはずである。以上のような前提で考えれば、工業所有権分野に関する治外法権廃止という外交課題を実現するために必要な工業所有権保護のための国内法制の整備が、どのようなプロセスで解決されていったのかを法制史的な分析枠組みをも十分踏まえながら論じていくことは、日本の韓国に対する保護条約の運用とその変容を論じる上で欠くことのできない重要な事例分析としての価値を有していることは疑いなかろう。

保護の起点となった第二次日韓協約について今までの研究では、条約の無効・有効論が中心であり、調印と批准の形式や署名の有無が、国際法上どのような効果を持つのかという点を中心に分析が進められてきた[4]。しかし、その協約が実際にどのように運用されていたのかという実践的側面についての関心は低い。従来までの通説が今でも踏襲されているとさえ言えるであろう。通説では、日本が韓国の外交を掌握し内政は韓国に留保されたものの、ハーグ密使事件以後は内政も徐々に簒奪されていったのだとされる[5]。

しかし、前述したように「外交」と「内政」は簡単に分離され得るものではない。内政に属する法制度整備のあり方が、即、外交上の重要案件である治外法権廃止を左右したからである。実際、近年の朝鮮史研究でも、「外交」の定義や相互関係自体が条約締結時に既に争点化していたことが改めて指摘されている[6]。第二次日韓協約締結時には、外交が「形式」と「内容」に分離され得るか否かが争点とされていたし、日本側の条約草案において、日本政府が「韓国の外交に対する関係及事務を全然自ら監理指揮」できるとされた条文が修正され、「全然自ら」が削除されたことも明らかにされている。その修正が条約の運用上どのような効果を生み出したのかは、今後の課題であるが、本文で詳述するように、そのことによって、内政に権限を有する韓国政府の同意なくしては外交の「監理指揮」はできない構造が生まれたと見なすことさえできるように思われる[7]。

最後に付け加えるならば、韓国が日本に「外交」を委託する期限は、「富強の実を挙げる」時までとの規定も盛り込まれていた。「富強の実」を誰がどのように挙げていくのか、内政と外交をいかに連結させながら「富強」を達成していくのか、つまり、内政と外交の関係は、それ自体が紛争的性格を帯び、条約の運用に影を落としていたと考えられるのである。

一 韓国治外法権廃止問題の国際環境と工業所有権の法的性格

政治過程を追う前に、それを規定するところの工業所有権という権利とそれに関する法令の性格について、国際的保護体制との関連、私法公法上の権利の性格、そして権利の実現に不可欠な行政手続について整理してみたい。

日本の条約改正に際して西洋列強から要求された条件の中でも、工業所有権に関する万国同盟条約への加入は、第一の法典編纂、第二の司法制度整備と並ぶ、第三の条件であった[8]。治外法権廃止に代わった居住・営業・貿易に関する通商条約によって、一般的最恵国待遇は消滅したが、一八八三年のパリで締結された万国工業所有権同盟条約は、二国間の通商航海条約とは別個に未熟ながらも国際的レジームを形成していたからである[9]。パリでこの条約が結ばれるようになったのは一八七八年のパリ万国博覧会を契機としている。新規なアイデアに満ちた技術を万博に出品することをためらう各国の間に、発明特許等に関する国際保護体制を作ることが提唱され、万博と同時に国際会議が開催されたのであった[10]。つまり、工業所有権は各国の工業化にとって不可欠なソフトのインフラとも言うべき、技術、商標、デザイン等の権利を意味しており、それを保護する国際レジームへの参加は万博同様「文明国」としての当然の条件とされていたと言うことができよう。

一方、国内法的に見ると工業所有権は、私権でありながら行政と深い関係を有し、私権と公権の狭間に置かれた権利という性格がある。それは、第三者の使用を排する排他的支配権である点において、民法上の物権の一種であるが、産業にかかわる無形の財産権であり、手数料を国家に支払って登録するという「国家の付与行為」によって初めて権利が発生し、公示される。それにもかかわらず、商標を除外して一定期間しか存続しない。また、産業化するに際してのみ保護されるものであった。つまり、工業所有権は単に司法制度だけで法的権利として実現されるものではなく、日本の特許庁に該当する国家の行政機能の介在なくしては、認定も存続も不可能な権利という側面を有する。と、同時にあくまで売買や抵当の対象となる私権なのであった。

また、工業所有権は公権的性格故に刑事法制とも関連する。民事上の不法行為は故意と過失の両方から生じるが、それとは異り、他人の特許や商標を故意に犯すものは、犯罪者として処罰対象となる。過失による申請に対して特許取り消し等の行政処分が課されることは当然であったが、故意の盗用と偽造・頒布を行ったもののみに刑事罰が課される点は、社会全体の利益を考慮した公権的な性格をそれが帯びている証ということができる。

国内法的観点に基づく工業所有権のこうした広範な多元的性格は、それが法制度上の要（かなめ）としての位置にあったことを物語る。つまり、この当該法領域のみに対応する治外法権廃止と法典整備を行おうとしても、それは、韓国の刑事・民事の法体系一般のあり方、そして司法制度全般、さらには行政のあり方にまで関わる大問題を惹起せざるを得ない危険を秘めていたのである。

また、更に重大な法制上の矛盾とも工業所有権法制は深く関係していた。当時の韓国では治外法権が認められていたがために、外国人、特に在韓日本人に関わる司法制度と行政は韓国政府から属人的に分離され、日本の統監府の下に置かれていたからである。日露戦後当時は、大量の日本人が韓国や清国に渡航し始めた時期であり、外国人の中でも圧倒的多数を占めたのは、在韓日本人であった。彼らは、日本の統監府に属する理事庁で行われた民刑事の裁判に服したのみならず、居留、土地・家屋登記、教育、衛生の面で統監府の治外行政権の対象であった。[11] しかしながら領事裁判権と領事行政権は、工業所有権関連法規に及ぼされることはなく、領事裁判権の対象は民事上の不法行為と刑事上の「罪」に限定されていた。そのため領事館に特許申請を行うことは不可能であったと同時に、現地の日本人がさかんにイギリス産の「スコッチウィスキー」やお茶などの商標盗用を行っても、その行為を処罰することはできなかった。後述するが、その権利を侵害された西洋人居留民からの苦情は、各々の政府を通じて日本政府に持ち込まれるようになり、一九〇五年から六年にかけてイギリスとアメリカ政府は、日本に対して工業所有権保護のための体制を日本本土のみならず、清国と韓国にも拡大していく交渉を提起していくことになる。[12]

最後に、工業所有権は国家主導の近代化をソフト面で支える二〇世紀的権利と言うことができる。一九世紀的な市民社会に対応した個人の財産権不可侵原理と商業自由という時代が幕を閉じつつあった二〇世紀初頭、商業自由に代わる社会の制御、経済の規制・統制の必要性は徐々に認知されるようになっており、工業所有権法は、鉱業法・漁業法・農業法とともに、産業法、社会・経済法という二〇世紀的法領域の拡大を先取りしていた。[13] そうした法分野は、韓国で日本の富国強兵をモデルとした急速な近代化を図り、金融制度、工場施設整備等の経済開発を進め、更に、日本からの移民や投資まで呼び込んで圧縮型の「近代化」を進めるため、ソフト面のインフラとして非常に重要であったと考えられる。この点でも、当時の韓国では日本人への治外行政権が一方にあり、他方で韓国政府による韓国人への通常の行政権が存在していたため、属人的に分断された行政全体の構造的再編なくしては、内政上の近代化は非常な困難に直面していたと言うことができる。

行政のあり方を属地的なもの、日韓協同のものにするための模索があったことは、統監の伊藤博文が韓国人閣僚達を相手に、京城や平壌など都市雑居地で消防や衛生分野における「日韓協同の自治的組織」を編成することを提唱していたことからも窺うことができる。[14] 伊藤が育成しようとした韓国の自治は、日韓両国民から構成される両民族協同の自治であったのである。[15] こうした民族協同の自治という視点で工業所有権法制を考えれば、両民族にまたがった共通の行政・司法の枠組みを作り、特許庁や商標登録事務所などの工業所有権行政監督事務所を協同で作り、更に、その処分に不服な際の抗告審判制度や、理不尽な審判により私権が侵されたことの救済を司法に求める出訴制度等を日韓協同で運用しようとする構想は、その工業所有権の特異な性格故に民族協同の行政・司法のあり方のモデルたるべく運命付けられていたと考えることができよう。つまり、工業所有権法制は、その二〇世紀的性格故に、民事と刑事の法体系が交錯する法領域に置かれ、且つ、急速な「開発」を促すための強力な行政と司法の狭間にも置かれていたということができる。それ故に、そうした特異な性格を有する工業所有権法制整備という内政上の課題を外交との関連から論じることは、日韓の「両民族協同による自治」の展開、少々誇張して言い換えれば、機能的国際行政制度を伴う日韓の地域主義的結合の可能性とそこからの離脱過程を、当時者の主観のみによるのではなしに、それが投影される客観的な法制度を判断材料としながら分析し、帝国法制度の起源という問題を論じていくために格好の素材であると言うことができる。[16]

二　アメリカの東アジア進出と「文明国の責任」を盾にした韓国の治外法権廃止

韓国内での工業所有権法整備という問題が、実際に政治過程に投入されていったのは、一九〇六年六月にアメリカのロバート・ベーコン国務次官の名で、東京駐在米国大使から外交交渉が提起されたことを契機とした。[17] 当時、アメリカは東アジアに在外アメリカ国民を対象とした専属の裁判所を領事館と別に設置しており、[18] サンフランシスコ学童問題やフィリピンへの征服戦争によって傷ついた日本との国際的緊張を緩和しつつ、門戸開放機会均等という抽象的な原則を実際の中国との貿易拡大に結びつけようとしていた。[19] 実際、セオドア・ルーズベルト政権下のルート国務長官は米西戦争で併合したキューバ、プエルトリコ、フィリピンに対する植民地統治体制構築の経験を有し、その国務次官となっていたベーコンはハーバード大学卒でモルガン商会に勤務した経験を有していた。[20] また、やがて後継大統領となるタフト陸軍長官は一九〇五年と一九〇七年の二度にわたり日本を訪問していた。

アメリカ側の東アジアへの経済的進出強化アプローチに対して、日本の外務省は、スティーブンスと共に日本の条約改正交渉顧問を一八八〇年代以来勤めてきたデニソンから意見を徴収し、これを在韓アメリカ人の治外法権撤廃へと向けた好機と交渉を位置付け、積極的に対応しようとした。デニソンによれば、その保護制度を作ることは、「商業の健全的発達」のための「正当商標の保護者たるの名」を得て文明国としての国際的威信向上を計り、それを契機とした工業所有権に限定した部分的治外法権撤廃を韓国で実現するための絶好の機会であった。[21] つまり、韓国での工業所有権に関する治外法権部分的撤廃を受け入れた外国に対してのみ、清国と韓国を合わせた工業所有権保護を日本政府が責任を持って行うという交渉方針を確立し相手に示していけば、商標保護に向けた文明国としての責任を遂行するという正統性の下に、韓国での当該法領域限定の治外法権廃止に相手を同意させられると、デニソンは期待したのである。相手国がその説得に応じないのであれば、その国は「自国臣民の商標権を犠牲」にせざるを得ず、また、文明国として十分な法整備を行っている限り日本が批判される恐れもないということになる。文明国としての十分な法制度を整備することで、相手国民の工業所有権を人質に取ろうとするアプローチということができる。[22]

更に、デニソンが基本方針として示したのは、日米交渉のとりまとめを、それまでは一般的であった、覚書の交換と相互の国内法改正という方式によらず、当時新に一般化しつつあった批准条約の形式を取って行うべしとした点であった。[23] これは、条約の調印後にその批准条件としての工業所有権法整備に向けた圧力を韓国政府にかけ、それによ[24]

って韓国政府に日本の国内法を及ぼすことの了解を求める布石にできると、デニソンが考えていたためであろう。つまり、当初から、工業所有権法制は韓国の内政に属するとされ、日本が関与する権限がないと交渉当事者によって認識されていたと言うことができる。このことは、アメリカからの交渉打診があった段階で、外務省の安達峯一郎参事官兼取調課長が、属人法制度を軸にして、日韓各々の政府が自国民にのみ有効な法令を別々に制定する案を韓国と清国向けに準備していたことからも明らかである。安達は、清韓両国にそれぞれの国内法として「条例」を発布させ、清国人と韓国人のみに有効な法制を作る一方、日本が勅令の発布等の国内法的手続きをとって、日本国内の著作権法、商標法、意匠法、特許法を領事裁判に適用される法令[25]として在留日本人に属人的に及ぼし、その上で、アメリカとの二国間協約を締結するという構想を抱いていた[26]。

この安達による属人法主義に対して、デニソンは、「商標保護に関する法制は其性質上一国内に二個以上の異なりたるもの並存するを許さず[27]」として、文明国として商標等の保護に責任を持ち条約を効果あらしめる体制を作るには、単一の属地的法律に基づいて単一の行政機関に商標等を登録する必要があるとした。それ故に、批准条約の形式を使うことは、韓国の内政に関わる法制度を一元的に属地的に管理する体制を作るための有力な手段と見なされていたと考えられる。実際、デニソンが最も懸念していたのは、「各国領事が自国民関係の商標事件に対し裁判管轄権を有し、而して各自国の法律に遵拠(ママ)して各事件を裁判する」ことになれば、法令の抵触と裁判管轄権の不統一で「支吾扞格」してしまい、「到底商標保護の完全を望む」ことができなくなるという点であった[28]。

しかし、それであっても、一九〇六年八月二四日にデニソンが提示した工業所有権法案では、「韓国人のみの間」の法令は属人的例外部分とされていた。この案は、日本側が「商標条例」を日本内地の「商標法に則」って韓国向けに制定し、在韓日本人相互、領事裁判権を放棄した外国人相互、両集団間相互、更には、両集団と韓国人相互間での事件に適用する一方、「専ら韓国臣民及同臣民間に起これる商標事件に限」って韓国政府から「同一の条例を発布せしめ」るとするものであった。「同一の条例」は法の内容において同一という意味であり、法の形式はあくまで別であったと考えられる。[29] 更に、日本商標条例に基づく裁判を日本の理事庁裁判所に管轄させる一方で、韓国法による韓国人相互の事件は韓国の裁判所に裁判管轄があるともされていた。これらの一見すると属人的法案は、デニソンに言わせれば、韓国政府に対して自国臣民に対する管轄権があるという「虚名に悦はしめ」、「本件の遂行に障害を起こすこと」がないようにとの配慮に基づくものであった。工業化に関係しようとする限り、日本側の法が実質的に韓国人へも適用されることは明白である。このデニソンの配慮は、工業所有権法制が韓国の内政上の案件として明確に意識されていたことを示すものである。

内政と抵触するにも抱らず、アメリカからの交渉申し入れは、韓国の外交上、治外法権廃止への最初のステップであることは疑いなかった。いかなる政策プログラムが練られていったのであろうか。

三　外務省のアプローチ――日韓工業所有権相互保護条約体制の模索

外務省案を提示された統監府側は、同年八月三一日に回答を寄せ、[30] 日米交渉の進展を歓迎するとしながらも、日韓両国民と第三国の外国人との渉外事件にも効力をもつ法令を、日本法として制定し日本が裁判管轄権を持つためには、「韓国臣民を我法権の下に置くへき規定に関して」、「予め韓国政府の同意を得」る必要があるとした。また、その同意取り付けのための交渉は、日米交渉の見込が立ってからにしたいとの意見を添えた。同意を取り付ける必要があるとしたのは、デニソン案のように「韓国人のみの間」に韓国法令の適用を限定してしまうと、韓国人と外国人一般の渉外事件の全ては日本法令と日本裁判所の管轄に委ねられてしまうためであった。つまり、商標の盗用等を行った韓国人が外国人から訴えられた場合、その韓国人は日本の統監府管理下の裁判所に引き出され刑事罰を下されたり、損害賠償請求訴訟にさらされたりせざるを得なくなる。そうした事態が生じれば、内政簒奪という政治問題が惹起されかねない問題と見なされたからこそ、統監府はそれを日米交渉のあとに行いたいと婉曲に要求したのであろう。

しかし、外務省は交渉に向けた意見を、特許庁を監督する農商務省と著作権を主管する内務省からも聴取し、いずれも、交渉に前向きな意見を出したことで、日韓の交渉は日米交渉が済んでからという統監府からの要求は即座に反映されなかった。逆に、外務省（林董外相）は、以下の三点セットを用意し、二つの条約案と一つの規則案を中核とする包括的な構想を示した。これは一九〇六年一〇月末に作成され、農商務大臣（松岡康毅）と内務大臣（原敬）の三大臣連名によって閣議決定に持ち込まれようとした案である。[31]

この外務省構想の中で、第一に優先して進めるべき条約案として掲げられたのは、驚くべきことに、日米条約ではなく日韓条約であった。これは前述のデニソンが示した商標条例を国際条例の形で発布せんとしたものに他ならない。この新たな日韓条約草案は、当時極秘とされ、外務省通商局長の石井菊次郎によって起案された。以下全文を掲げる［強調点は筆者、原文はカナ文字］。

〔前文〕　日本国政府及韓国政府は特許、意匠、商標及著作権の相互保護主義を拡張せむことを欲し之か為左の諸條を協議決定せり

第一条　日本国政府及韓国政府は本条約に附属する特許、意匠、商標及著作権保護規則を以て在韓国両国臣民に対し拘束力あるものなることを承認す

第二条　日本国政府は本条約に附属する規則の条項に遵由し特許、意匠、商標及著作権の登録に必要なる事務所を韓国内に設置し且其事務を取扱ふことに任すべし

第三条　日本国政府及韓国政府は本条約に附属する規則に依り保護を享受すべき特許、意匠、商標及著作権を侵害又は濫用したる各自国の臣民に対し右規則中記載する裁判所が完全にして且専属的なる裁判管轄権

を有すべきことを約す

第四条　韓国政府は本条約により設定したる特許、意匠、商標及著作権の登録制度より生ずる利益を他国の臣民若は人民に及ぼすべきことを諾す。但し右の国は前記の規則及之に依り定めたる裁判管轄権を以て其臣民若は人民に対し拘束力あるものなることを承認し、且其の領土内に於ける韓国臣民に対し其の法律規則の定むる手続を履行するに於ては特許、意匠、商標及著作権に関し其の臣民若は人民と同一の保護を享受せしむべきことを約するを要す

第五条　特許、意匠、商標及著作権登録事務所の費用は其の領収せる登記料を以て之を支弁すべし。若し其の収入支出に超過するときは日本国政府は其の過剰額を韓国政府に召還し、支出収入に超過するときは韓国政府は其の不足額を日本国政府に償還すべし。且右登録事務所の事務を取扱ふには日本国政府は成るべく韓国臣民を使用すべし

第六条　韓国臣民にして日本国の法律規則に定めたる手続を履行するときは同国に於て特許、意匠、商標及著作権に関し同国臣民と同一の保護を享受すべし

第七条　本条約は双方合意の上韓国を以て右登録事務所を管理して満足に其事務を取扱ふことを得るものと認むるに至るまで其の効力を有すべし。その時に至らば日韓両国政府は本条約改正の談判を開始すべし

この草案は前文にあるように、日韓工業所有権「相互保護」条約と、少くとも形式上は呼べる。しかし、「相互保護主義」を敢えて掲げていたのとは裏腹に、本当の相互保護ではなく、日本が韓国で当該行政権の行使に多大な影響力を及ぼせることを一方的に規定するものであり、韓国が日本本土の当該行政に関与することはなかった。しかし、特許等の登録事務所に関する予算を韓国内の手数料収入から支出するなど、国際河川管理の如き国際行政的色彩を与えている点（第五条）、不平等な関係は一時の暫定的な措置に過ぎず将来は韓国政府に登録行政事務所本体も返還され

ると規定してある点〔第七条〕、更には、韓国民もまた日本国内で内国民待遇を得られるとの相互主義的規定を置いていた点〔第六条〕は、できるだけ相互保護主義的な色彩を強める工夫が加えられていたと言えよう。

また、この日韓新条約は、「附属する特許、意匠、商標及著作権保護規則」が、韓国に居住する韓国人と日本人の双方に適用されると宣言し〔第一条〕、法令に基づく特許関連行政を日本に委託した上で〔第二条〕、日韓の間での裁判管轄権の所在を当該権利に関する各付属規則に委ね〔第三条〕ようとするものであった。その意味で、ここに規定された附属規則こそ、三点セットの第二の柱であり、実質的には国内法でありながら、その制定権力を日韓協同の政府の合意という形式に求めようとしたものであると言える。

またこの日韓相互保護条約付属規則が定める裁判管轄を受諾して治外法権廃止に応じた第三国国民に対しては、内国民待遇が定められ〔第四条〕、この規定を使うことによって、第三の柱である日米工業所有権条約へと進もうとしていたことが明白である。この草案には英訳文が添付されてあることは、デニソンと石井菊次郎とで協議が行われたことを示唆している。アメリカとの交渉はワシントンでも、ルート国務長官と高平駐米大使との間で行われていたが、ルート高平協定、更には石井ランシング協定へさえも至る一連の日米関係の推移の中で、実務的な交渉の形をとってはいるものの、政治的に重要な位置を特許や商標に関する交渉が占めていたことが示唆される。

また、第二の柱である付属規則の運用に付いては、特許等登録事務所〔第二条〕を設置し、その運営を「日韓共同審査委員会」に委ねるとする案が構想されていた。[32] これは、日本人二人、韓国人一人からなる審査委員会によって、特許は正当に与えられたのか、特許を無効ならしめるような当事者の行動や韓国政府の通達はないか、特許は公益に害がないかどうかなどを審査せんとするもので、日本の特許庁長官などから構成される審査委員会が行う業務に該当する行政審判的業務を、日韓協同で行おうとするものであった。

こうした御膳立ての上に立つ三点セットの最後の三番目の構想は、この日韓新条約締結を根拠として、日本とアメリカとの間で条約を結び、工業所有権分野での権利保護を韓国在住のアメリカ人にも行う代わりに、アメリカ政府も当該分野に関する治外法権廃止を部分的に承認するという構想であった。重要な点は、この第三の柱の実行が、第一の柱である日韓条約締結の後とされ、その第一の柱が完成して初めて法的に正統なものとなると、外務省によって広く認識されていた点である。それは、次に掲げる初期日米条約草案の前文案にも明瞭に示されている[33]。

日本国は国際間に効力を有する発明、意匠、商標及著作権に関する事項に付韓国に於て行政権及裁判管轄権を有するものにして此等の発明、意匠、商標及著作権の正当なる保護を目的として制定せられたる規則は韓国内に施行せられたり。日本国臣民及韓国臣民は共に以上の規則を遵守すべく、且、該規則に定めたる日本国の裁判管轄権に服従すべきものなり。而して他の諸国をして右規則が其の臣民又は人民に拘束力あることを承諾し且右該規則に依て設定せられたる裁判管轄権に同意するときは其の国の臣民又は人民は其の発明、意匠、商標及著作権に関し該規則の保護を享受することを得るものとす。依て日本国政府は自己の為にすると同時に韓国政府を代表して亜米利加合衆国政府と国際間に効力を有する発明、意匠、商標及著作権の保護に関して、協約を締結するの目的を以て、日本国皇帝陛下は其の外務大臣……を亜米利加合衆国大統領は其の日本国駐箚特命全権大使……を各其の全権委員に任命せり依て各全権委員は互に其の委任状を示し其の良好妥当なるを認め左の諸条を協議決定せり[点線は原文]

つまり、この前文案は、日韓条約と付属規則が韓国内に施行されたことにより、「国際間に効力を有する発明」等の事項、つまり万国工業所有権同盟に関連する事項に対して、日本が行政権と裁判管轄権を有すると宣言し、その上で日米条約締結を正統化しようとするものであった。また、日米条約を締結することで、アメリカが既に結ばれている日韓条約と付属規則に決められた裁判管轄権を受諾すると誓約し、同時に、アメリカ国民も同様の保護に与かれるという枠組みが条約の骨子であった。

四　伊藤統監のアプローチ――交渉鈍化と順番の入替

しかしながら、こうした外務省内部の三点セット案に対して、伊藤統監はいくらそれが農商務省や内務省から支持され、すみやかな実現が期待されていようとも、あくまで反対であった。一九〇六年一一月六日の電報で、伊藤は交渉の順序に関して重大な要求を行っている。伊藤は、日米条約そのものは「速にその締結の運に御尽力相成」たいとしながらも、日韓条約に関しては、「総て之れを協約成立後に譲」るのが「得策」であるとしたのであった。[34]

日韓の間で工業所有権に関する「相互保護」条約を結ぶことに反対するという伊藤の主張は、半年程前の同年六月二五日に、それまで懸案となっていた韓国の国内法であるべき鉱山[35]に関する基本法制の発布をめぐって、朴齊純参政並に権重顕農商工部大臣と伊藤統監が激しく対立し、国内管轄事項であるべき鉱山法中に統監が関与することの是非やその関与の形式をめぐる論争を惹起した苦い教訓に由来するものであったと考えられる。[36]韓国鉱山法の制定に当たり、統監府はそれを韓国の国内事項と認める一方、「雲山金山」という韓国最大の鉱山がアメリカの会社によって経営され、沢山の韓国人労働者と日本人の現場監督を抱えていたため、日本人、他の外国人、韓国人との渉外事件に絡む錯綜した法的権利の衝突や、名義貸しによる混乱を恐れた。それを理由に、伊藤は韓国の大臣との協議会の席上で、韓国政府が鉱業権特許を行う際、統監が事前にそれを「承認」することが必要であると主張したのであった。それに対して、韓国の朴齊純内閣の閣僚は、韓国側が案出した独自の案、つまり、韓国人と外国人を二分した上で、韓国人はあくまで韓国鉱業法に則って、韓国農商工部大臣が鉱業権を特許する一方、外国人に関しては、日韓両政府の間での「公文」により統監が鉱業権を承認するとの案を放棄しようとはしなかった。[37]この間の対立は深刻であり、韓国側大臣は部屋の隅で固まって内密の話をする状況さえ生じた。最終的には、伊藤が直接筆を執り、韓国鉱山法第二七条にあった認可等の処分に対して、統監が「承認」するという文言を改め、「同意」としたことでようやく決着したのであった。

内政としての鉱山法への統監関与を更に進め、工業所有権法制全般を統監の手に握ろうとすることは、統監の権限逸脱という批判を日本に協力していた韓国閣僚の間に、一段と強く惹起するものとなると見なされたことは明らかであろう。この鉱山法案を提出する際、伊藤は協力する韓国閣僚を前に、それが外国人に関するものであるが故に統監のある種の関与を法案に盛り込んだに過ぎないと説明していた。「諸君の疑惑を生じ韓国独立の体面上より種々なる議論を惹起するの虞」は無用であり、統監の内政への関与は、「韓国の権利を侵さんが為にあらず実際国際的紛議を避くるため」、韓国政府の当該活動を承知したいために過ぎないとしたのである。[38] それにも拘わらず、伊藤の不安が的中して韓国人閣僚の内なる不信を招いた。こうした過去の文脈から見れば、工業所有権に関する日韓条約は、韓国人閣僚の不信を同様に増幅する一方で、国際的レジームの存在故に、伊藤統監と協力閣僚との間に内政と外交にまたがる事案についての認識の不一致があることを、日米関係をはじめとする国際場裏にさらしかねない性格を秘めていると、伊藤が判断したとしても、根拠のないことではなかろう。更に、日韓の国際条約と付属規則という形でしか、日本の交渉権限が獲得できないことになれば、内政事項に少しでも関連する外交を日本は全く行えない状態にあることを諸外国に周知させてしまう危険があるとの判断もあったように考えられる。実際、そうした懸念の存在を間接的に裏付ける証拠としては、翌一九〇七年六月一〇日に農商務省と外務省の担当者同士が懇談して、特許等に関する付属規則案を確認した席上、「鉱山新聞ノ件」もまた話題にされていたことを示す形跡が、外交史料中の懇談記録メモ書き入れとして残されている。[39]

以上のような理由から、伊藤は日米条約のみを優先させ韓国との関係は全て後回しとの主張を行ったと考えられるが、この横やりによって交渉方針の閣議決定は遅れていった。実際に農商務大臣、内務大臣、外務大臣の連名で閣議決定請議案が内閣に提出されたのは、翌一九〇七年の二月一五日であり[40]、前掲の工業所有権に関する日韓条約草案も、三大臣請議案[41]には添付されていたものの最終的には削除され、三月六日の閣議決定は、清国と韓国、各々に関する工業所有権に関する日米条約草案のみについてのものに過ぎなくなった。更に、削除にあたっては、韓国での工業所有権保護法制をいかなる形式で制定するにせよ、「其の執行に関する裁判権は帝国政府に於て之を行使する」ことが必要であるとの意見が西園寺公望首相に送られ[42]、交渉順番に関する覚書が閣議決定されるまでになったのである。

その「覚書」[43]によれば、交渉の順番は①日米間で日韓条約に言及していた前文案を後回しにして本体の逐条交渉を進め、②その逐条交渉が終了若くは、「議了の見込確固たる」段階になった際に、「統監より韓国政府に就き急速に日韓条約を締結するの手続を執ら」せ、③「日韓条約締結の後直ちに米政府に条約前文を示して交渉を継」続し、正式に日米条約を締結するというものであった。

この覚書に基づいて、閣議決定の翌日七日に、日本側が日韓条約を示唆する部分を前文から削除した日米条約案を東京の米国大使ライトに手交すると、ライトはそれを受諾し、同月一一日付の英文覚書で回答を寄せた[44]。それは、韓国での工業所有権に関する日米条約草案に関して、日本が韓国において日本本土に類似した国内法(any law or regulation in Korea similar to that which exists in Japan)を制定するとの約束がないので、第二条にそれを挿入するとの規定を置いて欲しい、他は原則妥当であるとするものであった。これを受けて、外務省は主管の通商局と取調局を中心として、①から②の段階へと進もうとして、日韓協約草案と付属規則に関する閣議決定の準備に取りかかった。

しかし、米国大使からの回答のあった翌日の一九〇七年三月一二日、日韓協約締結に関する請議は、確かに、農商務、内務、外務、三大臣の連署で送付されたもの[45]の、付属規則未完成を理由に引き延ばされることとなった。アメリカ側の催促にもかかわらず、付属規則の制定は五月になっても行われず、アメリカ側から日本の草案に対して寄せられたコメントが外務省から農商務省と内務省に回付されたのは[46]、実際の決定から二ヶ月以上も遅れた五月末であった。

五月に韓国で伊藤統監に会見した外務省政務局参事官倉知鉄吉は、伊藤から「目下の韓国の情況に鑑みるときは右日米協約に関連する日韓の交渉は其時期を得さるものあるを以て該協約商議の進行は右の含を以て可成之を緩ふするを可とす」との意志を伝えられていた[47]。

この日韓協約案の店ざらし状況を一変させたのが、北京で活動していたモリソンが一九〇七年五月一七日に『ロンドンタイムズ』紙上で行った日本批判であった[48]。モリソンが日露戦争の際に、「文明」の側に立つとされた日本に友好的な報道をしたことはよく知られていたが[49]、それゆえにこそ、そのモリソンが日本を批判する報道をしたことは、大きな影響を有したと考えられる。モリソンが批判した点は、自由港であるべき大連港における差別的関税と、満洲市場が日本商人によって不正に盗用された商標をつけたコピー商品で荒らされていること、西洋の文献が日本人によって不正に中国語に翻訳され販売されていることの三点であった[50]。モリソンが日本の商工業者による「諸外国の商標等を不正に侵害するの甚大なること」を報道したことで、アメリカ大使は「力を得」て「頻りに本協約の締結を督促」するようになり、清国と韓国とをあわせた条約締結を「迫り来」るようになった[51]。それを根拠として、外務省が伊藤に日韓交渉開始を催促すると、ついに伊藤も六月五日の返電で、韓国との交渉を遅らせてしまっては、「米国上院を通過し難き趣」であるため、「此際好時期とも認めざれど」韓国との交渉に臨むと回答したのであった[52]。

五　外圧下の交渉促進とハーグ密使事件の勃発

外務省側は外圧を振りかざしつつ、②の段階へと交渉促進を図ろうと、第二の柱であった日韓条約付属規則の制定へと向かっていった[53]。それにより、日韓協約付属規則の一方の「日韓協約附属著作権保護規則案」は、六月二〇日に内務省から回付され[54]、もう一方の「日韓協約附属発明意匠及商標保護規則案」も、外務省案で原則承認との内諾が農商務省から急遽取り付けられた(55)。

一九〇七年六月二〇日に、いよいよ陽の目を浴びた二つの規則案の概要は、以下のようなものであった(56)。内務大臣原敬から提出された「日韓協約附属著作権保護規則案」(57)は、韓国での属地的な著作権登録事務を日本が韓国内に設置する「著作権事務局」で管掌し、著作権侵害に関する刑事民事訴訟を日本の理事庁裁判所に委ね、被害者からの告訴によって五〇円以上五〇〇円以下の罰金を付す等の規定を置いていた。

また、「日韓協約附属発明意匠及商標保護規則案」は、発明と意匠商標に関する事務を、日本が韓国内に設置した「特許庁」に管掌させ、そこに特許権と、意匠商標それぞれの専用権の付与、移転、変更、消滅に関わる登録原簿を備えさせようとするものであった。また、特許庁が行う行政処分の証拠調べ、特許権等の侵害に伴う民事訴訟や告訴の管轄権は、理事庁の裁判に嘱託され〔三・四条〕、特許等の出願無効や取消し等の処分や、その審査に必要な規則制定は日本政府の行政命令に委ねられた〔五条〕(58)。また、故意に他人の特許権や意匠・商標専有権を犯すものに対する損害賠償と罰則の規定〔六十六条以下〕も定められ、一五日以上三年以下の重禁固等の刑罰が定められた。更に、被害者の側からの告訴により偽造された商品を没収し、損害該当額を被害者に給付する規定もあった。

しかしながら、以上の付属規則完成により日韓交渉がいよいよ現実化するかに見えた時、伊藤はかつて韓国政府外交顧問をしていたスティーブンスと再度この問題を協議し、日韓条約案とその付属規則案への反対をいよいよ鮮明にしていった。スティーブンスは、かつての明治日本の条約改正交渉に際しても、陸奥宗光アメリカ公使とともにアメリカで条約改正交渉に当たったり〔その後任はデニソン〕、井上馨外務卿秘書官として甲申事変後に朝鮮に派遣されたりした経験を有していた。伊藤とスティーブンスが協議して外務省に伝えた意見は、②段階の日韓条約に向けて「韓国政府の同意不同意に拘わらず交渉を開く事は容易」であるが、それでは、「将来帝国政府が韓国に関係ある国際条約を締結するの必要ある毎に予め韓国政府の同意を求むるの先例」を作ってしまうことになり、それが「韓国に於ける帝国政府の対外政策上大なる障碍物を作成する」ことになるという見解であった。[59] よって内政上の利益に従った判断を韓国政府に許すのではなく、「韓国の利益」がどこにあるのかの判断は日本政府が下し、日米条約の中でその利益実現に向けた「解決の手続」を盛り込んで条約締結を終わらせ、その後に「韓国政府に通告する」べしとされていた。[60] これは、かつて日本本土での条約改正を遂行した際に、西洋式の法典整備という内政上の課題が、日本の「伝統」破壊をもたらすとする反対運動によって阻止され、条約の実施自体が危機にさらされた経験に裏打ちされていたものと考えられる。

内政からの異議申し立てを許さないための外交のあり方が模索されていたということができよう。つまり、国内の伝統や事情を理由とした「守旧」派を韓国内部に誕生させることなく、「条約断行」以外にはあり得ないという制度的な仕組みを、ここで一気に伊藤は作ろうとしたのだといえる。統監の「外交」に限定されたはずの権限を拡大して、条約改正のための法典整備であれば、内政にも拘わらず、一方的通告によって韓国政府に承諾させられるように、そのための機会を統監府は待っていたということができる。

この伊藤とスティーブンスの協議内容が六月二二日に外務省に伝えられると、林外相は「韓国政府との交渉を待たず米国政府との商議を進行[61]」させるという方針には同意したものの、日韓協約付属規則が必要ないとする統監府の方針受け入れには難色を示した。外務省の方は「韓国をして」日本との国際条約を結ばせ、工業所有権と著作権保護に関する「日本現行法と同一又は類似の法令」を付属規則の形で制定すると約束させ、アメリカを安心させる必要があると見なしていた。その根拠となる米国大使からの通牒も伊藤に示されている。これに対して伊藤は、[62] 何よりアメリカが望んでいるのは、韓国でも日本にいるのと同様に工業所有権を侵害されないという保証にすぎず、それを必ず実行する旨を日米条約第一条で規定すれば十分であって、日韓付属規則制定までをも日米条約に盛り込む必要はないし、盛り込んではいけないと七月一〇日の電報で述べた。[63] なぜなら、「今日の場合日韓の間に何等協約の如きものを締結するは韓国政府をして韓国は今日も尚国際条約を締結するの権利あるものの如き感想を懐かしむるの虞ある」がためであった。よって、「当分の間」は、前述の「公文を以て通告」する方法が適当で、韓国政府はその通告に基づき、「工業所有権並に著作権保護のことに限り」、韓国臣民は「韓国領土内に於て日本国裁判管轄権の下に日本政府の法律規則に服従」すべしとの法令を発布すれば良いとしたのであった。その上で伊藤は、「差当りの所日本法律の下に日本の裁判権に服従するの条件にて米国政府との商議を進められたし」とした。(64)

伊藤の交渉方針が大きく変化したことは明らかである。一年前、伊藤は日本の法令を韓国に施行しても、韓国人に自動的に拘束力を有しないため、改めて韓国政府と交渉せねばならないとしていた。その前提で交渉引き延ばしを図っていたことは前述の通りである。しかし、翌一九〇七年六月前後の伊藤の意見は、韓国政府との交渉は行ってはならないもので、公文で通告し、韓国政府に日本法規に服従する旨の法令発布を行わせれば十分との方針に変化していたのである。恐らく、伊藤自身の主観では、この方針転換を伝えた七月一〇日電の「当分の間」とは、韓国における法律整備が完備するまでの限定された期間を意味していたと考えられ、その点で伊藤の中に矛盾はなかったと考えられる。同時期、一九〇七年六月二五日の施政改善協議会の席上でも、伊藤は韓国の閣僚に対して工業所有権に関する日米交渉が、韓国での当該日本法律施行と治外法権一部廃止の取引によって進んでいることを報告しているが、その際の説明では、日本本国で工業所有権を保護するために必要な法規が制定され、それを登録・運用する特許局という機関、そして裁判所が完備されたことが、韓国で日本の「設備及機関に依て米国人の保護」を行って欲しいとアメリカが希望してきた理由であり、将来の韓国もそうなるべきものとしていた。つまり、「韓国法律の完備する迄日本の法律裁判を以て之か保護を為す」にすぎず、日本法令を韓国に施行することと裁判管轄を移管することは、あくまで暫定措置であるとしていたのであった。(65)その際の補足説明では、当時の韓国が農業社会に留まっている状況では、工業所有権によって直接民衆の権利は左右されないこと、しかし、韓国人の名義を使って不正を働こうとする日本人を取り締まるために、日本の法律を一時的に布く必要があること、その際たとえ日本の法律をもってするとしても、外国から法権の一部を回収しておけば、将来治外法権の全廃を計る上でも頗る便宜であることが、諄々と説かれている。その文脈で、治外法権が存在しなくなれば真の「独立国」[66]となれるのだとする見解が打ち出されたのである。

それは、伊藤がその当時の「韓国の利益」を独断で解釈し、しかも、韓国の利益が「日本の指導」と一体であるとの前提で解釈していたことを示すものであったことは明らかであろう。当時、伊藤は日露交渉にも関与していたが、外モンゴルのロシアへの帰属と韓国の併合を取り引きすべく、保護権の「将来の発展」による「アネキゼーション(マ)(マ)」について、ロシアの了解を得んとする交渉を行っていた。[67]それはあらゆる事態に日本単独で対処するための外交であったということができるが、韓国を治外法権のない独立した「友邦」として日本の指導の下で育成するというオプションも確かに存在していたことを伊藤の前述の発言は示しているように思われる。伊藤は併合か、「友邦」としての育成かという二つの両極の根本方針の間で揺れていたのではなかろうか。実際、やがて大統領となるタフト陸軍長官が、丁度同じ時期の一九〇七年九月末に日本を訪問して林外務大臣に会見した際、林は政府の要路の指導者の多くは韓国の併合をのぞんでいるが、財政的余裕がないことに加えて、名指しして伊藤博文のような影響力のある人物がそれを阻止しているのだとタフトに述べている。[68]また、東京駐在イギリス武官は宮中筋の情報として、幼少の時からの「盟友」として伊藤を支えてきた明治天皇自身が韓国の併合に反対しており、伊藤を影から支持しているのだと報告していた。[69]

しかしながら、二つの方針の間で揺れる伊藤の懸念を現実のものとする重大な情報が、当時の日露協約と同時にもたらされていた。それこそが、伊藤をして日韓の間での交渉をしてはならないと決意させていった真の理由であったと考えられる。それはハーグで開催される平和会議に向けて、韓国から密使が派遣されたとの情報であった。一九〇五年の保護条約体制においても、皇帝高宗とそれに協力する西洋民間人、そして露仏の京城駐在総領事の動きに統監府は注目し、周到に情報を収集していたが、伊藤の態度変更が外務省に伝えられる直前の一九〇七年五月八日、韓国人密使の代弁人となったアメリカ人ハルバートが京城を出発したとの情報が既に統監府に寄せられていた。[70]同月一九日の外務省宛電報で伊藤は、「韓帝の外国に向て運動せらるる隠謀は昨年以来絶えさるところにして専ら露仏に信頼し独立を回復せむとの企画なり」と観察していた。実際にこれからどのような「策動」をするのか、注意深く見守りながら警戒を怠るまいと伊藤はしていたのである。

こうした文脈で見れば、ハーグ事件の勃発は、日韓工業所有権相互保護条約交渉を韓国側に持ちかけるか否かという問題が露呈した外交と内政のあいまいな境界の全てを払拭し、「一歩を進むる条約を締結し我に内政上の或権利を譲与せしむる」格好の機会を提供するものに他ならないものであったことは明らかであろう。[71]日韓条約と付属規則の締結方針を完全に否定する見解を伊藤が外務省に表明した七月一〇日は、既にハーグ事件による緊張が決定的段階を迎えていた時であった。ハーグからの密使登場の第一報は六月二九日付であり、七月七日には一行が高宗の信任状を有しているとの情報がもたらされていた。[72]それが動かぬ証拠となったことで、同月一〇日の日韓相互保護条約自体の完全否定と、「内政上の或権利を譲与」させる方向への全面的方針転換が生み出されたのである。伊藤の提案を受けて、同月十二日には林外相も「元老諸公及閣僚とも慎重熟議の末左の方針を決定し、本日御裁可を受けたり。即ち帝国政府は現下の機会を逸せず、韓国内政に関する全権を掌握せむことを希望す」として内政に関する全権掌握へと政策転換を行ったのであった。[73]この決定と同時に送られた「処理要綱案」第二案では、「韓国政府をして内政に関する重要事項は全て統監の同意を得て之を施行し且施政改善に付統監の指導を受くべきことを約せしむること」[74]とされ、第三次日韓協約の原型がそこに提示された。それを実現するべく、林薫外相は七月一五日に東京を発ち、一八日夕刻に京城に到着、伊藤統監と面会打ち合わせを経て、日露協約の調印を待ちながら「熟談」[75]し、一九日に高宗譲位の発表、二四日の第三次日韓協約の締結となったのである。

それは、工業所有権に関する日韓「相互保護」条約とその付属規則が、当該分野に限定した日韓対等の形式を装おうとしたのとは全くかけ離れ、「施政改善に関する」包括的な「統監の指導」を規定し（第一条）、「法令の制定」と「重要なる行政上の処分」、つまりは立法と行政を統監の「承認」の下に置くものとなった。[76] また、条約第三条で「司法事務は普通行政事務」と「区別」されることとなり、韓国政府裁判所が「秘密覚書」に基づいて設立されることとされた。大審院一箇所、控訴院三箇所、地方裁判所八箇所、そして、区裁判所一一三箇所が、「日韓両国人を以て組織」されることとなったのである。[77] 外国人であるはずの日本人が裁判所の構成員となることが、韓国の主権をいかに蹂躙するものであったのかは、日本の大隈条約改正交渉案に盛り込まれた混合裁判制度への批判を通じて明白であったと考えられる。[78]

まとめ――国際関係における「指導・保護・監理」体制への韓国編入

以上、日韓工業所有権「相互保護」条約とその付属規則を軸にしながら、第二次日韓協約が日米交渉の場で運用されるにあたって、韓国政府の内政に関する権限が外務省や統監府によって尊重されていたこと、及び、その故にこそ、ハーグ事件は内政への関与を強化する絶好の口実となったことを見てきた。これらのプロセスから浮かび上がってくるのは、「保護」の内実が、日韓の間では国家機能の一分野としての外交委託にハーグ事件までは留まる性格のものであったという事実である。確かに、イギリス、ロシアとの関係では、日英同盟条約の改定とポーツマス条約によって「指導」と「監理」を意味する保護権についての認識が了解されていたが、それはあくまで日韓の間での「保護」とは別物と言わざるを得ない。列強との間で確認したところの「指導」や「監理」と一体化した保護権を、アメリカにも承諾させる契機となったものこそ、この日米交渉であったということができよう。緩慢な交渉を促進させて商業的安全の方を優先しようとするアメリカ側の決断が、それを桂タフト協定のような非公式のものではなく、公式の条約として承認することになったのである。

また、こうした国際関係において第二次日韓協約の運用に関する問題が次々に生じて、ほころびが生じつつある状況で勃発したハーグ密使事件は、真の当事者である韓国と日本の関係にまで、保護とは単なる外交権の委託ではなく主権一般の「監理」を意味するという解釈をあてはめ、その了解を韓国から半強制的且つ公式に取りつけるための絶好の契機となったと言えるであろう。その了解の表現こそが、第三次日韓協約であったと位置付けることができる。つまり、日英同盟で生まれ、ロシアとのポーツマス条約でより確固としたものとなり、そしてアメリカも工業所有権に関する治外法権撤廃を通じてそれに加わりつつあったところの韓国監理としての保護体制に、韓国を名実共に完全に編入した契機こそハーグ事件であった。第二次日韓協約で定められた保護は、「外交」という機能に限定したある政務の委託に過ぎないものから、主権一般の監理(control)を意味するものへと性格を変えさせられることとなったのである。

以上のような視角から見れば、第二次日韓協約と第三次協約の狭間の期間は、日本による監理としての保護が列強との間では了解されながらも、日韓二国間の関係では、実は、外交という特殊な政策の委託に過ぎないという矛盾した状態が、アメリカのアプローチによって、軋み、あるいは、ほころびかけた時期ということができる。朝鮮国内の文脈で言い換えれば、この期間の日韓関係は、保護に対する二つの異なる解釈枠組み故の緊張に取り囲まれながらも、伊藤博文統監とそれに協力する韓国閣僚並びに高宗が、相互のある種の信頼と誤解によりかろうじて均衡していた時期ということができるのかもしれない。協力する閣僚にとって韓国の独立は本質的に維持されていると信じられ、「富強の実」が認められる時には外交権も返還され完全な独立が回復されることを当然の前提として、閣僚達は協力を行っていたと考えることができるし、一方の伊藤も、韓国が日本の指導の下で独立国となることを当然視しながら、内政の改革への「助言」を行っていたと考えられるのである。

ともかくも、独立の喪失という明確な分水嶺は一九〇五年にあるのではなく、一九〇七年にあると言えるだろう。一九〇五年が韓国の独立喪失の起点とされてしまうのは、ポーツマス講和条約で認められた「監理」としての保護というイメージが、当時の韓国国内にも伝えられ、国際的文脈の保護をそのまま受け入れたのが第二次日韓協約であると、当時から誤解されてしまったためであろう。[79]それに抵抗し自殺しあるいは辞職した韓国閣僚とその関係者により、「親日派閣僚」が監理としての保護を受け入れて条約を結んだとする攻撃が、現在に至るまで一般化してしまったのではなかろうか。また、第二次協約以後、日本人が大量に韓国内地へ進出したことにより、民族的軋轢は高まり、抵当流れの土地を韓国人から収奪するなど、日韓両国民の社会的関係における険悪な事件が多発したことは、そうした日韓間の了解を日本側から実力で破壊してしまう効果を生んだと考えられる。[80]それを押し止めるべく、伊藤は治外法権による課税免除を廃止し韓国政府への納税を在韓日本人にも強制して日本が模範を示すとの方針を示したが、それに反対する日本人居留民達は伊藤統監への批判を高め、伊藤が日本人ではなく韓国人を中心に統監府政治を行うのはおかしいとの激しい非難を浴びせかけていったのである。[81]

そうした状況の中で、「外交」という分野に限定して、政務委託を受けるだけであったはずの第二次日韓協約の密教的相互理解は、今に至るまで韓国の民族主義者によっても、日本の併合主義者によっても、両方から隠蔽されてしまったということができるのである。しかし、本稿が問題としたアメリカからの工業所有権分野での治外法権廃止申し入れと、それに対応した日本側での日韓工業所有権相互保護条約構想の展開は、第二次協約上の保護が外交機能の委託に過ぎなかったことを、あたかも海岸に刻まれた波紋のようなものとして、一〇〇年後の今日へと伝えているということができよう。併合後、朝鮮総督の命令は「制令」と呼称されるが、その名称にも波紋は刻まれている。国際関係上認められた主権一般への「監理」、つまりは当時その英語原文として使われた「コントロール」の権限を、究極的完全な水準にまで高め、主権の全てをコントロールする命令として「制令」は命名されたのである。列強から認められた韓国主権の完全なコントロール、即ち「制御」のための命令こそ「制令」なのである。

それを裏付けるかのように、ハーグ事件後の日韓関係は、日本の内政監理権の拡大過程として理解することができる。一九〇七年の内政への統監関与に続いて、一九〇九年七月の司法及び監獄事務の委託（七月二四日統監府告示二四号）、翌年六月二四日の警察事務委託、そして八月二九日の併合条約による「一切の統治権」の完全永久的な「譲与」へと拡大されていったことは改めて述べるまでもない。またその過程では、国際関係の中で認められた「監理」が、同じ国際関係上の契機によって覆される可能性が排除されていなかったが故に、間島問題やアメリカからの満洲鉄道共同経営に関する提案などの国際関係的契機を恐れて、日本側が併合を押し進めていったことも既に指摘されている(82)。しかしながら、主権のコントロールを意味する保護体制にハーグ事件後に韓国が編入されたといっても、それは主権全部の完全なコントロールを意味する併合へと直結するものではなかった。

最後に、工業所有権に関するその後の展開を、特に一九〇七年九月の曾禰荒助副統監登場の意味を中心に整理しておきたい。韓国主権の完全な消滅を意味する併合への転機についても、工業所有権法制の展開は重要な指標となる。

日米条約は、第三次日韓協約体制という新しい枠組みの下で一九〇八年の五月一九日に調印、八月六日に批准書の交換が行われ、「同一の法令」を施行するとの日本側の誓約通り、同月一六日には日本の商標法以下の関連法が勅令によって韓国に依用された(83)。しかし、その一九〇八年八月は第三次協約に基づく、韓国裁判所が設置された年でもあったため、副統監の曾禰荒助は、韓国の法令で工業所有権法を制定することに再び熱心に取り組んでいったのであった。曾禰は、当時から九年前にすぎない一八九九年の陸奥改正条約施行に際して農商務大臣を務め、パリ万国工業所有権同盟に日本を加入させるために尽力した経験を持ち、特許実務に通じていた。恐らく、曾禰が伊藤によって副統監とされた理由はそこにある。曾禰は、工業所有権の専門家としての立場から、将来の長期的韓国法制度全体の発展と、法律事項に勅令は関与しないという日本自身の法体系の整合性の維持を理由として、あえて韓国法令による工業所有権法制定路線をとったのだと考えられる(84)。

曾禰はデニソンからも支持されていた。当時のデニソンは韓国での治外法権撤廃を「工業所有権」分野のみならず、「土地」という法分野についても拡大する構想を有していた。そのため、土地に関する部分的治外法権廃止を実現したトルコ土地法をモデルとしながら、韓国土地法を韓国法として制定し、土地という分野に関してもアメリカに対して治外法権廃止を要求すべしとデニソンは提言していた(85)。土地という法分野が韓国法になるが故に、民法全体も当然そうなるとの前提で工業所有権も韓国法にし、裁判管轄権だけを日本に委ねるようにというのがデニソンと曾禰の考えであった(86)。

しかし、この案は、一九〇八年六月一五日に外務省から枢密院に打診されたにも拘わらず、成立見込なしとされ放棄されていくことになった(87)。将来の韓国法令と裁判管轄の復活を前提に、伊藤が暫定措置として導入したはずの日本法令による韓国内政上の規範は、この段階でついに、暫定措置ではなく、今後の将来の基本方針の地位へと質的に転換を始めたということができる。枢密院の拒絶の背後には、山県有朋や桂太郎などにも共有されていたと考えられる内田良平の懸念があったと思われる。一進会に合邦請願書を書かせるなど露骨な併合主義者であった内田良平は、治外法権撤廃がかえって韓国の独立を国際場裏で確認させてしまうものとなり、その結果として列強の干渉を招きかねないとして警戒していた(88)。

治外法権の撤廃は、韓国内の内外人に「韓国の法律」を遵奉させることであり、帝国の法律に服従させるものではないから、事実上韓国は我が保護国であるに拘はらず、外人をして間接に韓国の独立を確認させることゝなり、延ひては遂に干渉の端を開く結果を招く虞れさへある。故に野心を抱く列国は、喜んで之に賛成することゝなるであらうが、司法権を我国の手に収めぬ前に之を実行することは絶対に避けるべきである。

つまり、伊藤と曾禰のコンビが急速に力を失い、独立の象徴としての司法権が日本に委託されてしまった第一の理由は[89]、日本にとって安全な治外法権廃止でなければ韓国に対して認めることはできなかったからである。「安全」の意味は、独立や司法権が列強の干渉の口実とならないことにあったと考えられる。

この他に、韓国法令と韓国の裁判管轄権の復活が拒否された第二の理由は、韓国法制の発展上の矛盾をイギリスから指摘されてしまったことにあったと考えられる。アメリカの次に工業所有権に関する同種の交渉が行われたのはイギリスであった。一九〇八年の日米条約以後、イギリスは最恵国待遇によるアメリカ人の権利への均霑を主張する一方、アメリカの外交を拙劣なものと見なし、あくまで治外法権廃止に応じなかった[90]。イギリスは、日英通商条約上の最恵国待遇ではなく、改定日英同盟条約第三条において、韓国での商工業上の機会均等が自国民に与えられるとの条件の下に、韓国への日本の監理・保護権を承認するとした条文を根拠として、工業所有権に関するアメリカ人への均霑要求を行っていた。更に、日本法と日本の理事庁裁判所が工業所有権分野を管轄し、それ以外の「土地」等の法令が韓国法令と韓国裁判所によるというように、国内法秩序が二元的に編成された状態が不安定であることを見抜いていたようにも看取される。ともかくイギリスは治外法権廃止を認めることをしないまま、韓国での機会均等を要求し、アメリカ方式を受け入れないと拒絶したのであった。それに外務省が屈する形で韓国治外法権廃止方式の撤回が小村寿太郎外務大臣から伊藤に通告され、それと同時に、イギリスとの交渉で、もはやアメリカ方式を採用しない旨、閣議決定されたのは、一九〇八年一二月二八日であった[91]。伊藤はその前に一度その閣議決定を政治力でねじ伏せたが、再度閣議に提出された案件はついに決定されたのであった。この事件こそ、統監府の外務部外国課長をしていた小松緑に対して、伊藤が一九〇九年夏頃、小村外相の併合実行案に承認したことを告白した際[92]、相撲の横綱「常陸山」でも「五人一〇人相手」には勝てないとのたとえ話を漏らしたというエピソードに該当する事件と考えられる。この「五人一〇人」は、同盟国のイギリスからの外圧を利用して、治外法権廃止のために、せっかく築かれた枠組みの撤回を求めて結集していった小村や内田を中心とする勢力ということができる。

横綱が小物の連合体に敗れた時こそ、伊藤自らが暫定であったはずの日本法令の韓国への施行を恒久的なものとして認めてしまった時であった。イギリスとの交渉挫折と、日本政府によるアメリカモデル放棄という重大な情報に接した伊藤は、一九〇八年の年末が終わり新年を迎えた一月初頭、突如として、若い韓国皇帝純宗を連れて韓国の南北巡幸を行うことを発表する。しかし、それは、もはや、韓国社会内部からの、そして底辺からの長期的な社会的変化にしか、伊藤が期待できるものがないとの深い挫折感を反映しているかのようであった。

しかも、そのかすかな期待さえ、伊藤の幻想に過ぎなかったことは明白であろう。伊藤はその年の一〇月、初めて踏んだ満洲の、しかも臨終の地となったハルビン駅舎にて、数発の銃弾を浴びて悲しみの中に絶命した。それを発射したのは、フランス人宣教師によって洗礼を受け、伊藤が掲げていた韓国の独立や日韓の結合による両民族協同の自治の実現という理想にも通じる「東洋平和論」を、かつて信奉していた韓国人青年安重根であった[93]。その安が称えた「東洋平和論」に、共通の軍隊や共通の銀行設立が明記されていたこと、そして、日露戦争中には、フランス人宣教師に対して、安が日本の勝利とそれによる韓国の独立達成への期待を語っていたことは、対等な韓日提携への期待が裏切られたことが、いかに深い憤りと悲しみの対象となったかを示唆するものである。本文で詳述したように、外交事務のみの委託としての保護が、アジア・アフリカへの拡張過程で生み出された列強間の条約上の「保護国」へと性格を変質させていったこと、そして、そのことによって日本が韓国の富強と独立の道を正面から疎外する存在に成り変わったこと、それらへの怒りに満ちた一方的報復によるかつての虚しい期待への決別こそ、銃弾に込められた安の思いではなかったのだろうか。日本が関与した韓国の条約改正は、帝国法制の起源であると同時に、日韓の近代国家建設へと向かうナショナルな感情を現代に至るまで決定的に引き裂いてしまった分岐点となったのである。

注

（1）　国際関係要因としての治外法権撤廃の必要性から、保護国化と併合前後の政治過程を論じたのは、森山茂徳氏による一連の研究が初めてであった。森山は、保護では不十分で併合しなければならなかった原因がこの問題にあり、特に、南満洲方面と朝鮮の鉄道連結問題によってロシアとアメリカの連合が成立して、それによる干渉が加えられる恐れが高まったことが、日本を一気に併合へと進ませたことを解明した（森山茂徳『近代日韓関係史研究』東京大学出版会、一九八七年。同『日韓併合』吉川弘文館、一九九二年）。森山も、伊藤博文から桂太郎・小村寿太郎へのリーダーシップの転換を論じているが、この問題を、植民政策を軸にして、山県有朋・寺内正毅による軍備増強路線の違いに注目して論じたのが、小林道彦『日本の大陸政策――一八九五―一九一四桂太郎と後藤新平』南窓社、一九九六年である。また、イギリス人の新聞経営者ベッセルの取締という対西洋人問題を念頭として治外法権廃止過程を論じた研究に、小川原宏幸「日本の韓国司法権侵奪過程――「韓国の司法及監獄事務を日本政府に委託の件に関する覚書」をめぐって」『文学研究論集』（明治大学）第一一号、一九九九年、及び、同「日本の韓国保護政策と韓国におけるイギリスの領事裁判権」（同題で前半後半に分かれ、それぞれ『駿台史學』第一一〇号、二〇〇〇年、『文学研究論集』（第一三号、二〇〇〇年、に発表されている）がある。
　朝鮮における居留地撤廃をめぐる研究としては、以下。宮嶋博史『朝鮮土地調査事業史の研究』東京大学東洋文化研究所、一九九一年（特に七章四節「外国人土地所有権の問題と居留地制度の撤廃」）。李鉉淙「旧韓末外国人居留地内組織体に対して（ハングル）」『歴史学報』釜山（韓国）歴史学会、三四号、一九六九年六月。

（2）　現在の「工業所有権」には、特許、意匠、商標の他に実用新案も加えられ、「産業上特定の精神的創作物を排他的に支配し得る権利」とされる。それは、著作権や美術品が私人の行為によって直接発生するのとは異り、公的機関への登録と認定によって初めて発生する点に特色がある。本論では、工業所有権法やその関連法自体が分析の目的ではないので、性格の異なる著作権法も含めて「工業所有権」の名称を使用する。神戸大学外国法研究会『工業所有権法』有斐閣、一九五八年、一頁。

（3）　以下は例外的にそれを取り上げているが、通説的枠組みに収まらない側面は看過され、問題が治外法権廃止を通じた主権簒奪だけに絞り込まれてしまっている。海野福寿『韓国併合史の研究』岩波書店、二〇〇〇年、三一四―三二五頁。小川原宏幸「統監伊藤博文の韓国法治国家構想の破綻」姜徳相先生古希・退職記念論文集刊行委員会『日朝関係史論集』新幹社、二〇〇三年。

(4) 従来までの保護条約論争については、以下を参照。海野福寿「第二次日韓協約と五大臣上疏」韓国文化研究振興財団編『青丘学術論集』第二五集、二〇〇五年、原田環「第二次日韓協約調印と大韓帝国皇帝高宗」『青丘学術論集』第二四集、二〇〇四年。

(5) 山辺健太郎『日本の韓国併合』太平出版社、一九七〇年。

(6) 原田前掲論文、一五二、一六〇頁。

(7) 一九〇五年一一月一七日に調印された第二次日韓協約に際して、高宗は大臣の拒絶論を押さえて、「協商打辦」という方針、つまり有利な修正をできるだけ多く盛り込みながら日本との交渉をまとめよとの方針によって条約を締結したとされる。その際には、以下の三点の修正が行われた。第一に条約期限が明記され、「日本国政府及韓国政府は両帝国を結合する利害共通の主義を強固ならしめむことを欲し韓国の富強の実を認める時に至る迄、此の目的を以て左の条約を約定せり」と規定された。他の修正点は、皇室の安寧と尊厳の保証、統監の権限を外交に限定することであった。原田前掲論文、一六〇―一六一頁。

(8) 関税自主権の回復を先行して要求すべきか、治外法権廃止を先行させるべきかで基本路線に違いが生じた際、井上毅が条約改正方式を御雇い外国人、ルードルフとの問答の中で検討した文書より。条約締結権が君主にあるのか議会にあるのかが検討すべき点であった。その際、「国際版権若くは発明特許条約」や、「関税条約」、「罪人引渡条約」、「郵便条約」については、それが「国と国との交際に止まらず実に多少各国内部の法律に干渉するに至り従って国際条約亦国法上の問題」となるため、「立法の機関たる議会をして間接又は直接に之に参与せしめざるを得ざるに至れり」と指摘されている。条約改正に議会が敏感に反応した背景も、議会が関与するべき内政が外交と密接に連動していたことによると考えられる。「関税改正ニ関スル帝国議会ノ関係ヲ論ズ」『梧陰文庫(井上毅文書)』C―40、国立国会図書館憲政資料室所蔵。

(9) 日本の万国工業所有権同盟条約への加盟は一八九九年七月一五日であり、陸奥条約が実施される前日であった。竹内賀久治『特許法』巌松堂、一九三八年、七五七―七六二頁。

(10) 同右。万博の研究は近年盛んに行われているが、新発明や新技術保護の必要性が各国で認識され、工業所有権保護のための国際行政体制が促進された側面は、国内法と国際法の相関や国際行政制度の発展という法制度の視角から万博を研究することの必要性を示唆している。

(11) 在韓日本人数は、日露戦後に急速に増加し、一九〇五年末で四万二〇〇〇人余、翌年末には倍増して八万人余、一九一〇年末には更に倍増して一七万人余となる。詳しくは、拙稿「帝国と地域主義の分水嶺」日露戦争研究会『日露戦争研究の新視点』成文社、二〇〇五年、三三七頁。

(12) 日本政府の林董外務大臣が伊藤統監に対して、諸外国とのそれまでの交渉経過を説明した資料(一九〇六年八月)によると、清国での工業所有権保護に関しては、一九〇五年の段階で英米仏の三政府から個別に申し入れがあり、特に、英米の両政府は韓国も含めての条約締結を持ちかけてきたとされる。イギリスに対しては、主義上異議はない旨を解答したが返答がなかった一方、アメリカは一九〇六年六月一八日に東京駐在米国大使を通じて回答を寄せ後述する本格的な交渉開始となった。「林外務大臣より京城伊藤統監宛　明治三十九年八月十六日」『清韓両国に於ける発明意匠商標及著作権相互保護に関する日米条約締結一件』第一巻、外交史料館、二―六―一―一六(以下『日米条約締結一件』と省略)。

(13) 東京帝国大学法学部長穂積重遠は、皇紀二六〇〇年記念事業に際して、維新後の日本の法律学政治学の発展を回顧し、産業法、社会経済法の重要性を強調している。拙稿「植民地での条約改正と日本帝国の法的形成」浅野豊美・松田利彦編『植民地帝国日本の法的構造』信山社出版、二〇〇四年、一〇七頁。

(14) 「韓国施政改善ニ関スル協議会第二十一回　明治四十年七月九日」市川正明編『韓国併合資料2』原書房、一九八六年、五八九頁。

(15) ハーグ事件後となるが、「自治育成政策」を伊藤が推進していたことを森山前掲『近代日韓関係史研究』(二一五頁)は指摘している。しかし、それが在韓日本人を含めた自治であったことには注意を要する。

(16) 外交上の治外法権廃止と関連する内政問題としては、工業所有権以外にも、アメリカが所有した雲山金山等の外国人経営に属する鉱山規則の制定、アメリカ人経営者の手に握られていた仁川の水道事業、ロシアに帰化したと称する韓国人の二重国籍などが存在しており、公権と私権にまたがる性格や行政の関与など相通じる性格を有する問題が存在していた。本文で触れる鉱業法以外は、資料的制約により論じることはできなかった。

(17) 「林大臣発伊藤統監宛　一九〇六年八月十六日」『日米条約締結一件』第一巻。

(18) 以下の本が、極東におけるアメリカの領事裁判所の強化を提唱して、トルコの事例等を参照しつつ執筆されている。

Frank E. Hinckley, *American Consular Jurisdiction in the Orient*, Washington D. C.: W.H.Lowdermilk and Company, 1906.

(19) タフト陸軍長官の一九〇五年と一九〇七年の二度にわたる、日本を含む極東訪問は、門戸開放原則を実際の貿易拡大へと結びつけるタフトのアプローチであり、それが一九〇九年以後の大統領就任以後のドル外交の原型を作ったとされる。Ralph Eldin Minger, *William Howard Taft and United States Foreign Policy: The Apprenticeship Years 1900–1908*, Urbana: University of Illinois Press, 1975, p. 214.

(20) John E. Findling, *Dictionary of American Diplomatic History*, 2nd ed., New York: Greenwood Press, 1989.

(21) 前掲「林外務大臣より京城伊藤統監宛 明治三十九年八月十六日」。

(22) 二つの問題をリンクさせる提案は、日本が文明国としてきちんとした正当な保護に責任を持って取り組むための国内体制を作ることが絶対条件であった。このことは、一八八二年の韓米条約の規定や一八八三年韓英条約に、韓国での治外法権の廃止は、当該外国の臣民が朝鮮の裁判管轄権に服するのに何らの問題も存在しないという状態になり、かつ、朝鮮における裁判官が行政から独立した地位を獲得し、文明国の裁判官と同じ資質を有するようになったとその外国が判断する時までとされていたことからも示唆される。Hinckley, op. cit., p. 192.

(23) 批准条約によらずに併合条約が結ばれたことは、今でもその条約の正統性をめぐる論争を惹起している。覚書の交換か批准条約か、少なくとも、条約の形式は当時の政策決定者に強く意識されていた問題であったということができよう。

(24) 清国での商標保護に関する初期の日英条約案として一九〇五年にイギリスから提案された条約案は、批准を要する条約の形式であった。これは、日本の「商標法が清韓国に当然行はるるや疑問」であるため、条約の効力によって日本の商標法を清韓国に適用しようとしたものであった。それに対して、当時の外務相の担当者(不明)は、「寧ろ別に商標法等を清韓国に適用し得る方法を講じ、本協約は簡単なる外交文書の交換によりて相互の約束を為すを可と信ず」としていた。"reciprocal draft convention for the protection of trade-marks in China and Corea, to be concluded between Japan and Great Britain,"『日米条約締結一件』第一巻。

(25) 領事官ノ職務ニ関スル法律(明治三十二年法律第七十号)では、「第三条 領事官其ノ他本法ニ依リテ職務ヲ行フ者ハ法令及条約ノ規定ニ従テ其ノ職務ヲ行フヘシ但シ国際法ニ基因スル慣例又ハ駐在地特別ノ慣例ニ従フコトヲ得」とされており、工業所有権関連法令は領事裁判には適用されなかった。この点は菊地駒次「領事裁判に関する現行法制の不備を論す」『国際法外交雑誌』第六巻第七号、一九〇八年四月。

(26) 前掲「林外務大臣より京城伊藤統監宛　明治三十九年八月十六日」『日米条約締結一件』。

(27) 同右。

(28) 同右。

(29) 同一という場合にも、内容と形式、それぞれ異なる意味があった。詳細は、浅野前掲「植民地での条約改正と日本帝国の法的形成」一一一―一二一頁。

(30) 「機密統発第十三号　伊藤統監より林外務大臣宛　明治三十九年八月三十一日発　九月七日接受機密第一七八六号」『日米条約締結一件』第一巻。

(31) 「松岡農商務大臣、原内務大臣、林外務大臣より西園寺内閣総理大臣宛　韓国に於ける特許、意匠、商標及著作権に関し日米間協約締結の件請議(案)　明治三十九年十月三十日起草」(「再回」とあり、実際には外務省内部の案として廃案とされた)『日米条約締結一件』第一巻。これは、清韓に関する各々の日米条約案と日韓条約案から構成されていた。清韓に関する日米条約案の原案となったのはデニソン起草の英文であるが、それは同年八月一六日の統監府宛の経過報告文に付されており、一〇月の段階では日本語版の修正が主に行われた。日韓協約案の英語原文は八月の文書には見あたらず、この一〇月の修正文に付されているものが最も古い。英語に修正メモが入れられていること、直訳調の日本語文面から見て、デニソン起草の原文と考えられる。日本語原案の修正は「極秘　案　通商局長」の書き込みがあることから、当時の石井菊次郎通商局長によって行われた。

(32) しかし、この委員会が政府から独立しないように、「最後に韓国政府に与」える助言に関して、日本政府は行動の自由を保留するとされていた。『韓国ニ於テ外国人ニ許輿シタル特許ニ関スル審査委員会設置案　明治三十九年』外交史料館、六―一―一―一二。

(33) 日米条約案の最初の原案は前掲「林外務大臣より京城伊藤統監宛　明治三十九年八月十六日」に添付され、デニソン案を直訳した「国際商標関係事項」などの文言がある。この文書全体を清書した第三巻の写しでは、この条約案が欠落してしまっている。わずかにこの条約に言及する研究が行われても、清書された写しのみに依拠したため、この条約原案の内容が検討されてこなかったのである。

(34) 「機密統発第十六号 明治三十九年十一月十日」『日米条約締結一件』第一巻。

(35) 韓国の鉱山は当時有望視され、国際的に注目されていた。一九〇八年当時の伊藤は以下のように認識していた。「韓国の鉱山は欧米人等か無尽蔵として深く注意する所にして既に政府の許可を得て之に着手せるものあり。……韓人労働者相互の間に生したる事件は韓国裁判所に於て当然之を裁判するを得れとも外国人関係の事件は韓人の被告たる場合に限り韓国裁判所に於て処理し得へきものなるを以て外国人の被告たるへき事件は最駿敏に取調を了し其の筋に報告せさるへからす」(「韓国法官招待席上伊藤統監演説要領筆記」『倉富勇三郎文書』三〇一二、国立国会図書館憲政資料室所蔵)。また、鉱山の開発という国内事項は、保護政治の運命を左右する財政にも深く関わっていた。「金銀地金輸出入を対照するに輸出の輸入に超過すること百七十七万三千余圓なり。固より金銀の地金を輸出すれば其の代りには貨幣の輸入あり此等の関係に就ては米人の経営に係る雲山金鉱の如きは現に最も重きを為すものなり韓国中或は米人の雲山に於けるが如く外人の手に奪はるるが如く思惟する者無きにあらずと雖も是亦誤解なり。外人此地に来りて事業を経営すれば韓国の之が為に衣食の途を得る者少しとせず。加之金の地金は……日本に売出せば其の代償として貨幣は自ら韓国に入り来り韓国の利益となるなり」(「統監歓迎会(北韓行幸の際)」『満韓の実業』四二号、一九〇九年三月)。

(36) この仮説を裏付けるのは、本文で説明した韓国人閣僚の動揺と混乱という事実以外に、外交文書に記された走り書きである。後述するが、日韓条約付属規則としての著作権保護規則案の内容を内務省と外務省が協議した一九〇七年六月一〇日、内務省の吉原次官に対して、「鉱山新聞の件珍田次官より」説明があったという。新聞の件は、この直前に発行されたロンドンタイムズの商標を盗用し満洲への商品売り込みをはかる日本商人批判記事を指すものと考えられることから、それに関連して、本来内務省の管轄には属さない「鉱山」のことが言及されるとすれば、本文に詳述した韓国の朴齊純内閣の動揺をもたらした鉱山法における韓国統監の同意権のことしかないはずである。「(明治四十年)六月十日吉原(内務省)次官ヨリ珍田(外務省)次官ニ手交ノ文書」『日米条約締結一件』第一巻。

(37) 「八二 大臣会議筆記 韓国施政改善に関する協議会第六回 明治三十九年六月二十五日」市川正明『韓国併合資料1』原書房、一九八六年、二二三―二三〇頁。

(38) 「八一 大臣会議筆記 韓国施政改善に関する協議会第五回 明治三十九年四月十九日」同右、二一三頁。

(39)　前掲「六月十日吉原次官ヨリ珍田次官ニ手交ノ文書」『日米条約締結一件』第一巻。
(40)　「機密送第十一号明治四十年二月十五日」で「清国に於ける発明、意匠、商標及著作権の保護に関する日米協約案請議の件」が首相に提出され、同日の「機密送第十二号」では、韓国における日米協約案請議が提出されたことが、以下の簿冊の目次からわかる。実際の当該文書には日付がない。『日米条約締結一件』第一巻。
(41)　「機密送第十二号明治四十年二月十五日」に対応する文書綴りの添付書類には、日韓協約案が林外相から伊藤宛の英文電報案(恐らくデニソンの下書きしたもの)と共に記載されているが、後者には「廃棄」と書き込みされている。
(42)　「機密送第二十六号　農相内相外相より総理宛　明治四十年三月十二日」『日米条約締結一件』第三巻。
(43)　「覚書」(「安達」取調課長のサインと「(明治四十年)二月二十七日作成」の書き込みあり)『日米条約締結一件』第一巻。
(44)　"F.O.No. 87 AMERICAN EMBASSY TOKIO, March 11th, 1907,"(明治四十年三月十二日接受　第三八二一号、林大臣、珍田次官、安達取調課長、デニソンの閲覧印あり)前掲『日米条約締結一件』第一巻。
(45)　「機密送第二十六号　農相、内相、外相連署ニヨル西園寺内閣総理大臣宛　特許、意匠、商標及著作権ノ保護ニ関スル日韓協約締結ノ件請議　明治四十年三月二日起草十二日発」(「機密編纂再回」とあって発月日が消されているが、目次から発月日が確認出来る)『日米条約締結一件』第一巻。
(46)　第一回目の閣議決定により日米条約草案が通ったという正式の通告(農商務省と内務省に対して機密送第七号・十七号により五月三十日付)と、それにより決定された米国側からの要求を日本文でとりまとめた文書(機密送八号・十八号により六月一日付)『日米条約締結一件』第一巻。
(47)　「機密号外　林外相発伊藤統監宛　特許商標等ニ関スル日米協約ニ関スル件　明治四十年六月一日」『日米条約締結一件』第一巻(第三巻にも写しあり)。
(48)　「ロンドン特約電報」『東京日々新聞』明治四十年五月十九日。
(49)　ウッドハウス暎子『日露戦争を演出した男モリソン』東洋経済新報社、一九八八年。
(50)　ロンドンタイムズを批判した以下の記事からの引用。"Japan in Manchuria," *Japan Times*, May 23, 1907.『日米条約締結一件』第一巻。
(51)　前掲「林外相発伊藤統監宛　特許商標等ニ関スル日米協約ニ関スル件　明治四十年六月一日」。

(52) 「電信二一八五号(暗) 伊藤統監発林外務大臣宛 明治四十年六月五日午後八時二十分着」『日米条約締結一件』第一巻。
(53) 「半公信 (外務省取調課)安達課長より中松特許局調査課長宛 明治四十年三月十二日」『日米条約締結一件』第一巻。
(54) 「内務省秘乙第一八六号 原敬内務大臣より林董外務大臣宛 明治四十年六月二十日」『日米条約締結一件』第一巻。
(55) 「日韓協約附属発明意匠及商標保護規則案」は、同著作権保護規則案の直ぐ後ろに綴られていることから同時期に送付されたと思われる。『日米条約締結一件』第一巻。
(56) 「(明治四十年)六月十日吉原次官ヨリ珍田次官ニ手交ノ文書」『日米条約締結一件』第一巻。
(57) 注(54)に同じ。
(58) 十七条では公益のために普及を要するものや軍事上必要な発明特許を日本政府が収容する場合には、相当な報償を払うべきこと、その決定に不満があるものは統監府法務院に出訴すべきことが定められている。「日韓協約附属発明意匠及商標保護規則案」『日米条約締結一件』第一巻。
(59) 「第五十三号 受第二四九六号(暗) 伊藤統監発林外務大臣宛 明治四十年六月二十二日」『日米条約締結一件』第一巻。
(60) 同右。
(61) 「第一二六号 電送第一八二〇号 林大臣発伊藤統監宛 明治四十年七月四日」『日米条約締結一件』第一巻。
(62) 「第五十六号 受第二七四六号(暗)伊藤統監発林外相宛 明治四十年七月六日」『日米条約締結一件』第一巻。
(63) 「伊藤統監より林外相宛 第五十九号 七月十日」『日米条約締結一件』第一巻。
(64) 注(62)に同じ。
(65) 前掲『韓国併合資料2』五五九―五六〇頁。
(66) 同右、五六〇頁。
(67) 森山前掲書、二一一頁。「日露協約案に関する本野公使宛訓令案中韓国及蒙古問題に関し意見開陳の件 伊藤統監ヨリ林外相宛 一九〇七年四月十三日」『日本外交文書』第四〇巻第一冊、一二四頁。
(68) Minger, op. cit., p. 161.
(69) 浅野豊美「帝国と地域主義の分水嶺」日露戦争研究会『日露戦争の新視点』成文社、三四二頁。
(70) 「機密統発第五十一号 鶴原韓国統監府総務長官ヨリ珍田外務次官宛 米国人『ハルバート』韓帝密使トシテ海牙ノ平和

会議へ出向ノ風説ニ関スル件 明治四十年五月九日」『日本外交文書』第四十巻第一冊、四二五頁。

(71) 「特別機密第五十七号 密使海牙派遣ニ関シ韓国皇帝へ厳重警告並対韓政策ニ関スル廟議決定方稟請ノ件 伊藤統監発林外務大臣宛 明治四十年七月七日」前掲『韓国併合資料2』五八二頁、もしくは『日本外交文書』第四〇巻第一冊、四五四頁。

(72) 「送第五号(機密) 在海牙都築大使ヨリ林外相宛 韓帝密使ヨリ海牙平和会議委員ニ送付シタリト称セラルル文書掲載ノ『クーリエ・ド・ラコンフェランス』切抜等送付ノ件」『日本外交文書』第四〇巻第一冊、四三四頁。

(73) 「第一四一号(極秘) 林外相ヨリ伊藤統監宛 韓帝ノ密使派遣ニ関連シ廟議決定ノ対韓処理方針通報ノ件 七月十二日」『日本外交文書』第四〇巻第一冊、四五五頁。

(74) 前掲第一四一号(極秘)電報、七月十二日。

(75) 森山前掲書、二一三―二一四頁。

(76) 『日本外交年表並主要文書』原書房、一九六五年、二七六頁。

(77) 実際にも半数以上が日本人判事によって占められることとなった。海野前掲書、三一八頁。

(78) その当時から一八年前の一八八九年、大隈重信外相時代に構想された条約改正案では、内政であるはずの法典編纂を外国政府に制約した上で、複数国籍の四人の西洋人判事に日本国籍を取得させ、彼等を一定期間のみ日本人判事と共に大審院裁判官とする混合裁判制度が構想されていた。それは領事裁判制度を残すよりも、更に深く日本の主権を傷つけるものであると玄洋社等から批判を浴びた。「条約改正に対する意見書 玄洋社筑前協会建白書 明治二十二年十月」外務省『条約改正関係日本外交文書追補』一九五三年、二〇一頁。

(79) 原田前掲論文、一五三頁。

(80) 浅野前掲「帝国と地域主義の分水嶺」三三八、三五一頁。

(81) 同右、三五一―三五二頁。

(82) 森山前掲書、二二七―二四九頁。

(83) 日米間の条約調印にあたっては、韓国王の名でという一文を入れるかどうかでもめたが、深刻な紛争となることはなかった。『日米条約締結一件』第二巻。

(84)「韓国に適用すべき特許法、意匠法以下諸法を通常勅令を以て制定すべからざる理由(副統監意見)一九〇八年六月二十七日」『日米条約締結一件』第二巻。

(85) 韓国で外国人所有地からの税金徴収が始まると、最も被害を受けることとなったのは、日本人であった。それが伊藤統監への反対論を激化させていった。韓国での土地法整備については、前掲拙稿「帝国と地域主義の分水嶺」三四七—三四九頁。

(86)「第九十三号 電送第一六三七号 在韓伊藤統監宛林大臣発一九〇八年六月九日」『日米条約締結一件』第三巻。

(87)「第九十七号 電送一六九一号 林大臣発在韓伊藤統監宛一九〇八年六月十五日」『日米条約締結一件』第三巻。

(88) 黒竜倶楽部編『国士内田良平伝』原書房、一九六七年、四三九—四四〇、四四四頁。

(89) 司法権の独立をあえて、第三次日韓協約の目玉とすることで、たとえ統監が内政に関与しても、日本は依然として韓国の独立を蹂躙したものではないとのメッセージが依然として国際社会に与えられていたと考える。しかし、それは、莫大な費用がかかることによって国内で批判され、寺内、山県の反対、帝国議会での在韓居留民を代弁する反対論、そして国際関係的要因等により、撤回されていった。森山茂徳「保護政治下韓国における司法制度改革の理念と現実」前掲『植民地帝国日本の法的構造』三〇一—三〇三、三〇八—三〇九頁。

(90) British Foreign Office Japan Correspondence, 1906–1929, Reel.1, 1909.

(91)「欧州諸国と本件条約締結の交渉方針に関し請議 一九〇八年十二月二十八日」『支那ニ於ケル工業所有権相互保護ニ関スル日英条約一件』(外交史料館、二—〇—一—十五)

(92) 倉知鉄吉から著者に宛てた手紙も添付され、それが日付確定の根拠とされている。小松緑『朝鮮併合の裏面』中外新論社、一九二〇年、四三五頁、「第二章霊南坂の三頭密議」より。

(93) 市川正明『安重根と日韓関係史』原書房、一九七九年、及び、佐木隆三『伊藤博文と安重根』文藝春秋、一九九二年、一八、六五頁。

第四章　植民地の法学者たち

――「近代」パライソの落とし子

呉　豪人

植民地支配者は植民地を構築しながら自分自身を構築していく。その関係は〔植民地支配者個人の奥深いところでとりむすばれる〕内密な性質のものであって、公式の知識の一部とはなりえない公然の秘密である(G・C・スピヴァク『ポストコロニアル理性批判』[1])。

はじめに——大物が去った後の台湾法学界

一九九六年に筆者が日本帝国植民地下の台湾法律史の研究に取り組み始めて以来、エドワード・サイードの「帝国主義はつまるところ協同の冒険である。主人も奴隷もそれに参加し、双方とも平等にではないとしても、その中に成長した[2]」という指摘が終始頭から離れなかった。一九世紀の世界や東アジアの情勢・日本国内における上流エリートの政治戦略や思想といった「グランド・ヒストリ」以外に、実際に台湾に足を運び、植民地統治を真の意味で担った日本人の「個人史」、あるいはその集団——例えば法曹集団の「法」「社会史」といったものもまた、筆者の心を捉えて放さないのであった。

仮に「日本統治時代は台湾法制近代化の濫觴」であるというテーゼに大きな誤りがないとするならば、この五〇年[3]という時間の中で、台湾の法律の変遷を表象するに足りる法律人は、いったいいかなる植民者であったのだろうか。

日本統治下五〇年の台湾史は、「特別(漸進主義)統治期(一八九五—一九二二)」と「内地延長主義統治期(一九二三—一九四五)」に区分されるというのが通説である。[4] 実際、こうした区分は専ら「グランド・ヒストリ」の叙述における便宜上のものでしかない。しかも、一九二三年から一九四五年をひとつの時期区分とするは甚だ疑問である。というのも大正デモクラシー期（一九〇五—一九三二）の同化論と満洲事変以降の昭和軍国主義の同化論とは、形式的にも内容的にも全く異なるものだからである。[5]そこで、筆者はさしあたり「在台日本人法律家の性質の変化」を時期区分の指標とする。かかる時期区分は決して厳密なものではないし、厳密さを求めるわけでもなく——この点に関しては、ヤーコブ・グリムの「厳密でない学問（ungenaue Wissenschaften）[6]」から強い影響を受けているが——あくまでこの五〇年間における台湾法律社会史の「流れ」の移り変わりを把握するということを目的としている。

筆者の見る限りでは、この五〇年間における法社会史の真の主力はおしなべて日本人の実務法曹（裁判官・検察官・弁護士ならびに総督府や地方官庁の文官ら）であった。しかし、「特別統治期」にあっては日本法学界の主流を受け継ぐ（岡松参太郎[7]のような）著名な学者たちの陰に隠れて光が当たらず、軍国主義の時期にあっては（増田福太郎のような）右翼ファッショの代弁者たちによって口を封じられることとなった。ただ、唯一大正デモクラシーの時期において、「法律学の大家」や「政治的に正しい法律家」たちのくびきから免れて、日本植民地下の法律社会を名実ともに代弁しうる存在たりえたにすぎなかった。「法学博士」でもなければ「帝大教授」でもない彼ら「実務法曹」たちにとって、一般の法律思想史において記憶に留められたり議論の対象とされたりすることは、なかなかありえなかった。まして彼らの著作に至っては、「内地」の法学界にとって「化外の地」の片隅におけるものでしかなく、その内容が云々されることなどなかったのである。ゆえに、彼らの存在はある種の集団としての存在にすぎず、その中から傑出した何名かを取りあげて述べるにも及ばず、集団としてひとまとめにした上で「歴史」に名を刻むことになったのである。

にもかかわらず、台湾においては「協同の冒険」として主人も奴隷もともに「成長した」はずの帝国主義が、近代性に対する認識——もしくは想像——においては、日本帝国の場合、奴隷よりも主人のほうが遅れをとるという事態が起きた。昭和期における筧克彦・増田福太郎師弟が扮した役割はそれにあたる。この師弟の代弁するファッショ勢力に対して、台湾の日本人「実務法曹」たちは一応抵抗をみせたものの、抵抗しきれなかった。否、それどころか、中には、自分の近代性への信念の脆さを露呈して平然とファッショに与したものさえ多々あったのである。ならば「帝国日本の学知」なるものは、そもそもこの程度のものだったただろうか。

一　敗者の植民史——姉歯松平についての覚書

敗者とは何か

不勉強を省みずに、敢えて前述した実務法曹集団の中から代表的な人物として取りあげようというのが、姉歯松平である。というのも、これまで『本島人ノミニ関スル親族法並相続法ノ大要』および『祭祀公業並台湾ニ於ケル特殊法律ノ研究』という二冊の主著を除いて姉歯についてはほとんど知られていなかったということに加え、今回筆者は姉歯の生い立ちをたどることで、彼の経歴と他の実務法曹たち、さらには台湾における日本植民者たちとの間にさえ、多くの共通点があることを見出したからである。

勝てば官軍負ければ賊軍、これこそが人類史を通じての的確な叙述である。近代日本における「勝てば官軍」の法則については、「先天的な敗者」と「後天的な敗者」に大別することができよう(8)。

「先天的な敗者」とは日本の身分法における「長男」以外の男児のことを指している。戦前の日本の家督制度は、長男にのみ家と財産の相続権があると規定していた。次男の場合は三男以下と比べてももっと不幸である。生まれた順番が、まったく「偶然」に長男より一足遅かったというだけで、一切の権利を失ってしまったのだから。そこで日本では、次男(いわゆる「次男坊」)はかかる不幸な事情から、父母に可愛がられる対象となったである。家督相続と無縁であるがゆえに、人生設計において家の期待に縛られることもなく、やりたいことをやれる、ちょうど華人社会における「末っ子」のように、家族内での自由を享受する存在であったのだ。

次男以下の男児たちは家にとって先天的な敗者ではあったけれども、家において主要な位置を占めることができないかわりに、新天地を求めて家の庇護の下から離れることができ(あるいは離れることを余儀なくされ)たのである。かかる家族制度は、天皇家を頂点とする家族国家に連なるものであり、さまざまな興味深い想像や比喩を喚起させ、これまでにも日本帝国の重層的な統治構造を説明する際に引き合いに出されたものである。つまり日本本土が「長男」だとすれば、沖縄は「次男」である。「次男」は家を出て活路を見いださねばならなかった。そこで多くの沖縄人が「三男」であるところの台湾に渡ったのである。一方「三男」である台湾人は、満洲・華北・東南アジアといった「四男」「五男」の地に立身出世への途を見いだしたのである。[9]

「先天的な敗者」と大きく異なるのが「後天的な敗者」であり、中でもとりわけ政治的な争いに敗れた者のことである。周知の通り、日本近代史上「賊軍」の最たるものとは、明治維新に際し、「尊皇攘夷」を掲げる薩摩藩・長州藩によって天皇の名の下に徹底的に打ちのめされた「佐幕派」であろう。実のところ、もともと「尊皇攘夷」という点についていえば「倒幕派」と「佐幕派」の違いは程度の差でしかなかったのだが、一八六八(明治元＝戊辰)年の戊辰戦争の結果、その官軍・賊軍の別が決定付けられたのである。とりわけ、薩長によってうらみつらみを晴らすために叩きのめされ、その後も教科書で徹底的に汚名を着せられ続けたのが、東北諸藩であった。[10] 戦前日本人が受けた学校教育においては西軍(薩長)こそが「官軍」であり、東北は「朝敵」に位置づけられ、そこは「賊の地」であるという汚名を着せられ、東北人は「逆賊」であるとされたのである。[11]

政治的争いの敗北者は、あたりまえながら厳しく苦しい立場を背負わされる。しかしながら、政治的に周縁化される屈辱と現実的な貧困にもかかわらず、敗者にも見出すべき活路があった。

東北諸藩出身者の各分野における活躍の跡をたどれば、「敗者」の活路には少なくとも以下の三通りがあるといえよう。

まず第一に「勝者」が気にも留めないような私領域が挙げられる。例えば戯曲・博物学的な蒐集・詩歌等の大衆文化といった領域で、その才能を開花させ主流に属すことのない文化の一角を形成したのである。人類学者山口昌男の名著『「敗者」の精神史』[12]が主に扱っているのがこの部分である。

次に挙げられるのが、「子の矛を以て、子の楯を攻す」、すなわち西洋化・近代化・立憲主義・科学主義といった勝者の掲げる価値観を勝者よりもさらに熱心に取り入れるという途である。

敗者にとって、勝者が理論的に標榜する政治的価値観は、熱心にこれを学ぶことで、その恩恵に預かるばかりか、それをますます発展させ、ついには「自らの血肉」とし、雪辱を果たすための武器となすのである。薩長が権力の座を握り、勝利の美酒に酔いしれて、次第に腐敗の兆しを見せ始めると、「賊軍」であった(東北諸藩のほか、一八七四年の佐賀の乱、一八七七年の西南戦争の敗者たちも含めた)者たちが、自由民権運動という新たな戦場を見いだし、維新の功臣たちが牛耳る藩閥政治を打倒せんと立ち上がったのである。その中でも特に傑出した存在としては、藩閥政治に止めを刺し政党政治への道を開いて日本初の「平民宰相」となった原敬(岩手県盛岡市出身)、台湾人にとって最もなじみの深い後藤新平(岩手県水沢市出身)、そして海軍大将・朝鮮総督・総理大臣を歴任した斎藤実(岩手県水沢市出身)が挙げられよう。

第三の活路は、「次男」「三男」と同様に中心(日本)を離れ周縁(植民地)に赴くという途である。一八九五年以降、新天地を求めて台湾に渡航した多くの琉球人たちも、もちろんここに分類されよう。加えて、内地から台湾に渡った「次男」・「敗者」たちも、数かぞえきれないであろう。実務法曹のうちでも、長尾景徳(米沢)[13]・渡部弥億(会津)[14]・国原賢徳(沖縄)[15]・三好一八(佐賀)[16]といった人々がこれにあたり、姉歯松平(宮城)もまたそのうちの一人である。

姉歯松平(一八八五—一九四一)の生い立ち[17]

後藤新平が若いころ「謀叛の子」の誇りを受けたのと同様[18]、姉歯家にも、仙台藩軍監であった姉歯武之進がおり、戊辰戦争の際に藩命を奉じて討幕軍奥羽総監の長州藩参謀世良修蔵の暗殺に参じた。その後、武之進は同年享年二五歳で戦没したが、当時政権を掌握していた長州藩にとって「朝敵の中の朝敵」であったといえよう[19]。

姉歯武之進と姉歯松平は直系の親族ではないが、(「姉歯」家の起こりは仙台藩であり分家もなく)武之進は松平の叔父筋にあたる。明治初年以後、姉歯家の子弟たちは学校の歴史教育において「汝の祖は朝廷の参謀を斬殺したる悪賊なり」と教えられ、戦後になってもなお、子孫たちの中にはその恥ずかしさから歴史恐怖症となる者があった[20]。しかしながら、現地仙台にあっては、武之進は英雄として讃えられており、彼が斬った(実際に殺害したのは姉歯の家来であったが)世良修蔵こそが奸賊であると考えられている[21]。

姉歯松平の出生は一八八五(明治一八)年、戊辰戦争から一七年しか経っていないときである。彼の成長過程が、貧困の中で汚名にまみれ周縁化された典型的な「謀叛の子」としてのものであったことは、容易に想像がつくだろう。やがて「謀叛の子」姉歯松平は、「勝者」の価値観を学ぶために上京した。三年制の私立中央大学法律学専門科に入学し、そして卒業した。筆者の調べた限りでは、中央大在学中の姉歯についての事跡は不明であったが、それほど秀才でもないごく普通な学生だったそうである[22]。しかし「「社会の需用」に応じた多数の法律家の養成を企図した[23]」、「イギリス風の堅実で穏健な自由主義[24]」の建学精神をもち、しかも修習する科目がほとんど実用的な実定法ばかりの[25]私立の中央大学法律学専門科出身ということは、後に姉歯の台湾での実務法律家としての活動を大きく規定したようである。

姉歯は弁護士の修業を積みながら、恩師の飯田宏作弁護士がなくなった後、飯田夫人から婿養子になってくれと迫られたのに嫌気をさしてか台湾に逃げたという[26]。一九一二(大正元)年のことであった。しかし当時の内地人にとって

「台湾渡航」なるものは死を覚悟するか台湾に骨を埋めるかのようなものだった。[27] 果たして姉歯は三〇年間台湾に定住し、斯地に亡くなることになる。

渡台してから姉歯は、弁護士・裁判官として順風満帆な仕事ぶりをみせながら、[28] そのかたわらに、研究や論文執筆にも精力的に取り組んだ。一九二三年以降一九四一年に世を去るまでの間に、『台法月報』誌上に実に一六七篇もの論文を投稿している。[29] 上述した二冊の主著は、そのほとんどが『台法月報』に発表した論文の集成である。彼はまた台北帝国大学文政学部で民事訴訟法の講師を担当し、他の法学教授らと比較法学会を設立して、そこでも活躍した。

姉歯松平の著作の特徴は、おしなべて実務・判例に重きを置き、「学理研究」がほとんど見られない、という点にある。かかる研究手法は、当時の日本「内地」にあっても主流から外れたものであり、もし末弘厳太郎が英米法ならびにエールリッヒ(E.Ehrlich)の法社会学の影響を受けることがなければ、ドイツ法が席巻する日本法学界においては、まったく相手にされることがなかったであろう。また、このことからも姉歯の論文に対する末弘の評価は以下に見られる通り極めて高いものがある。

多年の研究の成果であるだけに極めて豊富な資料に基づいていることが注目され、著者の目的に役立つことは勿論、比較法的立場からも有益な著述であり、学界は著者の労に謝すべきであろう。殊に我国親族法相続法解釈への適切な指針が随所に見受けられることも我々にとって好資料となる。[30]

とはいえ、姉歯の判例研究にとって、当時脚光を浴びていた末弘法学はその動機に結びつくものではなかった。時系列でいうと、末弘は一九二一年に「民法判例研究会」を設立しシカゴ大学で学んだ「ケース・メソッド・スタディ」を提唱し始めたが、しかし姉歯がその影響を受けたという明確な証拠はまったくない。末弘は一八八八年生まれで、姉歯より三歳年少であり、また法理論・体系を至上とする東京帝大法学部を卒業しており、一方姉歯の母校である中央大学の創始者は、(姉歯の生まれた)一八八五年に早くも英国法の実証性・実用性を掲げて、概念法学を斥けていた。

もともとドイツ法の影響色濃い日本法学界にあっては、サヴィニー以来の理論重視という法学教育の伝統があり、フランス民法典以来の法学教育とは様を異にしていた。ドイツや日本の法学の教科書は理論から説き起こすのに対して、フランスの法学の教科書は法典(条文)から説き起こす、ということからも明白であろう。[31]ナポレオン法典の完全性(＝perfection)を信奉するフランスとは対照的に、一九世紀初めのドイツは、信奉するに足る法典が存在せず「法学(＝Rechtswissenschaft)」を再構築した上で、法学の歴史・体系・理論から判決の根拠を見出すことを余儀なくされたのであった。それゆえ、ドイツ法の影響を強く受けた岡松参太郎の出発点は、まず日本民法の完全性(＝perfection)を疑うことであった。[32]日本が始めて獲得した植民地・台湾に対して、まずドイツ法学に基づくことを念頭に置き、台湾の慣習法を整理・再建・刷新することを目指したのであり、そこに初めて台湾法の近代化という考えが芽生え、以て「台湾民法」の母体となる『台湾私法』が生み出されたのである。[33]

しかし、岡松の壮大な構想とは対照的に、姉歯松平が長年実務の最前線に立った現実体験から学んだのは、『台湾私法』は決して「金科玉条」たりえないという教訓であった。姉歯の長きにわたる弁護士ならびに裁判官としての実務経験では、『台湾私法』における多くの誤りに翻弄され続け、むしろ領台初期の裁判所判例を以て台湾の現実の慣習に切り込むべきである、と実感させられたのであった。[34]『台湾私法』が台湾の極少数の「上流階級」の意見や清律そして法学者のスノビッシュな法理論を反映させたものにすぎないとすれば、姉歯らが目指したように、実際の拘束力を有し、台湾人に西洋式の法制度に対する信頼を抱かせる、というほうがむしろ有意義であろう。一九二三年末に日本の民商法が台湾にも適用され、内地延長主義が特別統治主義に取って代わろうとする際に、姉歯を含めた実務法曹らが大いに歓迎の意を表したのも[35]別段不思議なことではなく、ましてやこれを指して実務法曹たちの政治的日和見主義というのはまったく筋違いである、といえよう。これが「一国二制度」の下に置かれた植民地裁判官の現実感覚であった。

姉歯松平の政治的立場――長男の回想と「ジュノー号事件」[36]

岡松参太郎は一世を風靡した法学者であっただけでなく、後藤新平のブレーンとしてもその筆頭であった。後述する増田福太郎は法学者として名を挙げることはなかったものの、そのポリティカル・コレクトネスによって分不相応にも時代の寵児となった。では、姉歯の場合はどうであろうか。

姉歯が著作の中で個人的な感情や政治的な信念を吐露することはほとんどなかったが、『台湾私法』に対する批判だけは例外中の例外であった。たしかに彼は帝国に忠実な植民地官吏であり、台湾人に対して同情を示したこともなかった。しかし、例えば三好一八のような「植民地法匪[37]」と同列に論じてもよいものだろうか。

姉歯は長年にわたる裁判官生活を通じて民事法廷を離れたことがなく、彼の論著もすべて民事法を主要な対象としている。加えて、一九一八年に弁護士から裁判官に転身して以降一九四一年に死去するまでの二三年に及ぶ法曹生活を通じて、その道のりは安定したものであった。最終的に高等官一等にまで登りつめただけでなく、没後には正四位をおくられており、植民地官僚としてのサクセス・ストーリーの好例であるともいえよう。

彼の死後における同僚や家族の追悼の辞からも、貧しい中で志を失わず、聡明ながらも苦学を強いられ、東北の「敗者」としての気概を有した、姉歯松平の人となりをうかがうことができる。しかし、彼が台湾にあった三〇年間の内、裁判官として奉職した時点を境にして、人々に与えた印象は大きく異なっている。弁護士時代には豪快かつ情熱的で、酒を好み交友も幅広かったが、裁判官となってからは、「交際を絶って遊びを止め」、一切の趣味嗜好を捨てて、規則正しい生活を送るようになった。裁判官としての仕事を除いては、大部分の時間を読書と執筆に割いたのだった。[38]

二〇〇三年の盛夏、それまでの何年にも及ぶ書信のやりとりを経て、ついに姉歯松平の長男(養子)である精神科医師姉歯量平氏にインタビューする許しを得、筆者は宮城県を目指して、オーラル・ヒストリーの旅に出た。

上に掲げた文献に加えて、今回の訪問を通じて、筆者は姉歯松平のひととなりに関して知りえた(家族の視点および東北の「敗者」という視点についての)点は少なくなかった。(39) インタビューに際してとりわけ重点を置いたのは、以下の二点についてである。

(一)松平は台湾に対してどういった感情を抱いていたのか。

(二)松平と右翼・ファシズムとの間にどのような関わりがあったのか。

量平氏はもともと松平の兄の子で、叔父に養子(長男)として引き取られて台湾に渡った時点で松平は既に裁判官に転職していた。よって、一九一一年から一九一八年までの弁護士としての松平については、母親(叔母)からいくらか伝え聞いているのみである。実際の記憶は、松平の裁判官時代についてのものに限られるが、それは大体において文献中の回想と一致している。

(一)の問題に関して量平氏は、彼ら一家と台湾人の間にはほとんど付き合いがなかったと、率直に語った。ただ、父親が裁判官となってからは、日本人ともほとんど付き合いがなくなった、と付け加えた。彼の交友の範囲は、裁判所の同僚と台北帝大の法学教授に限定されていた。宴会に出席する際にも最初に席を立つのが彼であり、友人を自宅に招いて席を設けたことは一度もなかったという。量平氏の記憶によれば、「裁判官が趣味としてもいいのは、(登山・園芸・読書・研究といった)ひとりでできる趣味だけだ」と常々口にしていたという。二三年の間、姉歯松平は事件の審理と研究会を除いては、半ば世捨て人のような生活を送った。しかし、子供たちが台湾人の学友と付き合うことには反対しなかった。つまり、「裁判官には人間関係や交友があってならぬ」というのが松平の座右の銘のひとつであった。彼は三〇年にもわたって台湾に暮らしていたが、「私は国家の命を受けて駐在する官吏であって、開拓者でもなければ移民でもない」と息子に語り、それゆえ、臨終に際しても亡骸は荼毘に付した後故郷に葬るようにと量平に託したのであった。

量平氏は台北一中(現在の建国中学)を卒業後、台北帝大予科を経て台北帝大医学部に学んだ。戦後は故郷に帰って無医村の医師を五年間務めた後、東北大学に入りなおして、精神科学の博士号を取得した。彼には台湾人の親友も少なくなかった。しかし、父親が世を去ってしばらくの後、アヒルの卵を売っていたある台湾人が母親に同情して「こんなに若いのに未亡人とは可哀相だ。妾として囲ってあげてもいいのに」といったことがあり、母親は死ぬまでそのことを屈辱に思っていたという[40]。

台湾に対する感情について、とりたてて述べる点はないものの、姉歯の「法の忠実なる番犬」としての孤高さにこそ注目すべきであろう。こうした心理は、彼を社交から遠ざけただけでなく、宗教とも縁がなくなり、さらには日に日に増長する軍人たちを毛嫌いすることにつながった。それゆえ(二)の部分について、これまで量平氏が誰にも明かすことなく長年胸に秘めてきた記憶は驚くほど多いのである。

量平氏の回想によれば、松平は「大正リベラリスト」を自任し、右翼団体に属する軍人たちをひどく憎んでいた(原敬の遭難や斎藤実の右翼軍人による暗殺事件が、彼らと同じく「東北の敗者」である松平にとって大きな衝撃であったことは想像に難くない)。また同時に「法の忠実なる番犬」として、軍部が法律を縦に歪めたり、あるいはないがしろにするのは更なる嫌悪の対象であった。徴兵制は法律で定められていたから、彼も反対するわけにはいかなかったが、量平氏が中学校を卒業するに際して陸軍士官学校(当時は最も前途有望な進路であった)を受験しようとしたときには、激怒して反対し、「医者にでもなるほうがよい」といって譲らなかった。というのも、医学を志すことが姉歯武之進殉難後における姉歯家の家風でもあったからである。また、台北商業学校の教員たちが学校内で「かみながら会」を組織して学生を勧誘していることに対しても、あからさまな不満を表明していたという。

姉歯松平の右翼ファシズムに対する嫌悪は、彼の「ジュノー号事件」に対する考えから、正に証明し得る。しかも、その考えは当時の台湾法曹界の共通見解であったともいえるだろう。

「ジュノー号事件」について、すでに近藤正己の優れた研究『総力戦と台湾——日本植民地崩壊の研究』[41]によって大体明らかにされたから、以下は簡単に事件の経緯を述べるに止まろう。

一九三五年四月七日、オランダ籍船舶「ジュノー号」が台風を避けるために澎湖島の馬公に入港した。これに対して馬公要港部が立ち入り検査を行うとともに、陸軍澎湖憲兵分隊も調査を行った。その結果ジュノー号船長ジー・ディアリングは台南地方法院高雄支部検察局に移送され、船舶法の「日本船舶ニ非サレハ不開港場ニ寄港シ又ハ日本各港ノ間ニ於テ物品又ハ旅客ノ運送ヲ為スコトヲ得ス」との項に違反した容疑で起訴された。

一審において検察は船舶法違反での罰金二〇〇〇円を求刑したのみであったが、しかし軍部は鑑定人として出廷し、被告が「スパイ」であると断定した。台南地方法院は軍からの圧力によって被告のスパイ行為を認め、罰金二〇〇〇円のほかに該船を没収するとの判決を下した。いってみれば、検察の求刑よりも重い刑を裁判所が下した、という極めて異例なことになる。

被告人はこの判決を不服として控訴した。軍部はますます増長しつつあった。当時、台北高等法院の検察庁の伴野喜四朗は、このように法を捻じ曲げた裁判を許しがたいと考え、台南地方法院では「地方の民情」(実際には軍部の圧力である)によって公正な裁判を行うことができないとの理由で、公判を台北に移管した。

六月一〇日の控訴審判決では、該船の船舶法違反のみを認定し、罰金五〇〇円を科した。そのほか、該船が台風を避けるために馬公に入港したのかスパイ活動を行ったのかという点に関してはまったく触れなかった。検察側は上告せず、六月一五日にこの判決が確定した。

ジュノー号事件は松井石根による大東亜協会の台湾支部設立(一九三四年一月)後、台湾軍が勢いに乗じて起こした重大事件である。軍部は二審判決に対して不満を表明したばかりでなく、被告側弁護人と総督府に攻撃の矛先を向けた。弁護士安保忠毅・長尾景徳の二名が、軍法会議所属弁護士の資格を剥奪され、さらに安保が理事長を務める「台湾弁護士協会」は軍部の圧力によって解散に追い込まれた。

このような、右翼軍部に対する台湾司法界の敗北・「文官総督制の後退を招いた」[42]ジュノー号事件は、しかしながら量平氏にとって、父松平にまつわる記憶の中で最も印象深い事件であった。ただ、一九四一年松平が他界したときには、台湾は完全に右翼軍閥の天下となってしまっていたため、『追悼号』においてもこの事件のことはまったく触れられなかった。六二年を経て、彼は初めてこれまで歴史家の知りえなかった秘密を明かした。

量平氏の回想によれば、当時高等法院の裁判長は台湾軍から極めて大きな圧力をかけられており、公平な判決を下した後に自殺を図って台大病院に長く入院することになったが、しかし実際には、これは松平が裏でアドバイスしたことであって、自殺未遂云々というのは禍を避けるための目くらましにすぎなかったのだという。

筆者はかつてこの一件について検証しようとしたことがあったが、現在入手可能な資料にはかかる記載は一切なく、真偽の程は確かめようがない。しかし、軍部の増長ぶりについては、台湾司法界の長老たる安保忠毅や長尾景徳でさえ禍を免れなかったことからも、実務法曹の誰にとっても許しがたい、司法の独立を脅かす事件であった。近藤正己によれば、ジュノー号事件の後台湾司法界には表立って軍部に対する異議を唱える者はいなくなり、「第二の大津事件」とならなくなってしまったとされる[43]けれども、当時の政治的な雰囲気やドイツと同様の状況におかれた裁判官の地位や心理からしてみれば、最大限に殊勝な対応であったといえよう。量平氏によれば、父親は決して軍部と直接対立しようとはしなかったけれども、彼の非協力的な態度でさえ軍部から目を付けられ、右翼から嫌がらせの電話がかかってくることもしばしばであった[44]。

小括──「敗者」としての植民法曹姉歯松平

「五男」「東北の敗者」「植民地の法曹」「内地延長主義者」「忠実な法の番犬」姉歯松平は台湾法律史においていったいどのように位置づけられるだろうか。

日本がプロシアから学んだ文官システムでは、法制官僚たちの自覚は「法曹(とりわけ裁判官)」であるという以前に「国家官吏」であった。いってみれば、司法の独立も行政機能の下に位置づけられるにすぎなかったということである。よって、裁判官は行政部門に直属する検察官に対しても、劣等感を抱き続けた。[45] さらに国家の頂点には天皇という「家族国家の大家長」がいる、というのが日本の文官の共通認識であった。[46] しかし、かかる基本図式を単純に姉歯松平にあてはめることには無理がある。たしかに、彼は決して自由民権や司法独立の「闘士」ではなかったけれども、彼が「かみながら会」に反対していたことからも窺えるように、少なくとも天皇教の熱狂的な信者ではなかった。[47] 姉歯家がこの天皇の名の下に辱めを受けたのだからなおさらである。さらに、ほとんど強迫観念のように言行一致を自らに課した裁判官としての彼にとって、実際に心から信奉する対象だったのは、近代化を成し遂げた日本法であった。彼が右翼軍人に対して嫌悪感を抱きつつ、その嫌悪を吐露せず押し殺したのも、同時代の「自由法曹団」の多くのメンバーとまったく同様である。ファッショ勢力の伸張に直面したときの彼は、末弘厳太郎に勝るとも劣らず果敢であった。台湾慣習法についての探求やそれを日本法に取り込もうとする試みに対して姉歯が傾けた情熱と、現実の生活における台湾人(あるいは社会)に対する冷淡さや距離を保つ姿勢とは、決して両者相矛盾するものではなく一貫したスタイル──ある種の「有益な無情さ」を保つという──であり、それこそが彼の採りうる最善の戦略だったのかもしれない。

二　凡庸なる悪――「法」学者筧克彦と増田福太郎

筧克彦の「皇道神(法)学」

増田福太郎という人物ならびにその業績は、台湾法史の研究者にとって、それほど知られた存在であるとはいえないだろう。増田は法学者ではあるものの、彼の研究分野は多岐にわたっており、法律学のほかに、宗教・農業・民俗学・民族学などといった、いわゆる実定法学の研究者にとってあまり馴染みのない分野に及んでいる。日本統治時代に台湾とかかわりのあった日本人法学者は少なくないが、その中にあってもとりわけ異色を放つ存在である。だが、植民地法学者としての増田を、法人類学者ということができるのか、また一世を風靡した、かの岡松参太郎と並論することはできるだろうか。

ここ数年、筆者が岡松参太郎についての研究を進めてきた際にも常にこの問題に注意を払ってきた。つまるところ、岡松＝後藤新平の旧慣立法路線が行き詰ったのち、大正・昭和期における台湾の法律社会では、もっぱら姉歯松平のような、概念法学の影響を強く受けた実定法学者が幅を利かせていたのである。(48)その中にあって分野を越えた研究に取り組む増田福太郎の存在は、極めて興味深い例外にほかならない。しかし、筆者が増田の著作をひととおり読み終えて気づいたのは、どの分野の研究にあっても必ず恩師筧克彦に言及している点である。このことは、他の分野において増田を研究するものにとってはたいした意味を持たないかもしれないが、一法史学研究者としては見逃すことのできない関わり深いものである。

増田福太郎と岡松参太郎は、学問のスタイル・政治的思想から植民地の旧慣の研究に取り組む動機にいたるまで根本的な違いを見せており、両者には何の関わりもない、とさえいうことができよう。というのも増田の恩師筧克彦は、戦前の日本にあってきわめて特異な法学者であるからである。さらに戦前戦後を通じ、ほとんどの法学者は彼に対して救いようのない国粋主義者であるという評価を下し、「神がかり」[49]などと揶揄されるほどであった。しかしながら、増田の筧への傾倒ぶりは、想像を絶するものがあり、彼の研究の内容と実質のすべてにわたって影響を及ぼしているのである。農業法や国家学、果てには原住民慣習法や台湾の宗教にいたるまで、増田の研究は台湾総督府の植民地統治を手助けするためでもなければ、といって自らの学問的好奇心を満足させるためになされたものでもない。ましてや岡松における植民地ユートピア主義のようなものは微塵も見受けられない[50]。彼の研究のすべては、ただただ筧克彦を「ワーシップ」するための存在であった。そこで筆者は、もし増田と岡松を並列に論じれば、ちょうど司馬遷の『史記』における「老子と韓非子とを同じ列伝にする」ような誤りを犯すことは必至であろうということを悟ったのである。

法学者としての増田福太郎を理解しようとするうえで、気をつけなければならないのは以下の二点であろう。しかもこの二点は因果関係にある。第一は筧克彦の影響、第二は増田が昭和初期に参加していたファッショ団体、「日本法理研究会」についてである。そこで、本節においてはこの二点より始めて、法学者増田とその時代の関わりについて検証することとする。

明治維新以後日本が西洋の法律思想を受け入れる過程で、官学のトップ＝東京帝国大学法学部の憲法学講座は、はっきりと異なる二派が分立しつづけてきた。その一方は西洋化派であり、もう一方は国粋主義派である。日本憲法史の「通説」[51]は、西洋化派の大御所、一木喜徳郎から美濃部達吉、そして宮沢俊義、さらに戦後の芦部信義へと脈々と受け継がれてきた。一方、国粋主義派の公法学・憲法学者は、「民法出テ、忠孝亡フ」[52]で有名な穂積八束を祖として、穂積が後継者に選んだ上杉慎吉へと受け継がれた。上杉の死後、直系の継承者は途絶えたが[53]、ここで保守派の系譜を引き継いだのが筧克彦であった。筧による継承ののちもしばらくは両派の消長に変化は見られなかったものの、筧は温厚な性格で敵を作ることがなかったため、両派の間にかえってある種の平和な関係が築かれた。だが、筧の東大における講義があまりにも奇抜なものだったために、西洋法を真剣に学ぶ学生からは笑い者にされてしまった。そのため、その影響力も日を追って衰えていったのである。[54]

筧克彦は日本憲法・行政法および法理学[55]の講義を担当したが、その講義内容は西洋から輸入した法律学にとどまらず、仏学・神道・天皇制などを中心とした「伝統的な」学問に広く及んでいた。よって、多くの学生にとって、筧の講義は、公法学ではなく神学、それもせいぜい日本の神道の神学にすぎないもののように思われた。

筧の中心思想とは、いわゆる「かみながら」である。筧によれば、いわゆる「かみながら」の意味について、これに当てはめうる漢字はなく、中国語やその他の外国語にもこれに相当する語彙はないとしている。あえて無理やり漢字に訳すならば、「惟神（随神）大道」とでも訳すほかないであろう。いうなれば、すなわち天皇と神の関係、それを外に拡大した国民と天皇との関係ということになろう。[56]

「かみながら」は筧克彦にとって、日本の国体の精神的な結びつきそのものであった。筧によれば、世界中で唯一日本のみが政教合一を維持した、祭政一体の国家体制である、とされる。いわゆる「かみながら」とは、「純真なる神その儘に伝えて居り、純真なる神様そのものが純真に己れを御実現になるところに我が国体があり、大日本の存在する意義があり価値がある」ものであり、さらにかかる神道主義は決して他の宗教を排除するものではなく、世界中の諸々の宗教をすべて「統摂」するにすぎないとする。神は決して唯一のものではなく、多様なものなのである。山川・草木・衆生はみなすべて神の具現であるとされ[57]、さらには「地球・太陽系」[58]にまで広げうるものでさえあった。筆者には、かかる「五教の弁証的合一」は、いずれの宗教でもなくかついずれの宗教でもある、ともいうべきシャーマニズムとアニミズムの混合体であり、筧の「かみながら」の理論的真髄であると考えられる。「かみながら」は、太陽系にまで及ぶものである以上[59]、当然「万国を統摂する」ものでもあった。しかし、日本以外の国は、えてして

「ただ利害のみを顧み」、神道の恩恵と生き方を見失いがちであるという。そこで、日本が「かみながら」としての範を示すべく、これを真剣に政治面にまで広げ、皇道思想を全世界にもたらそうとした。これこそが、「大日本が万国に冠絶する」[60]理由であり、大日本帝国として当然の責務であった。「かみながら」の普遍性をかくのごとく演繹することで、受け身で守勢でしかなかった穂積や上杉の国粋主義の限界を「超克」したのである。

それゆえ、筧にとって、日本の台湾に対する植民地支配はもはや植民地支配ではなく、神道の同体大悲・生命一統にあたる必然的な現象であった。法律理念についていえば、西洋の法律が人造法であるのに対して日本の法は自然法――より正確にいうならば神の法――であると筧は考えていた。神の法こそが真の法制であり、法制はすなわち神道制・皇道制[61]である、というのである。さらには、皇道の伝播は必然であるから、植民地支配のもとにおいても本島人や原住民の神明信仰を根絶させる必要はない、と考えるにまで至った。というのも、「本島人高砂族も皆々同じ天皇陛下の赤子」のごとく、これらの神々も「大御神様の赤子であ」[62]るからである。

たしかに筧は想像を絶するほどの国粋主義者ではあったが、彼の法理学は、張之洞をはじめとする清末の中体西用派がまったく無知な状態から西洋の知識を「想像」していったというようなずさんなものではない。筧は、カント・ルソーやヘーゲルといった西洋の法哲学者の理論に通じており、その著作中にもたびたび引用が見られ、かつ正確に引用しているといえる。[63]彼の問題は、思想と宗教的信仰、ならびに法律と道徳をまぜこぜに論じたうえで、自ら編み出した造語を用いて、日本の皇道神学の方が西洋の諸宗教や法学思想よりもはるかに先進的である、と断じている点である。例えば、『惟神の大道』においては、いわゆる「かみながら」は皇国の永遠に普遍的な規律の意志であるとしばしば述べている。「普遍規律意志」という語は、「皇道」の固有のものではなく、明らかにルソーやカントより援用したものである。だが、これに引き続いての論証はまったく神学的なものとなっている。「神ながらの道は皇国に永遠に実にせられつつあるその普遍規律意志である。その立国の大法である。皇国に生り出でむとする一切の不完全を美化しつつある道にして、国法の全体を生み、国法全体を敷衍せられ、国法全体の基礎となり、国をして長久に立栄えしめつつある法である」ゆえ、「かみながら」は皇国の立国大法でもあり、皇国のあらゆる欠点を克服し、一切の国法を生み出す源であり、国法をして地球上の各国の諸法の上に永久に君臨せしめるものであり、しかも、皇国がこれら偉大なる法律行為の共同体である以上、皇国は当然ながら模範国であり、その皇国の意志を外に示すのはすなわち天皇陛下である、とされる。[64]

筧は「臣民の本質[65]」という一文において、「臣民」を以下のように定義している。曰く、天皇は皇道の体現であるから、天皇の統治大権の下にあっては、皇族と臣民は常に天皇を補佐することになり、ここで天皇を補佐する臣民というものの本質は、個人にあるのではなく国家にある。よって、臣民はすなわち天皇を補佐するものであり、ひとりの「表現人」としての「独立の単純人」である、と。「表現人」・「独立の単純人」などといった語は、「法人」や「自然人」といった法律上の定義や要件を指すもののようにも思われる。だが、これらの語は筧の創り出した造語であり、ほかの法律学者にとっては、呆れるしかないものであった。例えば、臣民は団体や個人に区別されるが、その際には「表現普遍人」や「表現集合人」といった語を用いる。

これら「筧流法律用語」は、西洋法学を現実的に受け継いだ日本法学においては、まったく耳にしたことのないものであり、同時にいかなる法的な有効性を有するものでもない。実際、法学者や法学部生――保守派も含めて――の中で、筧の憲法理論を学問として認めようとする者はまったくいなかった。いるとすれば、彼の唯一かつ絶対的崇拝者としての増田福太郎のみであろう。

筧の国家論は自ら一派をなして、西洋を批判すると同時に中国を批判した。その異色の理論ならびに授業方法は、脱亜入欧に血道を上げる日本の知識界からは明らかに乖離したものであった。また、西洋の思想にかぶれた学生たちの目には、筧は救いようのない狂人としか映らなかった。もし彼が東大教授で高等文官試験の試験委員でなければ、誰にも相手にされなかったであろう[66]。

だが、もし穂積や上杉の国粋主義がとどまるところなく展開されていったとしても、筧の理論に至るのは、当然の帰結であろう。国家が西洋化に専念していたときには、かかる理論は語るに値しない笑い話でしかなかったが、国粋主義が頭角を現し始め、日本ファシズムが興ろうとする際、宗教・道徳・哲学をミックスした筧克彦の学説は、一夜にして日本ファシズム最強の思想的武器となったのである。

筧は法学界では軽視され嘲笑の的となったが、だがその例外として、増田福太郎は筧の学説を完全に服膺したのである。しかし、明治維新によって旧来の勢力が再起不能なまでに一掃されたわけでもなく、むしろ国粋主義の信徒が日本社会のいたるところに影を潜め、いつでも「勤王」・「尊皇攘夷」に起つ準備をしていたのである。法学界の外では、例えば行政官僚・警察・陸軍軍人団体の間では、筧の影響力は絶大なものであった。それゆえ軍国主義の台頭後、軍部・警察が両者手を携えて西洋派の法学者たちを弾圧したことは、筧克彦の敵討ちであったともいえよう。例の美濃部事件が生じた時期に入ると、かつては国家エリート層の間で暗黙的に認められた「日本における権力の所在を定める世俗の側面」――いわゆる密教がもはや存在しえなくなり、完全に「政治・神話・政治神学としての宗教的側面」――いわゆる顕教の天下となった[67]。

筧克彦の学説が増田福太郎に及ぼした影響

皇学のほか、筧が思い描いた国家像は、西洋的な「国家 vs. 市民社会」の二項対立的な国家ではなく、当然ながら市民社会というものは全く評価されない、ということである。かかる国家についての認識論と方法論の影響は、増田の国家理論にも色濃く影をなげかけている。

増田は、筧の『還暦祝賀論文集』に寄せた「国家認識の態度と方法」を恩師にささげているが、その序言の中で、

「恩師筧克彦博士」の国家論を高くほめたたえて、国家の本質についての徹底した理解は、深遠なる哲理を備え、「まことに国家論の現代的低迷の裡に屹立せる巨巌であり指標である」[68]と述べている。

増田はこの文章の中で、当時日本の公法学の主流であったケルゼン（Hans Kelsen）の純粋法学および（美濃部に最も大きな影響を与えた）イェリネック（Georg Jellinek）の『一般国家学』（*Allgemeine Staatslehre*, Dritte Auflage, 1913.）を手厳しく批判している。そして当然ながら、筧の国家学こそが正しいものであると結んでいる。

増田の考えるところでは、ケルゼンの国家論であれイェリネックの国家論であれ、個人・市民に視点を置いているため、方法論上の違いこそあれ、いずれも国民の胸に「国家無用論」を抱かせかねない危さをはらんでいる、とされる。彼は、日本の法学者の大半（筧とは相容れない、「普通かつ正常な」法学者）は西洋の法律理論・国家理論の影響を受けすぎているため国家の現実＝起源について全く無知であることを憂いている。[69]

増田の考えるところでは、「国家が個人と世界、現実界と超越界とを包蔵せる一切者であること、一言以て蔽えば、自主的普遍我であること、之が国家論の出発点」[70]である。その理論的根拠を筧の国家論、すなわち皇学に置いていることが非常にはっきりと見てとれる。増田はまた、筧の国家論こそが「かかる国家の認識に於て最も徹底し最も深い練磨を重ねたもの」であるとも記している。[71]よって、皇国であるところの日本は二六〇〇年前に建国された時点で既に国家としての本質を余すところなく発揮していた、すなわち、皇国が神道の信仰に基づいて成り立ち、偉大なる、最高主権と領土主権を備えもった主体的な領土の集まりである、と。つまるところ、恩師の定義と同様、いわゆる国家というものは「かみながらの、一心同体の主体的な領土的集まり」[72]である、とされるのである。

同じ「国体派」に対しても、増田は批判の手を緩めなかった。彼は、上杉の「天皇主権説」と美濃部の「天皇機関説」は、彼らは筧のいうように「その主張相反するが如くにして、共に欠点あるを免れないのは、差別執着の同一の根拠に立脚するが故」であるから、ともに間違っていると考えた。[73]増田はさらに、「自己を放棄せよとは棄私の断行である。……単に棄私というのみにては消極的であってそれだけは愛の対象も虚無に帰してしまうわけで」、「愛の対象たる絶対的他者」が必要とする。[74] いうまでもなくこの「絶対的他者」とはつまり国家である。さらに彼は国家の「前に我らは敬虔なる感情を以て拝跪せざるをえないのである。国家生命への転入は、決して絶望的の棄私ではなくして却って自己欲求の標的にして価値の淵源たる本体の把握を意味し従って一己の図らざる甦生を結果する」[75] とさえいう。よって、実践の原理としての「国家はそれが絶対的他者であること——愛であること——神であることを要求する」のであり、国家は「神として人生文化に対する全面的根底的批判者として現れる」[76]、と。最後に、増田は信仰の告白をするように、「私は国家のみを唯一的、一義的に絶対的他者として決定すべき理由、標準が、論理的には生み出されないことを知っている。是れ私が個人より国家への転入が棄私の敢行であり、冒険であり、飛躍であることを指示する所以である」[77] と忌憚なく明言している。

増田が、日本語における「国家」という語——漢字表記され、意味が曖昧な歴史的集団であって、西洋のいわゆるネイションーステイトとは根本的に異なる——に気づかず、自ら定義上の誤りを犯しているのは明らかである。彼によれば、現実に存在する人間と「人間」の想像によって創り出された「国」は区別されるから、国家は人間という主体の考えによって決められるものでなければならない、とされる(ここまでの論理展開は納得できる)。しかし、世界における国家についてのさまざまな人為的な想像(例えばカント・ヘーゲル・ケルゼン・イェリネックらが想像した国家)は、科学・論理・独断・ある種の確信犯的な教条主義にすぎず、自らの理性的思考と論理を放棄していると批判する一方で、(多くの「個人」のうちの一人である)筧克彦が想像するところの「皇国」のみが国家の唯一の真理であると直観(宗教的な狂信)によって根拠もなく信じてしまっているという点こそが問題なのだ。

法学の心得のある者で、この師弟のご高説を平気で受け容れられる者はいないだろう。しかし、この点にこそ筧と増田が「法」学者たる「法」学の本質があるのだ。さらに、岡松参太郎と全く異なり、増田の最終目的は、恩師の皇学を「裏書」をするということであった。一九三八(昭和一三)年、増田はその著『農業法律講義』[78]の自序において、筧の法理学講義の影響を強く受けたことを記している。実際、戦前における増田の著作では、その研究対象が国家学であれ農業法であれ原住民であれ媽祖であれ何であれ、いたるところで筧について触れられている。

ハードウェアとソフトウェアとの両方において近代化が進んでいた当時の台湾では、この師弟の思想がやがて主流をなし次々と台湾人の近代性認識を冒瀆していくような災難を巻き起こそうとすることは、誰も気づかなかったのだろう。

筧は台湾にもゆかりがある。彼は、台湾を講演旅行し、台湾に関する文章を書いて『皇学会雑誌かみながら』の誌上に発表したことがあるのだ。その中でも、とりわけ注目に値する二本のうちのひとつは、「台湾旅行談」である。[79]筧克彦がいうには、それまで朝鮮・満洲に行ったことはあったが、朝鮮にしろ満洲にしろ、土地がやせ収穫に恵まれない北国の大地であり人々に活気が見られなかったが、対照的に台湾は緑豊かで収穫に恵まれ人々はみな幸せそうであった、という。そのほか、筧は、次のようにも述べている。朝鮮人には全く信仰心がなく、最下層の人夫でさえ政治のことばかり口にしている、人々は現実の生活にしか関心がなく超越的なものである宗教には少しも興味がない。満洲人は朝鮮人よりもややましであるが、五十歩百歩である。しかし、台湾人は違っている、と。台湾では、漢人には文廟・武廟・孔子廟などがあり、原住民もまた伝統的な宗教を敬虔に信仰するなど、宗教信仰が極めて重んじられており、宗教に対する情熱は内地にも大きく勝るほどのものでさえあることに彼は気付いた。台湾人が熱心に神明を信仰しているのとは対照的に、日本が台湾で進めるさまざまなとりくみ、とりわけ西洋化へのとりくみは、単なる生活手段として使われるにも如かず、「だから西洋式に表面だけ開発してみたところで、先方では却って迷惑に思うでしょう」[80]という。よって、植民地の表面的な統治ばかり重視するのではなく、台湾住民の心の奥底をとらえなければならないと筧は考えたのである。では、どのようにしてとらえるのか。そこで、内地における「かみながら」の精神に頼らなければならないのである。かかる皇道精神は世界中のあらゆる信仰や思想を包摂しうるから、皇道精神を掲げて同化を行うことは、迷子の子供を家に帰すことにすぎず、よって極めて容易なのである。

たとえば筧は、原住民の刺青については納得できないとしながらも、それでも無理強いしてやめさせる必要はなく、皇学の発揚さえあれば「生番」も自ずと帰順するであろうと述べている。ここからうかがえるのは、筧が自らの皇国観の普遍性についてなんら疑いを抱いていなかったということにほかならない。

もうひとつの珍妙な文章「国体精神と台湾[81]」において、彼は単刀直入に「(いわゆる国体精神はすなわち)神ながらの心と申しまして、天地の公道、宇宙の大道とぴったり一つになっている精神であります。世界精神であります[82]」と述べ、日本精神は世界の頂点に立つものであると断じている。だが、彼の論拠は意外にも、天皇制と日本の「土地の形などが四面環らすに海を以てし、山岳に富み、一切の生活の形式、特に生活の精神を受け入れて、之を弥々根本に綜合せしめたるにも原因するものでございます[83]」ということである。

このような内容はただの噴飯ものとしかいいようがないが、しかしながら、彼は日本・台湾・朝鮮・満洲さらには世界を同列に論じつつも、植民地における抵抗者をどのように懲らしめるのかについては全く語らなかった。また、植民者が被植民者をどれだけ残忍に抑え付けたかについては、少しも触れていない。訪台の印象としては、ただ「完全に申せば、大日本の世界精神、神ながらの精神に立ちまするとき、既に根本に於て内地人も本島人も高砂族も絶対に我が国体精神に合一し[84]」たと感じたのみであった。いったい時勢に疎かったのか、それとも口からでまかせをいっているのか。筆者には、時勢に疎かった可能性が高いように思われる。だが、増田福太郎に関してはそうとは限らないであろう。

増田福太郎と日本法理研究会

増田は筧の影響を強く受け、台湾において「皇学研究」を身を以て実践したばかりでなく、いわゆる「日本法理研究会」も彼の戦前におけるもうひとつの重要な活躍の場であった。「日本法理研究会」は日本近代法律史上において、わずか五年という短命に終わったこともあり、戦後は日本の法学者からはほとんど忘れ去られた――あるいは故意に忘れられた――存在であった。[85]「日本法理研究会」は極右の法律人団体であり、法制史ならびに刑法学者が主たるメンバーであったが、中には参加を強要された民法学者も何人かいた。「日本法理研究会」は文字通り西洋の日本への影響を取り除くことを目指した。「日本法理研究会」の『事業概要』には、設立の趣旨について以下の通り述べられている。

「第一　本会の目的

国体の本義に則り、国民の思想、感情及び生活の基調を討ねて、日本法理を闡明し、以て新日本法の確立及び其の実践に資し、延いて大東亜法秩序の建設並びに世界法律文化の展開に貢献するに在り[86]」。

この会の会務宣伝におけるキー・ワードとしては、「天皇」「国体」「かみながら」「祭政合一」「敬神崇祖」といったものがあげられよう。「日本法理研究会」は太平洋戦争は聖戦であり、その目的はあくまでも大東亜を開放して西洋の侵略から逃れさせるところにある、と認識していた。日本において東亜新秩序の出現したにもかかわらず、日本の法秩序は依然として西欧思想に覆いつくされたままで、どうやって自己と他者を解放しうるのか、そこで、西欧の法律思想から逃れるにはまず、「日本法理」に立ち返らなければならない、というのである。[87]当然筧に理論的根拠を置いているということが分かるだろう。「日本法理研究会」が活動した五年間は、筧の思想が最も重視された時代であり、黄金時代であったといえるだろう。その弟子である増田もまた、名も知れぬ一介の植民地の大学教授[88]から、末弘厳太郎といった大家に肩を並べるまでになったのである。

増田は、台湾においてさまざまな民俗学ならびに人類学の調査を展開したが、それらはちょうど「日本法理研究会」の第四部会「国際法理研究の任務」の研究事項第四項「大東亜諸国の法制ならびにその慣習法」、および第八部会「法制思想と信仰等の法理」（この中には神社法制や宗教法制も含まれる）の要求に合致するものであった。[89]「日本法理研究会」は一連の叢書を出版することで、その研究成果を世人に対して広く知らしめたが、その「第八輯」が増田による『大東亜法秩序と民族』であった。[90]本書ならびに台湾民族学に関する増田の著作、例えば「農業と宗教」[91]、「台湾人の民間信仰の特徴」[92]、「台湾人在来宗教の概観（一）・（二）」[93]ならびにもうひとつの姉妹作『南方法秩序序説』[94]などは、基本的に一連の皇学の実践の成果であり、民族信仰を中心としたものである。

本書中においては、台湾の伝統的宗教あるいは原住民の慣習法に関して、増田による相当量の実証的記述が見られ、戦後台湾の人類学者の注目を集めているのも納得できる。例えば、ブヌン族の動植物に対して竹ざおに萱を立てた標識によって所有権あるいは先占権を主張することについて記録していたり、アミ族・ツオウ族がともに慣習法に似たものを有している点にも注目していた。[95]原住民について日本人がよく思い浮かべるような乱交雑婚の野蛮人では決してなく、逆にむしろ、一夫一婦制を厳格に守っている、[96]と増田は指摘する。出草（首狩り）についてさえ殺人とは異なるものとして肯定するほどである。ほかにも、台湾原住民も太平洋の諸部族も、タブーの概念が日本古代法（穢れを祓う）と相通じるものがある、[97]と増田はいう。だが、バリ島・台湾・フィリピンのいずれにおいても太陽神を祭祀し、太陽の子であると自任している点については、日本と何らかの関係があるかもしれないが、注意深くその因果関係を立証しなければならない、と慎重になる。というのも「さて、手とり早い比較と類似を追うて、日本の尊厳なる伝承と無雑作に結び付けんとする軽挙妄動は深く戒めねばなりません。……それは、日本文化の広汎な背景が今や太平洋の光を浴びて、くっきりと其の姿を再認識さるべき時機に参っているということであります。換言すれば、この背景をバックとし、太平洋・大陸両文化の絶えざる融合発展として展開し、しかも他に比類なく今に至るまで生々発展し来れるものとして、日本歴史の意義を、今更に深く深く認識しなければならぬと思うのであります[98]」からであるという。太陽神崇拝が同じという点だけで「尊厳なる」日本の伝統が南の野蛮民族のそれと一緒にされては困る、という増田の尊大な態度がはっきりと見て取れよう。

そのほか、増田は本書中において、漢族が天地・東岳泰山・城隍・灶王爺（そうおうや）などを祭拝することについて、観察記録を行ったばかりでなく、「漢民族の敬天観念の特色として見逃すことの出来ないのは、……彼等の敬神とは、何としても、神に対する敬遠であり、恐懼である場合が極めて多いことであります」ため、日本の神観に比べれば「そこに価値の高下のあることが肯かれる次第であります」。よって、増田の結論は、シナの天命説は「其の本然の信仰的価値を建現するためには、更に一層高き神観によって包越さるべき[99]」と評している。筧の直弟子の名に恥じないものであった。さらに満洲国の建国宣言、とりわけ溥儀の「国本奠定（こくほんてんてい）」の詔書を例示して、満洲はすでに天照大神と天皇陛下の庇護のもとにあるが、日本の皇道ならびに王道主義が旧来の天命説よりも優れている証拠であるとさえいう。増田によれば、旧来の天命説において、いわゆる「天」は星々のきらめく夜空であり、中国人の祀る太陽星君の神格が低いことからも分かるとおり、太陽は低い位置に押しやられていたが、しかし日本帝国のおかげで、現在の満洲国においては、かつてとは異なって「天」は夜空ではなく、「日の神大御神の知らす高天原は「あさみどりすみわたりたる大空」」、つまり真昼の空となったのである[100]、と。

似たような議論は、彼のもうひとつの代表作である『大東亜法秩序の建設』においても繰り返し現れる。ここでは詳述を避け、増田が日本による五〇年来の台湾植民の経験は大東亜建設にとっての最良の手本である、と考えていたという点を指摘するにとどめる。そこでは、どのように統治するかについて当該民族、その社会の要求や抗争に従うのではなく、ひたすら「天皇様の大御心」のみに従わねばならない[101]として、植民者としての横顔をはっきりと示している。

増田の言説からは、彼が台湾の民俗・慣習を研究した動機が岡松やさらには馬淵東一らとは一線を画するものあったと理解できる。[102] そして筧とはどこまでも似通ったものであったのだ。『日本法理研究会』の出版した一連の叢書もまた、増田の著書と同様に筧の理論に対して敬意を表すか、あるいはその伝道に尽くしている。例えば、叢書特輯五の『日本国家の法理的考察』[103]では、本文を読まずとも目次を一瞥しただけで、この本が取り上げている対象が筧の皇学とどれだけ一致しているかを見て取ることができる。著者は、国家や日本憲法を日本法理において説明する方法を議論し、国家の生命と主権的領土・国民・国家と道義ならびに祖先崇拝・国家と家・皇国神国の特質・祭祀と政治・天皇と日本国家・皇国の法の基本理念・国体と政体・皇国統治学の本質などについて論じている。ここで指摘しておかなければならないのは、いわゆる国体(staatsform)と政体(Regierungsform)についてである。これらを言い換えれば、国家体制と統治する政府の体制の区別であるといえるが、用語の上ではドイツ公法学の影響を強く受けながらも、その内実は筧の純日本伝統的な概念に偏っており、当時のドイツ公法学とは一切無関係なものとなっている。

この点に関して、本書が出版されたのは一九四三(昭和一八年)であるが、増田は一九二九(昭和四年)に出版された『皇学会雑誌かみながら』の時点において、イェリネックの『一般国家学』の一説を翻訳して批判し、[104] 一九三四(昭和九年)には上記の『還暦祝賀論文集』においてもまた筧を弁護しつつイェリネックを手厳しく批判していた。このことからも「日本法理研究会」のメンバーたちにとって増田と筧は真の先知先覚者であったのである。

さらに叢書第六輯の瀧川政次郎著『日本法理と支那法理』を例に挙げよう。著者によれば、日本国の法思想は純粋な神法思想であると考えられ、たとえ日本の神法思想が世界で唯一の神法思想ではないにせよ、現代の先進国中にあって唯一日本のみがこの思想を残している、とされる。神法思想は極めて素朴で単純かつ原始的なものであるが、いわゆる「原始的」に決して否定的な意味はなく、むしろ人間の本質に合致するものであって、ゆえに小手先ばかりの中国ないし西洋に大きく優っている、[105] と。かかる論調は、筧に瓜二つである。この会が名もない増田による台湾「原始」人の法律について研究を出版したことは、簡単にいって「大物学者」瀧川の説を裏書きするものであった、と思われさえする。増田と、岡松やヨーゼフ・コーラーといった進化論を信奉する「文明人」が法律の起源について探究する動機とは全く別世界のものであったことを再度想起させられる。

一九四四(昭和一九)年に出版された一連の叢書『新秩序建設と日本法理』[106]に至っては、その内容は筧学説の「簡略版」とさえ呼べるものになっている。これら「日本法理研究会」が出版した叢書のうちにあって、筧に対して「満足しきれていない」ことを表明した本があるとすれば、おそらく『帝国憲法の国体的法理』[107]があるのみではなかろうか。本書は日本の憲法学者たちを痛烈に批判し、日本憲法を分かっていないのは、その前文・皇室典範・天皇詔勅を分かっていないからであり、これら重要性を知るのは「ただ法学者筧克彦のみ」であり、法学者筧に優りうるのは、真の宗教家たる田中智学(著者の父親)のみであると。公法学者のポリティカル・コレクトネスそのものについては、当時筧師弟の右に出るものはいなかったのは明らかである。[108]

「日本法理研究会」は極端なファッショ右翼団体であったが、日本の法学者を網羅して主要メンバーとする際には、多少なりともそれなりに無理強いをしたであろう。その結果、末弘厳太郎・平野義太郎といった傑出した民法学者・法社会学者もまたそこに加わることを余儀なくされ、戦後になってGHQにより大学教授の座を追われることになった。[109]

末弘と平野は当時の日本の学会にあって大家ともいえる人物であり、法史学者のなかには、末弘ら進歩的な法律人がいなければ「大正デモクラシー」もありえなかったであろうと考える者さえいる。[110]彼らの功績を増田と同じように述べることは明らかに無理があるが、法学界から無視された存在である筧と同列に論じるのも当然間違っているだろう。しかも、「日本法理研究会」に正面から立ち向かうこともできずそこに取り込まれることを迫られても、末弘はささやかな抵抗を試みている。例えば、「法律と慣習——日本法理探究の方法に関する一考察」において次のように述べている。

日本法理の探究、日本法学の樹立を目指して各種の方法が学者によって提唱せられつつある。……しかしそれらの方法はいずれも或る正しさをもちながら、しかもいずれか一つだけが排他的にその権威を主張し得るものにあらずして、いずれもその効用に於いて局限をもっている。……その意味に於いて私はここに兼々考えている「慣行調査に依る方法」の骨子を説明して諸君の批判を乞う次第である。[111]

「慣行調査に依る方法」とは、いうまでもなく生ける法に対する科学的調査の方法である。つまり、末弘は当初から、筧ら国粋主義者たちのアプリオリな前提を回避していた。というのはこれら国粋派の理論は経験的な基礎を何ら有していないことに気付いていたからである。末弘は次のようにも例を挙げて述べている。「わが国の社会に固有なる伝統の力と日本人としての裁判官とが欧米風の法制と法学に対して不知不識の裡に如何に抵抗したかを知るによって、われわれは日本法理の基礎たるべき日本的特質を科学的に測定し得るわけであ[112]」る。

不自由な中にあっても末弘は、法社会学・科学の手法を用いて慣習法の実際の効果を検証することの必要性をはっきりと強調している。筧が実証調査を何ら伴わない玄学にすぎないのとは一線を画している。増田に至っては、まず筧の玄学をイデオロギーとした上でフィールドワークを行ったため、末弘の「科学」法社会学とは全く相容れないものであった。それゆえ、両者に対する評価には雲泥の差があるのである。

小括——「法」学者増田福太郎

筆者は「法学者」の「法」の字に、特に引用符を付しているが、ここでその理由を述べたい。

増田福太郎と岡松参太郎の両者は、表面的にはともに人種法学(法人類学)の研究者であり、しかも戦後一般の法学者にとって両者は植民地当局への協力者として同類であり、近い位置にいると考えられてきた。増田の専門分野については、もともと「辛うじて」という程度の公法学者とされていたが、筧克彦の影響を強く受けたことで、極右の国粋主義者に成り果ててしまった。ゆえにその研究分野も、もはや（法社会学的な意味での）伝統的中国法・日本慣習法ないしは西欧法によって「制限」されるものではなくなり、よって一般的な定義における「法学者」ではなくなったのである。

このような「法」学者は、日本ファシズムの隆興がなければ彼の師と同様の運命をたどっていたかもしれない。ところが、日本ファシズムの短期的な勝利によって、この師弟の「法」学生命に「栄誉」がもたらされ、ふたりは空前の絶頂期を迎えたが、その後、ファシズムの敗北によって、瞬く間に消沈させられてしまう。増田は一九八〇年代まで存命だったが、その余生を台湾研究におけるいわゆる未開人の法律、あるいは漢族の宗教といったものに費やし、戦後に何とか余命をつないだ法人類学や民族法学という相対的に陽のあたらない学問分野の庇護の下で過ごした。

増田は「日本法理研究会」に活躍の場を見いだしたが、末弘厳太郎をはじめとする正統派法学者に比べれば、明らかに小者でしかなかった。よって、戦後法学者の多くが、末弘が「日本法理研究会」に名を連ねていたというだけでＧＨＱによる制裁の対象となったのは、全く不公平だと考えている。末弘こそは日本法学界における悲劇の英雄である[113]。一方の増田はなんとか戦前の「業績」を隠し通し、戦後は筧学説や皇学に全く触れなかった。ＧＨＱによって彼が「公職追放」された際にも、その理由は彼が「反動学者」だったからではなく彼が「国民精神文化研究所研究員」であったからであった[114]。

だが増田は、一九六四年に「日本古代の法思想の特徴[115]」という文章を著している。この文中で彼は、かつて「皇学」・「かみながら」といった筧から学んだ思想を、文化人類学の方法を通じて客観的に記述し検討することで、その説得力を高めた。いうなれば、増田が筧の学説理論をそれ以上研究の前提とはせず、第三者の立場から客観的に記述・研究するようになったとき、この両者がともに新たな学術的生命を得るようになる、ということである。

冷静に論じるならば、台湾原住民に関する法律、あるいは漢民族の宗教に関する増田の著作は、そのイデオロギーを除けば質朴なものであるといえる。とりわけ、彼の「公法学」についての素養と比較すれば、である。彼にはイェリネックの『一般国家学』を訳すほどのドイツ語の素養がありながら、筧の「法」学にここまで傾倒したのは、実に不思議なことであった。[116] 彼がフィールドワークを植民地支配の道具[117]にしたのも時代錯誤なことであった——大正期になって旧慣調査立法路線はすでに役目を終えていた。こじつけていっても、多少南進政策に役立ったというだけであった。よって、彼をして一般的な定義における植民法学者ということはできず、コーラー、岡松、ファン・フォレンホーフェンらと同列に論じるわけにはいかない。ほかに、彼が池田敏雄、中村哲といった台湾に対して同情的であった同時代の在台日本人知識人と何らかの往来があったという証拠もなく、せいぜい想像力の欠如した国粋主義の手先でしかなかったのである。

おわりに——「法＝権利の自己増殖者」姉歯松平と「凡庸なる悪」増田福太郎

スピヴァクは、通常植民者あるいは帝国主義の特徴のひとつに「善き社会の確立者」を自任し、被植民者をその「保護」・「啓蒙」の客体とみなすという点を挙げている。[118] 日本人にとっては、かつて自分たちが「啓蒙」を迫られた客体であったことから、この問題がいっそうややこしくなっている。増田福太郎のような国体論は、結局のところ植民者によるある種の一方的な決定が唯一の真実となるような外来のイデオロギーにすぎず、せいぜい他者＝被植民者に対する恫喝を通じての自己同一化の催眠術でしかない。

一方、姉歯松平の場合は様相を大いに異にしている。彼は「実務上の必要」を最優先として台湾の伝統的慣習法の分析・整理を進めはしたけれども、しかし、「実務上の必要」とはいったい何なのだろうか。結局のところ彼が信仰し想像するところの、近代西洋の「卓越的な」法体系やその価値観にすぎないのである。実際には、彼が身につけた「勝者の価値観」たるものは、国体論者や後藤新平らよりも遥かに純粋的かつ開放的である。思うに、五〇年にわたって、漸進論者・同化論者・皇民化論者のいずれもが急ぎ足で台湾をレプリゼントしようとし、その結果「台湾は台湾人によって表象されるべきだ」という民族運動の抵抗に遭った。しかし、姉歯を筆頭とする実務法曹たち――より厳密にいえば民事法を範疇とする法曹に限定してもよかろうが――は、日本の植民者たちのなかで最も温和で、しかも最も台湾人の共感を得やすい人々であったようである。[119]

かつてデリダ(Jacques Derrida)によって「法＝権利」という近代法モデルの脱構築が試みられたことがあった。西洋においていわゆる法＝権利を享受しうる主体とは、当初「われわれ肉食で犠牲を捧げる能力のある成人男性の白人ヨーロッパ人」[120]に限られており、現在に至るまでかかる制限は根本的に改善されていない。いいかえれば、「普遍性」を讃えられる法＝権利概念は、実際には少しも「普遍的」でない、ということである。法＝権利は普遍性という皮をかぶって絶えず排除を行っているのだ。では、どうすれば法＝権利の埒外に置かれた人々が救われるのだろうか。大変皮肉なことにデリダによれば、法＝権利の虚構の「普遍性」は真の普遍性となることによってのみ、排除された人々にまでそれがもたらされる、というのである。[121]いうなれば、法＝権利の設定において初期段階では排除は不可避である(権利を有する者と権利を有さないの区別が生じる)が、しかし、法＝権利がその領域を拡大する(普遍化)にしたがって、排除された人々を救済していかざるを得なくなる、ということである。

五〇年におよぶ日本統治を通じて、こうした法＝権利の自己増殖する責務を負うことができたのは、偉大な法学者でもなければ、ポリティカル・コレクトなファシストでもなく、姉歯に代表されるような実務法曹たちであった、と筆者は考えている。被植民者はもともと植民地法制における権利から排除された人々であった。唯一、法＝権利の自己増殖に尽力したのは、ただ西欧法の価値観を固く信じる「敗者」のみであった。たとえかかる自己増殖は単に自己構築し自己完結するものであって、植民地統治の善悪とは無関係であったとしても。

一方、台北帝大文政学部の助教授という立派な肩書きをもちつつも、一公法学者としての増田は全く凡庸であった。一法人類学者としても増田は記述能力はあっても分析能力に欠けていた。戦後に凋落したのも無理はない——これは法学界の反応である。岡松のような人物が故意に忘れ去られたのとは全く違っている。まして近年次々と新資料が発見される中で、岡松はますます注目を集めている。(122) それに引き換え、もし我々台湾人研究者が台湾史の空白を埋めようと研究しなければ、増田は世に知られるものではなかったかもしれない。

けれども、増田は一法学者として決して傑出してはいないものの、統治者集団——法社会史上意味において——の一員であったがゆえに、かえって代表的存在といえるのだ。ちょうど当時の日本人警察官・教師・官吏から一般の日本人移民に至るまで、彼ら自身は西洋近代というものを本当に理解しているわけではなく、むしろ信用していなかったが、こうした人々こそが多数派だったのである。そのため、本当の意味で台湾を統治し、その足跡を残したのは、岡松でも後藤でも歴代総督でもなく、そうした人々だったのだ。彼らは多かれ少なかれ自発的に真剣に祖国と、祖国が台湾を支配する正統性と必然性を信じており、後藤らと違って台湾人の西洋化が進むことで日本が文明の優位＝植民の必然性を揺るがされることに戦々恐々とするなど考えられなかった。もし、皇民化が植民者の最上層が文明上の優位を確保するための政策であったとすれば、増田ら末端の執行者にとって、日本人が台湾人よりも優れていることは揺るぎようのない確信であった。彼らの優越感は、無邪気で誠実かつ心安らぐものであった。ちょうどハンナ・アーレントのいうように、ナチスの悪行は、決して指導者の才覚の上に成り立ったのではなく、無数のアイヒマン、無数のドイツ国民の「凡庸なる悪(banality of evil)」の積み重ねによって成り立ったものであったのだ。(123)

ヤスパースの著名な分類によれば、戦争責任は「刑法上の罪」「政治的罪」「道徳的な罪」および「形而上学の罪」

に区別される。日本法学界の戦争責任についての反省はドイツほど徹底したものではないが[124]、その代表的存在である小野清一郎や、池魚の殃を蒙った形の末弘厳太郎らは、いずれも相当の代償を払っている。一方の増田は数年間の「政治的罪」についての制裁を受けたのみである。増田が自らの戦争責任について、教職追放こそ免れなかったが、しかしそのほか、いったいどれだけ「道徳的」「形而上学的」に反省したのだろうか[125]。けれども、ヤスパースのように真剣に反省することがなかったとしても、なんら不思議ではない。というのもこれこそまさに「凡庸なる悪」の最大の特徴だからである。植民地支配を受けたものの子孫として追究できるのもここまでである。

もし、姉歯松平や増田福太郎についての研究が筆者にとって特別な意味があるとすれば、偉大な思想家だけが研究に値するのではないということを気付かせてくれた、という点である。いわゆる功業の良し悪しはともかくとして、歴史絵巻に描かれているのは決して英雄豪傑ばかりではないのである。植民地の統治者に至っては、なおさらのことだ。

＊本論文は二〇〇二年に日本住友財団から研究助成金を頂いてこそ完成できたものである。当財団に深く感謝いたします。

注

（1）　G・C・スピヴァク／上村忠男、本橋哲也訳『ポストコロニアル理性批判』月曜社、二〇〇三年、二九一頁。

（2）　E・サイード「イェイツと脱植民地化」T・イーグルトン他／増渕、安藤、大友訳『民族主義・植民地主義と文学』法政大学出版局、一九九六年、八六頁。

（3）　一八九五年から一九四五年。

（4）　古い例としては、鵜飼信成他責任編集『講座　日本近代法発達史　五』勁草書房、一九五八年、の中では中村哲が既にこのような時期区分をした。近年盛んな台湾法史を研鑽する研究者も大抵この時期区分を採っている。たとえば、王泰升『台

湾法律史概論』台北、元照出版社、二〇〇一年、一二四―一二五頁。
(5) 呉豪人「「大正民主」與治警事件」『輔仁法学』(輔仁大学法律系)二四号、台北、二〇〇二年、一四三頁。
(6) 堅田剛『歴史法学研究――歴史と法と言語のトリアーデ』日本評論社、一九九二年、一〇七―一一三頁、を参照。
(7) 岡松参太郎については、呉豪人「ドイツ人種学的法学と「台湾私法」の成立」『台湾史研究』(台湾史研究会)一四号、一九九八年、「ドイツ人種学的法学と「台湾私法」の成立(改定版)」『Historia Juris――比較法史研究』(比較法史学会)Ⅷ、一九九九年、「フォルモサにおける日・独・蘭法学者の邂逅」『植民地文化研究』(植民地文化研究会)三号、二〇〇四年、または中国語論文の「岡松参太郎論」『林山田教授栄退紀念論文集』台北、元照出版社、二〇〇四年、を参照されたい。
(8) ここで使う「敗者」という用語の概念は、早稲田大学政治経済学部梅森直之教授が示唆してくれたものである。
(9) 石田雄が比嘉春潮の日記の一節「琉球は長男、台湾は次男、朝鮮は三男」を引いて日本帝国の内地延長主義の定式を明らかにしたが、筆者はここで逆説的に日本を「長男」と規定し、ほかの植民地を次男・三男などと喩えたのは、植民地を「内地の延長」としてではなく「内地の敗者が流れ込める場所」としてとらえたからである。石田雄「「同化」政策と創られた観念としての「日本」(上)」『思想』一九九八年一〇月号、七〇頁。
(10) 河西秀通『東北――作られた異境』中公新書、二〇〇一年、一〇頁以下。
(11) 北岡伸一『後藤新平――外交とヴィジョン』中公新書、一九八八年、序章をみよ。
(12) 山口昌男『「敗者」の精神史』岩波書店、一九九五年。
(13) 橋本白水『台湾統治及其功労者』南国出版協会、一九三〇年、第五編、一〇八頁。
(14) 同右、一一二頁。
(15) 同右。
(16) 橋本白水『評論台湾の官民』台湾案内会社、一九一九年、八九頁。
(17) 姉歯松平の生い立ちに関する資料は非常に限られている。本稿が引用した資料は主に、
①『台法月報』第三六巻第一〇・一一・一二合併号(姉歯追悼論文集及び年表)、台湾総督府、一九四一年、
②一九九九年より筆者と松平の長男量平氏との往復書簡、
③二〇〇三年夏、筆者が行った量平氏に対するインタヴュー記録、そして

④量平氏の著作『仙台藩軍監姉歯武之進』自費出版、一九八八年、によるもの。

(18) 信夫清三郎『後藤新平――科学的政治家の生涯』博文館、一九四一年、二〇頁。

(19) 姉歯量平前掲書。

(20) 姉歯量平前掲書、一二頁。

(21) 前掲量平氏へのインタヴューによる。

(22) 中央大学百年史編集委員会専門委員会編『中央大学史資料集』第一八集、中央大学、二〇〇一年、一一八頁、「明治三九年卒業生及び優等生の氏名」にかろうじて「宮城県平民姉歯松平」の名前が出てくるくらいなものである。しかも彼は「優等生」ではなかった。

(23) 中央大学百年史編集委員会専門委員会編『中央大学百年史』通史編上巻、中央大学、二〇〇一年、二一頁。

(24) 中央大学百年史編集委員会編『図説中央大学――1885→1985』中央大学、一九八五年、「刊行のことば」より。

(25) 中央大学前掲書、『中央大学百年史』通史編上巻、二八四―二九一頁にみられる本科の課程表と専門科のそれを比較すれば両者の相違が歴然とわかる。たとえば本科では履修必要なローマ法や、法理学・外交史・政治学三者択一の科目は、専門科ではすべて随意科となる。

(26) 小野真盛「姉歯先生の逸話」前掲『追悼集』三一一―三一二頁。

(27) 島田謹二は明治以来の内地人の台湾事情に対する驚くほどの疎さを、いろいろな例を挙げて論じた。たとえば内田魯庵は台湾へ行く官吏や民間人を「左遷者か不首尾者」(『社会百面相』)といい、「台湾みたいな嫌な処」という表現を用いており(『くれの二十八日』)、田山花袋は失恋した女主人公の口を借りて「彼方の土になるものと覚悟して」「鳥渡は帰ってこられない台湾」へゆくと描き(『女教師』)、またかの夏目漱石ですらこう述べている。「こんな所にいて、皆に馬鹿にされるより台湾に行ったほうがよっぽとましだ」(『明暗』)。当の島田も、女中を雇い台湾に連れて行こうとした際、その東北(敗者!)出身の女中らに「(台湾に行くと)命が危ないから」といわれて断られた。島田謹二「明治の内地文学に現れたる台湾」『台大文学』四巻一号、一九三九年四月、三九―六七頁。

(28) 前掲「年表」によると、一九一八(大正七)年に台湾総督府法院判官(台中地方法院)に任命されてから、一九二〇(大正九)年に高等法院覆審部判官、一九二九(昭和四)年に上告部判官を歴任しており、一九四一(昭和一六)年に高等官一等に叙され、同年一〇月逝去後、特旨を以て正四位を追賜された。

(29)　前掲「年表」をみよ。

(30)　『法律時報』(日本評論社)一〇巻九号、一九三八年、五〇頁。

(31)　星野英一「日本民法典・民法学におけるボアソナードの遺したもの」比較法史学会編『Historia Juris 比較法史研究』二、未來社、一九九二年、三九二―三九五頁。

(32)　呉前掲論文「岡松参太郎論」を参照されたい。

(33)　呉前掲論文「ドイツ人種学的法学と『台湾私法』の成立(改定版)」を参照。

(34)　「旧慣調査会の報告したる慣習又支那法系の原理或いは調査会の発行したる台湾私法等は旧時を語り支那法を論ずる参考書たるべきも、これをもって現時における本島人の親族及び相続に関する慣習なる如く解し又は今日の慣習を解する標準とするがごときは全く時代を解せざるもので世間を誤ること甚だしきものといわねばならぬ」、「元来旧慣調査会の調査方針は出来るだけ古き慣習をのみ発見しこれを法律的形体として説明せんと欲したものだから、旧慣を改良進歩せしめんとする法院の判例の傾向と全く相背馳し反比例の結果を来したのである。この一事よりするも旧慣調査会の報告又は台湾私法は到底慣習を知る金科玉条ではない。これを金科玉条とするが如きは妥当を欠き本島人の発展性を阻害しその希望に副わざるは勿論、社会生活の実状に一致せざるものであるのみならず却って順調に進む本島人の生活状態又は思想を毒するもので、絶対に避くべきであることをこれに強く主張しておくこととする」。姉歯松平『本島人ノミニ関スル親族法並相続法ノ大要』台法月報発行所、一九三八年、一七―一八頁。

(35)　実際には、一九二三(大正一二)年にようやく台湾にも内地の民商法を適用することになったものの、その際、いまだに親族・相続編の適用が除外された。このことに対して姉歯を初めとして台湾在住の日本人実務法曹らは頗る不満であった。彼は最後まで、身分法も含めて同一法域に帰する日が来ることを切に願っていた。姉歯前掲書、六九九―七一三頁。また呉豪人「植民地台湾における祭祀公業の改廃」『日本台湾学会報』(日本台湾学会)創刊号、一九九九年、をみよ。

(36)　「長男」とはいっても、松平は量平の生みの親ではなくて叔父である。姉歯量平「亡き叔父を語る」前掲『追悼集』一八頁。

(37) 戦前日本実務法曹の「法匪」的性格については、長尾龍一『法学ことはじめ』信山社出版、一九九八年、一三八頁、末弘厳太郎「役人の頭」川島武宜編『嘘の効用』冨山房、一九二二年、一九八八年、を見よ。または呉前掲論文「「大正民主」與治警事件」一三九頁も参照。

(38) 小野前掲論文、三一一―三一五頁。

(39) 以下量平氏の回想の引用は、筆者のメモによるものであるから、すべての文責は筆者にある。

(40) まして姉歯松平は一貫して台湾の蓄妾制度の廃止を訴えていたのだから。姉歯の妾制度に対する批判は、前掲書『本島人ノミニ関スル親族法並相続法ノ大要』一三一―一四一頁をみよ。

(41) 以下「ジュノー号事件」についての叙述は、近藤正己『総力戦と台湾――日本植民地崩壊の研究』刀水書房、一九九六年、二二―二六頁、および一九三五(昭和一〇)年四月九日から六月一五日までの『台湾日日新報』の関連記事によるものである。

(42) 近藤前掲書、二五頁。

(43) 同右。

(44) たしかに『台湾総督府警察沿革誌』の「右翼運動」の項において、一九三三年に東京で成立した右翼団体「大東亜協会」が、当時の台湾軍司令官――右翼軍人として有名な松井石根の手引きで台湾支部を設立した際の「評議員」の一人として姉歯松平が名を連ねているのが見受けられる。が、これは彼が望んでなったかどうかは極めて疑わしい。台湾総督府警務局編『台湾総督府警察沿革誌』第二編「領台以後の治安状況」(中巻)、一九三九年(『台湾社会運動史』龍渓書舎復刻版、一九七三年)、一三七四頁。

(45) 上山安敏『法社会史』みすず書房、一九九六年、五―六、一一九―一二一、三七六―三八〇頁をみよ。

(46) 丸山真男『(増補版)現代政治の思想と行動』未來社、一九六四年、一三―二一頁をみよ。

(47) 筆者はインタビューした際、松平が亡くなる直前に、「遥か皇室を拝し、神仏を拝して居りました」(姉歯量平前掲論文「亡き叔父を語る」一八頁)ことについて量平氏に伺ったが、「当時の官民としてはごく普通のことだ。別に天皇に愛着心のあるわけがない」と答えてくれた。

(48) 呉前掲論文「「大正民主」與治警事件」一四三頁。

(49) 日本評論社編『日本の法学――回顧と展望』日本評論社、一九五〇年、一五七頁、戒能通孝の発言。
(50) ロバート・ノージック(Robert Nozick)の分類に従って言うと、岡松はまさに宣教師的ユートピア思想の持ち主でありつつも、さらに一線を越えて帝国型ユートピア主義者でもあろう。が、増田にいたってはその学問の非力ぶりから察すれば、ただの中途半端な凡庸なる学者としかいいようがない。ノージック／嶋津格訳『アナーキー国家・ユートピア』木鐸社、一九八九年、をみよ。
(51) 潮見俊隆、利谷信義編『日本の法学者』日本評論社、一九七四年、二〇五頁。
(52) 穂積八束「民法出テ、忠孝亡フ」『法学新報』第五号、一八九一年八月。
(53) 上杉は岸信介を後継者と決めたが、岸は官界進出を決心したからその話を断った。潮見、利谷前掲書、一一二頁。
(54) 強いて言えば、南原繁が唯一の例外であろう。南原によれば、彼が大学で最初に受けた講義は筧克彦の国法学だった。「もともと法学部は実証的・法解釈学的な講義が多いなかで、ほとんど唯一の哲学的な講義であった……私が卒業して数年後には、先生は神道へいっている。それから先生の学問は宗教と一緒になったような形で……われわれからみれば非常なドグマティズムになってしまわれるわけです。その意味では、私は先生の思想的発展についてゆくことはできなかったけれども、わたしがフィロゾフィーレンすること、哲学そのものに興味をもったのは筧先生の影響です」。信仰についても、筧は決してキリスト教徒の南原を改宗させようとしなかったため、南原は、筧を「学問のやり方、系統は別として、行政・政治には一切関与せず、道を求め、道を楽しんだ人、名誉も利益も求めずに終始されたというのは類がない。その意味では、まったく立派な人です。」と評した。丸山真男、福田歓一編『南原繁回顧録』東京大学出版会、一九八九年、一二―一七頁。一見するところ、南原の体験も増田には当てはまる。なぜなら増田は筧や加藤玄智の神道思想を深くうけつつもとうとう彼の信仰する浄土真宗を放棄することはしなかったからである。しかしながら、南原もいったように、「私どものときにはまだかみながらまでいってはいなかった」ことには深く注意を払う必要がある。また筧らの「神仏一如」観を理解すれば、増田が改宗しないこともさほど不思議ではない。
(55) 長尾龍一編『穂積八束集』(日本憲法史叢書)信山社出版、二〇〇一年、三八一頁。
(56) 筧克彦『惟神の大道』(内閣教学局教学叢書第九輯)一九四〇年、五―一二頁。
(57) 筧克彦「台湾神社の御祭神に就いて」『皇学会雑誌かみながら』(皇学会事務所)四巻五号、三一頁以下。

(58) 筧前掲論文、六四頁。
(59) あるいは、なぜ「太陽系」にとどまるかについてもそうだが、つまり筧にとっての「全宇宙」なるものは、日本が崇拝するのは太陽神であるゆえ、「太陽系」の域を出てはならないのかもしれない。
(60) 筧前掲論文、三三―三四頁。
(61) 筧前掲書『惟神の大道』六六頁。
(62) 筧前掲論文「台湾神社の御祭神に就いて」六四頁。
(63) 筧はとくにプラトンを好んでいる。丸山、福田前掲書、一五頁をみよ。
(64) 筧前掲書『惟神の大道』六五―六八頁。
(65) 以下は、筧克彦「臣民の本質」『皇学会雑誌かみながら』二巻一号、一七―五二頁を参照。
(66) 日本評論社前掲書、一四四―一四五頁、戒能通孝の発言をみよ。
(67) 井田輝敏『上杉慎吉――天皇制国家の弁証』三嶺書房、一九八九年、二三―二四頁。
(68) 増田福太郎「国家認識の態度と方法」『筧教授還暦祝賀論文集』有斐閣、一九三四年、五四一頁。ちなみにここにいう「国家論の現代的低迷」とは一つのアンチ・テーゼとみても差し支えがない。三〇年代の日本公法学のドイツ公法学に対する傾倒ぶりはすでに絶頂に達したものであるから、増田の危惧はかえって筧流の「国家論」がいかにアナクロニスティックなものであるかを如実に示しているであろう。
(69) 増田前掲論文、五四二頁。
(70) 同右、五五〇頁。
(71) 同右、五五一頁。
(72) 同右、五五二頁。
(73) 同右、五六二―五六三頁。後の一九三六年に筧はさらに上杉の「天皇主権説」と美濃部の「天皇機関説」を「共に個人本位、対立主義、握権主義に立つ」ものだと批判した。筧克彦『大日本帝国憲法の根本義』一九三六年、二五二頁。
(74) 増田前掲論文、五六六―五六七頁。
(75) 同右、五六七―五六八頁。

(76) 同右、五六八頁。
(77) 同右、五六八―五六九頁。
(78) 増田福太郎『農業法律講義』養賢堂、一九三八年。
(79) 以下は筧克彦「台湾旅行談」『皇学会雑誌かみながら』二巻三号、一九二八年、五一―五六頁を参照。
(80) 同右、五三頁。
(81) 以下は筧克彦「国体精神と台湾」『皇学会雑誌かみながら』三巻四号、一九二九年、四一―五〇頁。
(82) 同右、四一頁。
(83) 同右、四三―四四頁。
(84) 同右、四八―四九頁。
(85) 白羽祐三には『「日本法理研究会」の分析』中央大学出版部、一九九八年、という著作がある。が、「分析」というより、資料の羅列のようなもので、しかも増田についてまったく触れなかったため、筆者にとっては使いようのないものである。以下の分析はもっぱら増田の著作や当会の出版物を素材とする。
(86) 日本法理研究会『日本法理研究会事業概要』日本法理研究会、一九四二年、一頁。
(87) 同右、三頁。
(88) 正確に言うと、増田が日本法理研究会の事務に携わるときに、彼の正式な肩書きは「国民精神文化研究所研究員」であった。増田貞治(増田福太郎次男)『増田福太郎略伝』自費出版、二〇〇三年、六頁をみよ。また、こうした研究員は「ただの研究会員としてではなく、文部官僚の資格で関与・参加しているのである。彼らは文部省の管轄・権限に属する思想界・学界の「思想戦」(大東亜思想戦)を具体的にしかも日常不断に指揮・監督・監視する立場にある」(白羽前掲書、二三六頁)。つまりその時より、増田は一介の台北帝大教授から、大学教授を監視することのできる「奏任官」へと出世したわけである。
(89) 日本法理研究会前掲書、一五―一八頁。
(90) 増田福太郎『大東亜法秩序と民族』(日本法理叢書第八輯)日本法理研究会、一九四一年。
(91) 増田福太郎「農業と宗教(一)(二)」『皇学会雑誌かみながら』四巻九号、一九三一年、五五―六九頁、一〇号、五三―七五頁。

(92) 増田福太郎「台湾人の民間信仰の特徴」『皇学会雑誌かみながら』三巻七号一九三〇年、五九―七三頁。
(93) 同前掲雑誌三巻二号、五三―九七頁、三号、五七―九六頁。
(94) 増田福太郎『南方法秩序序説』国民精神文化研究所、一九四一年。
(95) 増田前掲書『大東亜法秩序と民族』八頁。
(96) 同右、一〇頁。
(97) 同右、一三―一五頁。
(98) 同右、二〇―二一頁。
(99) 同右、三四―三五頁。
(100) 同右、三六―三九頁。
(101) 増田福太郎『大東亜法秩序の建設』畝傍書房、一九四三年、五八―五九頁。
(102) そもそも人類学とは植民主義を母体とした学問だったが、台湾での人類学者にいたってはなおさら酷かった。人類学者の多くは、山路勝彦の指摘しているように、「遠く中央の世界に背を向け台湾にきただけあって、反骨の精神の持ち主であったし、また、そういう状況を自虐的に喜んでいた節もあった。……馬渕は自分たちの世界をよく「梁山泊」に喩えていた。……しかしながら、ロマンにあふれるかのような台湾も、皇民化政策のもとで進行した社会変化の前には幻想でしかなかった」。山路勝彦「「梁山泊」の人類学、それとも?――台北帝国大学土俗人種学研究室」『関西大学社会学部紀要』八三号、一九九九年、八三頁。皇学者増田が台湾原住民研究に手を染めることはすなわち馬渕らの「梁山泊時代」の終焉を告げたものにほかならない。
(103) 『日本国家の法理的考察』(日本法理叢書特輯五)日本法理研究会、一九四三年。
(104) 増田福太郎「一般国家学の諸問題(一)―(八)」『皇学会雑誌かみながら』一巻九―一〇号、一三―五六、四九―九八頁、二巻一、二、四、八、九、一〇号、一九三一年、五三―一一三、二一―五七、六七―九三、六三―八一、四七―六六、七一―一〇四頁。ちなみにいうと、この論文は量的には相当長いが、通読してみればその殆どがイェリネック著作の翻訳だった。ここから判明できたのは増田のドイツ語の語学力の高さに止まらざるを得ない。彼がイェリネックを読んで本当に理解したかについては甚だ疑わしい。なぜなら増田のいわゆる「批判」は概して筧学説に基づくものだったからである。

(105)　瀧川政次郎『日本法理と支那法理』(日本法理叢書第六輯)日本法理研究会、一九四一年、六―一〇頁。
(106)　日本法理研究会編『新秩序建設と日本法理』(日本法理叢書別冊六)日本法理研究会、一九四四年。
(107)　里見岸雄『帝国憲法の国体的法理』(日本法理叢書第七輯)日本法理研究会、一九四一年、三三―四〇頁。
(108)　日本法理研究会の主宰たる、刑法学者の小野清一郎を除けば、の話だが。
(109)　末弘の歿後、小野清一郎はこう述懐している。「(末弘)博士の教職追放の原因になったとかいう『日本法理研究会』に参加していただいたのは、外ならぬこの私であるので、私は日頃博士に対してすまなかったとおもい、深く自らの罪業を後悔している」。『法律時報』二三巻一一号「末弘厳太郎博士追悼号」(日本評論社)一九五一年、五九頁。
(110)　伊藤孝夫『大正デモクラシー期の法と社会』京都大学学術出版会、二〇〇〇年、七―二八頁をみよ。
(111)　末弘厳太郎「法律と慣習――日本法理探求の方法に関する一考察」『法律時報』(日本評論社)一五巻一一号、一九四三年、二頁。
(112)　同右、三頁。
(113)　「悲劇の英雄」という表現はあくまでも増田との比較に基づくものである。その射程はもちろん自ずと限界がある。被植民者の見方を俟たずして、家永三郎を筆頭とする「戦後民主主義派」の持論をもじっていうと、筧にせよ、美濃部にせよ、末弘にせよ、ひいては戦前の日本法学界全体こそが日本帝国の共同正犯だ。法思想史の立場からみても、たとえば長尾龍一は、「戸水といい、北といい、美濃部といい、八束を嘲笑した人々がたいてい帝国主義者」だと指摘している(長尾龍一『穂積八束集』信山社出版、二〇〇一年、三六七頁)。法社会学者による末弘批判はそれにもまして激しかった。久保秀雄は戦後の「(米軍による)占領政策の実効性を確保しようとする慣行調査は、その反省対象たる「ファシズム天皇体制」下において既に経験済みのものであり、しかも当の戦時体制の「申し子」とさえいえるものであった」と述べ、岡松、末弘など戦前の「植民地化の知」と戦後川島武宜らの「近代化の知」とを同一の系譜にあると把握している。久保秀雄「近代法のフロンティアにおける『文化的他者』についての知――ポストコロニアル批判の法社会学(一)」『法学論叢』(京都大学法学会)一五三巻四号、二〇〇四年、九二頁以下。ただ、筆者は、久保のような国家暴力とは如何なるものかについて体験したことのない、現代日本における若手の植民史研究のありがちな「義憤」に対して、全面的に受け入れることができない。本質論に到達する前には、科学的論証が必要ということもさることながら、やはり同情心や想像力も欠かせないものだと思うからである。

(114) 増田貞治前掲書、七—八頁。

(115) 増田福太郎「日本古代の法思想の特徴(二)」『岡山大学法経学会雑誌』一四巻一号、一九六四年、四二七—四六五頁。

(116) 一九二三年増田が東京帝大に入ったまもなく、関東大震災が起り、浅草にある実家の方は多大な被害を受けた。これにより貧困になった増田は敬虔な宗教信奉者となった。蔡錦堂「台湾宗教研究先駆——増田福太郎と台湾」『二〇世紀台湾歴史與人物——第六届中華民国史専題論文集』(台北)、国史舘、五六—五七頁を見よ。これは彼が筧の学説に魅せられたきっかけかもしれない。

(117) 山路前掲論文、八六頁。

(118) スピヴァク前掲書、四二一頁。

(119) 特に抗日の台湾人民族運動者たちの近代性に対する認識とは驚異的な類似性を見せていることに注意されたい。呉前掲論文「「大正民主」與治警事件」一三六頁をみよ。しかしその近代性に対する類似性というものは戦後へと引き継がれていなかった。姉歯が亡くなった後、その法学に関する蔵書約一〇〇〇冊をすべて当時の高等法院に寄贈し、「姉歯文庫」と名づけられて陳列した。しかし、量平氏が五〇年代にふただび訪台する際、台湾の裁判官たる知人にその文庫の行方を尋ねたが、その知人は「高等法院に保存されている」が「我々にはあまり参考にならない邪なものの観がしている」といった(一九九八年六月一八日日付量平氏より筆者当ての書簡)。旧日本植民者が残した文化的なものをすべて「邪なもの」とするのが蔣介石政権の一貫した政策ではあるが、幸いなことに筆者が例の「文庫」の現在の行方を探し当てた結果、現在では「中央研究院図書館台湾分館日文旧籍」として中央研究院の台湾史研究所に所蔵されていることが判明された。散逸したものを除いて、全部で七九四冊がある。

(120) ジャック・デリダ/堅田研一訳『法の力』法政大学出版局、一九九九年、四三頁。

(121) 同右、七〇—七三頁。ちなみに筆者はデリダ理論のほとんどを信じないが、ここに挙げられた例だけは逆説的でありながら感服した。

(122) 一九九九年に岡松の子孫が参太郎の膨大な量の蔵書や資料を早稲田大学に贈ったことを境に、、これからの岡松研究はますます盛んになるだろう。

(123)　Arendt, Hannah, *Eichmann in Jerusalem*. New York: Viking Press, 1963（大久保和郎訳『イェルサレムのアイヒマン──悪の陳腐さについての報告』みすず書房、一九六九年）。

(124)　青木英五郎『裁判官の戦争責任』日本評論新社、一九六三年、五一一五頁。

(125)　増田貞治前掲書によれば、増田は戦後に教職追放をされてから数年間、不遇な日々を強いられた。だが、一九五三年から彼はふただび教壇に立ち、長崎商業短期大学、岡山大学などの教授を歴任。それからの増田は「心身充実。彼の愛国心に根ざした保守主義の立場から、憲法、天皇、国家、歴史、伝統、宗教などについて多くの意見を発表した」という（九頁）。「一九七四年亜細亜大学教授になってからも、伝統国家論の観点に立ち、憲法改正、国旗国家、靖国神社問題に対してもかれの一貫した理論を主張」云々（一〇頁）。増田福太郎は死ぬまで悟らなかったそうだ。

第五章　コスモス

——京城学派公法学の光芒

石川健治

過去とは然し、客観化せられた意味の意志である。
之を名付けてレオナルドォと言ふのである。(1)

一 「京城」という問い

いつの日か、戦後日本の公法学を過去のなかに探ろうとする人は、そこに、戦前の「京城」に端を発した、長く尾を引き、そして強く輝く、幾筋かの光芒を発見するであろう。堅固な理論と円熟した巨匠的筆致で戦後憲法学の指導的存在となった清宮四郎、名実ともに京城法学派のリーダーであり国際的にも活躍した法哲学・社会哲学の尾高朝雄、ドイツ法思想とアメリカ法思想を股にかけた活躍でそのブリリアンスが一層際立つ憲法学の鵜飼信成(2)、寡作ではあったが学問の厳格さと犀利な知性で後進を薫陶した国際法学の祖川武夫。(3)(4)彼らと、彼らが戦後に残した多くの卓れた後継者たちは、いずれ劣らず個性的で、強烈なアクセントを戦後公法学史に刻んでいる。それだけに、戦後公法学における「京城」性、あるいは戦後公法学における「半島」的なるもの、という設問は、これまで問われたことはほとんどないが、慎重な配慮と充分な準備さえあれば、これを提起するに値する。

京城学派の往時の活躍ぶりについては、瀧川事件に抗議し一度は助教授団をまとめて京都帝国大学法学部との訣別を決意しながら、師表と仰いだ人々の落胆を知りつつ翻意して学苑に留まるという形で、二重の意味で鳩山一郎文相と文部省に翻弄された憲法学者、黒田覚が証言する。「その頃の京城学派の人びとの活躍はすばらしかった。内地がはげしい激動のなかにあったのに、京城の空には台風の目のようなひと時の静穏があったのかも知れない。何はともあれ、私はこの学派の人びとが羨ましかった」と。[5] 実際、公法学に限らず、京城帝国大学法文学部の法学系は、『京城帝国大学法学会叢刊』[6]、『京城帝国大学法学会翻訳叢書』[7] といった叢書、『京城帝国大学法文学会第一部論集』[8]、『京城帝国大学法学会論集』[9] といった年報に加え、各種の特集企画などを含めた旺盛な出版活動で、本土でも注目の的であった。それ以外にも、帝国学士院恩賜賞を受賞した五冊本の大エンサイクロペディア、船田享二『羅馬法』(岩波書店、一九四三、四四年)を筆頭として[10]、多くの労作が、京城帝大の法学者から本土に向けて発信されたのである。彼らの学問的生産力は、当時の他のすべての帝国大学法学系を、圧倒していた。

けれども、そうした京城学派の輝きの背後に、名状し難い翳がつきまとっていたのもまた、事実である。ここに、尾高、清宮とほぼ同年で、彼らと相前後して京城を離れた同じ法文学部の独創的な国語学者、時枝誠記の有名なエピソードがある。「時枝先生は、はらはらと涙を流されました。顔をまっ赤にして、こみあげてくる涙をとどめかねて、嗚咽しながら泣かれました。当時の都立三商の国語科の関口さんが、時枝先生に「朝鮮に居られた時はつらかったでしょう」と話しかけた時です」[11]。橋本進吉の跡を襲って東京帝国大学文学部に移った時枝は、戦後も誠実に悩み続けた。「朝鮮に在るといふこと、そして朝鮮について考へなければならない義務を負はされてゐるといふことは、我々の同僚の誰もが恐らくさうであつたのであらうが、非常な重圧であつたのである。朝鮮を去った時、この重荷から解放された気楽さを喜んだと同時に、当然直面しなければならない重大な責任を逃避したやうな悔を感じたのである」[12]。大学の設置者朝鮮総督府からその言語政策に単なる medium として加担するように求められ、これに対し国語学徒として主体的に責任ある対応をすべく苦悩した時枝の体験は、総督府がまき散らす government speech に積極・消極の関与を余儀なくされた京城学派の公法学者によっても共有されていたはずである。清宮、尾高ら「莫逆の友」の間には[13]、いかに親しくとも本土に残った同窓の宮沢俊義などの与り知ることのできない、特別な世界があったに相違ない。

「帝国」日本の学知を考える場合、そのようにして朝鮮総督府の統治作用にかかわる法学分野であった公法学と、それに携わった京城学派の公法学者たちの動向を、看過することはできないだろう。なかでも、当時の京城学派公法学を代表する論者であったという意味から、また、戦後日本の公法学に広汎な影響を及ぼしたという観点から、本稿では、清宮四郎と尾高朝雄の二人を特に取り上げて、彼らが朝鮮半島で形成した国家認識・国法認識を分析する。厳密にいえば、尾高の専攻は法哲学であるが、彼と清宮の主要な研究領域は完全に一致しており、京城学派公法学としてひとくくりにすることの意味は、後述するところから自ずと明らかになるはずである。

この際、注意すべきは、卓越した理論家だった彼らの仕事は、日本本土からの直輸入品では決してなかった、ということである。彼らの仕事は、京城学派ならではの独自の思索を追求した成果であり、熟さない表現だが「半島知」とでもいうべきものであった。彼らの眼中に、東京帝国大学はなかった。朝鮮半島の大陸的気風のなかで[14]、ベルリン大学をこそライヴァル視した京城学派の気宇は壮大であった。彼らは、京城時代、盛んに独文で論文・書評を書いた。二〇世紀社会科学の最前衛で、欧州の僚友に伍して学問をしようとしていた。半島で鍛えられた思索の成果をもって、「帝国」日本の学知の島国的な狭隘さを打破することすら、そこでは企図されていたのである。無論それは、「朝鮮に在るといふこと、そして朝鮮について考へなければならない義務を負はされてゐるといふこと」の「非常な重圧」に跼蹐していたことの、裏返しの表現にほかならない。空疎な昂揚感を湛えたそのレトリックの行間からは、底知れぬ懊悩と自己欺瞞とが滲み出している。

そうした京城発の知の体系が、空間軸に沿って同時代の日本本土や中国大陸へ、主観的にはさらに欧米へと発信されたのであり、しかもそれが、時間軸に沿って戦後日本の憲法体制へも配信されたのである。そこで本稿は、良きにつけ悪しきにつけ「半島知」としての性格を帯びていた京城学派公法学の位相を、可能な限り共時的そして通時的に浮かび上がらせるように努める。

二　二つの世界認識

はじめに、いわば倒叙法を用いて、尾高と清宮それぞれの最終見解からみてみよう。

「われわれの世界認識は、結局は「世界の意味構造」の認識にほかならないのである。世界を間主観的に構成された意味複合体として認識しているということは、人間の特性であり、人間の特権である」[15]。

このように書き記したのは、現象学的社会学の祖『社会的世界の意味構成』の著者アルフレート・シュッツでも[16]、その継承者で『日常世界の構成』の著者ピーター・バーガー、トーマス・ルックマンでもない[17]。戦後、東京大学法学部で法哲学を講じ、国法学講座も兼担していた、尾高朝雄その人である。彼はそこで、「意味賦与」の作用を通じた「意味創造」の過程として認識作用を捉えるフッサール的な構成に立脚し[18]、そうした認識作用を通して「世界を作りつつある存在」として人間を定位した。この「世界を作りつつある存在」という人間の位置づけは、マルティン・ハイデッガーによる、あの、「世界内存在」という、人口に膾炙した人間理解を、批判的に深化させたものである。そして、そうした世界の意味構造のなかに、単なる「道具の世界」とならんで「制度の世界」がある。そのうえで、尾高は、問いかける。人間によって作られつつある「制度の世界」が、どのようにして人間から自由を奪うのか。それにもかかわらず、自由はいかなる意味で保障され得るのか[19]。

この、驚くほど理論的に先鋭な文章が書かれたのは、彼の早すぎた晩年にあたる一九五二年であって、パーソンズ批判の文脈でシュッツの社会学が脚光を浴びるよりも一〇年以上前のことである。同時にそれは、尾高が、ユネスコ総会日本政府代表として、社会的緊張(social tensions)の緩和を理論化すべく奔走していた、朝鮮戦争の時期と重なっており、この文章が強度の時局性を帯びていたことがわかる。このように先鋭で、かつアクチュアルな問題提起を行うことができた尾高朝雄とは、なにものか。

これに対して、清宮は、尾高のいう「制度の世界」について、どのように考えているのか。憲法学者である彼は、「制度の世界」を、意味の現実態(カール・ラーレンツ)としての国法秩序の観点から読み解いてゆく。

「すべての国法は、形式・内容ともに、直接または間接に憲法の規律のもとに成立し、通用する。この意味で、憲法は、法の法(Recht der Rechte)であり、法律の法律(Gesetz der Gesetze)であり、規範の規範(Norm der Normen)である[20]」。

ところが、その憲法は、どのようにして成立しているのか。清宮によれば、「およそ、一つの法規範が適法に存立し、通用するためには、それを定立する権能の所在(定立権者)、定立の手続および様式ならびに定立の内容を定める法規範が、前もって別に存立し、通用していなければならない[21]」。そこで、憲法が存立し、通用するためには、憲法の制定を根拠づける法規範が、しかも実定的に定立された(gesetzte)法規範として、先行していなければならない。それを、清宮は、根本規範(Grundnorm)と呼ぶ。

「根本規範は、憲法を根拠づけ、その内容を制約するものであるから、憲法の憲法である。根本規範は、性質上は、憲法の基礎をなすものであるが、国法体系においては、特別の法形式は与えられないで、憲法の中にその席をしめている」。「諸国の実定法には、根本規範の存在を認証し、これを宣明しているものもある」。「わが日本国憲法の前文で、「主権が国民に存することを宣言し」といい、明治憲法第一条で、「大日本帝国ハ万世一系ノ天皇之ヲ統治ス」といっていたのはその例である[22]」。

同じ憲法典のなかにも、ヒラの憲法とならんで、「憲法の憲法」たる根本規範が鎮座しているというわけである。この議論は、次のような、帰結をもたらす。

「憲法制定権は、根本規範によって認められ、その規律に服する権力であるから、みずからの根拠となる根本規範の定める原則を動かすことは許されないといわなければならない」。「日本国憲法の前文で、民主主義を基本原理とみなし、「これに反する一切の憲法……を排除する」といっているが、これは、憲法改正作用ばかりでなく、憲法制定作用をも限定する意味をもったものであると解せられる[23]」。

かくして、堅固な護憲の教説ができあがった。もはや、憲法改正規定にもとづく憲法改正作用だけでなく、日本国憲法のもとでは憲法制定権者であるはずの「国民」もまた、根本規範によって縛られることになる。

では、その根本規範は、どこから来たのか。

「それはもはや仮想の問題であり、根本規範については、さらにその法的根拠を求めることは不可能であり、断念しなければならない[24]」。

「制度の世界」をめぐる法的ディスクールが、この手のアポリアに逢着するであろうことは、容易に想像がつく。問題は、その処理の仕方である。立法者を憲法で縛っただけで議論を止めることなく、終点のそのまた先まで、議論を続ける。通常なら縛りをかけられないと考えられる憲法制定者を、根本規範で縛るところまで議論を煮詰めなければ、議論に終止符を打たない。この執拗さは、一体どこから来たのか。清宮四郎とは、なにものか。

三　欧州から京城へ

東京・ハイデルベルク・ウィーン・京城

そこで次に、彼らの学問的生いたちをみよう。清宮四郎は、一八九八年に埼玉県浦和市で生まれ、第一高等学校を経て、一九二三年に東京帝国大学法学部政治学科を首席で卒業している[25]。法学部在学中は、とりわけ吉野作造の知遇を得て、直接的な影響を受けた。当時の憲法講義は、天皇主権説の上杉慎吉と天皇機関説の美濃部達吉の競争講義であったが、清宮は、美濃部の憲法講義を受けた。美濃部の学説は、既に明治末年の上杉との論争において完勝し、政界・官界のみならず宮中までを支配していたから、インテリ層への影響力は絶大であった。その一方で、清宮は、上杉の「社会学」の講義を聴講している。法科の社会学は、文科の国粋主義的な社会学者建部遯吾が教えた例もあるが[26]、英米法学の高柳賢三や憲法学の上杉ら法学部スタッフが担当することになっていたようである。清宮は、研究者としての進路を選択するにあたり、その慎重な性格から逡巡した。一旦は内務省に入省し富山県庁に配属されるも、学問への想い絶ちがたく、恩師の山田三良と美濃部達吉に相談したところ、京城帝国大学への推薦を受けることとなる。そして、一九二四年七月、京城帝大の嘱託という身分で東大法学部研究室に残り、美濃部達吉門下の一員となった。研究室には、国法学の野村淳治の助手という形でそのまま大学に残っていた、同じ美濃部門下の宮沢俊義がいた。

清宮は、その後、一九二五年に、朝鮮総督府在外研究員として、二年間の留学をする。ベルリンに一ヵ月滞在した後、ハイデルベルクに向かい、第二帝政期からワイマール期にかけてのドイツ公法学のリーダーだったゲルハルト・アンシュッツとリヒャルト・トーマの講義を聴講しつつ、研究に励む。ハイデルベルクは、その歴代の講座担当者を列挙するだけで公法学史ができあがるほどの、ドイツ公法学のメッカであり[27]、師・美濃部達吉の薦めもあって、清宮はこの地を留学先に選んだ。日本の公法学者にとって、ハイデルベルクとは、美濃部を含む多くの論者が大規模に受容したゲオルク・イェリネック、一九世紀のドイツ公法学を集大成したあの碩学がいた学都であった。その頃当地には、行政法学の磯崎辰五郎がおり、また、哲学の高橋里美の知遇を得る。清宮は、高橋を中心とするヘーゲルの研究会にも所属し、そこで、グロックナー版の全集で有名なヘルマン・グロックナーのレクチャーを受けている。後にフライブルクに移った高橋からは、哲学者エドムント・フッサールを紹介されたこともあった。清宮は、こうして哲学の勉強をすることで、公法学の方法的な基礎付けを行う野心を抱き始めていた。その方面の素養が欠如していた美濃部を、乗り越える手がかりが、そこにはあったからである。もっとも、この方向での清宮の努力は、ハイデルベルクで偶々処女論文「法律社会学の概念とその問題」を読んでその名を脳裏に刻み、やがて同僚として切磋琢磨する奇縁に結ばれた、尾高朝雄の登場により、大きな壁にぶつかることになる。西田幾多郎やフッサールとがっぷり四つに組んで稽古してきた尾高とでは、いくらなんでも修業が違いすぎるのである。

哲学のメッカが既に、新カント派西南ドイツ学派の総帥ハインリヒ・リッケルトのいるハイデルベルクから、エドムント・フッサールやマルティン・ハイデッガーのフライブルクに移りつつあったように、公法学のメッカも、ハイデルベルクから他に移行しつつあり、その一つは、ハンス・ケルゼンのいたウィーンであった。ケルゼンによれば、対象が方法を規定するのではなく、方法が対象を規定するのであって、方法としての法学が認識できる対象は、法秩序だけである。だから、法人としての国家の像は、一個の単位として認識された部分的法秩序を擬人化した、アニミズムの所産でしかない。法秩序のメガネを外せば、王様も裸になる、というわけである。このようにして、国家それ自体の実体化を拒否し、客観的な法秩序という準拠枠だけを手がかりに、国家にかかわるすべての事柄を函数化するケルゼンの諸説は、国家を一個の団体として認識したうえでこれに法のフィルターをかけて「法人」と捉えようとするイェリネック・美濃部の時代の国家学を、革命的に更新するものであった。

ハイデルベルク滞在中の清宮は、ケルゼンの新著『一般国家学』を一読して、ウィーン大学に移る決心をする。磯崎とともに訪れたウィーンでは、ウィーン学派を率いたケルゼンの知遇を得て、講義・演習にも出席することができた。ほかに、アドルフ・メルクル、アルフレート・フェアドロス、フェリックス・カウフマンらのウィーン学派の講義を聴講するとともに、著名な公法学者だったアドルフ・メンツェル、ルドルフ・ヘルマン・フォン・ヘルンリットらの講義にも顔を出した。

その後、フランス、イギリスに五ヵ月ずつ、アメリカに一ヵ月滞在して京城に帰り、一足先に赴任していた松岡修太郎との分担により、まずは行政法を担当することになった。清宮の京城時代については、後述する。

京都・ウィーン・フライブルク・京城

一方、尾高朝雄については、語るべきことが多い。渋沢栄一の姻戚で朝鮮で手広く事業をしていた実業家尾高次郎の三男として、[28]一九〇〇年に京城に生まれている。朝雄の朝は、朝鮮の朝であり、夭折した弟鮮之助(一九〇一―三三、東洋美術史家)と同様、朝鮮半島ゆかりの名前である。尾高もまた、第一高等学校を経て、東京帝国大学法学部政治学科に進んでいるが、入学直後に父が世を去り、後事を託されるとともに遺言で外交官志望を思いとどまるように命じられた。尾高は、五男邦雄、六男尚忠を抱えた母を助けて、[29]家を支えなくてはならない一方、外交官の夢を断念して目標を失い、次第に法学部での勉学に意欲を失っていった。成績抜群だった清宮とは対照的に、講義にはほとんど顔を出さなくなった彼は、試験勉強も常に一夜漬けで、教授の顔を試験場ではじめて見覚えるようなありさまであった。[30]その代わりに、もっぱら図書館で哲学や社会学の書物を読みあさっていた彼は、次第に文学部への転進を考えるようになる。そして、田邊元『科学概論』(岩波書店、一九一八年)を読了するに及んで、尾高は、社会生活の科学的認識の可能性に確信を抱いた。[31]田邊は、『科学概論』を、「科学的認識の構成する世界の中、人文歴史の世界が最も具体的なるものとして実在の部分的発現として無窮の進展に参与し、人文の建設に努力しなければならぬ」と、熱烈なる呼びかけで締めくくっており、これに応えて、東京大学教養学部尾高文庫所蔵の手沢本には、青年尾高の初々しい決意表明が書き込まれている。

「自分は此の書によって科学の哲学的根拠に対する理解を明瞭ならしめ批判主義の真精神を稍々把束する事が出来た。と同時に自分は「主観の自知」「存在の自己目的」の二仮説の下に自由意志を否定して文化生活、一般に社会生活の科学的説明をなす事の可能性を信ずる事が出来た。此処に感謝と希望を以て此の書を閉ぢる。

一九二一、二、三　　朝雄」。

おそらくはこれが、社会学徒尾高朝雄の、誕生の瞬間であろう。

尾高は、社会学者米田庄太郎に師事すべく、一九二二年に東京帝国大学法学部を卒業すると同時に、京都帝国大学文学部哲学科に入り直し、そのまま大学院に進学する。その恵まれない社会的境遇の故に、日本で初めての本格的な社会学者たり得た米田こそ[32]、当時師事するに値するほとんど唯一の社会学者であった[33]。彼は、リベラリストとしても、知られていた。この米田の門下に入ることで、尾高は、現象学的社会学の立場を固める上でかけがえのない同行者になる臼井二尚（後の京都帝国大学教授）と出会う[34]。また、この間、国文学者芳賀矢一の娘咲子を、妻に迎えている[35]。

尾高は、法学サイドからは東京の人間であるかのようにみえているが、このように、実は、京都学派の哲学の人間である。一高の学生時代以来の新カント派的な哲学の素養を基本的には出ることがなかった、清宮や東京帝大の宮沢俊義とは異なり、尾高は、京都で本格的な哲学修業をつみ、西田幾多郎率いる京都学派の弁証法的な発想に深くコミットしていた。つまり、田邊元や三木清、西谷啓治らを含めた、「世界史の哲学」や「近代の超克」の側の陣営に属していたのである。このことは、彼の学問と行動を理解する上で、決定的に重要である。事実、米田の退官とのかかわりで、尾高の大学院入学後、社会学を担当したのは京都学派の総帥西田であり、この偉大な哲学者の社会学演習に、臼井とともに尾高は出席しているのである。生の哲学者ゲオルク・ジンメルが、ドイツ社会学の最高峰の一人であることを考えると、西田が社会学を担当するのは、特段不思議なことではない。テクストは、マックス・ヴェーバーの『科学論論集』であった[36]。ウィーンで出版された尾高にとって最初の著書は[37]、フライブルクでの師エドムント・フッサールに捧げられているが、はしがきで直接の学恩を感謝されているのは、京都帝国大学の西田幾多郎と米田庄太郎である[38]。

尾高は、手始めに、ヴェーバー『科学論論集』において批判されている[39]、当時の代表的法哲学者ルドルフ・シュタムラーと格闘する一方[40]、臼井二尚とともに、現象学による社会学の基礎付けに邁進する。折りしも『思想』誌上で

「現象学研究」の特集が組まれたことは、彼らを勇気づけたであろう。[41] その場合のキーコンセプトは、「意味 Sinn」である。

ヴェーバーは、いわゆる行為理論を採り、社会を実体化せずにすべて個々人の行為に因数分解した上で、彼らが社会的な行為を行う可能性(Chance)にいわゆる社会の存立根拠を求め、個々人の社会的行為を「主観的に思念された意味」に結びつけて諒解するという仕方でのみ、「社会」に関する学知を基礎づけた。

しかし、そうした主観的意味に支えられつつ客観化した、「意味」それ自体の独自の存立は、本当に論証できないのか。ヴェーバーの理念型とは、まさに客観的な意味を捉えてのものではないか。ヘーゲルが客観的精神と呼び、ディルタイが精神科学の対象をそこに見出した、客観的な「意味の世界」を、形而上学的に実体化することなく、しかも「実在」すると断言することはできないか。そして、この客観的な「意味」の水準において、やはり「社会」は、個々人に還元されない存在として、「実在」するのではないか。

このように考えた論者たちは、その議論の基礎付けをフッサールの現象学に見出そうと企てはじめていた。フッサール自身は社会科学に手を染めなかったが、その方法論によって社会科学を基礎づける論攷が、陸続と登場してきた。[42] 後に『カリガリからヒトラーへ』の映画論で有名になるジークフリート・クラカウアーの著書『学知としての社会学』も、その一つである。[43] すべての事物が神による「意味」のコスモスに関連づけられた、「意味に充足された時代」は、既に去った。[44] クラカウアーは、そんな現代において、ばらばらの個人・大衆のカオスのなかに「社会」という意味を見出す可能性を、探っていた。これらの友軍に励まされて、尾高と臼井は、現象学的社会学をめざし、やがて海を渡ることになるだろう。

尾高は、一九二八年三月、京城帝国大学法文学部の助教授(政治学政治史第二講座、後に法理学講座)に任ぜられることになった。京都帝国大学大学院を退学して、ただちに京城に着任し、『法理学概論』というガリ版刷りの講義案を執筆している。[45]冒頭には、哲学および法理学の定義がなされ、結論として、法理学の体系が示されている。それによれば、哲学とは、認識論・価値論においては、批判的科学であって、自然と人生に関する一切の科学の根本原理を探求する一方で、理論的実践的芸術的の最高価値を明らかにし、存在論においては、現象学的科学であって、直証的なる直観に基づき、存在一般の本質的属性および法則を究明する。これに対して、経験界の彼岸にある超越的実在の研究たる形而上学は、哲学ではない。同様にして、法理学も、法律学が拠って立つ根本原理を明らかにし、法律の最高目的を確立すると同時に、法秩序の各領域にわたってその本質的属性および法則を追究する、哲学的科学である。現実に反する理想的法秩序の実在性を前提とする自然法の学は、法理学ではない。そして、これらを承けて、尾高の構想する法理学の体系は、法律存在論（シュタムラー流の法律本質論を中心に、諸々の実質的な法律形象の本質的構造・本質的法則の探求が裾野の如く広がるが、法の経験科学たる法律事実学まで行くと法理学の領域からはずれる）、法律価値論（法律理念論を出発点として、具体的な法律価値論が展開されるが、それが純然たる社会事実と接触するところに生まれる法律解釈学まで行くと法理学の領域からはずれる）、法律学方法論（法理学からはずれた法律事実学と法律解釈学の方法的基礎を追究する）の三部門からなる。このようにして、それまでの研鑽の成果が集約されているのである。

尾高は、早くもその年の一一月には、結果的には三年余にわたることになる留学に出発した。まずウィーンでは、清宮と同じくハンス・ケルゼンに師事した。京都学派の哲学者であることを通じて社会学者であった彼にとって、次のフィールドは国家学であった。そのためには、純粋法学という独特の法哲学に基づき[46]、国家学・憲法学・国際法学の通説を根柢から覆した、『国法学の主要問題』『一般国家学』の著者の門を敲く必要があった。ケルゼンは、この極東から来た若い研究者を、ほかの誰よりも高く評価していたようである。

ウィーン学派によれば、社会を成り立たせているのは、法秩序である。こうした議論の背景には、フランツ・ヨーゼフ皇帝の人格的統合力と統一的な法秩序によって、辛うじて多民族国家を支えてきた旧ハプスブルク帝国の歴史的過去が存在しているのは、いうまでもない。法秩序は、民族固有の文化的産物ではなく、それを容れる共通の形式である。したがって、法秩序だけが、国家のみならず社会全般の解釈図式であり、あらゆる社会認識の基礎には、解釈図式としての法秩序がおかれる。国家だけでなく、教会であれ大学であれ、あらゆる団体単位と見なされるものは、法秩序のメガネを介してはじめて認識され得るのである。そして、法秩序が社会の解釈図式である以上、あらゆる社会認識の基礎には、法学による法秩序の認識がなくてはならず、社会科学にとっての法学は、自然科学にとっての数学に相当する。この考え方に拠れば、法学とは別に社会学が存立することはあり得ないのであって、通常の意味での社会学は否定されることになる。[47] 法学の認識の対象は法秩序であるから、従来社会学が「団体」と呼んできたものは、正確に言えば、国家の場合と同様、それぞれ認識された規範秩序の単位が、擬人化された表現である。

ところが、困ったことに、この解釈図式は、あくまでケルゼンの頭のなかだけのものでしかなかった。新カント派マールブルク学派のヘルマン・コーエンにきわめて近い立場をとっていたケルゼンには、カント的な独我論の枠を越えることができないからである。しかも、その前提となるピラミッド型の法秩序像を浮かび上がらせるのは、認識主観が任意に設定した根本規範(Grundnorm)と呼ばれる光源であるというのが、ケルゼンの理解だったから、その説明は、革命家や犯罪者が社会を転倒する「革命的」認識をもっている可能性を説明できても、普通人が概ね共通した社会認識を保有しており、社会がまずまず安定的に営まれているという事実を説明できないものであった。

そこで、ウィーン法学派の若手のかなりの部分が、こうした問題は、ケルゼンの方法的前提である新カント派哲学をフッサールの現象学に入れ替えることで、解決されると考えるようになっていたのである。また、ケルゼンらの場合、何故「当為」としての法の秩序だけが社会の解釈図式であるのかが明らかではなく、社会の解釈図式として重要なのは、現象学の基礎づけを得て明らかになる、客観的意味の構造連関なのではないか、とも主張された。既に京都において同様の確信に到達していた尾高は、このサークルのなかに、アルフレート・シュッツ、フェリックス・カウフマン、エーリヒ・フェーゲリンら、[48]多くの同志を見出した。なかでも親しく議論を闘わせたのは、数学から経済学まで幅広く手がけて法学を中心とする社会科学の方法論を刷新しようとしていたウィーン大学の私講師カウフマンと、[49]銀行勤めをしながら後に社会学の一大流派を樹立することになる『社会的世界の意味構成』を準備しつつあったシュッツである。[50]

さらに、当時のウィーン大学は、ケルゼン率いるウィーン法学派（純粋法学派）に限らず、オトマール・シュパンらの普遍主義者、イグナーツ・ザイペルらの社会カトリック主義者、モーリッツ・シュリック、ルドルフ・カルナップらの論理実証主義者（ウィーン学団）、ジグムント・フロイトらの精神分析協会、マックス・アードラーやオットー・バウアーらのオーストロ・マルクス主義、ルートヴィヒ・フォン・ミーゼスやフリートリヒ・フォン・ハイエクらのミーゼス・クライスその他、ありとあらゆる立場の学派・サークルが渦巻き発酵する、現代思想の震源地であった。[51]尾高は、こうしたウィーンの知識社会に積極的に潜り込み、夜を徹して議論を闘わせた。彼の在欧生活は通り一遍の遊学ではなく、知の最前線での格闘であった。

欧州留学の二年目、一九三〇年の後半は、臼井二尚が待つフライブルクで過ごした。お目当てのフッサールは、既に正教授の座をハイデッガーに譲っていたが、臼井そして三宅剛一らとともに、隔週一回フッサールの自宅に通い、稽古をつけてもらった。プライベートでは家族ぐるみのつきあいになったが、フッサールの指導はあくまで熱心かつ厳格であって、尾高は毎回「横綱の胸にぶつかる取的のやうな気持ちで」質問を準備した。[52]フッサールの助手で『遊び——世界の象徴として』の著者としても知られるオイゲン・フィンクとも親しくなり、フッサールの超越論的現象学の意義について、尾高はフィンクの影響を強く受けることになった。また、当地では、フッサールに代わって人気の中心になっていたハイデッガーの講筵にも列し、オスカー・ベッカーの指導で臼井・三宅らと『存在と時間』を精読している。[53]

認識主観が客体を一方的に裁断するカント的な構成とは異なり、フッサールの場合には、いわゆる超越論的(先験的)還元の手続により、主観に対立する客観を想定する「自然的態度」を排除する。そこでは、主観と客観の対立関係が意識の内在面に還元され、主観と客観は単一意識面に投影されて、意識する側の多様なノエシス的作用と意識される側の単一のノエマの間の、いわば柔らかい相互関係になる。また、フッサールの場合、感性的知覚に与えられた実在界は、悟性によって切り刻まれる索漠たる世界ではなく、直観によって――ただし感性的直観よりも高次の範疇的直観によって――「意味に充たされた世界」として構成され、充実化される。しかも、この範疇的直観は、常に、感性的知覚に定礎される関係にあるので、そこで「構成」された「意味の世界」はあくまで「実在」である。

フッサールの場合には、この超越論的還元に加えて、さらに、意識そのものの純粋な本質を求めて、ものの素材を去ってその形相に帰る「形相的還元」(本質観照)と呼ばれるもう一つの還元を行うことではじめて、純粋意識の立場に還ることができるのであって、二つを総合した現象学的還元を踏まえて、あらゆる実在やあらゆる真理の最終的根拠を追究してゆく。けれども、尾高においては、志が低く、社会科学の方法を確立するためにだけ現象学に頼っているので、現象学が把捉するなかではかなり低次元にあたる「意味の世界」を、ヴィルヘルム・ディルタイのいう精神科学にとっての実在的対象として確保できれば、もう満足である。それ以上、フッサールにつきあって、深みにはまる必要がないので、尾高はここで、引き返してしまう。

そこで、社会科学者にとっては、「意味の世界」の実在性が約束されたところで、「超越論的還元」はお役ご免となり、後は、普通人の自然的態度に戻って、「形相的還元」だけを単独で遂行し、「意味の世界」に照応する現実において、どしどし「本質学」あるいは「存在論」を追究して、対象の事実を超える「本質」を考察すればよいのである。些かご都合主義の感じもあるが、尾高より議論が緻密であるはずのシュッツも同じようなことをいっており[54]、この点は、ウィーンにおける二人の議論のなかで、煮詰められていった手法であるように思われる。

三年目の尾高は、再び、ウィーンに戻り、カウフマンやシュッツと協力しあいながら、著書の完成をめざすことになる。[55] ウィーン郊外ハイリゲンシュタットに居を構え、最初の著書を執筆した尾高の気持ちの高ぶりは、想像するに難くない。西欧の古典音楽をこよなく愛した彼にとって、当地は、楽聖ベートーヴェンの「遺書」が書かれた、文字通りの聖地として夢想されていたに違いないが、「赤いウィーン」の現実においては、カール・マルクスの名を冠した大規模公営住宅(Karl Marx Hof)が建設中で、鎚音の響く、むしろ落ち着かない街だったはずである。

裕福だった尾高は、物心両面でシュッツを励まし、シュプリンガー書店との出版契約まで取り付けてきた。そして、一九三二年三月末には、はしがきを書き、そのままシュッツと同時刊行に漕ぎ着ける。二人して現象学的社会学を立ち上げたそれぞれの本のはしがきでは、シュッツが尾高とカウフマンに、また尾高がカウフマンとシュッツに、心からの謝辞を述べている。

このように、日常的に意見交換をしながら本を書いた二人であったが、仕上がってみると文字通りの同床異夢であったことも、はっきりしてくる。私心なく私財を投じて友を援ける尾高の男気に、シュッツは衷心より感謝して、誠実で内容のある長文の書評を法学雑誌に発表したが、しばしば容赦のない的確な指摘を行っている。[56]

まず、お互いの現象学の理解の水準が異なっていた。尾高は、日本から持参した山内得立『現象学叙説』(岩波書店、一九二九年)で勉強しながら、フッサールとの稽古に臨んでいた。尾高の手沢本には、「一九三〇・八・二七　フライブルグの寓居にて読了」、とある。同著の親切な文献表も有効に利用している。だが、この本が出版された後に、『形式的論理学と超越論的論理学』と『デカルト的省察』(フランス語版)が出版されている。[57] そして、シュッツは、これらこそ、現象学の方法で社会科学を基礎づけるために、重要だと考えるのである。尾高も、ドイツ語の最近著であった前者については実際に繙読し、著書のなかでページ数をあげて逐一引用さえしているのであるが、シュッツは、尾高の構成分析(Konstitutionsanalyse)が不充分である以上、それを本質的な引用だとは考えなかった。尾高の読みは——

というよりも山内の読みはというべきなのだが——深く、フッサールの先読みまでしているが、基本的には『イデーン』——これも尾高は引用しているのだが——よりも前の『論理学研究』の第六研究の水準に止まっている、とシュッツは看破している。彼の眼に、狂いはない。尾高が、二重傍線を引いたのみならず欄外に sehr richtig と書き込み、独文著書に引用しさえした山内の叙述は、まさに『論研』第六研究の範疇的直観についての分析で終わっているのである。

第二に、シュッツは「他我認識」に非常に手間暇かけているのに、尾高はほとんどこれをネグレクトしている。シュッツは、あくまでヴェーバーの理解社会学を乗り越えることを目標にして、とりわけヴェーバーが、社会の客観的・意味的実在を想定することを拒んで、「主観的に思念された意味」による諒解手続に固執した側面を乗り越えようと苦労しているので、途中から「超越論的還元」の手続を省略するようになるにしても、他我認識に始まり本論全体に至るまで、論証が緻密で厳格で難解である。[58] ところが、我が尾高は、要はディルタイの精神科学をめざしており、客観的精神の存立が確保されそうだということになれば、意識の志向作用としての意味作用の構成分析はそっちのけで、専ら、彼のいう存在論(つまりは本質学)に打ち込み、他我の認識よりは全体の観点から、客観的な意味形象の形成や意味充塡に勤しんでいる。言い回しは構成分析と紛らわしいが、そこは、端的に精神科学の領野である。

第三に、尾高は、精神科学の対象である(ヘーゲルのいう)客観的精神を問題としており、主観的精神・主観的意味はつけたりである。〈全体〉と〈個〉とが同時に確保される、弁証法的な全体主義がめざされているので、流れとしては、まずは全体の存立可能性を確保するのが先決になり、勢い、全体の客観的意味に重心がおかれることになる。現象学に期待をかけるのは、全体や普遍を形而上学的に実体化しないためで——これは尾高の哲学の定義にそもそも反する——、そのことにより、個性の充分な発揮を成し遂げつつ、全体として道義態(Sittlichkeit)が実現するからである。尾高も、あくまで〈個〉を尊重しているのではあるが、主観的精神へのこだわりを捨てずにやがて日常的な生活世界の問題を開示してしまうことになるシュッツとは、力点のおき方が異なる。

それゆえ、第四に、社会学の対象としても、ジンメルの問題――人間同士の相互作用や社会関係の層位――に関心を寄せながら、それよりも、そうした関係性を地盤としてその上に認識される社会的団体の実在を基礎づけることに重点がおかれ、そのための客観的意味形成の方に眼がいってしまう。また、そうした社会的団体の内部秩序よりも、外部との構造連関が華やかに論じられる傾向が生まれる。ただし、そうした構造論的な関心が強固であるために、安易に〈生〉や〈動態〉を論じて社会的実践と学問的認識を混同する傾向からは、相対的に自由である。

ほかにも論ずべき点はあるが、このくらいにしておこう。

かくして、二〇世紀社会科学の最前衛において、シュッツらと現象学的社会学の旗揚げを宣言した後、尾高が舞い戻ったのは、しかし、大日本帝国の周縁、朝鮮半島の京城だった。ヨーロッパの爛熟した市民社会を下敷きにして、ウィーンやフライブルクの知識社会で通用した言語で構成された彼の枠組を、今度は朝鮮半島に適用しなくてはならないのである。尾高の著書は、ドイツ語で読むと、わかりやすい。しかし、双方の社会の距離は遠く、翻訳が困難をきわめるのは、眼に見えていた。

尾高は、朝鮮半島の荒涼たる自然のなかで、いつしか狩猟を趣味とするようになった。東京麴町に邸を構える母を平壌見物に誘った折り、付き添いで来た弟邦雄と二人で京義線をさらに北上し、鴨を撃ちながら雄大荒淋の大陸的風景にうたれた、その想い出を綴った文章は、以下のように結ばれている。

「由来、朝鮮の風物にはヨーロッパとの相似性に富むものが必ずしも少くない。大同江とドナウ河との類似は、ふと思ひついたその一例である。しかし、ただの自然のみからは、本当の風景は生れない。誠の風景は、自然を観賞し、自然を愛好する文化人の心の裡にはぐくまれる。朝鮮の到るところにこの意味での真の風土の美の築かれるまでは、朝鮮に住む私共は、むしろ彼の無限の荒淋感を随所に採り得ることを以て喜びとせねばなるまい」[59]。

感性的知覚によって把捉される自然に定礎しながらも、そのうえに「意味に充たされた世界」の実在を認識しようとするこの文章は、尾高の学問そのものである。その尾高は、不幸にして、意味危機(Sinnkrise)の時代を生きることになる。[60] 五七歳までの彼の学問人生は、満洲事変から朝鮮戦争までの、あるいは熱い戦争から冷たい戦争までの、戦いの時代であった。世界観は二転三転し、翻身を強いられた。

四　京城帝国大学

ドイツ型大学の二重性格

清宮と尾高は、城大こと京城帝国大学の法文学部で、相まみえた。彼らの研究教育環境はいかなるものであったのかが、次の主題である。[61] この点、大学論を行うときに注意すべきは、その大学の「型」である。フリードリヒ・パウルゼンの古典的な整理によれば、大学には、イギリス型、フランス型、ドイツ型があり、そのどれを選んだかを度外視して、大学を語っても仕方がない。[62] イギリス型の大学を採用しているところに、「フランスでは大学とはこうだった」という類の議論をすべきではない、ということである。日本の帝国大学は、ドイツ型を強く意識していた。

このドイツ型の大学は、二重性格をもつことが特徴である。一方では、フランス型同様に、大学はあくまで、設置者である国家によって創設された営造物(Anstalt)であり、そこに勤める教職員は、形式上はみな国家の公僕たる官吏であるが、他方で、イギリス型同様に、中世の身分的団体の流れをくむ特権的な社団(Körperschaft)としての実質をもち、そこに勤める教職員は、実質的には「大学人」という自律的な身分を構成するのである。当然、この二つの顔のあいだで軋轢が生じるが、ドイツ型大学は、設置者たる国家に抵抗して、身分的団体としての実質を勝ちとってきた。学問の自由という憲法条項を有するのは、ドイツ系の憲法だけであるが、それは、ゲッティンゲン七教授事件や、カールスバート決議に抵抗して起こった多くの学生運動のような精神史的背景を意識してのことであり、ドイツ型大学が国家の抑圧に抗して勝ちとった大学人の特権を保障するためである。京城帝国大学を考える場合も、この二重性格を念頭におくことが大切である。

国家の営造物という観点からいえば、一九一九年三月一日のいわゆる三・一運動を契機として、朝鮮総督府のそれまでの武断政治がいわゆる文化政治に転換したこと、新しい齋藤実総督のもとで内鮮融和を優先するソフトな統治が進行し、朝鮮教育令が改正されて内地と同様の大学が設置される可能性が生じたこと、その結果として朝鮮半島初の民立大学設立の機運が高まったことを背景に、朝鮮総督府が機先を制する形で動き、当初は朝鮮帝国大学[63]、内閣法制局の審査で名称に異議が出たため、後には京城帝国大学と呼ばれる大学が設置される運びとなったものである。枢密院の審査も難航したが、一九二四年五月二日には、京城帝国大学官制が公布され、漢学者の服部宇之吉東京帝大文学部長を創立委員長として、開学準備が進められた。服部のブレーンには、後に東大総長となる東京帝大法学部教授小野塚喜平次(政治学史)がついた。前期教育としては、高等学校ではなく二年制(後に三年制)の大学予科が開設され、一九二六年春には、無事卒業生を送り出した。大学の方は、開学準備が遅れたため、四月開校を果たせなかったが、五月二日には正式に創設された。

学問共同体としての大学

しかし、半島をあげて開学を祝い、高等教育機関としての機能に各界から期待が寄せられているまさにそのとき、哲学者安倍能成は、法文学部の代表として、そうした期待を真っ向から裏切るような文章を、『文教の朝鮮』誌の京城帝国大学開学記念号に寄せている[64]。「大学は遂に研究本位でなければならない。研究本位といふことは大学教育を徹底せしめる唯一の道である。即ち大学に於ては教授本位の実は研究本位によつてしか挙げられないのである」。「当局者や一般社会に対しても亦望むべきことがある。それは大学の本質が研究にあることを忘れないで頂きたいといふことである。さうして一時の情実や便宜の爲にこの本質を没却したり、この本質の発達を妨げたりすることのない様にして頂きたいといふことである」。「大学は(略)絶えず研究しなければならない。さうして研究の設備を要し、書籍を要し、研究者を要し、研究者の養成を必要とするのである。此点に於て当局者や世間が余りに短気に又狭量に大学を見ることなく、気永に同情を以て大学の成長を助けられんことを願はざるを得ない」。「我々の大学がその位置上から、東洋研究の中心となるべき独特の使命を有することは、誰人も認める所であらう」。「東洋研究を中心とすることは西洋研究を排斥することを意味しない。否真実をいへば西洋研究を排斥しては東洋研究其者も亦健全に成長を遂げることは出来ない」。また、京城日報誌上にも、同様の文章を寄せて、「内地人がかうして大陸の一角に出てきたからには、地方的文化よりさらに国際的文化に進んで世界の文化に貢献する覚悟がなければならない」と、訴えている[65]。

この訴えは、それなりに広く受け止められたようである。また、齋藤から宇垣一成までの代々の朝鮮総督は、大学の学問を尊重し、総督府も大学に対しては寛容であった。特に、総長公選制が容認されたのは、大学の自治にとってきわめて大きな出来事であった。一般的な理解によれば、医学部選出の志賀潔総長が自ら辞表を出す騒ぎになったのを契機に、紛糾の末、戸澤鐵彦を学部長に選出することに成功した法文学部法学系が、この際積極的な動きをみせ、佐々木惣一、織田萬には断られたものの、医学部長のバックアップもあって、東京帝国大学名誉教授山田三良の擁立に成功、宇垣一成総督も学内の総意を尊重してこれを承認したことによって、総長公選制が確立したと考えられている。かくして、城大は、ひとまずドイツ型大学としての実質を確保した。この時期、文部省よりは朝鮮総督府の方が、まだしも大学の自治を尊重していた。「台風の目のようなひと時の静穏」と表された所以である。

京城帝国大学法文学部の人事構成上の特徴は、社会のニーズに反して文学系が充実していたこと、文学系には年配の教授が集められたが、法学系に東京帝国大学法学部を卒業したばかりの野心と能力にあふれた若者が集まったことにある。法・文の間に、世代間の対立が絶えなかったなど、問題も多かった——もっとも、法文学部長・総長を歴任した心理学者速水滉のように、法学系の若手にとっては一高時代の「先生」であるため、概ね良好な運営が可能であった例もある——が、法学系の若手リクルート・システムが京城学派の活況を演出したのも、事実であろう。[66]

旺盛な出版活動については前述したが、それを支えるものとして、学部内には、国家研究会、民事判例研究会、法律（法学）研究会、国際関係調査会等々、大小さまざまな研究会が存在した。伝説的なのは、尾高の自宅で続けられた「ヘーゲル会」と呼ばれる、私的な研究会である。[67] 法哲学の尾高朝雄、憲法の清宮四郎、民法の松坂佐一、刑法の不破武夫、哲学の安倍能成、哲学・論理学の田辺重三などのメンバーが、毎週尾高邸に集まり、ヘーゲルの法哲学や大論理学を輪読した。勉強会が終わると、「ヘーゲル二次会」が始まり、今度は痛飲する。彼らは、実に、よく飲み、かつ、よく勉強した。その後、尾高、清宮、ローマ法の船田享二に、憲法行政法の鵜飼信成、国際法の祖川武夫、民法学の有泉亨、山中康雄ら、より若いメンバーを加えて、イェーリング『ローマ法の精神』を読む研究会も発足し、こちらの成果は、『京城帝国大学法学会論集』が一九四一年に四季報になった時点から、八回にわたって連載された。

翻訳といえば、『京城帝国大学法学会翻訳叢書』の第一弾として、清宮がケルゼン『一般国家学』の完訳を成し遂げた際には、清宮が一応単独で全体を訳した上で、まず自ら読み直し、次に、法哲学の尾高と国際私法の長谷川理衛の前で読み上げて注意を受け、それを清書したものを、今度はドイツ語のできる藤本直が逐一原書に対照して読み返す、というように、俄には信じ難いような学問的厳密さが貫かれていた。[68] このように、城大法文学部は、優秀な若手研究者たちの梁山泊であり、スタッフ同士の密接な交流のなかで、ほぼ理想的な学問共同体を現出させていた。

設置者・世論・大学

そうはいっても、京城帝大は、あくまで国家の営造物としての顔をもっており、とりわけ「特ニ皇国ノ道ニ基キテ」「忠良有為ノ皇国臣民ヲ錬成スル」ために朝鮮半島にわざわざ設置した帝国大学であるだけに、朝鮮総督府の統治政策・教育政策に左右されやすい限界を内在させていた。宇垣総督時代には良好だった大学と総督府の関係も、「内鮮一体」「皇国臣民化」を掲げる南次郎総督とその腹心塩原時三郎学務局長の登場で、暗転することになる。実際、安倍能成の自由主義的言説をきっかけとする人事介入(いわゆる「城大征伐」)をはじめとして、時枝誠記が激しく抵抗したことで知られる入試科目からの「英語」削除問題など、塩原学務局長による法文学部への介入は露骨であった。[69] この頃から、城大からの人材流出が、顕著になる。

そして、何より、城大教授は、朝鮮半島の知識社会におけるスターであり、世論によって常にその動向が監視される存在であった。これまた俄には信じ難い話であるが、京城を中心とする新聞・雑誌等の日本語メディアには、定期的に城大教授の人物月旦が掲載され、しかも読者の評判が良いので、同じような記事が手を替え品を替え繰り返されるありさまであった。城大全体の批評、歴代総長の評判、法文学部長シリーズ、医学部長シリーズ、法文学部教授評判記、医学部教授列伝など、工夫すればいくらでも企画できるわけであるし、実際、そのすべてが実行されている。[70] 内容も、学界風聞など学者としての評判、学内行政の能力、文筆家としての能力など、ライターの政治的な立場次第でいくらでも異なる味付けで料理できたし、学生の間での人気度、学内ゴシップ記事、プライバシー暴露など、どうかと思われる内容も書かれていて、[71] 今となっては、学園の空気を窺い知る貴重な資料になっている。

こうした記事のなかで、何人かの看板教授が生まれていた。漱石門下の文筆家としても著名な安倍能成などは、その筆頭であるが、法学系では、やはり尾高朝雄、経済系では、鈴木武雄の名が上がるのが、常であった。彼らは、博士号をもっていたからである。「朝鮮半島では、やはり博士号をとっておいた方がよい」という当時の執行部の判断で、二人とも赴任早々に東京帝大から博士号を取得していたのであったが、たとえば尾高についていえば、朝鮮半島でただ一人の「法学博士」である期間が長かったことが、彼を法学系の隊長の座に押し上げるのに与って力があった。

「大陸兵站基地」論で鳴らした鈴木の場合も、同様である。隊長、というのは、比喩ではない。彼らは、そうして上昇したステイタスのゆえに、京城帝大が組織した探検隊の隊長、副隊長に祭り上げられてゆくのである。彼らは、好むと好まざるとにかかわらず、大学を代表して設置者総督府の統治政策の遂行に関わらざるを得ない宿命にあった。

内蒙古紀行と文化工作

総督府をはじめとする朝鮮半島の各界からのニーズに対して、大学側も、手を拱いていたわけではなかった。その顕著な例としては、「満蒙文化研究会」の活動がある。これは、もともと満洲事変・満洲国建国を期に、当時の山田三良総長の肝煎りで、一九三二年一一月一七日に設立された研究会である。総長を会長とする全学的組織として発足した。学生会員の制度もあり、朝鮮人学生を含め熱心な学生が、探検にかり出された。満蒙についての啓蒙活動を目的としており、学術講演会も行っている。

それが、戦線の拡大に応じて、一九三八年四月一日に、中国大陸全般を対象とする「大陸文化研究会」に改組されることになった。この研究会の基本的には地道な調査・啓蒙活動のなかで、大きなエポックとなったのは、いわゆる「蒙疆学術探検隊」の組織である。隊長は法哲学の尾高朝雄、副隊長は財政学の鈴木武雄で、本部・登山班・学術調査班（経済学・動物学・地理学・地質学）・医療班・撮影報道班からなる、総勢一七名の組織であった。後の東京大学東洋文化研究所教授泉靖一も、登山班、経済学班の隊員として、参加していた[72]。

総督府・朝鮮軍司令部からも好評であり、現地特務機関、駐屯軍部隊、蒙疆連合委員会、察南自治政府、善隣協会等からの援助を受けた。一九三八年七月一九日に京城を発ち、二九日には万里の長城がある張家口に到着。尾高隊長はここで引き返してしまったが、鈴木副隊長以下は、そのまま河北省最高峰、海抜二八八二メートルの、小五台山の登攀に成功した[73]。九月一日には、無事京城に帰投し、夏休みを費やした大冒険は終了した。

問題はこの後で、積極的なメディア工作が始まる。実際には山に登らなかった尾高も含め、隊員たちは、精力的に新聞・雑誌に手記を寄せ始めた。[74] しばしば長文になった鈴木の手記をはじめとして、臨場感のある文章は評判が良かった。一〇月一五日には京城帝国大学講堂で第一回目の報告講演会、二二日から二五日には三越京城支店ギャラリーにて報告展覧会が行われた。さらに、一一月二三日には、京城府民館大講堂にて「蒙彊を語る講演と映画の夕べ」が大阪毎日新聞社京城支局の主催で行われ、記録映画「蒙彊瞥見三巻」が上映された。

反響が大きく、翌一九三九年九月九日から一一月一八日にかけて、二回目の報告講演会を実施。聴講者は、のべ一九一八名を動員して、成功裡に終了した。講演内容は、一回目のものを京城帝国大学大陸文化研究会編『大陸文化研究』(岩波書店、一九四〇年)、二回目のものを同研究会編『続 大陸文化研究』(岩波書店、一九四三年)として、公刊された。

これらは、元々地道に行われていた研究活動の拡大版であったが、大陸・朝鮮経営の最前線で、総督府の命令によらず、自発的に役割を担うとともに、メディアを有効活用することで、大陸文化工作という城大の存在理由を、社会にアピールした事例ということができるだろう。しかし、これは、京城帝大にとってまだまだ幸福な時代のエピソードであった。時局の悪化によって、城大と隊長尾高の運命はさらに暗転する。

五　京城学派の運命

清宮四郎の場合

清宮四郎にとって最初の試練は、いうまでもなく天皇機関説事件であった。右翼の攻撃により、師・美濃部達吉の憲法学説は発禁扱いになり、二度にわたる国体明徴宣言が出されて、「国体の本義」が強制される。美濃部学派は残らず大学からパージされる形勢となり、清宮は、親友の尾高とも相談をし、一度は大学を辞する覚悟をした[75]。ところが、意外なことに、清宮には嫌疑がかからなかった。書いているものが難しすぎたのかもしれないし、東京からの距離の遠さが幸いしたのかもしれない。一九三五年三月一九日の『報知新聞』には、全国の憲法講座担当者をリストアップして、天皇機関説を講義しているか否かの星取り表が出たが、美濃部門下でありながら、清宮四郎の名には印がなく、形式上は天皇主権説に分類されていた。内々にはさまざまなプレッシャーがかかっていた可能性は否定できないが、京城の日本語メディアを見る限りでは、「ウチには問題教授はいない」というムードが伝わってくる。清宮は、忸怩たる想いを抱きながら、「玉砕よりは瓦全」の道を選んだ[76]。

清宮の「京城らしい」仕事といえば、一連の外地法研究が挙げられる。やがて『外地法序説』(有斐閣、一九四四年)にまとめられる諸論文は、朝鮮総督府に対するアリバイの意味も若干はあったであろう。しかし、それらは、理論的色彩の強い作品ばかりで、時流に迎合しようというものではない。彼の年来の理論研究の応用編にほかならなかった。

留学時代の叙述でもある程度明らかなように、清宮の基本的なモティーフは、ウィーン学派の問題意識を生かして、従来の国家学を刷新し、そのもとで憲法解釈論を組み替えることである。だから、彼の仕事を理解するには、在来の国家学・憲法学なら問題をどう処理しているかを省みると、わかりやすい。

伝統的な枠組でいえば、近代国家という団体単位は、国民・国土・国権の三要素からなるものとされ、かかる三要素からなる国家が権力の主体として、権力の客体に対して権力を行使する。これは、都市国家とは異なる一円的領域支配を特徴とする、近代国民国家の模範的な表現であるといえる。ところが、この国家三要素説を採ることによって、奇妙な問題が生ずる。国家がその権力の客体にしようとする国民と国土は、同時に権力の主体たる国家の必要な構成要素になっている。国民も国土も、権力の客体の側の国民・国土と、権力の主体の側の国民・国土に、それぞれ引き裂かれてしまうのである。支配する側の国土と支配される側の国土、支配する側の国民と支配される側の国民。それらは概ね合致しうるだろうが、観点が異なる以上は、ずれが発生するのはやむを得ない。支配されるばかりで支配する側に回れない国土、支配されるばかりで支配する側に回れない国民、が発生し得る。内地と外地、内地人と外地人の関係の本質は、これである。そして、人はいずれかの国土の上に乗っているから、「国民」関連の論点と「国土」関連の論点は常に交錯し、内地・外地、内地人・外地人の関連も、錯綜することになる。[77]

けれども、以上のような議論を、ケルゼンのように、国家の擬人化として批判し、法学の唯一の認識対象である法秩序の観点から再解釈すると、権力主体たる国家の実体は消え失せて、国法秩序との関係性の問題だけが残る。国家の構成要素とされたものは、法秩序の属性へと組み替えられる。団体としての国家の構成要素だった国民は、国家に対する国民の「身分」が国法秩序と人間との「関係」に解体された結果、[78]国法秩序の人的な妥当範囲の問題に解消される。もう一つの構成要素だった国権は、国民に対する支配「権力」の実体が国法秩序との「関係」に解体された結果、強制秩序としての国法秩序に準拠した限定的な強制に解体される。これに応じて、「国土」に対する所有か「国民」に対する支配かという論点が消滅し、いま一つの構成要素だった国土も、国法秩序と土地の「関係」に解体された結果、国法秩序の空間的妥当範囲の問題に解消される。要するに、そういう三つの属性をもった国法秩序と、素のままの「人間」および「土地」との関係が問題になるわけである。こうした構成の下では、権力主体の側の国民・国土と、権力客体の側の国民・国土のズレの問題も、法秩序の人的・空間的な妥当範囲の異同から発生する問題に過ぎない。清宮『外地法序説』における「人域」と「領域」の捉え方、また、「異法人域」としての外地人と「異法領域」としての外地の捉え方は、それである。このように、清宮の論理一辺倒にみえる言説は、しばしば擬人化して説明し直すと、常識的な議論に戻って理解しやすくなる。

さらに、日本による李氏朝鮮の併合についていえば、ドイツ一般国家学的には、これを、プロイセン王国によるハノーファー王国(ドイツの最も伝統ある王家の一つであるヴェルフェン家の流れを汲み、イギリス王室を出している)の併合とのアナロジーで捉えられることができる。併合されたハノーファーは、もはや連邦を構成する邦(Land)ですらなく、国家性を完全に喪失して、プロイセン王国の一地方(Provinz 清宮は朝鮮風に「道」と訳する)になっているが、しかし、依然としてプロイセン内の分権的な地域区分ではあるため、これを論ずるには分権論の観点を加味する必要が生じる。この点、ケルゼンは、そうした分権のありようを把握するには、国法秩序の空間的妥当範囲論で静態的に捉えるだけでなく、動態的に捉える必要がある、という。[79] 清宮の外地法論が、常に動態的な把握を試みているのは、この地方分権論の文脈を踏まえているからである。

法秩序の妥当性ないし通用性の観点から捉える静態的な見方からすると、ケルゼンの理解によれば、分権的秩序は常に三元的な構成になる。これは、連邦制を例にとると、わかりやすい。常識的には、連邦制は連邦と州(邦)との二元的秩序であるが、ケルゼンのように脱実体的に捉える立場からは、連邦も州もそれぞれ法秩序の部分的な体系を擬人化したものであり、部分法体系としての連邦と同じく部分法体系としての州の相互関係は、それら二つの単位の法体系を包含する、全体的法体系があってはじめて決まってくる。つまり、連邦制とは、全体的法体系としての国法秩序(法形式上の「国家」)を前提として、それに基づいて分権化された連邦(法内容上の「国家」)と州という二つの部分法体系によって成立する、三元的な秩序なのである。同じように、内地の法秩序の空間的妥当範囲が外地に及ばないとしたら、大日本帝国の総体的な国法秩序(法形式上の「国家」)のもとで、内地と呼ばれる部分法体系(法内容上の「国家」)と外地と呼ばれる部分法体系が分立しているからだ、というふうに三元的に捉えられるべきである。これが、「異法領域」としての外地の、静学的な位置付けである。

しかし、第二に、内地と外地の区別は、そうした静態的な捉え方では充分論じ尽くせない。これも、連邦制との対比で考えるとよい。連邦制の連邦制たる所以は、邦が独自の立法機関・行政機関等をもって分権的な統治をしているという実体にある。この点、ケルゼンは、立法機関も行政機関も司法機関も、すべて法創造機関であり、法の定立を行っているという点で同質だと捉えるから、[80]連邦制は、まさに分立された諸権限に基づく多元的な法創造という観点から捉えないと、その本来の主張をカヴァーできない。同様にして、朝鮮統治の分権的性格は、部分法体系としての内地と外地の妥当範囲という静学的な観点だけでなく、朝鮮総督府による分権的な法創造という動学的な観点からも、捉えられるべきである。[81]

それゆえ、内地人と外地人の区別もまた、外地人に通用する法が特別の部分法体系をなしているという静態的な側面と、そこにおける法創造のありかたという動態的な側面とから捉えられる。[82]なお、イェリネックなら「国家」を構成する「積極的」な身分(国籍)をもたないという観点から論じた外地人は、清宮においては、そうした「国法秩序」への「能動的」な関係を軸に定義されなくてはならないはずであるが、この点は必ずしも徹底されていない。

ここで、静態的考察と動態的考察につき、それぞれ課題が残される。静態的考察の課題としては、ケルゼンが謎として示唆している「時間」の問題がある。法秩序の属性に「時間」的妥当範囲があることは、古く知られており、他方で、これまでの国家論には「時間」という要素はなかった。国家の構成要素を国法秩序の諸属性に還元して解決できるなら、オールド・スタイルの表現でいえば、本来「時間」も国家の構成要素であって良かったはずで、国家は「人」「空間」「力」そして「時間」の四要素からできる(いわば国家四要素説)というべきだったのではないか。[83]清宮は、この問題にもチャレンジすることになる。この点、法的「時間」論の代表格は「後法は前法を破る」という原則であるが、それにもかかわらず、「違法の後法」という表現は成り立つか。[84]万世一系をうたう憲法の時間的妥当範囲はどのように考えたらよいか。[85]こうした論点は、清宮が特に頭を悩ませたものである。

動態的考察に関しては、この調子で「国家」機関が行使する国家作用を、具体的にどんどん分析してゆくということが課題となる。尾高朝雄がその独文著書を下敷きに『国家構造論』(岩波書店、一九三六年)という物凄い国家学の本を書いてしまった以上、お株を奪われた清宮としては、動態的な考察にシフトして国家作用論に狙いを定めてゆく流れになる。彼は、このケルゼンが好んだ主題で、ケルゼンを超える動学をめざした。[86]「法の定立、適用、執行」という国家作用の再構成、さらに、特殊な国家作用としての憲法制定作用についての思索を、清宮は大胆かつ執拗に積み重ねた。[87]

これらの難問を考えるとき、考察の起点は、結局、すべての法秩序の前提におかれる「根本規範」に帰ってしまう。ケルゼンは、これを任意に仮設されたものと捉えたが、それでは、実定法の安定的な説明にはならないのは、既に述べた通りである。清宮は、この根本規範の安定化の要請をも、ケルゼンの批判に耐え得る形で論証すべく、一旦は、それ自体を法理論的に考察する執念をみせた。そして、「法と事実の闘いにおいては、法は少なくとも一応は事実に屈服せねばならない」としても、事実それ自体ではなく「事実の規範力に従うべし」という根本規範を設定し、これを起点として考えることを試みた。[88]だが、これは、尾高にものの見事に論破されてしまう。[89]尾高は、清宮の解決は法的意味構成の一つでしかなく、その是非も含めて、歴史哲学によって解決するほかないことを指摘しているのである。

かくして、ケルゼン仕込みの批判的法学者清宮は、既に述べたような意味で(二)、実定憲法秩序のなかに立てこもり、大日本帝国憲法体制の根本規範(憲法の憲法)それ自体は、[90]もはや争わない道を選んでいった。[91]これは護憲の途である。時局が悪化するなかで、大日本帝国憲法に立てこもること自体、一定の批判的意味をもっており、それは、塹壕戦にも似た、一つの戦いの形であったかもしれなかった。清宮は、根本規範としての「天壌無窮の神勅」、憲法の時間的妥当範囲が永久的であることを意味する「不磨の大典」、あるいは、帝国憲法と皇室典範の関係にかかわる「雙照扶規」などという漢語が出てくるたびに、[92]黒板に丁寧に、一点一画をゆるがせにしないで書いたという。[93]

尾高朝雄の場合

まだ三十代半ばだった尾高は、既に、半島の知識社会におけるスターの一人であった。新聞・雑誌はもちろんのこと、まだ始まったばかりのラジオにもしばしば出演した。彼の動向が、城大法文学部に対する世間の評価を左右しかねないほどの存在であったといえる。また、朝鮮総督府とのつきあい方をあやまれば、基盤の脆弱な京城帝大全体を揺るがしかねないことが明らかで、その意味での責任ある地位に尾高はいた。清宮には沈黙という選択肢があったが、尾高にはそれが許される余地は少なかった。清宮が塹壕を掘っている間に、尾高の朝鮮半島情勢へのコミットメントは、どんどん大きくならざるを得なかった。

実践とのかかわりについては、尾高は早くからこれを理論と峻別する立場を採っていた。[94] これに対して、この時代の社会学徒の琴線にふれるメッセージを送っていたのは、ドイツの社会学者ハンス・フライヤーであって、[95] 社会学徒たるもの、社会的変動の時代においては、かつてフランス社会に自ら飛び込んだローレンツ・フォン・シュタイン同様、歴史的創造の先端にある現実態の生起のなかに身を投じて、そうした現実態の科学的自己意識として社会学を追究すべきだと唱動した。この点、尾高は、一九三七年の時点でなお、「ハンス・フライヤーのやうな小乗的社会学者の主張に追随し、社会・法・国家の研究を挙げて実践の坩堝に投じたドイツ現代の学者が、ナチス政策への迎合にこれ力めてゐるあの態度を見るがよい」、と痛罵している。[96]

けれども、南総督、塩原学務局長の治下において、尾高は、まさに「社会・法・国家の研究を挙げて実践の坩堝に投じ」ることになる。この時代の尾高の変貌は、傍目にも明らかであった。弟邦雄は、「昭和十二年に日華事変がはじまってから、兄は非常な愛国者になった」。「年に二回ほど、兄は家族づれで上京してくる。そのときは、まるでヒットラーかムッソリーニが乗り込んでくるような有様であった」と、証言している。[97] 大学学生課長としては、学生の断髪励行を求め、自らも長髪をやめて丸刈りになった。国民精神総動員運動を改組強化した国民総力運動では、国民総力朝鮮連盟の思想部参事、同文化部会の学術系参事として、思想報国にこれ勤め、各地で精力的に講演した。

心境の変化を語る文章を拾ってみると、一九四〇年春「批判的精神を持つことは非常に大切だと思つて居ります……併しいざ事をやりかけて一番大事なところで自分のやつてゐることに疑惑を持つ、これは絶対に避けなければならぬと思ひます。それは批判ではなくして逡巡である。まして、これはあゝすればよかつた。これがかうなつたのは誰それの責任だといふやうに、他人のせいにする。さういふ気持ちは此の大事の秋に当つて絶対に排除しなければなりません。事変目的の遂行を本当に自分達の仕事と考へてゐないやうに見える人々のあるのは憂ふべき現象であると思ひます」[98]。一九四三年春「自分は二・二六事件のニュースをラヂオで聞きつつ大学の危機を痛感、如何にしてもこれを克服し、非常時における大学の任務を遂行すべきかを考えた。そして我々はひいて守るよりも、進んで危機を克服し、大学の存在を認識せしむべく決意した。内在的超越こそ真の克服である……」[99]。

この時代のファナティックな言動は、知られざる尾高の姿といって良い。彼は、思想戦の前線にある「隊長」であった。尾高自身も依拠した匕首伝説によれば、ヴィルヘルム二世のドイツ帝国は、軍事戦では勝っていたのに、兵站を中心とする経済戦と社会主義思想の侵略を受けた思想戦に敗れたのであって、総力戦に勝利するために、尾高は、銃後の思想戦を朝鮮半島の最前線で戦ったのである。ただし、彼は、「学者」としての文体と「隊長」としての文体を、一貫して使い分けた。それは、既に実践と渾然一体になってしまったとはいえ、学者としての最後の矜持でもあったであろう。また、東京帝国大学法学部に移り「隊長」の任務から解放された尾高は、冷静さをとり戻し、田中耕太郎らとラートブルフ研究会で左派の自由主義者、ラートブルフを読み、一般向けの文章でも批判的精神を鋭く光らせている[100]。公職追放になったたとえば黒田覚が、カール・シュミット的な冷たい論理を堅持していたのに比べて、遥かに熱狂的な皇道思想を鼓吹していた尾高が追放を免れたのは、本土の同僚たちに「隊長」としての姿を見せずに済んだからであろう。

そうした隊長としての言説は、朝鮮総督府の政策や緑旗連盟の皇道思想と渾然一体となった「半島知」であり、どこまでが尾高の思想でどこからがそうでなくなるかが、全くはっきりしない。ただ、学者として冷静かつ慎重にしかも本土に向けて「半島知」を語る際には、隊長としての上滑りのレトリックの陰に隠れていた、尾高固有の貢献が相対的には見えやすくなる。さらに、「半島知」を形成する以前の尾高の仕事、とりわけ独文著書との比較によって、問題は一層明らかになるであろう。

第一に、国家を「法的作業共同体」と位置付ける、という作業がもつ時代批判の意味を、指摘しておきたい。この議論は、独文著書にはなかったものであるが、先行する論文を経て、名著『実定法秩序論』(岩波書店、一九四二年)で、正式に提起された。この著書は、実は、「半島知」の結晶であって、朝鮮総督府関係の講演活動などの下敷きになっているものである。道徳・政治・経済・技術・宗教・学問などの諸目的を総合調和しつつ実現するのが大切だと考える尾高は、それらの目的の調和的実現のための作業共同体(Werkgemeinschaft)として、国家を位置付けた。作業共同体とは、ウィーンの社会科学者で、限界効用革命のカール・メンガーの弟子筋にあたる、フリードリヒ・ヴィーザーから採ったものである。この概念を利用したドイツの国家学者は皆無であり、作業共同体論は、尾高がきわめて独創的な思想家であることの現れである。[101] この作業共同体は、血縁共同体との対比で用いられる概念であるから、[102] この議論には秘められた毒がある。尾高にとって、日本国家は家族共同体でも運命共同体でもなく、総力戦下においてもたかだか国防目的の作業共同体でしかなかったこと、そして、隊長尾高の絶叫する皇道思想における天皇は、客観化された「意味」の実在を表現するための表象装置でしかなかったことを、それは示している。

第二には、小磯国昭総督の好んだ「道義朝鮮」を、ケルパーシャフトに見立てる、という作業が問題になる。[103] 独文著書において、社会学者テンニエスが呈示した(全体本位の)ゲマインシャフト(Gemeinschaft)と(個人本位の)ゲゼルシャフト(Gesellschaft)に加えて、それらを止揚したケルパーシャフト(Körperschaft)という第三の団体類型を、[104] 尾高は呈示していた。公と私が弁証法的に両立し、全体の利益と個性の発揮とが同時に実現される、理想的な団体であって、元々そこで念頭におかれていたのは、学問や芸術のための文化団体である。[105] 民法学では社団とは訳されてきた言葉であるが、『国家構造論』では、これを協成社会団体と意訳し、しかも、実在国家がそこに至る具体的なルートを明示した。第一は、社会関係としてはゲマインシャフトをベースにした君主国家が、個人の自由と平等の要求を容れ、立憲主義とデモクラシーをめざすルート、第二は、社会関係としてはゲゼルシャフトをきわめた共和国家が反転して全体主義をめざすルート。尾高の選好が前者にあったことは、明らかである。[106]本来、現実国家とケルパーシャフトの距離はきわめて遠いはずであるが、尾高は、それが皇国日本や道義朝鮮で実現し得るものと、思いこむようにしたのであろう。

第三に、そうした個と全体、個我と普遍我の弁証法を説く場合に、公認された国家思想である筧克彦の憲法学との接近可能性が生ずる。筧は、西洋思想・仏教思想をわたって、古神道の研究に進んだ憲法・行政法学者であるが、彼が農村信仰に内在する古神道の思想を解明するために用いたのが、「表現の哲理」である。西田哲学の鍵概念である「表現」と相通ずるこの「表現」観念を用いると、事物の根本関係は、独立関係と表現関係に整理され、独立関係はさらに全部相対関係と全部対部分関係に、表現関係もさらに表現帰一関係と表現対立関係に分類される。この四つの関係を軸に、あらゆる事態をグラフィックに説明するのが筧の独創で、彼はこれを武器に古神道と天皇制の解明を行った。[107]筧の議論は、内面に投影された世界を「表現」概念を用いて解明するもので、ある種の現象学的な発想との間に通路が通じている。古神道に不案内な尾高が、この筧の比較的理論的な部分をとって、自身の皇道思想の定式を調整していたことは、尾高文庫所蔵の筧の書物に引かれた傍線の所在から伺われる。ただし、筧が普遍我を絶対視していてウィーンのシュパンの見解に近いのに対して、尾高は、個我をも重視する弁証法的な考えであった。そもそものような普遍我の実在を認識する志向的体験こそ、個人の能力の証しなのである。[108]

第四に、そうした推論からすると、ナチスの民族国家は完全に転倒した考えだということになる。国家は、民族共同体ではなく作業共同体であり、作業共同体としてのパフォーマンスによって優劣が決まる。民族があって国家があるのではなく、国家があって民族も定まるのである(尾高は、『断種法』の著者で同僚の藤本直の示唆であろうか、ユダヤ人か否かを法律で決めていることを例に、ナチス国家を皮肉っている)。また、国家の理想は、正義の実現であり、理想の国家は、ケルパーシャフトである。そうした考えからすると、米英の民主国家、ソ連の社会主義国家、ドイツのナチス・指導者国家、日本の明治憲法体制を比べると、日本のそれがパフォーマンスの高い体制だということになる。そこから出てくる結論は、大日本帝国は、立憲君主制のもとでの多民族国家をめざすべきだ、というものになるのは当然で、しかもそれは、朝鮮半島の現実にも適合している。議論の構造は、限りなく、フランツ・ヨーゼフ皇帝治下のオーストリア・ハンガリーに類似してこよう。国民国家を定式化したドイツ一般国家学は、実は、その否定的な陰画像としてハプスブルクの帝国を常にもっているのであるが、ウィーン発京城経由の尾高の国家学は、その故郷に戻ったともいえるのである[109]。

これらが『実定法秩序論』段階の議論であるが、日中戦争が泥沼化した結果として、なぜ戦い続けるのか、なぜ中国は日本に敗れなければならないのか、なぜ朝鮮半島戦争のための兵站基地にならなければならないか、そもそも徴兵制度の導入により朝鮮人(当時の言い方では半島人)はこの戦いに生を賭し死を肯んじなければならないのか、の正統化論が新たに必要になる。力と意味の関係を主題化して、力が正義なのではなく、正統化されてはじめて力となるのだ、ということを追究してきた尾高法哲学は、法の究極にある正統化論を、彼の哲学者としてのすべてをかけて見出さなくてはならない。一九四一年の作品「国家哲学」のなかに、その結晶を見出すことができる[110]。

そこで、第五に、「意味危機」において、新たな意味コスモスを回復すべく、尾高は独自の歴史哲学を展開することになる。その際に、いわば懐疑と信仰のはざまで便乗したのが、京都学派的な「内在的超越」の論理であり、塩原時三郎学務局長や緑旗連盟の津田剛らが鼓舞する皇道思想である。筧法哲学の「表現」の哲理は、尾高の理想である公私が弁証法的に統一する道義態としてのケルパーシャフトの実現を、約束していた[111]。時局のなかでおそらく「毒くらわば皿まで」の発想で飛び込んだ実践運動のなかで、彼は、現在もかつての半島人民を苦しめる、総督府の皇民化運動において、文字通りのイデオローグになった。[112]ただ、尾高の場合、「信仰」の政治を強調しつつも、構造上きわめてノミナルな皇道思想であることにひけめがあったはずで、議論はしばしば不真面目になり、講演会は抱腹絶倒のありさまになる。[113]演壇に居並ぶまじめな皇道思想家は、苦虫をかみつぶしたであろう。

第六に、さらに、事態が経済ブロック間の決戦の様相を呈していることについては、ナチスの広域秩序の議論をもちだすのが普通だが、歴史哲学の立場から尾高は、フィヒテの封鎖商業国家論に着目する。元々グローバル化は不可能なのであって、国家の自然的限界を前提としてその範囲内で自給自足を実現し、理性国家を実現するためには、フィヒテの発想に学ばなくてはならないというわけである。[114]それゆえ、彼は、自給自足の広域経済圏としての「大東亜共栄圏」の文化理念に傾倒し、ここでもイデオローグとして活躍する。[115]

ただし、封鎖商業国家は本来領土的野心とは無縁で共存共栄が目標だが、理性国家実現のために世界をブロック化することは、そのまま他ブロックとの戦争を誘発する可能性がある。この点、戦後の尾高は、反省の弁を述べ、ユネスコの社会的緊張緩和の理論にコミットするのであるが、この時点では、誘発された戦争を正統化することを考える。

それゆえ、第七に、聖戦の思想として、「平和のための戦争」を掲げるのである。朝鮮半島であれだけ戦争をあおっておいて、戦争が終わってすぐ「平和の哲学」を語っている尾高は、実に無責任・無節操のように思われるが、[116]しかし、理論的なコンシステンシーを認めることができないわけではない。戦中・戦後を通じて、尾高は、一貫して文化目的としての平和を追求し、一貫して平和主義者だったからである。しかし、法の女神は常に秤とともに剣をもっている。正義のためには戦わなくてはならない。「戦ひのさ中にも、なほかつその国と「共栄の実」を挙げ、以て「世界平和の確立」に寄与することを念願して止まないのは、国家の崇高な道義でなければならぬ」[117]。「戦争に打ち勝つて、戦争の彼岸に調和ある秩序を築き、それによつて国際法の悲劇を単なる悲劇に終らしめないのは、道義国家に課せられた世界史上の使命である」[118]。だから、世界を構成する四つのブロック、すなわち米英のデモクラシー、ソ連のコミュニズム、独伊のファシズム、そして、日本の皇道思想が、それぞれ正義のために戦うのは、やむを得ない。平和のためには中国は屈服する理由があり、平和のためにはひとは命を捨てる理由がある。だから、尾高は、ラジオを通じて、本土に向け「半島知」を発信して曰く、「表面だけの平和を保つて行くことが、却って将来の大きな禍乱を招く懼れのあるやうな場合には、速やかに不合理な現状を打開して、新たな国際関係の調整に力める必要が生ずるのでありまして、正義は再びその剣を執つて立たなければならないのであります」[119]。

このように、尾高の場合は、制度的秩序のなかに立てこもった清宮とは異なり、その専攻からいっても知識社会の立場からいっても、朝鮮総督府の権力行使を「力こそ正義」ではなく「正統化された力」に変えるべく、彼らの権力の背後にある「政治の矩」と彼が呼んだノモス的秩序を探求しなくてはならなかった。時局が悪化するなかで、朝鮮半島を舞台に世界に思想戦を挑んだ隊長尾高は、カオスと化しかねない半島のノモス秩序を回復するために、しばしば意味のコスモスへの言及を避けることができなかったし[120]、そのためには、「意味に充たされた時代」への回帰を希求する国体論者とともに肇国の理念への言及をも辞さなかった。

そのような尾高の「隊長時代」の言説を読み解くのは、対日協力者の朝鮮人の言説を読むのと同様の困難を伴う。韓国語で書かれた文献を使わず、朝鮮半島に残された入手困難な尾高の講演記録を少なからず放置したまま、彼の事跡を語るのは難しい。尾高本人についていえば、朝鮮と朝鮮人学生を心から愛し、城大法文学部でも三本の指に入るといわれた恒産を惜しげもなく費やして、内鮮一体を本当の意味で実行していたといえる[121]。しかし、善意で敷き詰められたその道は、いったいどこにつながっていたのだろうか。ノモスの暴力性、という、尾高が思い及ばなかったジョルジオ・アガンベンの主題も、考慮する必要があろう。かつて、尾高は、ウィーン—ハイリゲンシュタットで執筆した独文著書において、社会的団体に歴史的現実性を賦与する積極的な意味形成行為と並んで、消極的な意味剝奪行為による歴史的現実態の否定について、言及した。そして、おそらくは朝鮮半島を想いながら、併合された国家の構成員は、依然として、民族としての社会的全体性を維持し続けることがあり得ること、意味剥奪によって現実態を喪失した国家は、現実から離れた純粋な理念の領域において存続し、歴史物語(Historie)の対象となること、を指摘した。[122] 東京で終戦を迎えて、喪われた道義朝鮮、喪われた城大の春秋を想い、彼は何を考えたであろうか。[123]

結　京城学派その後──紺碧遥かに

京城学派公法学の人々にとって、「京城」とはいわば奇跡的に成立した「人工空間」であって、朝鮮総督府の下で一時期「相対的」に保たれた「大学の自治」を享受しながら、その創造的な思索を思うままに開花させる場所であった。そして、知的故郷というべきウィーンと同様、まさしく「民族の牢獄」の最前線に位置していた彼らであったからこそ、「法と政治の臨界」に立たされた時代に、「帝国」の学知としての公法学に朝鮮半島から強い影響力を行使することが可能になった。その強い個性は、「京城」で過ごした十数年の光と翳がともに形づくったものであったことについては、本稿の未だ不十分な叙述によっても明らかであろう。

清宮と尾高、この二人にとって、次のテーマは、戦いの終わらせ方であったに相違ない。清宮の戦後の活躍については、縷述を要しまい。塹壕から出た清宮は、[124] 朝鮮半島で鍛えた護憲の教説で、日本国憲法下の制度的秩序を堅持した。改憲論の高まりのなか、政府の憲法調査会から参加を要請されたが、これを断り、僚友宮沢俊義と語らって、戦後進歩派知識人を結集した「憲法問題研究会」の活動に従事した。清宮の書いた有斐閣法律学全集の第一巻『憲法I』は、戦後を代表するスタンダードワークとして、永く生命を保ち、その劈頭には、あの京城で切磋琢磨して作り上げた鏤骨の憲法理論が置かれた。清宮以降のすべての憲法教科書は、「半島知」としての清宮・根本規範論を、基本的な枠組として採用し、その巻頭に説明するのを例としている。清宮は、戦前・戦後を通じて、護憲派のスタンスを貫き、制度的秩序の理論的支柱として、九〇歳を超える長寿を全うした。[125]

他方、尾高の思想戦は、継続された。敗戦後のノモス喪失状況に対処すべく、朝鮮半島で鍛えたノモスの議論を新興勢力たる戦後憲法学の八月革命説にぶつけるとともに、[126]想定された四ブロックの決戦こそ東西の二つの広域経済圏の冷戦に変わったものの、国際主義的かつ普遍史的な戦いの構図を持続させていた。[127]尾高のマルクス主義批判は鋭く、それはかつてイェーリングを一緒に読んだ若い同僚山中康雄にすら向けられた。[128]しかし、尾高は、かつて大東亜共栄圏あるいは大アジア主義を正当化するために引用したフィヒテについては、「恒久の平和にいたる道程として戦争の可能性を肯定する結論が導き出される虞れがある。したがつて、それは、何はともあれ平和の確保をといふ現代の国際政治の理念から見れば、排斥さるべき危険思想に属する」「ふたたびフィヒテのやうな考へ方に近づくことは、国際政治にとつての犯すべからざるタブウとされなければならぬ」と、断じた。[129]外交官の夢を遅ればせながら実現し、ユネスコの日本政府代表として活躍した彼は、[130]「表面だけの平和を保つて行くこと」の重要性を認識して、ユネスコの社会的緊張(social tension)の研究にコミットした。[131]

他人のために働きすぎた尾高は、最晩年になって漸く、京城時代の自分に再び戻ろうとしていたようである。「人々が、現象学の真意を十分に理解するにいたらないうちに、哲学の世界をも吹きはらう流行の風に追われて、現象学を見捨ててしまった」として、現象学的法哲学によるノモス秩序の解明に更めて闘志を燃やしていた。[132]さらには、カトリックとの対話による新たなコスモスの模索も、既に開始していた。[133]そして、戦争によって途絶えた旧友シュッツとの連絡が久方ぶりに再開されようとするまさにそのとき、歯科治療中のペニシリン注射によるショック死という奇禍が、それを妨げて終わった。[134]

注

（1）植田壽藏「原作と複製」『哲学研究』一六七号、一九三〇年、一三頁。

（2）一九〇六年生まれで、清宮、尾高より若年の鵜飼信成については、是非とも取り上げたかったが、紙幅の関係で断念した。美濃部達吉門下の鵜飼は、元来、美濃部のサジェスチョンでワイマール憲法（カール・シュミットの仕事に触発されたレファレンダム論や制度的保障論）を研究していた憲法研究者だったが（たとえば、「直接国民立法の一形態」『法政論纂』刀江書院、一九三一年、四九頁以下、「制度的保障の理論」『法学新報』四六巻一一号、一九三六年、一七六一頁以下）、京城帝大に赴任してまもなく、天皇機関説事件および二度にわたる国体明徴宣言で美濃部憲法学説を奉ずる教員がパージされる状況になったため、年長の清宮らの配慮により、憲法担当を回避して行政法講義と演習を担当し、行政法の歴史研究やアメリカ法の比較研究、さらにはジョン・ロックの政治思想研究に従事した。美濃部門下でイギリス憲法を研究していた同じ大正デモクラシー世代の柳瀬良幹（東北帝国大学）も、同様の事情で行政法を担当することになった、とは生前の鵜飼教授の直話である（鵜飼は、戦後、東京大学社会科学研究所で、憲法学者として大活躍することになるが、柳瀬は、そのまま行政法学者として留まった）。「Polizei の観念」宮沢俊義編『公法学の諸問題——美濃部教授還暦記念』（第一巻）有斐閣、一九三四年、三六九頁以下、「公法上の拋棄に就て」京城帝国大学法文学会編『法と政治の諸問題』岩波書店、一九四〇年、四三頁以下、をはじめとする、それぞれ着眼が鋭い高水準の行政法論文に加え、既に『社会行政法』日本評論社、一九三八年、の体系書を上梓している。また、雑誌『朝鮮行政』では、一九三八年から一年がかりで、「財務行政法」と題する体系的叙述を完結させており、これは知られざる意欲作である。戦後行政法学の名作に数えられる『行政法の歴史的展開』有斐閣、一九五二年、も、京城帝大での講義ノートを基にしたものである。留学先は、ドイツ法学中心だった戦前の学界においては異例中の異例というべき、ハーバード・ロースクールであり（一九三九年）、ロスコウ・パウンドのゼミで、アメリカに亡命してきたハンス・ケルゼンに出会っている。戦後日本におけるアメリカ憲法判例研究は、先駆者鵜飼の業績に負うところが非常に大きい。さらに、ロック研究の成果は、岩波文庫に収められた翻訳『市民政府論』（一九六八年）に結実した。京城時代の鵜飼は、イプセンを引用しながら、ナチス・ドイツ流の「新制度」に対抗して、多数決を根本原理とする「議会制」を遠回しに擁護する「多数決原理」『朝鮮及満洲』三五二号、一九三八年、二八頁以下、当時まだ形式的には中立国だったアメリカを舞台とする宣伝戦の実態を、些か韜晦ぎみに論じたアメリカ滞在中の小品「戦争と宣伝——アメリカに於ける実例」『朝鮮行政』二一七号、一九四〇年、七六頁以下、の如き、気の利いたエセーを、朝鮮の日本語メディアに書いていて、時局にささやかな抵抗を試みている。京城時代の主要論文の一つ「史的に観たる法治国の諸理論」『国家の研究』刀江書院、一九三四年、九五頁以下では、ナチス法学の下での議論をも分析しているが、中立的な態度を貫いている。もっとも、一九四一年、アメリカを話題にしたロータリークラブでの卓話が問題視され、掲載誌は発禁、鵜飼自身も、突然二等兵として召集され、北朝鮮の国境警備の任務に就くことになった。三五歳の勅任官たる帝大教授に対してのこの仕打ちに、懲罰的な意味を読み取った人は少なくない(その後、公法主任教授の松岡・清宮の画策もあって、鵜飼は、京城の俘虜収容所に転属を命じられて帰城し、軍服を着たまま、週三日、大学で講義もしている)。この間の経緯は、鵜飼信成「俘虜収容所」『学士会会報』七五二号、一九八一年、六四頁以下、に詳しい。それ以降は、鵜飼も、さすがに時局に配慮した文章を書くようになった。現在でも日本と朝鮮半島の「戦後」を終わらせない論点の一つに関する「徴用徴集及徴発――行政法問題解説(二)」『朝鮮行政』二三巻四号、一九四四年、四八二頁以下、では、「銃後」というもう一つの戦場における「巨大な機械化部隊」として「行政」を位置付けており、愛着あるアメリカに対して、「自由主義の国敵米国が徴用実施について紛糾に陥つてゐる、と伝へられる際、我徴用制度が決勝戦力獲得に貢献し得るものとすれば、それこそ正に日本的行政法の強味を遺憾なく発揮したものと言い得るであらう」と述べて、稿を結んでいる。かつて清宮四郎の助手を務めた針生誠吉東京都立大学名誉教授によれば、鵜飼は、四一年九月に東北帝国大学へと去った清宮の旧宅に引っ越して、終戦まで過ごした。終戦と引揚をめぐる感懐については、鵜飼信成「京城の八月十五日」『法学セミナー』二四二号、一九七五年、二六頁以下。そこでは、アメリカの二つの魂、すなわち「メイフラワーの精神」と「力の信仰」とが正しい形で結びつき、歴史的創造力となったのが、「八月十五日の精神」であり、それは、人種差別を撤廃したブラウン判決をはじめとする、アメリカ判例にも一貫して現れているものであって、大切なのは、我々の側でその精神を死なせないことである、と述べられている。あわせて興味深いのは、本来京城に置いて行かなくてはならなかったロックの訳稿を、進駐軍の大尉の好意で航空便で送ってもらった、というエピソードで、この辛くも守られた訳業が、後に岩波文庫で公刊されることになった。鵜飼の京城時代については、東京大学アメリカ研究資料センター編『鵜飼信成先生に聞く』同センター、一九八三年、でも語られており、そこには、略歴、主要業績目録も収められている。なお、『朝鮮行政』誌を全巻通覧するにあたっては、東京大学大学院農学生命科学研究科の松本武祝助教授のご協力を得た。記して御礼申し上げる。

（3）祖川についても、本稿では、立ち入ることができない。より若い世代に属する彼は、京城帝国大学法学会雑誌の最後の二号に、「国際調停の性格」を掲載しているほか、イェーリング『ローマ法の精神』の研究会に参加して、同じく法学会雑誌で連載された翻訳作業を分担していたことが知られるだけである。だが、同世代のライヴァルであった京都帝国大学の田畑茂二郎は、祖川が、京城で、経済系の若手同僚とマルクス『資本論』を読んでいた、と証言している。参照、田畑茂二郎「故国際法学会名誉会員祖川武夫君を悼んで」小田滋・石本泰雄編集代表『国際法と戦争違法化――その論理構造と歴史性　祖川武夫論文集』信山社出版、二〇〇四年、三七五頁。この輪読会のメンバーのなかに、フランス革命史研究で戦後社会科学の旗手の一人になった親友、高橋幸八郎が含まれていた可能性は、きわめて高い。立作太郎、横田喜三郎のもとで育った厳密な法解釈者祖川は、その厳密な学風はそのままに、京城でマルクス主義法学者に変貌して、日本に帰ってきた。終戦まで京城で教え、引き揚げ後は、九州帝大法文学部、東京大学教養学部を経て、永らく東北大学法学部の教壇に立った。戦後、民主主義科学者協会法律部会の熱心なメンバーとしての祖川は、日韓基本条約に関連して、以下のように述べている。「さて、併合ののち、朝鮮総督府による三五年間の植民地統治については、いちいちふれない。ただ数行でのべるなら、こうである。――植民地支配体制の土台＝社会的生産関係の基底部面においてはやくも一九〇八年八月、法令で特設された「東洋拓殖株式会社」の経営は、実は、地主・小作関係の巨大な集積でしかなかった。そのような基盤のうえに、植民地住民の政治的無権利状態を媒介として、資本の植民地的収取が存分におこなわれた。これはまた、中国侵出への足場が固められるということでもあったのである」。祖川「日韓基本条約」小田・石本前掲書、二五三頁。例によって、推敲に推敲を重ねたに違いない、鏤骨の数行である。これが、祖川の「京城体験」だということなのであろう。

（4）京城の公法学者といえば、ほかに、『外地法』（日本評論社、一九三六年）の著者で、清宮より少しだけ年長の、松岡修太郎がいる。英米流の government に関する法を「統治法」と位置付けるという、きわめて特色ある定義を行った上で、朝鮮統治法の特徴を「内地と法域を異にすること」「内鮮人に適用法規を異にすることあること」「三権分立の行はれぬこと」「地方自治制度の不完全なること」等の六点に整理する。そして、これらは、「帝国憲法に依る統治」の例外をなすものであり、例外には積極的な理由と「統治法」が必要であるとして、現状を批判的に検討する。そのうえで松岡は、その理由とされる朝鮮の文化その他の特殊事情が一掃されれば、そのとき朝鮮は内地となるはずであり、他方、独自の発展をなすならば、朝鮮は特別統治地として制度上特殊の発達をなすであろう、と指摘している。参照、「朝鮮統治法の特徴」公法雑誌一巻三号、一九三五年、三一四頁以下。

(5) 黒田覚「思い出」『宮沢憲法学の全体像』(『ジュリスト』臨時増刊)有斐閣、一九七七年、一七三頁以下。近衛新体制を憲法理論的に支え、国防国家と政治革新の理論によって一時は論壇の寵児になった黒田は、その後、京都帝大法学部長として終戦を迎え、復活なった瀧川幸辰と法学部長を交替して、公職を追放される。一連の歴史的プロセスについては、伊藤孝夫『瀧川幸辰』ミネルヴァ書房、二〇〇三年、が詳しい。また、黒田の学問、とりわけその正統性論や後述する尾高法哲学との関連については、石川健治「国家・国民主権と多元的社会」樋口陽一編『講座憲法学2』日本評論社、一九九四年、七一頁以下、の参照をお願いしたい。本稿の主人公である尾高、清宮、そしてこの黒田、さらに彼らと同年の宮沢俊義(東京帝大)の四人が織りなす星座は、二〇世紀の日本の公法学を読み解く上で、決定的な重要性を有するものであり、本稿全体の背景となる問題意識としては、彼ら四人の同世代的な相互作用への配慮が常におかれている。

(6) 奥平武彦『朝鮮開国交渉始末』刀江書院、一九三五年、船田享二『羅馬元首政の起源と本質』岩波書店、一九三六年、尾高朝雄『国家構造論』岩波書店、一九三六年、松坂佐一『履行補助者の研究――履行補助者の過失に因る債務者の責任』岩波書店、一九三九年、藤本直『断種法』岩波書店、一九四一年、西原寛一『手形交換法論』岩波書店、一九四二年、尾高朝雄『実定法秩序論』岩波書店、一九四二年。ちなみに、清宮四郎『国家作用の研究』の刊行も予告されていたが、東北帝国大学法文学部への移籍によって果たされなかった。清宮は、二〇年余の後に、『国家作用の理論』有斐閣、一九六八年、を出版して約束を果たしているが、これは、当初予告されたモノグラフィーではなく、論文選集である。

(7) ハンス・ケルゼン/清宮四郎訳『一般国家学』岩波書店、一九三六年。

(8) 『京城法学会論集第一冊』刀江書院、一九二八年、『朝鮮経済の研究(第一)』刀江書院、一九二九年、『私法を中心として』刀江書院、一九三〇年、『法政論纂』刀江書院、一九三一年、『法学論纂』刀江書院、一九三二年、『朝鮮経済の研究(第二)朝鮮社会経済史研究』刀江書院、一九三三年。なお、これら法学系(鈴木武雄、森谷克己ら経済学系も含む)のシリーズが第一部論集と称されるのに対して、文学系は第二部論纂として第五輯まで出している。

(9) 『国家の研究』刀江書院、一九三四年、『判例と理論』刀江書院、一九三五年、『朝鮮社会法制史研究』岩波書店、一九三七年、『朝鮮経済の研究(第三)』岩波書店、一九三八年、『法と政治の諸問題』岩波書店、一九四〇年。一九四一年の第一二冊からは、朝鮮行政学会刊で、一九四三年の第一五冊第三・四号に至るまで、クォータリーの大学紀要として継続した。

(10)　ローマ法学者で、京城帝国大学図書館長、法文学部長を歴任した船田についても、本稿では立ち入ることができないが、彼は、戦後、公職追放された兄、船田中の地盤を守る意味もあって、衆議院議員に立候補して三回当選、芦田均内閣の行政調査部総裁兼賠償庁長官に就任したことでも知られる。船田家ゆかりの作新学院でも、理事長・院長を務めた。船田は、篤実なロマニストであるのみならず、ローマ帝国を素材にして巧みなエセーを書いた文筆家でもあった。『文藝春秋』などの本土の総合雑誌にしばしば随筆を書いたが、朝鮮半島の日本語メディアにも、ローマにこと寄せて、総督府の政策をやんわりと批判する文章をたびたび発表した。時局が悪化するにつれ、次第に彼の言説も時流に巻き込まれてゆくが、新ヘーゲル学派の法哲学者ユリウス・ビンダーら、ナチス法学者による民族主義的なローマ法攻撃・ドイツ固有法礼讃を、激しく批判した論説を船田が書いていたことは、記憶されていてよいことである。参照、船田享二「ヒットラー国の国法浄化運動」『朝鮮行政』一巻八号、一九三七年、二頁以下。ドイツでは、一九〇〇年のドイツ民法典成立までは、ドイツ全土に妥当する現行の一般法として、「書かれた理性」たるローマ法を受容してきたのであって、ロマニストたちの学問は、そのまま現行の民法学として優勢であったこと、これに対して、ラテン民族からの借り物ではなくドイツ固有の法を追求しようとするゲルマニストたちが、ローマ法学並みの体系化をめざして、ロマニストに対抗していたこと等の、必要な背景事情については、船田自身が論説のなかで詳述しているところに委ねる。いずれにせよ、ナチスに幻惑されこれを模倣しようとする「自称国粋主義者」の横行がここまで徹底的に駁論されれば、少なくとも朝鮮半島の、総督府のエリートを含む知識社会において、ナチスの御用国家哲学に依拠して支配政策を構想することは、もはや不可能に近かったであろう。

(11)　浜本純逸「時枝誠記の涙――国語研究者の思想について」『日本文学』三四巻九号、一九八五年、四〇頁以下。

(12)　私的研究史を回顧している、時枝誠記『国語研究法』三省堂、一九四七年、四九頁、を参照。時枝本人が認める彼の国語学と総督府の言語政策との関係については、さまざまに論じられており、また、特に本稿との関係では、時枝が山内得立『現象学叙説』(岩波書店、一九二九年)を読んで感銘を受けたことが、その言語過程説にどのように影響しているのかは、興味深い論題だが、いずれも立ち入らないこととする。

(13)　参照、「あとがき」『紺碧』(京城帝国大学同窓会)八号、一九五六年、一一一頁。

(14)　清宮は、後年、城大こと京城帝大について、「城大の一つの特色と思うのは、こっちへ来て、東北大学に行って気がついたのだけれど、京城に居ると国際的な訓練になっているのだね。東北に行ってみると東北大学というよりも仙台大学みたいな、そういう感じなんだ。これが他の大学と非常に違うと思う。視野が広いでしょう」、と語った。これには、同席した財政学の鈴木武雄も、同意している。参照、京城帝国大学創立五十周年記念誌編集委員会編『紺碧遥かに』京城帝国大学同窓会、一九七四年、七二〇頁。

(15) 尾高朝雄『自由論』勁草書房、一九五二年、六七頁。

(16) A. Schütz, *Der sinnhafte Aufbau der sozialen Welt*, Wien: J. Springer, 1932 (佐藤嘉一訳『社会的世界の意味構成——ヴェーバー社会学の現象学的分析』木鐸社、一九八二年)。

(17) P. L. Berger and Th. Luckmann, *The social construction of reality*, New York: Doubleday, 1966 (山口節郎訳『現実の社会的構成——知識社会学論考』(旧訳『日常世界の構成』の新版) 新曜社、二〇〇三年)。

(18) このようにフッサールが本来、構成 (Konstitution) と呼んでいたところを、創造 (Kreation) と再解釈しているのは、おそらく、尾高の旧い僚友シュッツの解釈がそうである以上に、かつてフライブルクでフッサール解釈をめぐって親しく議論したオイゲン・フィンクの解釈が、影響していると考えられる。Vgl. M. Thennissen, *Der Andere: Studien zur Sozialontologie der Gegenwart*, 2. Aufl., Berlin: de Gruyter, 1977, S. 152. それが、晩年の尾高においては、「想念が社会を創る」というきわめて大胆な構成に、到達している。

(19) 尾高前掲書 (注15) 九一頁。

(20) 清宮四郎『憲法I (第三版)』有斐閣、一九七九年、一六頁、参照。

(21) 同右、一七頁、参照。

(22) 同右、三三頁、参照。

(23) 同右、三四頁、参照。

(24) 同右、三三頁、参照。

(25) 清宮の経歴等については、清宮博士退職記念論文集刊行委員会編『憲法の諸問題』有斐閣、一九六三年、に略歴と主要業績目録がある。清宮の自伝的回想「憲法学周辺五〇年」『法学セミナー』二九〇号—二九五号、一九七九年は、貴重な歴史の証言である。以下の叙述は、概ねこれらに依拠している。

(26) 東京大学百年史法学部編集委員会編『東京大学百年史 部局史一 法学部』東京大学、一九八六年、三六五頁、参照。

(27)　Vgl. G. Jellinek, "Die Staatsrechtlehre und ihre Vertreter," in: ders., *Ausgewählte Schriften und Reden*, Bd. 1, Berlin: O. Häring, 1911, S. 314ff.
(28)　佐野眞一『渋沢家三代』文春新書、一九九八年、には、尾高家の家系図がある。
(29)　五男邦雄とは、いうまでもなく、後に東京大学で教鞭を執った、指導的な社会学者尾高邦雄のことであり、その名は、一家が帰国後に生まれたことにちなんでいる。邦雄は、兄朝雄の京城帝大法文学部における同僚であり京城市古市町の尾高邸にもしばしば出入りしていた哲学者安倍能成の紹介で、和辻哲郎の娘京子と結婚している。他方、この幼い六男尚忠とは、これまた言を俟たないことではあるが、ヴァインガルトナーに師事した著名な指揮者・音楽家で、現役指揮者尾高忠明の父としても知られる、尾高尚忠である。日本人作曲家の管弦楽作品に与えられる権威ある「尾高賞」は、三九歳で早世した彼を記念したものである。尚忠の生前の姿については、久留都茂子『心の一隅に棲む異邦人』信山社出版、二〇〇一年、二二一頁以下。
(30)　尾高朝雄『法学概論』有斐閣、一九四九年、「はしがき」、を参照。
(31)　このように述べたからといって、尾高に対する田邊の(ましてやその「種の論理」の)影響力を過大に見積もるのは、禁物である。尾高は、必ずしも田邊に依拠して議論を組み立ててはいないからである。ただ、現象学派の社会学の旗色が必ずしも良くないとき、田邊が「客観精神」の問題に関心を移行し「社会存在の論理」を打ち出してきたのは、実に心強い援軍を得た思いであった。尾高前掲書(注6)『国家構造論』三六頁、参照。
(32)　河村望『高田保馬の社会学』いなほ書房、一九九二年、四一頁以下、参照。
(33)　門下きっての俊秀としては、当時東京商科大学教授だった高田保馬があったが、一四〇〇頁になんなんとする大著『社会学原理』岩波書店、一九一九年、が上梓されて、まだ間もない頃である。
(34)　臼井二尚『社会学論集』創文社、一九六四年、「あとがき」、を参照。同書は、尾高を理解するための必読書である。
(35)　尾高の生涯については、やはり親族による叙述に勝るものはなく、久留都茂子『父、尾高朝雄を語る』竜門社深谷支部、が、最も詳しい。非売品ではあるが、渋沢史料館、八王子市図書館などが、所蔵している。ほかに、尾高朝雄教授追悼論文編集委員会編『自由の法理――尾高朝雄教授追悼論文集』有斐閣、一九六三年。
(36)　M. Weber, *Gesammelte Aufsätze zur Wissenschaftslehre*, Tübingen: J. C. B. Mohr, 1922.

(37) T. Otaka, *Grundlegung der Lehre vom sozialen Verband*, Wien: J. Springer, 1932.

(38) 尾高は、後年、「西田先生は瞑想洞察型、米田先生は博覧強記型の学者であった。社会学専攻の学生といえば、年に一人か二人しかいなかったので、人間関係は、狭いかわりに奥行きが深かった」と振り返っている。尾高朝雄「大学遍歴の記」鈴木信太郎編『赤門教授らくがき帖』鱒書房、一九五五年、二六頁、参照。年中無休で毎朝五時に起き一日一八時間勉強していた師米田の姿を語るのは、尾高「国家と社会(一)」『朝鮮の教育研究』一二六号四頁以下、一九三九年(ソウル大学所蔵)。

(39) Vgl. M. Weber, "R. Stammlers《Überwindung》der materialistischen Geschichtsauffassung," in: ders., *Gesammelte Aufsätze zur Wissenschaftslehre*, Tübingen, 6. Aufl., 1985, S. 291ff.

(40) 尾高朝雄「社会的事象の形式と素材(一)(二)」『哲学研究』一四〇号、一九二七年、二七頁以下、一四一号、同年、一頁以下、同「シュタムラアの法律概念論の法理学的価値」『法学論叢』一七巻六号、一九二七年、九三三頁以下、参照。いずれも、シュタムラーおよびその前提にある新カント派哲学の形式主義を批判するとともに、その批判的自己省察と現象学にいう本質観照の類似性を指摘して、現象学の立場からの再解釈を行い、「新らしき法理学が現代社会学の成果と密に連携しつつその達成に力むべき、重要なる任務」を、そこに発見している。

(41) 『思想』六三号、一九二七年、参照。山内得立、三木清、本多謙三、池上鎌三、紀平正美、松本潤一郎が、寄稿している。

(42) Vgl. E. Stein, "Beiträge zur philosophischen Begründung der Psychologie und der Geisteswissenschaften: Eine Untersuchung über den Staat", in: E. Husserl (Hrsg.), *Jahrbuch für Philosophie und Phänomenologische Forschung*, Bd. 5, 1922, S. 140ff.; G. Walther, *Ein Beitrag zur Ontologie der sozialen Gemeinschaften: mit einem Anhang zur Phänomenologie der sozialen Gemeinschaften*, Halle: Niemeyer, 1922. 精神科学的方法を掲げるテオドール・リットも、この隊列に加えて良いであろう。Th. Litt, *Individuum und Gemeinschaft*, Leipzig: B. G. Teubner, 1. Aufl., 1919, 2. Aufl., 1924.

(43) S. Kracauer, *Soziologie als Wissenschaft: eine erkenntnistheoretische Untersuchung*, Dresden: Sibyllen-Verlag, 1922.

(44) 尾高の大学院時代の最初の研究が「原始信仰の社会統制作用」(謄写版刷、四七五頁、未公刊)であったことは、注目に値する。この点も含め、本論分の叙述は、巻末の「文献解題」と併せて読んで頂ければ幸いである。

(45)　緒論　法理学の概念、方法及び問題(第一節　法理学の概念　第二節　法理学の方法　第三節　法理学の問題)、第一章　古代哲学に於ける法理思想(第一節　プラトン以前の希臘哲学　第二節　プラトン及びアリストテレス　第三節　羅馬に於ける法理思想)、第二章　自然法論(第一節　カント以前の自然法論　第二節　カントの法理学説　第三節　カント以後の自然法論(理性法論))、第三章　歴史法学派及び経験主義の法理学説(第一節　歴史法学派　第二節　英国功利主義の法理論　第三節　イエリングの利益法学)、第四章　新カント派の法理学説(第一節　新カント派哲学の概観　第二節　シュタムラアの批判的法律哲学　第三節　ラスクの法律学方法論)、第五章　ヘーゲル及び新ヘーゲル学派の法理学説、第六章　自由法運動及び法律社会学(第一節　自由法運動　第二節　社会学の発達　第三節　法律事実学と法律解釈学)、第七章　現象学的法理学説、結論　法理学の体系」、という構成である。基本的には、公表済の論文をベースにしているが、尾高の立場からすれば正当な法哲学とは呼べない、自然法論(すなわち法の形而上学)と歴史法学(すなわち法の経験科学)についても、歴史的観点から研究することの重要性を強調している。一九三五年の『法哲学』日本評論社、と対比すれば、まだ「法哲学」ではなく「法理学」と呼称していること、新カント派に重点がおかれており特にシュタムラーに立ち入って言及していること、ヘーゲル派についての叙述が薄いこと、ウィーン学派の純粋法学についての章立てが欠如していること、この時点で既に結末は現象学的法哲学であること、などに気がつこう。尾高が、京都学派のなかでの修業時代を通じて既に立場を固め、現象学的法哲学に将来を託して欧州に旅立っていったことが、これをみればよくわかる。同書は、いうまでもなく稀覯本であるが、同僚だった清宮四郎が蔵書として大切に保存していた一冊を、現在では獨協大学図書館で読むことができる。これを参照するにあたっては、獨協大学法学部の磯部哲助教授の貴重なご協力を得た。記して、篤く御礼申し上げる。

(46)　ケルゼンによれば、法の世界には、原因→結果の因果法則とは水準を異にする、要件→効果の規範法則が存在し、因果法則をさぐる自然科学とは別に、規範法則を探索する規範科学が成立し得る。この、法実践とは区別された規範の科学的認識の刃を向けられると、客観的な法認識に従事していたはずの既存の法律解釈学は、次々にその非科学性・イデオロギー性を露呈することになる。ケルゼンの純粋な科学的法認識は、言葉の本来の意味での鋭い批判性を有しているのである。この規範科学が僚友アドルフ・メルクルの法段階説と組み合わされると、すべての法命題の源である根本規範を頂点とするピラミッド型の法秩序構造が浮かび上がってくる。このようにして、方法としての純粋法学は、意味に充ちたコスモスを描くのではなく、その一歩手前のノモス的世界を、しかも法秩序という解釈図式を通して、語るのである。純粋法学を説明するのは、本当はもう少し手間がかかる作業なのであるが、本稿ではこの程度の概括的なイメージを描くにとどめる。ウィーン学派の背景にある思潮を掘り返すことで、純粋法学の一側面をきわめて魅力的に描き出している文献として、上山安敏「国家の幻想」『法学論叢』一一六巻一―六号八一頁以下、一九八五年。なお、同論文は、同じ著者の『フロイトとユング』岩波書店、一九八九年、一三五頁以下にも、若干のポレーミクを削除して収められている。

(47) ウィーン学派の社会認識が反社会学的な社会学であることをいち早く見抜いた業績として、黒田覚の連作書評「ウイン学派の社会学」があり、その掉尾を飾るのは「尾高朝雄・社会団体理論の基礎づけ」『法学論叢』二八巻四号六五〇頁以下、一九三二年である。

(48) 後に、『権威的国家』『新しい政治学』などで有名になるフェーゲリンは(E. Voegelin, *Der autoritäre Staat: ein Versuch über das österreichische Staatsproblem*, Wien: J. Springer, 1936; ders., *The new science of politics*, Chicago: Univ. of Chicago Press, 1966)、個よりも全体を優先するシュパンの普遍主義にも近かったこともあり、つとに国家を社会的意味形象として論じており、その際(法の欠缺ならぬ)意味の欠缺(Sinnlücke)が避けがたいこと、そして、欠缺を埋めるために政治理論による正統性(Legitimität)の供給が必要であること、を指摘している。Vgl. E. Voegelin, *Die Einheit des Rechtes und das soziale Sinngebilde Staat*, *Internationale Zeitschrift für Theorie des Rechts*, V, 1930–1931, S. 58ff. このフェーゲリンの指摘は、京城に帰った尾高が近い将来引き受けることになる任務の所在を、見事に言い当てていた。

(49) フェリックス・カウフマンの業績の再評価を促す文献として、Vgl. F. Stadler (Hrsg.), *Phänomenologie und logischer Empirismus: Zentenarium Felix Kaufmann (1895–1949)*: Wien und New York: Springer, 1997.

(50) シュッツと尾高の交流の深さについては、シュッツ前掲書(注16)訳書によせたイルゼ夫人のメッセージが何より良く伝えている。また、久留前掲書(注35)には、シュッツ邸でのクリスマス・パーティーの折りに、ツリーのろうそくが木に燃え移り、焼け残った手作りのビスケットを拾い集めてもらったエピソードが書かれている。そこにも出てくるが、シュッツがアメリカへの命がけの逃避行の折りにも手放さず大切にしていた尾高の家族写真をめぐる感動的な逸話は、久留前掲書(注29)二二八頁以下、を参照。

(51) こうした目眩く饗宴の実態は、森元孝『アルフレート・シュッツのウィーン』新評論、一九九五年、の記念碑的な研究によって、ついに解明された。尾高朝雄についても、三六五頁以下に、立ち入った言及がある。シュッツらとの交流の様子が明らかにされ、尾高の独文著書の内容にも鋭いメスが入っている。もっとも、原典にあたることを怠り、尾高が京大の美学・美術史教授として引用するJuzo Uedaの名前を上田十蔵と誤記していることに象徴されるように、諸般の事情から尾高については時間をかけられなかったものと思われ、引用部分の訳文も生硬で尾高の意図が伝わらないのは残念である。

(52)　尾高朝雄「フッサアル先生の永逝」『法律時報』一〇巻八号、一九三八年、八〇一頁以下、参照。

(53)　この点については、臼井前掲書(注34)「あとがき」、を参照。尾高は、フッサールの肩をもち常にハイデッガーをこきおろした。たとえば、戦後の『法哲学概論』学生社、一九五三年、一九五頁、では、「思いつきの面白さはあっても、それだけ哲学の視野を、人間的実存の示す、興味のある、しかし、特殊の態度の上に局限せしめるにいたったというそしりを免れない」と、断罪している。しかし、実は、尾高は、*Sein und Zeit*, Halle: M. Niemeyer, 1927. を全巻にわたってアンダーラインを引きながら読んでいて、その理論構成にはハイデッガーの議論が刻印されている。もっとも、自分の関心にあわせて、「道具」についての議論、意味の附託連関の議論など、周辺的な論点を引っ張ってくるだけではあるが。「世界内存在」についても好んで言及し、体系書『法哲学』日本評論社、一九三五年を、「人は世界の中に存在する。人の存在は世界の中での存在である」という文章で始めている。

(54)　Vgl. A. Schütz, a. a. O.(注16), S. 41f.

(55)　「小生は唯今一般に社会団体と呼ばれるものが如何なる意味で学問の対象たり得るかを考へて居りますが、結局ケルゼンから出発しつつ、ケルゼンを離れて、新しい意味での団体実在論に還りつつあります」(一九三二年一月三日付、尾高から黒田覚への私信)黒田前掲(注47)六五一頁。

(56)　A. Schütz, "Tomoo Otakas Grundlegung der Lehre vom sozialen Verband", *Zeitschrift für öffentliches Recht* 17 (1937), S. 64ff.

(57)　Vgl. E. Husserl, *Formale und transzendentale Logik*, Halle: M. Niemeyer, 1929; ders., *Méditations cartésiennes*, Paris: A Colin, 1931.

(58)　Vgl. A. Schütz, a. a. O.(注16), Dritter Abschnitt.

(59)　尾高朝雄「大同江とドナウ河」『朝鮮行政』一巻六号、一九三七年、七六頁以下、参照。

(60) Vgl. P. L. Berger und Th. Luckmann, *Modernität, Pluralismus und Sinnkrise: die Orientierung des modernen Menschen*, 2. Aufl. Gütersloh: Bertelsmann Stiftung, 1996.

(61) この項を書くにあたって、最も信頼性の高い資料として、利用したのは、前掲『紺碧遥かに』(注14)である。

(62) さしあたり、石川健治『自由と特権の距離』日本評論社、第二刷、二〇〇四年、のⅡB1の参照を、お願いしたい。

(63) 服部宇之吉「朝鮮帝国大学の特色」『朝鮮地方行政』三巻四号五頁以下、一九二四年、参照。

(64) 安倍能成「京城帝国大学に寄する希望」『文教の朝鮮』一九二六年六月号一三頁以下、参照。

(65) 『京城日報』一九二七年三月二日。

(66) ただ一人、札幌農学校を中退して渡米し、スタンフォード、イェール等で勉強して、コロンビア大学で学位を取った国際法の泉哲教授だけが、定年間際の長老格であった。それにもかかわらず、東京帝大出身の生意気盛りの若手のなかで、孤立しており、重きを置かれることはなかった、との風聞が伝えられている。なお、当時の講義風景については、「演説口調をもって講義ノートを朗読し宛も青年弁論大会の趣きが漂ってゐた」と揶揄されている。参照、駱駝山人「城大法文学部の展望(二)」『朝鮮及満洲』三三一号二八頁以下、一九三五年。

(67) 清宮前掲(注25)「憲法学周辺五〇年第四回」『法学セミナー』二九四号、一九七九年、一二二頁以下、参照。尾高前掲論文(注38)二九頁、も参照。尾高文庫には、その折りの書き込みがぎっしりとなされた、ラッソン版のテクストが残されている。

(68) 横田喜三郎「清宮四郎訳 ケルゼン著『一般国家学』」『国家学会雑誌』四九巻七号、一九三五年、一四五頁、参照。また、この翻訳の過程で、清宮が原語と訳語の対応関係を厳密に忖度し、法と法律を丁寧に訳し分けている姿に影響されて、尾高は、それまで法理学とも法律哲学とも訳されていたRechtsphilosophieから、法哲学という用語をつくり、これを定着させた。今では誰もが疑わないこの法哲学という名称も、「京城」の所産だというわけである。参照、尾高朝雄「「法哲学」といふ用語について」『法律時報』一一巻一〇号一七頁以下、一九三九年。

(69) これについては、法文学部教授安田幹太の「城大の憶い出」前掲(注14)一一一頁以下、を参照。法文学部出身の速水滉総長が示した塩原への抵抗の仕方は、高く評価する人も生ぬるいと評価する人もいる。最終的には、総督府からの圧力のなか勇退する、これは体の良い更迭であった。なお、安田は、民法学者で、塩原学務局長の「城大征伐」に(やや独り相撲気味とみられたにせよ)自らの辞職で抗議した気骨のある人物であるが、半島の数少ない専門家として、朝鮮民事令の改正に携わり、しかも、城大辞職後も弁護士として、「半島知」としての創氏改名を本土の知識社会に向けてアピールする役割を担ったこともまた、事実である。『京城日報』一九四〇年一月一九日。

(70)　城大法文学部教授総動員で「誌上大学」の企画を成功させていた『朝鮮行政』は、その種の記事を載せない例外的メディアであって、連載がお休みの正月号の編集後記には「教授たちは今頃どんな夢をみているのだろう」と夢見がちな少女のような文章を書くなど、日頃世話になっている城大教授たちにおべんちゃらを書くことについてはおさおさ怠りなかったが、この雑誌にすら、というべきか、赤田美久「京城帝大を衝く」というショッキングなタイトルの連載が掲載された(二〇巻二二〇号、一九四一年、四一頁以下)。しかし、筆者も言い訳しているように、ありふれた歴代学部長列伝に終わっている。

(71)　一例として、鵜飼信成の評を見てみると、「真理も常に美しく、若く育て守られることを希望する。講義はとても熱心で、評判がいい。将来大いに伸びる人で、博士になるかも知れない。善良で親切で、そして学問好きだから、特に期待してゐるのだ。夫人はモダーンで美人たる評判が高い。氏の書斎の善き慰安者であらうと羨ましがる学生がある」。岡本濱吉「城大教授評判記(四)」『朝鮮及満洲』三五四号、一九三七年、七八頁。

(72)　泉の城大論として、参照、泉靖一「旧植民地帝国大学考」『中央公論』八五巻七号一四六頁以下、一九七〇年。

(73)　現在、国立公文書館に残る関係書類によれば、本来より高峰の五台山にも登る予定であったが、敗残兵が残るなど治安上の問題から計画を断念している。

(74)　たとえば、『京城日報』一九三七年六月七日、「京城帝大の蒙彊」『朝鮮及満洲』三七一号、一九三九年、五〇頁以下、など。公刊された報告書として、京城帝国大学大陸文化研究会編『蒙彊の自然と文化』古今書院、一九三九年。

(75)　前掲(注2)『鵜飼信成先生に聞く』一六頁、参照。

(76)　清宮前掲論文(注25)「憲法学周辺五〇年第四回」一二六頁。

(77)　この点、理論的により先鋭だったゲオルク・イェリネックによれば、まず、国民については、近代国民を、国権の単なる客体になっている人の身分(受動的身分)、国家に公的関心をもたれていないため国権と関わりなく生きている人の身分(消極的身分)、国権の主体の側にいる(つまり国籍をもっている)人の身分(積極的身分)、国権の主体の側にいるのみならず国家機関として国権の行使にかかわっている人の身分(能動的身分)、というふうに、四つの身分に分類した。近代国民は、そういう新しい四つの身分からなる身分制社会を生きていることになる。ローマ法学以来、人間の権利能力は、前提となる身分との関連で点検されてきたのであって（こういう議論の領域は、人の法 Personenrecht と呼ばれ、清宮はこれを人事法と訳している）、イェリネックは、伝統的な身分論の再編によって、近代社会に相応しい法人格としての人間を基礎づけることに成功した。刑部荘「sujet といふ身分」『国家学会雑誌』五七巻八号九七六頁以下、一九四三年、石川健治「人権論の視座転換――あるいは『身分』の構造転換」『ジュリスト』一二二二号二頁以下、二〇〇二年、を参照。他方、イェリネックは、近代国家の本質は、人に対する公法的な支配命令権であると考え、私法的な所有の論理との混同を峻拒する。支配(imperium)と所有(dominium)を混同するのは、公私が未分だった中世の論理にほかならないからである。すると、権力の主体側の構成要素である国土に対しても権力の客体側の国土に対しても、国家は、直接、所有権をもっているわけではないことになる。近代的な国家権力にできるのは「人」に対する支配のみであるから、近代国家は、「人」としての土地所有者への支配を通じて、彼が所有する土地の総体に対して支配を及ぼし、そうした一人一人への支配の集積によって一円的な領域支配を成り立たせるのである。そして、国土に人が乗っていることから発生する厄介な論点も、「人」関連で一本化され属人主義的に説明されるわけである。以上の説明で不充分な点につき、さしあたり、石川健治「承認と自己拘束」『岩波講座 現代の法一』岩波書店、一九九七年、三一頁以下、同「空間と財産」日本公法学会『公法研究』五九号三〇五頁以下、一九九七年、の参照をお願いする。ただし、このイェリネックの見解に対しては、当然、異論はある。たとえば、所有者がいない土地について国家の支配は一切及ばないのか、国土のなかには結構無主物状態の土地があるのではないか、治外法権というのをどう考えるのか、等々の疑問が生じる。そこで、やはり国家領域としての国土それ自体を、もう少しまじめに論じようではないか、という論者も現れる。総括的には、清宮自身が引用する文献として、Vgl. W. Hamel, *Das Wesen des Staatsgebietes*, Berlin: O. Liebmann, 1933.

(78) イェリネックが整理した国家に対する四つの身分は、国法秩序との受動的な関係、消極的な関係、能動的な関係の三つの関係性に解体される。「国家」権力の主体にかかわる積極的な身分は、肝心要の「国家」が雲散霧消することによって解体され、「国家」構成員としての身分はすべて、従来の「国家」機関としての能動的身分ともども、国法秩序との能動的な関係として整理されてしまうのである。

(79) Vgl. H. Kelsen, *Allgemeine Staatslehre*, Berlin: J. Springer, 1925, S. 167ff.（清宮四郎訳第六章第二十七節ハ）

(80)　立法機関が憲法に授権されて「一般的・抽象的な法定立」を行っているのは自明だが、法律の適用という質的に異なる作用を行っていると一般的にはみられる行政機関も司法機関も、ケルゼンにいわせれば、より「具体的な法定立」を行っているのであり、行政処分や判決は具体的な法命題の創造である。このように、レベルの差はあれ、すべての国家機関は、授権による法創造を行っているのだと捉えると、国家や団体を擬人化させる基になっている国法秩序とは、法秩序の論理的な妥当・通用という範囲についての静学的な考察の対象であるのみならず、常に、法秩序によって授権された法創造という動学的な考察の対象となり得るのである。

(81)　清宮前掲(注6)三一頁以下。

(82)　同右、四一頁以下。帝国憲法の外地適用の問題については、本書文献解題の参照をお願いする。

(83)　Vgl. H. Kelsen, a. a. O.(注80)S. 148f.

(84)　これも、清宮前掲書(注6)に収められている、「違法の後法」宮沢俊義編『公法学の諸問題——美濃部教授還暦記念』(第二巻)有斐閣、一九三四年、一六七頁以下を参照。

(85)　清宮四郎「憲法の時間的通用範域」『国家学会雑誌』五七巻四号、一九四三年、一頁以下(大日本帝国憲法の無窮の長寿を賛美している箇所を削除して、同『憲法の理論』有斐閣、一九六九年、九五頁以下、に所収)。

(86)　清宮四郎「ケルゼンの公法理論」同前掲書(注6)二二五頁以下、参照。

(87)　現在では、清宮前掲書(注6)に収められている一連の論文、とりわけ「法の定立、適用、執行」『法政論纂』(京城帝国大学法文学会)刀江書院、一九三一年、一頁以下、「憲法改正作用」刑部荘編『公法政治論集——野村教授還暦祝賀』有斐閣、一九三八年、三頁以下。いずれも、内容が斬新である上に、形式的にもスタイリッシュで(この側面は戦後の論文集に収められる際にかなり減殺された)、日本の憲法学に新境地を開いたものである。

(88)　清宮前掲論文(注84)、参照。

(89)　尾高朝雄「事実の規範力」『国家学会雑誌』五〇巻九号一一一〇頁以下、一九三六年、参照。

(90)　「元来、実定憲法を超越した性質をもつところの「皇祖皇宗ノ遺訓」、「統治ノ洪範」なるものが、同時に根本規範の内容を形成し、天皇統治の内容に関する法的基準となり、憲法にいわゆる統治・統治権の方向を決するものとせられるところにわが国の憲法の独自性がうかがわれる。これこそ法の内容を規律する法の王者といってよいであろう。」清宮四郎「法の

法としての憲法」『法学』一一巻一二号、一一八九頁以下、一二〇七頁、一九四二年(同『憲法の理論』有斐閣、一九六九年、五一頁以下)参照。

(91) 「青年学校義務制をはじめ非常時局下教育界多事、同教授の御高説に耳をかたむけられたい」と編集者があおって始まった、清宮四郎「教育行政法」の連載も、明治大帝の勅語からはじまり、「あらためてこれを拝読して感激措くところを知らぬ」としているが、全体としてはきわめて淡々とした叙述に終始した。『朝鮮行政』二巻八号、一九三八年、四二二頁以下。

(92) これは里見岸雄の用語であって、清宮本来の議論については、清宮四郎「帝国憲法と皇室典範の関係」前掲(注9)『法と政治の諸問題』一頁以下(同『憲法の理論』一二九頁以下)。

(93) 横越英一「清宮先生を偲ぶ」『紺碧』一〇四巻、一九九〇年、二頁以下、参照。

(94) 尾高朝雄「社会学の対象とその認識」『社会学』第一輯一九三三年、一頁以下、参照。

(95) Vgl. Hans Freyer, *Einleitung in die Soziologie* Leipzig: Quelle & Meyer, 1931.

(96) 尾高朝雄「国家と思想」『中央公論』五九三号、一九三七年、一一五頁以下、参照。

(97) 尾高邦雄「亡き兄朝雄の思い出」『文藝春秋』三四巻七号、一九五六年、二九〇頁、参照。「青い国民服を着こんだところは、まるで海坊主のようであった」とも。

(98) 「中国新政府樹立と朝鮮の問題座談会」『緑旗』五巻五号、一九四〇年、五二頁、参照。

(99) 前掲(注14)『紺碧遥かに』四三六頁以下、参照。

(100) 尾高朝雄「現代法理学に於ける懐疑と信仰」『大学新聞』九号、一九四四年一〇月一日、参照。

(101) 常識的に考えれば、ヴィーザーに法学者尾高がアクセスする可能性はきわめて限られており、リットの社会学に文化の作業共同体という言い方があること、ルドルフ・スメントが国家の統合要因としての「人」を検討するときにヴィーザーの書物を数カ所引用していることなどが考えられるが、ウィーン時代に興味をもった可能性もある。比較的近い概念で有名なのは、左派の公法学者で悲劇的な最後を遂げた、ヘルマン・ヘラー『国家学』の提起した「作用統一体」の概念であるが(ただし、ヘラーはヴィーザーにヒントを得ている)、尾高はこれには飛びつかなかった。

(102) Vgl. F. Wieser, *Das Gesetz der Macht*, Wien: J. Springer, 1926, S. 17ff.

(103)　尾高朝雄「道義朝鮮と徴兵制度」『朝鮮』三三六号、一九四二年、一八頁以下、参照。

(104)　民法学では、通常「社団」と訳し(社団法人・財団法人の社団である)、そのローマ法的なよそよそしさを敵視したゲルマニスト・ギールケが打ち出したのが、協同組合に相当するゲノッセンシャフト(Genossenschaft)である。

(105)　Vgl. T. Otaka, a. a. O. (注37), S. 192f.

(106)　尾高前掲(注6)『国家構造論』四一七頁。これに対して、カント派の立場から、弁証法的な発想を批判し、ファシズム・ナチズムの動向と現象学的国家観の類縁性を指摘したのが、南原繁「現象学的国家論の問題」『国家学会雑誌』五一巻四号五四〇頁以下、一九三七年。これに対する尾高の反論は、同「現象学的実在論の立場と国家構造論」『国家学会雑誌』五一巻五号六九四頁以下、一九三七年。

(107)　古神道を表現汎神論として捉える筧の議論については、筧克彦『国家の研究第一巻』春陽堂、一九三一年。筧は、西洋に対する排外主義を批判する一方、日本社会の原型としての農村の荒廃を指摘し、「物質主義個人主義虚栄主義」に走り、神社中心の一心同体性が損なわれたことを批判した。

(108)　尾高朝雄「国家」河合栄治郎編『学生と社会』日本評論社、一九三八年、二一一頁以下、同「法哲学における人間の問題」『法律時報』一一巻一〇号、九六〇頁以下、一九三九年。

(109)　なお、多民族国家だったハプスブルク帝国のもとでは、マルクス派のカール・レンナーが民族問題を「属地主義」で解決するか「属人主義」で解決するか、という設問をつくり、本来の国際私法的な用法と微妙にずれた用法ではあるが、広く流通していた。Vgl. R. Springer (K. Renner の変名), Der Kampf der Oesterreichischen Nationen um den Staat, Leipzig/Wien, Franz Deuticke, 1902, S. 58ff.; J. Lukas, „Territorialitäts-und Personalitätsprinzip im österreichischen Nationalitätenrecht,“ *Jahrbuch des öffentlichen Rechts*, 1908, S. 333ff. 法学者による受け止め方としては、ウィーンの行政法学者ヘルンリットによる分析が古典的で、これには田中耕太郎が言及している。Vgl R. v. Herrnritt, Nationalität und Recht, 1899. 田中耕太郎『世界法の理論第一巻』岩波書店、一九三二年、二六一頁以下。

(110)　尾高朝雄「国家哲学」岩波講座『倫理学』(第七冊)岩波書店、一九四一年、一頁以下。その際に、尾高は、二つの規準を掲げる。一つは、理念と現実の交錯点にある国家の哲学は、いかなる場合にも実在から遊離した空理空論に陥ってはならないということ。いま一つは、特定国家の国民のみを感奮興起させるべく個別国家の道義的使命を顕彰するのではなく、道義理念の普遍史的基礎を確立し遍通無碍の国際道義を追究すること。朝鮮総督府の方針に枠づけられつつ、学的省察の道を踏み外すまいとする彼の悲愴な決意は、その言説がいずれもこれらの規準を裏切っているだけに、「隊長」の言説を「学者」の筆致で語るさまは痛々しく、悲喜劇というほかない。この論文は、朝鮮総督府の統治政策との相互作用において形成された「半島知」の決定版のひとつであり、日本本土の思想シーンで注目を集めたかどうかはさておき、朝鮮半島の知識社会においてはきわめて影響力が強かったとみられる見解が語られている。

(111) 筧は、皇国は普遍我の表現者であり、他方、個我が普遍我と表現帰一の関係にあるという意味で、「本来の一心同体」であり、西欧政治思想は、集合意思と普遍意思を混同していて国家の本質を捉えていないと批判する。そして、国家は、個人の利益・目的を中心としてできた集合団が次第に普遍我になったものでもなく、目的の範囲内で権利能力をもつ会社のように集合人(集合団)と普遍我との境に彷徨しつつあるものとも異なる、と指摘している。筧前掲(注108)九頁、二一三頁。そうした筧の指摘に、尾高は、傍線を引いている。あわせて尾高が参照したのは、国体論者のなかでは知的な水準が抜群に高かった、京都大学の日本法制史学者で、牧健二である。尾高とは交流があった牧は、黒田覚同様、瀧川事件で一旦辞職後復学し、法学部長も歴任している。参照、牧健二『日本国体の法理』有斐閣、一九四〇年。

(112) 尾高の「隊長」としての言説は、多くの場合塩原時三郎も津田剛も自然な身振りで語る内容であり、目新しさはない。彼は、これを総力戦下の文化運動の実践として捉えたから、一般向けの講演に力を入れ、教学の理論と実践にも力を注いでいた。尾高朝雄「「朝鮮教学論(一、二)」『文教の朝鮮』二一九号一四頁以下、一九四三年、同二二三号一一頁以下、一九四四年。けれども、尾高がそれを、学的反省に基づく、皇国臣民化政策の普遍史的基礎づけとしても、提出している点は、重大である。参照、尾高朝雄前掲(注110)九九頁以下。北方系アイヌ系の蝦夷や南方系マレー系の隼人を天皇の下に見事に統合し——地域的には日本列島に限られていたにしても——世界に冠たる成功の歴史だった皇国臣民化の運動が、いまや世界に踏み出そうとするうえで、朝鮮半島での実験は世界史的意義がある。朝鮮の民族主義は「私の心」であり、半島人は「公の心」からこの世界に類例のない道義の試練に参加しなければならない——この種の国際主義的で普遍主義的な正当化(Rechtfertigung これを尾高たちは、認識の学との対比で、認証と訳した)は、いかにも尾高的なものといえる。それを塩原や津田が語っているという事実は、尾高が、朝鮮総督府の government speech の単なる medium であったのではなく、半島きっての国家哲学者として、むしろ指導的に言説を構築していた事情を「推定」させるものではある。ただし、文献上の裏付けは、まだなされていない。

(113) たとえば、活字媒体では小出しにされてきた彼のジョークのレパートリーをすべて投入した、尾高朝雄「国体の本義と内鮮一体」国民総力朝鮮連盟防衛指導部、一九四一年。これについては、本書文献解題の参照を乞う。

(114) 尾高前掲(注110)四三頁以下。

(115) 尾高朝雄「国家の目的と大陸経営」京城帝国大学大陸文化研究会編『大陸文化研究』岩波書店、一九四〇年、同「大東亜共栄圏の文化理念」京城帝国大学大陸文化研究会編『続 大陸文化研究』岩波書店、一九四三年。

(116) 尾高朝雄「平和の哲学」『国際法外交雑誌』四七巻三・四号二七頁以下、一九四七年。

(117) 尾高前掲(注110)一〇八頁。

(118) 尾高朝雄述『法理学講義』非売品、一九四三年、参照。獨協大学図書館や東京大学法学部図書館小野塚文庫などで読むことができる。

(119) 尾高朝雄「国際正義の建設」朝鮮総督府学務局社会教育課『社会教化資料』第二四輯、一九三八年、参照。この資料を入手するにあたっては、東京大学大学院法学政治学研究科博士課程の権南希さんの貴重なご協力を得た。記して、篤く御礼申し上げたい。

(120) Cf. P. Berger, *The sacred canopy: elements of a sociological theory of religion*, Garden City, N. Y.: Doubleday, 1967.(薗田稔訳『聖なる天蓋――神聖世界の社会学』新曜社、一九七九年)

(121) 尾高朝雄「朝鮮に学ぶ学生諸君へ」『緑旗』四巻一〇号一四頁以下、一九三九年、参照。もっとも、そうしたリップス流の主観的な感情移入を、客観的な意味構成を重視する尾高の社会理論は直ちには受け付けないのだが。

(122) Vgl. T. Otaka, a. a. O.(注37), S. 153f.

(123) 尾高朝雄『法の窮極に在るもの』有斐閣、一九四七年、の「はしがき」、を参照。同・前掲(注15)二九〇頁が、「天壌無窮とは何であるか。稜威とは何であるか。天佑神助とは何であるか。――ひとたび合理性を取りもどして見れば、何ら現実の裏づけをもたない単なる「理念」、もしくは単なる「神だのみ」にすぎないものが、あたかも現実を動かす力であるかのごとく政治上の指導力を発揮し、しかも、それが矯激な排外感情をあおり立てて、日本を無謀な戦争に突入せしめた。」と断ずるのをみると、もはや言葉を失う。

(124) 清宮が戦後まもなく、日本公法学会の主催の下に東大法学部二五番教室で行った講演「日本国憲法とロックの政治思想」(同前掲『憲法の理論』三一一頁以下)は、京城以来の苦しい国家作用論研究が、戦後啓蒙の開放的な空気のなかで瑞々しく花開き、芳しく香り立つような趣である。

(125) 「特集・清宮憲法学の足跡」『ジュリスト』九六四号八〇頁以下、一九九〇年。

(126) いわゆるノモス主権論の再評価の視点については、石川健治「イン・エゴイストス」金泰昌・長谷部恭男編『法律から考える公共性』東京大学出版会、二〇〇四年、を参照。こうして京城時代の尾高の言説を辿ってきた地点から省みれば、戦前・戦中・戦後のノモス秩序の連続性を論ずることによって、聖戦に命を賭した日本人をアノミーから救出すると同時に、尾高は彼自身の「意味危機」をも救おうとしたのではないかと思われる。

(127) 尾高前掲(注15)一九二頁以下。

(128) 尾高朝雄「私法の私法性」『法学協会雑誌』六八巻二号一〇一頁以下、一九五〇年。

(129) 尾高前掲(注123)三一四頁以下。

(130) 尾高朝雄『ユネスコ紀行』冨山房、一九五一年。

(131) 日本人文科学会編『社会的緊張の研究』有斐閣、一九五三年。もっとも、ソ連が、緊張緩和を求めるユネスコの平和思想に共鳴せず、逆に平和運動の政治利用の動きを見せていたため、尾高の社会的緊張論は、しばしば対ソ思想戦の文脈に変質する。参照、尾高朝雄『自由の体系』弘文堂、一九五〇年。

(132) 尾高朝雄「現象学派の法哲学」尾高朝雄・峯村光郎・加藤新平編『法哲学講座』(第五巻上)一九三頁以下。「一　哲学としての現象学　二　方法論としての現象学　三　現象学の法哲学への応用　四　現象学的経験主義　五　実定法秩序の意味構造」という構成で完成する予定であったが、一の途中まで書いたところで絶筆となった。

(133) 尾高朝雄「世界人権宣言と自然法」尾高朝雄編集代表『自然法と世界法――田中先生還暦記念』有斐閣、一九五四年、六三頁以下、特に七〇頁に、微妙に揺れる心情を読み取ることができる。

(134) 清宮四郎「尾高朝雄君の急逝を悼む」『ジュリスト』一〇八号一一頁以下、一九五六年。清宮は、京城時代、尾高の実力と学者的態度に敬服し、師と仰いでいた、と告白するとともに、晩年の信仰問題にも言及する。

第六章　「始原」と植民地の政治学

――一九四〇年代の中村哲

苅部　直

一 「大東亜」の政治学

一九四四(昭和一九)年九月一日、「大東亜戦争」の戦局が日ましに悪くなってゆくなか、大日本帝国は、植民地であった台湾に、徴兵制を施行した。すでに、密林での戦闘要員として南方戦線で戦った、先住民による「高砂義勇軍」に見られるように、台湾現地の漢族と先住民が、志願兵の形で「皇軍」に加えられており、また、男性は軍夫、女性は看護婦助手としての、軍務への募集も進んでいた。しかしこのとき、フィリピンでの米軍との決戦を想定して、南方の防備をかためるため、日本本土と同じように、台湾の現地人男性をも、大量に動員するようになったのである。このとき徴兵されたのは二万二〇〇〇人、終戦までに志願兵も含め八万人が、兵士として戦地へ送られた。(1)

この同じ日、そのとき台北帝国大学の憲法学担当の教授であった政治学者、中村哲(あきら)(一九一二(明治四五)―二〇〇三(平成一五))は、解題を書いた薄い書物の序文末尾に、当日の日付と署名を記しているが、そこに「台湾同胞徴兵制実施の日にあたつて」と書き添えている。(2) その書物とは、四〇年前(一八九八―一九〇六年)に台湾総督府の民政長官を務め、さらに満鉄総裁(一九〇六―一九〇八年)として満洲でも植民地統治にあたった、後藤新平の二つの著書、『日本植民政策一斑』(一九一四年講述、一九二一年刊)と『日本膨張論』(一九一六年刊)とを、合本にして復刊したものであった。「明治文化叢書」の一冊として、日本評論社から一二月に刊行されている。

実は、「大東亜戦争」の時代は、「内地」の出版界では、一種の後藤新平ブームの時期でもあった。後藤の女婿、鶴見祐輔による大部の評伝『後藤新平』(全四巻、一九三七―一九三八年)の普及版が、『後藤新平伝』全一二冊(一九四三―一九四九年)として刊行されはじめたのを代表として、一九四一(昭和一六)年から終戦までに刊行された後藤の伝記は、七種類に及ぶ。それらはいずれも、戦時下にあって、戦争遂行の目的とされた「大東亜建設」の指針を示すものとして、台湾・満洲での後藤の植民地統治に、再評価の光をあてるものであった。[3]

中村哲が解題をつけた、『日本植民政策一斑・日本膨張論』もまた、「大東亜共栄圏」の建設との関連で、後藤を顕彰する意図で出版されたことはまちがいない。だが、この解題には、ほかの伝記には見られない、いちじるしい特徴がある。それは、後藤新平を、植民地に対する「同化政策」の批判者として描く点である。中村によれば、「後藤新平はフランス的植民政策を排して英国的植民政策を採用したものであると自ら語り、ひとも之を信じてゐるが、後藤の実施した政策が必らずしも英国的といはれるやうなものではなかつたやうに、またそれ以前の政策がフランスの一時代の同化主義を模倣したものといふことも言へない」。だが、台湾が「内地」とは風俗や習慣や歴史の異なる植民地であることを、はっきりと自覚し、現地の「民俗習慣」を調査し熟知して、地方治安対策(保甲制度の採用)や土地改革など、台湾独自の統治政策をいくつも案出した。そこをとりあげて、後藤を近代日本史上の「一大先覚者」とたたえるのである。[4]

しかし、台湾に関する日本の植民政策史を論じた二つの論文、「六三問題——殖民政策史における憲法問題」(一九四一年)、および、「植民地立法における同化政策——「六三問題」以後の律令権の問題」(一九四二年)で中村は、下関条約による台湾領有のはじめから、「大東亜戦争」下の当時に至るまで、日本の台湾統治の方針は、フランス型の「同化政策」を基本としていたと明言している。[5] それは、憲法と、それに基づいて制定される法律や、発される勅令・命令を、「内地」そのままに、「外地」すなわち植民地にも適用すべきであると考え、言語や慣習の違いを無視して、「内地」と同じような行政制度をしこうとめざすものである。そして他面では、現地人の人権保障や政治参加については、本国との間に差別を設ける方針をとって、「植民地における特殊法を制定し、憲法の全面的な適用を避けようとするものであった」と、のち戦後に、中村は総括している。[6]

つまり、日本政府は、統治の全体としては「内地延長主義」の立場をとりながら、概してその論理上の帰結を当局者が自覚せず、現地人の権利をどう定めるのかを曖昧にしたまま、文化に関しては「同化」の方針をとっている。その御都合主義を中村は批判し、台湾統治には総督が独自に立法する「律令」を主に用いるとした、領有当初の「法律六十三号」(一八九六年)による制度を、現地の特殊事情を考えに入れたものとして、さしあたり評価した。だが、一九二一(大正一〇)年、初めての文官総督として台湾に赴任した田健治郎が、「台湾人をして大和民族化する同化政策」を打ちだし、治下に施行する法令の中心を、それまでの総督による「律令」から、「内地」の法律・命令に移した。これに対し中村は、田の措置を「台湾統治の歴史的な転換」と呼んで暗に非難し、総督の「律令」制定権の地位を再びひきあげ、植民地の独自性に即した「現地中心の立法」を進めることを主張したのである。(7)

また、論文「六三問題」では、かつて第二十一議会(一九〇五年)で、当時、衆議院議員として政友会に属していた明治の政論家、竹越三叉(與三郎、一八六五—一九五〇)が、法律六十三号の施行延長を支持する議会演説を行なった際に、反対派議員の主張を揶揄して、「此台湾に向つて特別の制度を採らないで、其儘で唯日本の如くしやうと云ふならば、諸君は先づ台湾から代議士を選出しなければならぬことになる」と発言したことをとりあげている[七八頁]。一九三〇年代以降、台湾では、「国語」の普及や改姓名の奨励、また神社参拝の強制など、「皇民化」政策が強められていた。同化主義の植民地統治が、つねに抱えこむことになる矛盾を、三叉の口を借り指摘することを通じて、そうした動向に対する批判を、中村は論文の中にこめていたと言える。(8)後藤新平の著書再刊によせた「解題」でもこの発言を引き、植民地アルジェリアの住民に「本国市民と同様の権利と自由」を認めるフランスの「同化主義」と、日本との違いを指摘している[七頁]。「台湾同胞徴兵制実施の日にあたつて」と序文に記しているのは、「皇民化」政策に対する怒りの、遠回しな表明とうけとめるべきではないか。

実は竹越三叉は、中村にとって、父方の伯母の夫にあたる。中村は、幼時から親しく交わって、書斎に出入りし、その影響で、小学生のころには、この『新日本史』『二千五百年史』の著者にならい、歴史家になることを夢みていたという。[9] また三叉は、先に引いた議会演説で、植民地統治には現地の文化に適した「特別の制度」をしつらえる、英国のやり方を導入することを唱えた。この演説の前年、後藤新平の依頼で台湾を訪れて、『台湾統治志』(一九〇五年)を著わし、さらに植民地制度に関する概説書として『比較殖民制度』(一九〇六年)を書いている。これは後藤による台湾の現地調査事業の一つとも言え、これらの著書で三叉が主張したのも、英国流の、現地の習慣を尊重する統治方式であった。[10]

したがって、戦時下に後藤新平の著書を再刊するとき、中村は後藤の植民地統治論を透かして、そのむこう側に三叉の主張を見ていた。たとえば『日本植民政策一斑』には、満洲での「国語の普及」には、「人間の弱点」に乗じるやり方で、弁護士と医者を活用して「穏健」にすすめるべきだという主張が見える。[11] 現地の慣習尊重という立場と必ずしも矛盾するわけではないが、同化政策の発想とどれほど異なるのかは微妙である。だが、後藤の台湾統治策を、三叉の説く英国風の植民地統治にあくまでも沿うものとして、中村は再評価しようとした。

また、異文化地域である植民地の習慣や風俗の尊重は、中村みずからの学問上の関心に結びついた主張でもあった。中村が成城学園に通う中学生だったころ、一九二七(昭和二)年に、民俗学者、柳田國男がやはり成城の中村宅の近所に、新しく書斎を構えた。中村はそこへたびたび遊びにいき、柳田の著作や、J.G.フレイザーの『金枝篇』、グリム兄弟の民話集などに、早くからふれていたのである。[12]

そして、東京帝国大学法学部を卒業し、教授南原繁のもとで政治学史(西洋政治思想史)専攻の助手となったのち、一九三七(昭和一二)年三月、国民精神文化研究所に転出した井上孚麿(たかまろ)の後任として、台北帝大文政学部の憲法講座に着任する。そこで、医学部教授であった人類学者、金関丈夫(かなせきたけお)と出会い、雑誌『民俗台湾』の活動(一九四一―一九四五年)にも加わるようになる。この雑誌は、総督府による「皇民化」政策に対抗して、台湾現地の習俗や文化を記録し、研究する目的で始まったものであった。中村もまた、台湾の民俗に関する研究を、この雑誌にいくつかよせており、官憲の監視が強まる中、金関や中村の周囲は、日本人と現地の知識人のサロンのようになったという。[13] 戦後に至っても、中村は台湾を「第二の故郷」と呼び、台湾独立派の現地知識人と交流を保っていた。[14]

しかし、以上のような、現地の文化を尊重し、本国から独立した統治方式をめざす植民地政策の提言が、一九四〇年代前半にあっては「大東亜共栄圏」の建設という課題とも結びついていたことは、見おとせない。日米開戦の興奮のさなか、中村が雑誌『改造』によせた論説「民族戦争と強力政治」(一九四二年)には、次のような文言が見える。

米英の植民地統治策に対してわが国の統治策が区別せらるべき著しい特徴は東亜諸民族の協同主義政策でなければならない。東亜諸民族の歴史、文化、習俗の特殊性を認めつつ八紘一宇の理想を以て大東亜の政治的共同態を形成することであつて、その指導理念は政治的理想主義であると考へられる。[15]

ここに言う「協同主義」とは、平野義太郎の議論を引きながら、中村が「同化主義」の対義語として使っている言葉である。[16] この論説の中でもまた、かつて後藤新平が、これまでの日本の「外地政策」の中では例外として「理想主義的な植民政策」を行なったことをとりあげており、「協同主義」も「理想主義」も、この文脈のかぎりでは同じ内容を意味していると考えてよい。

日本による「指導」を前提としつつも、日本文化の異民族への強制は避けて、多文化がゆるやかに共存することと、植民地の統治組織の自律とを認める秩序。「大東亜共栄圏」の現実は、広域秩序の「指導国」とされた日本の自衛を、植民地住民を犠牲にしながら優先する形で進められ、神社参拝や改姓名などの急激な「皇民化」を伴うものであった。[17] 中村は、「大東亜戦争」の遂行それ自体は進んで認めながら、その中で、「共栄圏」を「東亜民族の解放と団結」という「理想」に沿うものにするべく、現実に対する提言を試みたのである。

こうした中村の広域圏構想は、総力戦のための「国防国家」と「東亜協同体」の建設という、一九三〇年代末からの新体制運動の課題にとりくむ過程で、考えだされたのに違いない。[18] だがそれは、これまでの政治学・憲法学における、国家や主権の概念をのりこえようとする、学問上の志向とも結びついていた。論説「軍政と占領統治の形態」(一九四二年)で中村は、「大東亜共栄圏の新らたなる地域に現れつつある法秩序の問題、統治形態の問題は、新らたなる法概念、政治概念を必要としつつある」と述べ、日本軍占領下の中国の諸都市やフィリピンに成立した、「わが国の軍事力に依存した土地住民の自主的な行政組織」のあり方が、従来の国境をこえ、日本国内の政治・経済の「再編成」をよびおこすという見通しを示している。[19]

これはたしかに、広域圏に新たに含まれた占領地での改革を、「内地」の体制改革へとつなげようとする発想ではあろう。大政翼賛会の地方支部を通じて意欲を広く養い、貴族院の一部に職能代表制をとりいれて、国民の政治参加を大きく広げることが、新体制運動にあたっての中村の主張であった。中国での現地人による治安維持会や、フィリピンの間接統治のあり方を、形だけ日本の国内体制になぞらえれば、代表議会であれ、あるいはほかの経路を通してであれ、国民多数の意見が、文武の官僚機構と拮抗しながら政治権力を作りあげる制度にはなりうる。

しかし、中村がこの論説で、占領行政機構への現地人参加の「自主」性をやたらと強調するところに、植民地民族の自律性が高いかのように、何とかして現実を意味づけ直そうとする努力がうかがえる。ここで中村は、中国の汪兆銘政権とドイツ支配下のフランス政府(ヴィシー政権)まで、そうした「自主」的統治組織の例として挙げるのである。日本の軍部と政府による汪政権の傀儡化への批判もここに読みとれるが、同時代に耳にしえた情報からしても、そうした組織の現状を「自主的」と本気で評価して、「大東亜共栄圏」の体制改革の範型にもちあげるのは難しいだろう。

したがって、中村の秩序構想が、現実による裏づけを欠いた、脆弱なものであったことは否めない。[20] やがて終戦による植民地の喪失と、新憲法の制定をへて、中村が国民国家を単位とする「近代憲法」の立場に戻り、「近代国家が前提としているような民族単位の政治形態そのものは、遠い将来においても変ることはないであろう」と断言するようになったのも、けだし当然ではあった。(21)

二 国家権力の「始原」へ

中村哲が一九四五(昭和二〇)年八月、日本の無条件降伏を迎えたのは、東京においてである。同じ年の四月に軍隊に招集され、負傷して東京で療養中に、身重の妻を台湾から呼び寄せたところ、妻は引き揚げの途中でデング熱にかかり、東京の病院で死去した。そのため、ついに台湾へ戻ることのないまま、翌年三月、台北帝大教授の職が廃官となったのである。

政府によるポツダム宣言受諾の直後、九月に中村は、大学時代の師の一人であり、新体制運動にかかわるなかだちともなった政治学者、矢部貞治(さだじ)に請われて、憲法改正案の作成研究会に加わっている。それは一〇月一日に完成し、その骨子を中村は、「憲法改正と天皇制」と題して、終戦直後に続々と創刊された総合雑誌の一つ、『潮流』の第一号(翌年一月号)に発表した。(22)

中村の構想は、帝国憲法に議院内閣制を規定し、事実上の「議会主権」を確立することで、「国家構造の民主化」の要請に応えようとする。そして、戦前と戦中の「軍国主義」勢力が、帝国憲法を天皇主権を規定するものであるかのように喧伝したことを批判して、この憲法における「統治権の主体」は天皇でなく国家と考えるのがふさわしく、国家による「統治権」行使の方式としては、むしろ「議会政」「民主政」を、本来この憲法は前提としていると説いた。したがって、根本からの改正はさしあたり必要ない。こうした主張は、同じ時期に日本の政党や知識人から現われたいくつもの憲法改正構想と、さほど違いがない。

だが、中村の議論は、「天皇制」――一〇月一〇日の、徳田球一ら「日本共産党出獄同志」による声明「人民に訴ふ」をきっかけに、この言葉が流布し始めていた――について、憲法理論としてまとまった見解を示し、帝国憲法第一条の規定「大日本帝国ハ萬世一系ノ天皇之ヲ統治ス」に部分修正を施そうとする。

従来の法学者たち――京城帝国大学で活躍した、尾高朝雄と清宮四郎を念頭においている[23]――の見解に従うなら、この第一条は、「憲法の基礎となる根本規範」の位置にある「國體の規定」であり、ほかの各条文の根柢をなすものである以上、それを改正することは、憲法秩序全体の破壊につながり、許されない。しかし中村は、これを保持しつつ、あえて一部修正することが、「肇國の日」以来、連綿と続いてきた「國體」をさらに明らか(「明徴」)にすることにもなるとした。

「國體」つまり「天皇制」の本質について、中村はこう語る。日本の「民族」は、自分たちを「血縁」で結ばれた集団と考えており、その「血縁的な民族の表象」として、天皇を「民族の家長」とみなし「崇仰」してきたのである。そして、「天皇の本質は欧州の君主と異って古代ながらの祭祀君主たる点にある」。政治の運営からは「分離」され、「皇大神宮」すなわち天照大神を祀る「祭主」として宮中祭祀につとめることを通じ、「民族の栄誉」を保つのがその役割である。国務上の大権を大幅に認めた帝国憲法の規定は、むしろ余計な条文として伝統に反するのであり、権力者と区別された「権威者」としての徳川時代の天皇のあり方が、「本来的なもの」にほかならない。中村は、憲法の改正案として、天皇の国務上の大権を、すべて政府に移すべきだとしながら、「連合軍の神道排撃の指令さへなければ」祭祀大権を条文に規定するのが本来ふさわしい、とまで説く。

また、帝国憲法発布の際の勅語に見える、「我カ祖我カ宗ハ我カ臣民祖先ノ協力輔翼ニ倚リ我カ帝国ヲ肇造シ」という文句に基づいて、「肇国の日」から、「国民の参政」が「國體」の観念の中に含まれていたとする。それが「わが国の古来の理念たる一君万民、君民一体の思想」であり、それを実現するためには、ヨーロッパで「議会政の危機」

が叫ばれる現代においては、議会制度だけでなく、「天皇御躬ら国民投票を問はれる大権」を設けて、国民発案と国民投票による「直接民主政」を加える必要があるとした。一君万民の理想からすれば、「天皇は議会と結ばれるのではなく、国民そのものと結ばれる」のが、日本の「國體」にかなったデモクラシーであり、その確立をはっきりと示すために、第一条は「萬世一系ノ天皇臣民ノ輔翼ニ依リ之ヲ統治ス」と修正するべきだ、と中村は唱えている。

日本の「國體」が「一君万民」の理想をともない、国民の政治参加を求めるものだという理解を、中村はすでに、新体制運動にあたって、大政翼賛会を「一国一党」の実質をもつ「革新体」に変えようとする裏づけとして何度も表明していた。そこでは、孝徳天皇の詔や聖徳太子の憲法十七条なども引きながら、「一君万民の国民政治」の実現こそが、日本国家の「根本理念」に即すると説いて、天皇親政の「國體」観から翼賛会を「幕府的存在」と攻撃する勢力に対し、反批判を加えたのである。[24]

だが、「國體」に関する中村のこうした見解は、新体制運動に際しては「國體」の名をふりかざす守旧派に、終戦直後では「天皇制」の打倒を唱える左翼に、それぞれ批判を加えるための論法として、こしらえたものではない。それは、「憲法改正と天皇制」の中に見える言葉を借りれば、成文憲法をはじめとする実定法で定められた法秩序に先行し、その法秩序がなりたつ基盤をなしている、民族の「信仰と感情」に対するまなざしに、由来するものであった。人と人とが、日常の生活で交渉するなかで、たがいの間にあると感じている、何らかの秩序。それを感じとる強度は人により違っても、そうした紐帯があることを、暗黙のうちに前提とするからこそ、社会における交渉は可能となるのであり、実定法の体系も、これに根ざすことによって、妥当なものとして受けいれられる。こうした、複数の自己の間にあり、制定された法規範ほどに具体化していない、ゆるやかな秩序を備えた領域を、ヘーゲルならば「客観的精神」と呼び、中村が親交をもっていた、三木清の構想力論ならば「制度」と呼ぶだろう。[25]

「大東亜戦争」中に発表した論文「憲法制定権について――帝国憲法第一条に関する昨今の学説について」(一九四三

年）の中で中村は、こうした領域のことを、実定憲法の基礎となる「それ以前の政治秩序」、あるいは、「歴史的に生成する民族の固有の秩序」と呼んでいる。そしてそれは、「國體の秩序」として、帝国憲法第一条の規定に表われているとした。したがって、同じく天皇に関する規定でも、天皇が「統治権ヲ総攬シ此ノ憲法ノ条規ニ依リ之ヲ行フ」とした第四条は、そのほかの条文と同じく、「國體」を基礎としてなりたつ具体的な法組織としての「政體」を規定したものとして、区別される。[26]

この論文で中村が、同じく「客観的精神」や「制度」に相当する領域を理論化しようと格闘を続けていた、ドイツ・オーストリアではカール・シュミットとハンス・ケルゼン、日本では黒田覚と尾高朝雄といった法学者たちの著作と対話しながら、議論を進めていることに注意したい。[27]そうした関心は、近代の個人主義・自由主義に対する批判が噴出してきた二〇世紀初頭の思想潮流を背景にして、一九世紀ドイツの保守主義政治理論の分析を試みた、中村の助手論文「シュタールの国家理論」（一九三六年発表）にも、すでにうかがえるものであった。[28]

だが中村の場合、実定法秩序の基礎をなす「固有の秩序」への問いは、現存の法秩序に関する分析理論よりも、むしろそうした「秩序」の習俗としての起源を探る、歴史の探究へと向かっていた。終戦前、中村が最後に発表した論文は、ハインリッヒ・ブルンナーやオットー・フォン・ギールケ、さらにJ. G. フレイザーの見解をもとに、ゲルマン諸部族の戦士集団から、民会を基礎とする「国民君主」、祭祀者としての君主の発生をへて、国家権力が成立する過程をたどった大作、「ゲルマンの国家観念——君主権の発達に関連して観たる」（一九四五年）である。[29]

しかし、「固有の秩序」としての「國體」がこれまで継続してきたことを、歴史事実として語れるとしても、今後もそれが連続するかどうかは、国民の「信仰と感情」のありように左右されざるをえない。中村は穂積八束の議論を引照しながら、「國體の秩序は國民の法的確信によつて支持されてをり、この法的確信は國體の秩序が歴史的に將來に不變であるとする確信をも伴つてゐる」と説いていた。[30]だが終戦と占領軍による改革指令、さらに天皇自身の神格否定の詔書(いわゆる人間宣言)と日本国憲法草案の登場をへて、国民の天皇に対する「感情」それじたいが、大きく変わってゆくことになる。

終戦を通じての国民の意識の大きな変化を、中村が痛感したきっかけは、一九四六(昭和二一)年五月一九日、宮城前広場に二五万人が集まった「飯米獲得人民大会」、いわゆる食糧メーデーにおけるデモ行進であったと思われる。この時デモ隊は、米の即時配給を求めて、「天皇制」の廃止を唱える共産党の指導のもと、「朕はタラフク食ってるぞ」と揶揄の文句を書いたプラカードもかかげ、代表一二名が天皇に会見しようと宮内省におしかけたのである。この事件に対して中村は、論説「デモンストレーション論」を、『潮流』六月号に発表し、「デモは権力の中心に向って放たれる民衆の率直な意思であるから、現在の権力の中心である天皇に向けられたのは当然であった」と、デモに参加した「民衆」を支持した。[31]

この時、「勤労者の利益を代表し得てゐない」議会をとびこえ、じかに「権力」へ要求をつきつける民衆は、明らかに天皇に対して抗議の矛先をむけていた。それは、天皇に対する従来の「信仰」が、すでに崩壊していることを、まざまざとつきつける。「デモンストレーション論」ののちに執筆し、占領軍の事前検閲により公表を禁じられた論説「武装なき国家の前途」(『新生』一一月号に載る予定であった)で中村は、天皇に対する感情に旧来含まれていた「信仰的要素」は、「ファッシズムの新たな温床」となる危険性をはらんでおり、「いま天皇制の擁護を説くものの政治的役割は、国民にある絶対君主観に媚びようとするもので、決して国民の迷妄を改変せしめるようなものではあり得ない」と断じている。[32]そして、「個人の独立と責任を前提とする近代社会の人間観」とデモクラシーを日本に根づかせるためには、「東洋的な停滞性」の所産である「天皇制」への信仰を「批判」しなくてはいけない、と説くようになる。[33]

だが、天皇と国民と、そして天皇信仰と中村自身との蜜月時代は、終わったのである。

だが、戦後の社会において、法政大学の教授・総長、新憲法を護持する「戦後民主主義」の論客として華々しく活躍するかたわら、君主権力の起源に対する関心を、中村は終生保ちつづけた。神話と民俗学の知見に基づき「天皇制」の由来を論じた、「君主虚政と農耕祭祀」(一九七八—七九年)を代表として、琉球、中国、朝鮮をはじめ、ペルシア帝国、アラブ・イスラーム・ウンマ、ロシア帝国まで、さまざまな王権神話(もしくは信仰)に関する論文を一九七〇年代から続々と発表し、その多くは晩年、最後の著書となった『宇宙神話と君主権力の起源』(二〇〇一年)にまとめられている。

「君主虚政と農耕祭祀」の中で中村は、律令国家の確立にともなって、天皇が「現人神」として崇拝の対象になり、「家父長[制]国家観」が前面にうちだされる前には、天皇が祭主として祀る、天照大神に対する信仰が、天皇より上位にあるものの存在を、人々に意識させていたと推測する。こうした見解は、中村自身も参照している本居宣長以来、国学の思想潮流にみられるものであり、目あたらしくはない。だが中村はそれに加え、折口信夫の大嘗祭論を独自に発展させ、中世伊勢神道の経典『倭姫命世記(やまとひめのみことせいき)』を根拠として、天照大神の信仰のさらに根源には、太陽を祀る巫女としての「大日孁貴(おほひるめのむち)」への崇拝があり、巫女の神話は、父権制社会の前代にあった、始源の母権制社会の痕跡をとどめていると説いた。(34)

もともと中村哲が、はじめフリートリッヒ・シュタールの君主制論から、政治思想の研究を出発させたのには、「ドイツ・ロマンティク研究の一端として」、アダム・ミュラーなどドイツ・ロマン派の保守主義思想を、シュタールが批判しながら継承した側面に対する関心があった。(35)中村はまた、早くから文藝への志向をもっており、大学時代には第一一次『新思潮』の同人に加わり、台湾においても雑誌『文藝台湾』『台湾文学』で活躍している。

そして、戦後に発表した文章「鏡花の神女」(一九七六年)が、巫女に対する関心とのかかわりで、興味ぶかい。中学生のころから泉鏡花の小説を愛読していたと回顧したあとで、その文学に「古来の巫女の世界」を見た、柳田國男の随筆「這箇(しゃこ)鏡花観」(一九一五年)、そして、ドイツ・ロマン派文学との共通性を指摘した、齋藤野の人「泉鏡花とロマンチク」(一九〇七年)を、共感をこめてとりあげながら、中村は鏡花の花柳小説につき、こう語っている。

日本の花街は、社寺を中心とした始原の時代の巫女の存在と同じ意味の歴史をとどめていると思うが、鏡花はそれを語って、時には藝妓、時には娼婦のなかに、この意味の神なる女性を見ようとする。それが柳田國男、折口信夫、中山太郎、また南方熊楠にある、書かれざる文字なき時代の日本人の始原的なるものへの愛情である。(36)

歴史の「始原」を求める心は、やがて「神なる女性」の世界へと行きつく。ここに見える、巫女に象徴される女性原理としての「始原」への憧れが、国家と王権の起源を探ろうとする、中村の情熱をはじめから支えていたのではないか。少なくとも、「天皇制」批判を表むきで語りながら、大学の紀要には王権神話の分析を熱心に書き続けた、戦後の中村の姿は、いかにもロマンティークらしい分裂を感じさせる、と言うことはできそうである。

注

(1) 近藤正己『総力戦と台湾――日本植民地崩壊の研究』(刀水書房、一九九六年)三八一―三九七頁、伊藤潔『台湾』(中公新書、一九九三年)一三一頁、防衛庁防衛研修所戦史室『戦史叢書・大本営陸軍部〈9〉』(朝雲出版社、一九七五年)五〇―五六頁。

(2) 後藤新平/中村哲解題『日本植民政策一斑・日本膨張論』(日本評論社、一九四四年)序文二頁。以下、資料の引用にあたっては、原則として現行常用漢字体を用いる。なお、この書物の担当編集者が、戦後に『埋もれた金印』(一九五〇年)や『東アジア世界の形成』(一九六六年)を書くことになる日本古代史学者、藤間生大であったこと(前掲書、序文同頁)も興味ぶかい。

(3) 林正子「伝記にえがかれた後藤新平像――戦中・戦後を中心に」上(立教大学『史苑』三七巻一号、一九七六年一二月)。

(4) 中村哲「解題」(後藤前掲書所収)六―八、一七頁。後藤が英国流の植民地統治方針を語ったとする根拠として、中村は戦後の論文「植民地法(法体制確立期)」(鵜飼信成ほか編『講座 日本近代法発達史』第五巻、勁草書房、一九五八年、所収)二〇二頁で、後藤の新聞論説「台湾経営上旧慣制度調査ニ関スル意見」(一九〇〇年)を挙げているが、そこで後藤自身が英国の名を挙げているわけではない。鶴見祐輔『後藤新平』第二巻(復刻版、勁草書房、一九六五年)三九四—四〇〇頁を参照。

(5) 中村哲「六三問題——殖民政策史における憲法問題」(台北帝国大学文政学部『政学科研究年報』第七輯、一九四一年一一月)七六、八〇、九三—九四頁、「植民地立法における同化政策——「六三問題」以後の律令権の問題」(『国家学会雑誌』五六巻四号、一九四二年四月)一〇五、一一二頁。この二つの論文は、『植民地統治法の基本問題』(日本評論社、一九四三年)に収録されることになる。「六三問題」には、松岡修太郎・清宮四郎による「外地法」研究への参照指示も見える(七一、七七頁)。

(6) 中村前掲「植民地法(法体制確立期)」一七七頁。この論文と論文「六三問題」をめぐっては、東京大学大学院総合文化研究科における、臼井隆一郎教授主宰のジョイントセミナー「東アジアにおけるドイツ・イデオロギー 国民国家化と植民地化」での、福岡万里子氏のご報告、松平徳仁氏のコメント(二〇〇五年六月二一日)から、多くのご教示を頂いた。

(7) 中村前掲「植民地立法における同化政策」一〇六—一一二頁。

(8) 近藤前掲書、一五五—一八九、四二二—四三六頁、菅浩二『日本統治下の海外神社』(弘文堂、二〇〇四年)第五章・第八章を参照。ただし、中村の議論には、「植民地に対する政治的・法的表現は大和民族の「温情」的感情にも通づるものであつて、わが国の植民政策は決してヨーロッパ的な冷酷さを感情的に許容してはゐないのである」(前掲「植民地立法における同化政策」一〇八頁)として「法令延長主義」を支持する表現も見えるが、これはむしろ、言論統制との抵触を避けながら、現状とは別種の「温情」のあり方を提起しようとする発言と読むべきだろう。

(9) 中村哲『わが学芸の先人たち』(法政大学出版局、一九七八年)二六二—二六七頁、同「解説」(竹越與三郎『二千五百年史』第五巻、講談社学術文庫、一九七七年)二六一頁。

(10) 竹越與三郎『台湾統治志』(博文館、一九〇五年)五七—七三頁、同『比較殖民制度』(読売新聞社、一九〇六年)四〇—四三、二四〇頁。三叉の植民政策論については、小熊英二『〈日本人〉の境界』(新曜社、一九九八年)一四二—一四三、一七五—一七九頁も参照。

(11) 後藤前掲書、一二八—一二九頁。

(12) 中村前掲『わが学芸の先人たち』三三二頁、同『柳田国男の思想』下巻(講談社学術文庫、一九七七年)一六八―一八九頁、「座談会・中村哲先生を囲んで」(法政大学沖縄文化研究所『沖縄文化研究』一六号、一九九〇年)三八一―三八三頁。

(13) 前掲「座談会・中村哲先生を囲んで」三九一―三九六頁、池田鳳姿「『民俗台湾』創刊の背景」(前掲『沖縄文化研究』一六号)など。『民俗台湾』に関する研究としては、呉密察「『民俗台湾』発刊の時代背景とその性質」(藤井省三ほか編『台湾の「大東亜戦争」――文学・メディア・文化』東京大学出版会、二〇〇二年、所収)、坂野徹『帝国日本と人類学者 一八八四―一九五二年』(勁草書房、二〇〇五年)二六七―二七九頁、がある。

(14) 中村哲「戦後史と台湾の運命」(『九州産業経済新聞』一九七〇年六月一日、小石原勇編『三十七年間の友情』福岡・明眸社、一九八五年に再録)、飯田泰三「解題」(中村哲『宇宙神話と君主権力の起源』法政大学出版局、二〇〇一年、所収)四〇七頁。

(15) 中村哲「民族戦争と強力政治」(『改造』二四巻二号、一九四二年二月)六七頁。

(16) 中村前掲「植民地立法における同化政策」一二二頁、平野義太郎「民族政策に就ての基礎考察」(『思想』二三四号、一九四一年一一月)。平野の「協同主義」については、酒井哲哉「日本外交史の「古さ」と「新しさ」――岡義武「国民的独立と国家理性」・再訪」(『国際関係論研究』一三号、一九九九年)を参照。なお、平野は後藤新平の妻の姪と結婚しており、その関係で、中村は『日本植民政策一斑・日本膨張論』の出版にあたって平野に助言を仰いでいる(序文一頁)。

(17) 当時の「大東亜共栄圏」構想をめぐる概観として、酒井哲哉「戦後外交論の形成」(北岡伸一ほか編『戦争・復興・発展――昭和政治史における権力と構想』東京大学出版会、二〇〇〇年、所収)がある。「大東亜共栄圏」における「指導国」の存在を強調する矢部貞治と、広域圏理論を批判して国民国家の分立を唱えた南原繁と、二人の師の中間の立場に、中村の構想を位置づけることもできるだろう。源川真希「「大東亜共栄圏」思想の論理とその帰結――政治学者矢部貞治を中心に」(東京都立大学『人文学報』三〇六号、二〇〇〇年三月)、拙稿「平和への目覚め――南原繁の恒久平和論」(『思想』九四五号、二〇〇三年一月)を参照。

(18) 中村と昭和研究会・新体制運動とのかかわりについては、酒井三郎『昭和研究会――ある知識人集団の軌跡』(中公文庫、一九九二年)一二六頁、矢部貞治『矢部貞治日記』銀杏の巻(読売新聞社、一九七四年)二七三、三三二、三三四頁、を参照。中村の新体制構想は、これまでの地方利益に縛られた政党政治を脱し、はば広い国民組織の上に立つ、「一国一党」の強力な政治指導体制を作りあげ、それを基盤にして少人数の政治家が構成する、強力な内閣の「政治力」をばねとして、議会勢力の刷新と、軍部への統制(「国務と統帥の調和」)をめざすものであった。中村哲「万民翼賛と一国一党」(『改造』二二巻二三号、一九四〇年一二月)、同「日本的形態における国家と党」(『改造』二三巻一三号、一九四一年七月)、同「現代政治の基準」(『日本評論』一六巻一〇号、一九四一年一〇月)などを参照。

(19) 中村哲「軍政と占領統治の形態」(『日本評論』一七巻四号、一九四二年四月)三六頁。当時の中国、フィリピンでの日本の占領行政については、小林英夫『日中戦争と汪兆銘』(吉川弘文館・歴史文化ライブラリー、二〇〇三年)三七―四二頁、中野聡「宥和と圧制――消極的占領体制とその行方」(池端雪浦編『日本占領下のフィリピン』岩波書店、一九九六年、所収)を参照。

(20) ただし、論文「六三問題」八六―八七頁で、日本の台湾支配の最初期に、総督による立法案を審議する台湾総督府評議会に「台湾住民」も参加させる構想が練られていたことを指摘して、『植民地統治法の基本問題』第四章でも、国家から独立した中国の「村落自治体」の伝統に根ざす治安制度として、(後藤新平も採用した)台湾の保甲制度に着目している。これを考えあわせれば、現実の治安維持会やフィリピン行政府よりも、現地人による自律性の高い自治組織を、中村が考えていたと見ることもできるだろう。

(21) 中村哲『日本国憲法の構造』(再版、御茶の水書房、一九五七年)四―九頁、「武装なき国家の前途」(一九四六年執筆、前掲『沖縄文化研究』三一号、二〇〇五年。この資料については浅野豊美氏のご教示を通じ知ることができた)二一六頁。

(22) 中村哲「憲法改正と天皇制」(『潮流』一巻一号、一九四六年一月)。執筆の背景について、中村哲「『戦後民主主義の原点』私註」(法政大学『法学志林』八三巻一号、一九八五年九月)、飯田前掲「解題」四〇八頁、矢部前掲書、八四〇―八四四頁、を参照。

(23) 中村哲「憲法制定権について――帝国憲法第一条に関する昨今の学説について」第一回(『国家学会雑誌』五七巻六号、一九四三年六月)四〇―四二頁。ここに言う「根本規範」と、ハンス・ケルゼンによる根本規範(Grundnorm)の概念との異同についても、同じ箇所で説明がなされている。参照されているのは、清宮の「憲法改正作用」(一九三八年)、尾高の『実定法秩序論』(一九四二年)といった著作である。中村自身は、「根本規範」の意味を「実定憲法以前の歴史的な憲法」と読みかえ、カール・シュミットの「具体的秩序」思想と、フリートリッヒ・シュタールが説いた、「世襲的な王室秩序」に基づく「正当性」思想とに結びつけて、帝国憲法第一条の解釈に用いた。戦後、日本国憲法に関して中村は、宮澤俊義による八月革命説をうけいれて国民主権への転換を是認したが、前文に見える民主主義・平和主義・国際主義の原則が、主権者たる国民も改正できない「基本的な規範」であると説くようになる。前掲書『日本国憲法の構造』一二二—一二三頁を参照。

(24) 中村前掲「万民翼賛と一国一党」、および「日本的形態における国家と党」。

(25) 中村雄二郎『中村雄二郎著作集Ⅱ・制度論』(岩波書店、一九九三年)六—三〇頁を参照。三木清との交流について、中村哲は随筆「三木さんのこと」(『知識階級の政治的立場』小石川書房、一九四八年、所収)で語っている。

(26) 中村前掲「憲法制定権について」第一回、三九、四七頁、同第二回(『国家学会雑誌』五七巻七号、一九四三年七月)四五、五五頁。この論文でも、日本の「國體」は「臣民翼賛の契機」を含み、「君民倶治」が内実であるとされる。また、第一条と第四条の違いを強調する中村の解釈は、台湾総督の立法権が、帝国議会の審議手続から独立し、第一条に言う天皇の「統治」に直結するという理解(前掲論文「六三問題」七三—七四頁)とも関連していた。

(27) こうした「ロゴスとパトスの織り成すノモス的空間」を論じようとした法学者・哲学者たちの系譜については、石川健治「制度伝説——『自由と特権の距離』補遺」(樋口陽一ほか編『国家と自由——憲法学の可能性』日本評論社、二〇〇四年、所収)を参考にした。中村の前掲論文「日本的形態における国家と党」には、カール・シュミットの政治思想の影響が色濃い。だが、ケルゼンやシュミット、あるいは清宮四郎や黒田覚が批判した、ゲオルク・イェリネック－美濃部達吉の国家法人説に対する中村の態度は、彼らより中途半端である。論文「民族・国家および主権」(『思想』二三四号、一九四一年一一月)では、国家法人説が、ドイツ・ロマン派の説いた「民族共同態の理念」の後継者であると解し、国家を法的主体として扱う「近代の法体系」のもとでの、その「法技術的な役割」を再評価している。

(28) 中村哲「シュタールの国家理論」第二回(『国家学会雑誌』五〇巻二号、一九三六年二月)七六—七八頁、同第四回(同五〇巻四号、一九三六年四月)七八—八一、八九—九二頁。

(29) 中村哲「ゲルマンの国家観念——君主権の発達に関連して観たる」(前掲『政学科研究年報』第九輯、一九四五年三月)。また、「祭祀大権と皇室祭祀令」(『台法月報』三五巻四号、一九四二年四月)では、皇室祭祀令などが規定する、天皇の「祭祀大権」について、記紀や『神皇正統記』の記述にその伝統を探ってもいる。

(30) 中村前掲「憲法改正と天皇制」四九頁、同前掲「憲法制定権について」第二回、四八頁。なお、天皇と天照大神に対する崇拝が、日本民族の「信仰」であり、帝国憲法第一条の規定を支えていることと、第一条に言う「統治」は植民地にも及ぶとする憲法解釈との関係を、中村がどう考えていたかは判然としない。前掲論文「祭祀大権と皇室祭祀令」二六頁、「憲法制定権について」第二回、四六、五一頁の記述からは、植民地神社と現地の信仰習俗との穏健な(?)併存を望んでいたようにもうけとれる。

(31) 中村哲「デモンストレーション論」(『潮流』一巻六号、一九四六年六月)六九頁。「現在の権力の中心」という表現は、新憲法草案がまだ審議中であることを意識しているのであろう。食糧メーデーについては、川島高嶺『敗戦』(読売新聞社、一九九八年)二六二—二九〇頁、原武史『皇居前広場』(光文社新書、二〇〇三年)一四四—一四七頁、に詳しい。ただし食糧メーデーよりも前、新憲法の草案公表の直後に、すでに中村は、デモクラシーと世襲君主制とが本来は両立しないという見解をほのめかしてはいた。中村哲「憲法改正草案の論点」(『大学新聞』一九四六年三月二一日)を参照。

(32) 中村前掲「武装なき国家の前途」一一五—一一六頁。

(33) 中村哲「憂慮すべき新憲法の前途」(『大学新聞』一九四六年七月二日)、同「日本的民主主義の批判」(同前掲『知識階級の政治的立場』所収)一四七頁。中村は前者の論説で、八月革命説に対する支持を明言して、美濃部達吉の新憲法草案理解を批判し、後者ではマルクス主義の立場に近づき、デモクラシーを「完全」なものにするには、「東欧でいわれている人民的民主主義」および「毛沢東のいう新民主主義」の方向をとるべきだと主張する(同一四八頁)。

(34) 中村前掲『宇宙神話と君主権力の起源』二〇〇—二〇一、二三二—二三四頁。

(35) 中村哲『国法学の史的研究』(日本評論社、一九四九年)「はしがき」二頁。

(36) 中村前掲『わが学芸の先人たち』二八六頁。

第七章　誰に向かって語るのか

――〈大東亜戦争〉と新秩序の言説

有馬　学

はじめに――本稿の課題

「大東亜共栄圏」の建設は、戦時期の日本が戦争目的を説明する公定イデオロギーであった。しかしながら、スローガンとしての言葉そのものはいざ知らず、政策や世界観としての大東亜共栄圏の内実については、その説得力にははじめから自信を持つ者はむしろ少なかった[1]。大東亜共栄圏に内実を与えようとするさまざまな試みは、敗戦直前まで持続的になされていた。それは同時に、盟主的存在としての日本という、現実と理念双方における前提と、しかし帝国主義や植民地主義は否定しなければならないという制約の間の矛盾を、既存の国際法理念との関係の中でどう解くかという、同時代の〈学知〉が直面した課題でもあった[2]。一九四三年一一月の大東亜会議で発表され、大東亜共栄圏の一応の定式化と考えられた「大東亜共同宣言」も、共栄圏をポジティブにアピールしようとする意図と修正をはかる意図との力学の中で成立したものと言える[3]。本稿の課題は、そうしたさまざまな試みを検討することによって、戦時期日本が世界を説明しようとした枠組みの性格を明らかにすることである。

本稿ではこの課題を検討するにあたって、東京帝国大学法学部教授であった矢部貞治の言説を主要な素材としてとりあげる。矢部を対象とする理由はいくつかあげられる。まず第一に、伊藤隆の研究[4]以降もはや周知のことであるが、矢部は高木惣吉が主催する海軍省調査課の研究会の中核メンバーとして、海軍の政策立案に深く関わっていた。本稿の関心に即していえば、とりわけ戦争目的や共栄圏理念の理論化に中心的に関与している。第二に、共栄圏に理論的説明を与え、あるいは内在的に批判しようとする、個人やグループのさまざまな試みの多くに、矢部は多様な接点を持っていた。注目すべきは、こうした試みの中から戦争目的論の再構築が行われ、それが否応なしに戦後構想を語らせることになった点である。

矢部は海軍省の研究会のみならず、外務省出身で初代内閣情報局総裁の伊藤述史が主宰する研究会、総力戦研究所、国策研究会、欧洲新秩序研究会(外務省欧亜局)、火曜会(同盟通信社)、調査研究動員本部等にかかわっており、また京都学派とも接点を持っていた。矢部の言説を検討することは、一面で競合しつつ他方で重なり合う、それなりに多様な言説の相互連関を通して、同時代〈学知〉の差異と同一性という問題に接近することを可能にするであろう。

この点に関して本稿では、差異よりも同一性により関心を払い、なぜある時期に類似の発想が反復されるのかという観点にウェイトを置くものである。そのことは、次の二点で本稿の視点を示すことにもなる。第一は、一見異なるように見える立場や観点が、同じ人間の言説にどのように共存し得るかを検討することを通して、外部の視線からは矛盾に満ちているように見えても、その内部(たとえば共栄圏論)にそれ自体が持つ一定の論理性が存在することを明らかにしようとするものである。矢部貞治に即してやや具体的に説明すれば、以下のようなことになろう。

矢部は開戦記念日に当たる一九四四年一二月八日の日記に、「戦局熾烈の極だ。土にまみれ、血にまみれても戦ひ抜かねばならぬ。」と記している。[5] この記述に限らず、矢部は最後まで徹底抗戦論者であった。他方で同日の日記には、自著『新秩序の研究』[6] について、「防空服装のまゝで校正を完了した」、「正に戦火のさ中で出る本といふべし」という記述がある。このような感慨をこめて出版された『新秩序の研究』の中でも、たとえばE・H・カーに対する高い評価は維持されていた。矢部は同時にまた、エドガー・スノウについても高く評価していた(もちろんカーと同様に結論的には否定されるのだが)。スノウの『アジアの烽火』を大東亜省訳で読んだ矢部は、「広い研究と実地の踏査とブリリアントな識見を持った素晴らしい本」(『矢部日記』一九四四年六月四日)、「近来の読み物」(同五日)と記している。

筆者の関心は実のところ、カーに共感しスノウを評価し、なおかつ「血にまみれても戦ひ抜かねばならぬ」とする立場はいかに可能だったのかというところにある。もとより矢部が戦争末期になって観念右翼に転身したわけではない。今日の眼からは一見相反するかに見える立場を、同一の人格の中で連環させ得る論理性とは何かを確かめることは、「大東亜共栄圏」というアイディアの内的論理性を、あるいは問題性を明らかにすることでもある。

本稿における差異と反復に関する第二の視点は、否定の反復への着目である。「大東亜共栄圏」が政策スローガンのレベルでは誰にも反対できない正統性を付与されつつも、他方でなぜ繰り返し自己矛盾と空疎さを指摘され続けたのかという点に、改めて注目してみたい。なぜなら共栄圏を否定する語り口は、逆に共栄圏理念を説明する枠組みがどのような特徴を持っていたかを照射すると思われるからである。

そのことを確認するために、海軍省調査課の研究会における興味深い発言をたどってみよう。たとえば一九四一年九月三〇日の思想懇談会では、戦争に関する「在来の標語」がやり玉に挙げられたが、そこでの議論は「八紘一宇」の説明能力に対する懐疑と批判で満たされている。主宰者側である調査課の扇一登中佐自身が、「支那事変は途中から敵がはつきりしなくなつて来た。そこで八紘一宇や共栄圏などにもつて行かなければならないところへ来たのだと思ふ」と述べ、「支那事変などの生ぬるい戦争で生れたスローガンでは駄目だ」と断じている。藤田嗣雄に至っては、「八紘一宇は下のもの〔プリンシプル、プログラム〕がはつきりしない。何をやらうとするためのスローガンかわからない」ときわめて冷淡である。[7] また同年一〇月七日の外交懇談会でも、「日本が占領すれば「栄」に非ずして「貧」になるのが現実である」(三枝茂智)、「アメリカの場合は一〇〇奪へば七〇返す。〔中略〕日本は取るのみで与へるものはなく、日本のみが唯一の市場にもなつてゐない。〔共栄圏が〕「共貧圏」になることは日本人自身がよく覚悟してかからねばいけないことだ」(松下正寿)、「大東亜共栄圏とは何のことか、それを明らかにして貰いたい。いろ〳〵読んで見たが矛盾だらけで把握できなかった」(田村幸策)などの発言が続いている。[8]

興味深いことに、「大東亜共栄圏」が内実を持たないことの承認は、共栄圏イデオローグによっても共有されており、海軍省調査課の研究会は、共栄圏理念構築の場であると同時に批判の場でもあった。[9] 矢部貞治自身による対米英開戦後の発言も、そうした状況を意識したものと考えられる。海軍の政治研究会(一九四二年一月九日)における矢部と天川勇の議論をまとめた文書（「大東亜戦争ノ目的トシテ確立サルベキ大東亜共栄圏ノ具体的内容」）の語り口は、「ソノ語ノモツ不明確性ノ故ニ之ヲ排斥スル要ハナシ」、あるいは「現実性ニ乏シキガ如キヲ以テ一ノ観念的ナル概念ナル如ク考ヘラル、虞アルモ大東亜戦争ノ目標トシテ使用スルニハ憚ナカルベシ」などというものであった。[10] ここでは共栄圏の意義を一義的に語り得ないことはあたかも与件であり、そのことを隠蔽する努力もなされていない。

このように、まさに〈自虐的〉ともいえるほどに反復される公定イデオロギーへの懐疑、もしくはそれが内実を持たないことの承認は、逆に共栄圏論に内実を与えようとする努力が背負わされた一定の拘束を示唆するものである。「八紘一宇」という〈歴史〉が自動的に共栄圏の必然性を説明するわけではないとするなら、説明の努力は何らかの形でそれ以外の知的枠組みを前提になされざるを得ないということである。具体的な議論を引こう。

先に引いた一九四一年九月三〇日の思想懇談会では、藤田嗣雄が「アメリカでは自分の主張する門戸開放、機会均等と日本の八紘一宇がいかなる関係に立つかと反問して来る。その主張を打破するだけの思想が八紘一宇にあればよいのだが、遺憾乍ら無い」と述べ[11]、同年一一月一三日の外交懇談会では、神川彦松が「向ふ〔アメリカ〕の言い分は極めて合理的一般的の立言であり、誰が見ても文句がつけられぬやうになつてゐる」と述べたのに対して、松下正寿は「向ふの言ひ分を表面上採り入れて、内面から之を攻撃することもできる。例へば freedom of the sea, gracial〔racial カ〕 equality の如し、〔中略〕かうなつた以上は、世界に通る理屈で、而もアメリカが内心恥ぢるやうなものを採り上げることができる」と応じている。[12]

これらの語りが示すものは、「合理的一般的」な説得力（「世界に通る理屈」）の必要性である。そこにおける〈合理性〉、〈一般性〉が西欧近代知を引照基準とするものであることは言をまたないが、ここではそれが自問自答の中で引照されていることが重要である。そもそもさかのぼって考えると、共栄圏論に先行する東亜新秩序論や東亜協同体論は、想定する「協同体」構成員から、理論的にも実体的にも支持を調達することはできなかった。のみならず、東亜協同体論の諸論考が、想定する「協同体」構成員への説得力を期待していたかすら疑問である。いささか乱暴に言えば、それらは論者（日本の知識人）にとっての自己説得の論理でしかなかった。だが米英の世界秩序論と現実に対峙するに至って、共栄圏論は自己説得の論理ではありつつも、近代知を引照基準とする自己説得という形式（「世界に通る理屈」）を持たざるを得なくなったと言えるだろう。

矢部貞治は『新秩序の研究』の「序」の中で、「著者は既に十数年来必ずしもそれと意識せずして、欧洲近代主義の政治、文化、経済諸原理の危機に関心を集めて来た」と述べている。[13] これは一面で、「新秩序」論が意識的な〈近代〉批判として展開されたことを示すが、同時にそれは、いわば近代知の言葉で近代知の限界を批判するという構造をもつことに留意すべきである。自己説得は自己説得である限りある種の自閉性を免れないが、そこにも前提として論者に内在化された近代知のフレームワークは存在する。我々が問題とすべきは、「八紘一宇」ではなく「世界に通る理屈」によって自閉性を免れようとした言説である。

かくして我々の試みは一つの逆説を発見することになるだろう。それは〈大日本帝国〉が最も自足的な理念に自閉していったかのように見える大戦期に、逆に〈開かれた言葉〉という形式で自らを語る方法を模索せざるを得なくなったという逆説である。それは「欧洲近代主義」批判と「世界に通る理屈」を同時に行使しなければならないという難題であった。

一　帝国でもなく民族自決でもなく——対米英開戦と共栄圏の構想

南進と共栄圏

ここでは開戦前後における戦争目的論の構築と、南方占領地域の拡大が極点に達した段階までに定式化された大東亜共栄圏論の構造を検討し、その同時代的な含意を明らかにすることを課題とする。

矢部貞治が海軍省の政策立案にかかわるのは一九四〇年六月からであるが、注意すべきは矢部が当初からかなり積極的な南進論者であったことである。六月二〇日の日記では、「将来の発言権を獲る意味で仏印位はやって置く必要もあらう」と述べている。また同月二六日には昭和研究会外交委員会での対欧策についての議論に参加しているが、「殆ど僕の意見」だという結論は、次のようなものであった。すなわち、「東亜自立宣言と、援蔣禁絶要求(英仏)と、日本の生活権必要の宣言(米)とをなし、仏印には、武力管理の方策を取り、滇越鉄道を以て、ビルマ・ルートを遮断する。これで発言権を獲得。蘭印については、右の生活権宣言に基き、米国がエムバルゴーをやれば積極的に出るし、米国が英国側に参戦しても同様の処置に出るといふもの」である。

ただしこの段階では、未だ整合的な世界秩序論が目指されていたわけではない。また矢部はかなり後まで、対米戦は回避すべきであるとの見解を示していた。日記には「米国の弱点といふものを希望に置いて過大視するのに反対し、戦争は極力避けるべき旨を力説」(一九四一年一月一七日)、「対米戦を出来るだけ回避するやう、政治力の結集の必要を力説」(同三一日)等の記述が見られる。開戦やむなしとの判断に傾くのは、海軍の情報に接する一九四一年一〇月頃からである。[14]

結局のところ矢部の場合はその頃まで、南進と対米開戦は分離可能との立場に立っていたと思われる。矢部は一九四一年六月から七月にかけて、海軍省の研究会で蘭印問題を継続的に論議しているが、その中では「武力ヲ以テ威圧シツツノ交渉ニ非ザレバ不可ナル事」を「再三強調」[15]し、また「シンガポールト蘭印トハ同時ニ之レヲ攻撃スベク」[16]云々と述べてもいる。この段階で蘭印占領が前提とされていたことは明らかで、蘭印占領後の統治方策についても一定の構想が示されている。[17]

しかしこれらの発言は、個別的南進論とでもいったものであり、共栄圏論としてのまとまりをもったものではない。

開戦前の論策でそれなりに共栄圏論の体裁をもつものとしては、一九四一年九月一日付の「南方国土計画」[18]がある。これは同年八月に矢部が研究会メンバーと合宿して作成したものである。[19]ここではじめて、世界新秩序を構成すべき広域圏としての「大東亜共栄圏」の条件と範囲が包括的に論じられた。その中では「大東亜共栄圏統治様式」として、圏内諸地域を領土、保護国・自治領、完全独立に区分しているが、それら諸地域の関係づけについては一切ふれられていない。開戦後の共栄圏論に比べれば、明らかに原理的に曖昧である。後述するような共栄圏論の特徴は、あらかじめ準備されたものではなく、開戦と南方諸地域の占領という事態を前にしてかなりな程度泥縄的に作文されたものであることが、ここからもわかる。

その意味で我々にとって興味深いのは、矢部が戦争目的の明確化と開戦の形式に一貫したこだわりをみせていることである。それは共栄圏論の構想と関わりを持つと考えられるので、少しふれておきたい。

一一月段階での海軍省調査課の研究会は、すでに開戦を前提とした議論に入っており、そこでは開戦の形式が論議の対象となっている。興味深いのは矢部と松下正寿が宣戦布告に反対し、相手国を特定しない「戦争宣言」という方式を提唱していることだ。この論争は開戦直前まで継続しており、一二月一日の研究会でも矢部、松下が宣戦布告という形式に反対し、「あくまで、自存自衛といふ建前をとるべし」と主張したのに対し、扇一登と大河内一男が「国民の志気を緊張させるため」に宣戦布告が必要と主張して、「論戦」になったという（『矢部日記』）。開戦の不可避を認めた上での「自存自衛」論とはどのような意味か。矢部によれば、明確にすべき戦争目的は「侵略でなくデヘンス」であり、「軍事的、経済的包囲態勢を突破して経済的自存自衛の目的が達せられればよい」とされている。この発想は、後に検討する戦争終結イメージにもつながるものである。その上で松下によって提案された「開戦の形式」は、「帝国の大東亜共栄圏建設の意図に同意し又は妨害せざるものは友邦であり妨害をなすものは妨害を継続する限りに於て敵国と看做す」[20]と呼びかけるものであり、直ちに英米を相手とする宣戦を意味するものではなかった。

かかる「自衛戦」の意味は、次のようにも説明される。すなわち松下によれば、「今迄の戦争は積極性を有した。即ち不戦条約の所謂国策遂行の手段としての戦争禁止に反したものであつた」のに対して、「我々の今度の戦争は純然たる自衛戦である」という。この点について矢部は、「私はアメリカ人もこれを了解すると思ふ」とまで述べている。[21]「広域圏が政治の単位になる世界歴史の転換期が開戦の形式をこうさせるのだ」という松下の説明が示すように、彼らの「自衛戦」は共栄圏論と相即的である。彼らの論理において開戦の「形式」が重要であったゆえんであるが、我々はそこに過剰とも見える〈説明〉欲求を看取することができるだろう。

単純に言えば彼らは同時代日本における存在被拘束性としてのナショナリズムの中にあったのだが、しかしそれは同時に他者に向かって開示し得るものでなければならなかったのだ。開戦の形式へのこだわりは、戦争という状況においてすら、言説上の優位性を欲求してやまなかったことを示す点で注目に価する。

有機的不平等としての大東亜共栄圏

ところで、開戦直後の共栄圏論は新たな論理展開を示し、一応の定式化を見る。その特徴は、一九四二年一月の海軍省研究会においてほぼ見いだすことができる。まずその骨格を確認しよう。矢部と天川勇による検討は、大東亜共栄圏を次のように定義する。すなわちそれは、(1)東亜民族を欧米帝国主義から解放し、(2)「我国ノ指導ノ下ニ各民族ヲシテ分ニ応ジ各ソノ所ヲ得シメ」、(3)諸民族の有機的関係の下で共存共栄をはかる広域圏である。[22] ここで特徴的なのは以下の諸点であろう。第一は日本の「指導」の定義であり、それは「ヘゲモニーニ非ズシテ各地域間ノ媒介ヲ為シツ、指導スルモノニシテソコニ倫理的、道義的性格ヲ具有スル」と規定される。第二は圏域内諸地域の結合関係である。それは直轄支配、植民地、聯邦、コモンウエルス、同盟、聯合等の従来の概念のいずれも該当せず、「之等諸形態ヲ止揚セル新シキ結合形態」なのであり、各地域の関係は「有機的不平等ノ関係」とされる。

矢部の場合ここで初めて、共栄圏論において国家(地域)間関係の問題が認識され、自覚的に整理されたのである。[23]従来の類型のいずれにも当てはまらない国家間の関係とはどのようなものか。翌一〇日の会議で矢部が説明し、「一同無条件賛成であった」(『矢部日記』)という内容を確認すると、以下のようになる。すなわち、(1)政治的独立の包含、(2)有機的不平等即ち「各邦ハ各分ニ応ジソノ所ヲ得ル」、(3)指導国家の存在、(4)日本を中心とする多辺的個別的関係、(5)帝国主義的搾取関係排斥、(6)何よりも日本の自存自衛が第一。[24]

矢部の大東亜共栄圏論の構造は、結局のところ最後まで右の枠組みを出るものではなかった。しかし他方で『矢部日記』に見られるのは、さまざまな政策文書や一般向けの著作を通しての、共栄圏論を推敲する一貫した努力である。そのことは、共栄圏論が最後まで論理的な難点を抱え続け、そのことについて矢部を含む共栄圏論者が自覚的であったことを示している。最大の問題は、〈指導国〉概念に象徴される域内秩序の理論化であった。そこには帝国でもなく、植民地でもなく、しかも国際連盟的秩序をも乗り越えた広域圏秩序を提示しようという欲求が、持続的に反映しているのである。「植民地なき帝国主義」[25]という第一次大戦後の国際政治パラダイムに沿って考えれば、植民地主義が正統性を喪失したことを前提に、オルターナティヴとしての民族自決主義をも否定しようとした共栄圏論は、「植民地なき帝国主義」パラダイムに拘束されつつ、それを超えようとした広域秩序論であり、そこに理論的な困難も存在したといえる。

同時代〈学知〉においてこうした問題意識がどのように共有されていたかを確認するために、蠟山政道の議論を見てみよう。[26]蠟山はヴェルサイユ体制崩壊後の国際秩序の問題を、「今後の国際政治単位として、従来の如き無数の大国と小国との並立を許容し得るかと云ふ重大問題が提起されてゐる」ととらえ、その問題の背後に横たわる、「民族的国家は従来の儘に存続するかと云ふ問題」を指摘している。まさに領土や主権概念そのものの問い直しを迫る根本問題であった。

この問題に関しては、いうまでもなく二つの潮流が存在する。一つは「英米を指導者とする現状維持群」であり、彼らは「いはゆる主権国家又は国民国家(Nation-State)」を国際秩序単位として、「其の領土や主権の変更を認めずに国際政治の再建を企図」している。第二は「独伊両国の如く現状打破群に属する国々」であり、彼らは「その隣接地域又は植民地の何等かの領土的変更に基く政治的統一を要求」している。興味深いのは、蠟山が日本の立場を、「この点に就いて未だ必ずしも明確ならざるものがある」としている点である。

蠟山によれば、現実の日本の国家行動は、東亜において、まさに世界史的先端課題としての「領土・主権の問題に触れる事態に当面」してきたのだが、それらについての公式の説明は、「旧い概念と範疇とに於て箇々に」なされたものである。すなわち満洲国は新国家の独立として、従って第三国に対しては「承認・非承認の既存国際法の原則」によって説明され、支那事変後の「新支那」とは単なる新らしい条約上の関係として、「強ひて言へば一種の同盟条約の形式に於いて」説明されている。日本の立場が英米流の現状維持でもなく、枢軸流の領土変更とも同一でない、何等かの新らしい地位であるならば、それは「新らしい国際的政治単位」として規定されねばならないというのが、蠟山の主張であった。

ここから明らかになるのは以下の諸点である。第一に、満洲事変以来の既成事実と日本政府による説明は、説明枠組みとしての有効性を承認されていない。すなわち大東亜共栄圏論はその限りでは単なる現実の追認ではないのである。しかしそのことは、現実の進行以外に共栄圏構築の必然性を説明する論理を見いだしにくいということと裏腹の関係だったであろう。第二に、現状維持か現状打破かの二項対立ではなく、第三の道の追求という論理構成になっていることにも注目すべきであろう。課題が近代国民国家単位の国際秩序に対する批判であることは明らかだが、しかし単なる主権や領土の変更(それでは帝国主義になる)は承認されがたいというところに、〈新秩序〉問題は存在した。逆にいえば、〈現状打破〉もそれが単なる領土的変更である限り帝国主義との差異を説明できないと認識されていたのである。

我々はこうした枠組みの背後に、植民地もしくは帝国主義的秩序否定の規範性が、いかに同時代学知への強力な拘束要因として存在していたかを窺うことができる。先に見た一九四一年九月三〇日の海軍省の思想懇談会で、和辻哲郎は「満洲事変の初めには生命線などと云ふ真剣なよいことを言つた。支那事変の際にも初めは東洋永遠の平和であつた。これらを簡単に現実にむすびつけたり、軍人がアメリカの催眠術にかゝつて帝国主義と云はれることをおそれる様になつたのがいけなかつた」と述べている。[27] 和辻がここでいう「軍人」は陸軍革新派を指しているのだろう。「催眠術」という和辻の言い回しは、日本の戦争言説における帝国主義批判が、何者かに呪縛されるが如き拘束要因として作用していたことを、よく示しているように思われる。

地域秩序と帝国モデル

〈指導〉概念は共栄圏論の核心であり、同時に躓きの石でもあった。共栄圏論者がいかにその説明に腐心したかは、次のような発言が象徴している。すなわち、「各地域ガ夫々ト関係ヲ有シツ、而モ日本ヲ中心トシテ共栄圏ヲ作ル所ニ理論構成上困難ナル点アルナリ、サレド英国ノ例ニ徴スレバ考ヘ得ザルニハ非ザルベシ」と。[28] 一見して矛盾しているように見える、帝国主義の忌避(というより「帝国主義」のレッテルを貼られることの忌避)と、「英国ノ例」に徴することとはどのように連関し得るのか。そこには広域秩序としての共栄圏と〈帝国〉モデルの一定のアナロジーが存在したように考えられる。

矢部は一九四二年になって、新秩序論の参考とすべく多くの欧米の文献を読んでいるが、[29] James Bryce の *The Roman and the British Empires* がこのアナロジーのヒントになっている。[30] ローマ帝国と英帝国という視点から共栄圏における〈指導〉国の位置づけを考察するというアイディアを矢部はかなり気に入ったらしく、その後も持続的に論究している。[31] ここでは最も早い論究と思われる、海軍省調査課名の「大東亜共栄圏論」[32]から要約してみよう。

ローマは、ローマの都市国家がローマ帝国に拡大されることによって、「元のローマ自身は消滅し去つた」のであり、これは指導国が「内在」し「没入」した帝国の典型であって、東洋史では清がその例にあたる。英帝国の場合は、帝国全体に通ずる共同の意識や愛国心はなく、英国の光栄を印度人が自らの光栄と感ずることはないが、英国は自国の個性を失うことなく、植民地の運命と英国の運命とは直ちに同一にはならない。これは指導国が「超越」の立場を保持した帝国の典型であり、東洋史では元がそれにあたる。

これらに対し日本がめざす「大東亜新秩序の政治構造」は、「これらの諸方式及諸原理を止揚し、正に新しき原理に基き、具体的基礎に立つところの、創造的新秩序たるに値するもの」でなければならぬという。それは何か。矢部の結論は、〈帝国〉モデルのアナロジーから導かれる、「内在と超越の合致せる地位」というレトリカルなものでしかないのだが、そのような「超越」と「内在」の合致こそ、「東洋的思惟の一大特質」であり、「内在か然らずんば超越、専制主義か然らずんば民主主義」という「二者択一的」な「西洋思惟(ママ)」とは根本的に異なるものであるという。

ここで思いつきのように登場する「東洋的思惟」を過剰に深読みしても意味はないだろう。いわば否定しつつなされた帝国パラダイムの参照は、民族自決ではないという説明枠組みのモデルとして有効と考えられたのである。その意味で、蠟山政道の「大東亜共栄圏」論が、申し合わせたように「ローマ帝国と英帝国」をアナロジーしているのは、非常に興味深いところである。[33] もっとも蠟山の参照は内在と超越ではなく、それらが世界史上に与えた秩序原理という観点からのものである。すなわち、イギリスが海外に植民地・領土を持ったことの世界史的意義は、いわば「生産の原理」による「アダム・スミス的な秩序」を世界に拡大したことである。したがって日本は、「どうしてもこのアダム・スミスによつて一応は秩序づけられた英帝国或は英植民地帝国に代るべきやはり準備がなければならん」のであり、そのような意味での「広域圏建設の政治経済原理」が必要とされるのである。

ここで登場する「世界史的意義」というレトリックの政治性を見過ごしてはならないだろう。広域〈秩序〉は世界史的概念であることによって、すなわち〈普遍的〉であることによって、歴史の側からその正当性を担保される。参照されるべき(超克されるべき)直近のモデルは、「アダム・スミス的な秩序」である。ここで参照されるべき〈世界史〉は、あくまでもヨーロッパを引照基準とする〈世界史〉であり、前近代としての中華帝国を除けば、そこにはアジアもアフリカも主体としては登場しない。民族自決主義(国際連盟的秩序)を否定しつつ、しかし〈世界史〉的普遍性を主張出来る〈秩序〉を構築しようとすれば、否定的媒介としてのモデルはヨーロッパが形成した世界帝国しかない。本節の最初に見た「英国ノ例」に徴する必要性はそこにあったのである。

「世界史的立場」と共栄圏

京都学派の一人である高山岩男は、「近代国家ノ理念ヲ抛棄セズシテハ、共栄圏ハ国際聯盟又ハ植民帝国ニ帰着ス」として、その核となる「指導」概念について次のように述べる。すなわち、「指導」は自由主義時代の自由競争や自由放任に代わって「次代ノ基本理念」たるべきものであり、「指導ヲ基礎トスル総力戦」こそが生存競争、適者生存、優勝劣敗、弱肉強食というような西欧自由主義に発する戦争観を超えた新しい戦争理念であると。[34] ここに見られるように、共栄圏論は国家間の関係をどのように位置づけるかという課題を通して、〈近代の超克〉に接合する。

こうした問題系に考察を及ぼそうとすれば、京都学派の言説について検討せざるを得ない。ここでは京都学派の研究会の内容を、書記役をつとめた大島康正(当時京都帝国大学文学部副手)のメモ[35]によって見てみよう。

京都学派の研究会においても、共栄圏内における国家・地域間秩序を検討するにあたって、大英帝国モデルが参照される。たとえば第三回会合(日時不明、一九四二年三月二日から四月一一日の間)議事録メモの末尾にある、大島の要約と思われるメモは次のように記す。

東亜共栄圏なる概念は英国的な Commonwealth 及び Dominion 思想に通ずるものがある。故に東亜共栄圏なる考の基礎を検討して、英国的政策と本質的に異った大東亜建設の基礎概念を定めて欲しい。[36]

それに対応する発言としては高山が、dominion には英帝国の重要な問題に関する限り本国と相談すべしという原理が実質的にあるとして、日本の場合も「フィリッピン等に自治は許しても事が東亜共栄圏に関する限り日本と相談すべしといふ事を practical に決めたらよい。」と述べている。[37] こうした発言の背後に、我々は大英帝国の現実世界における今日とは比較にならない存在感を思い浮かべる必要があるかもしれない。

しかしプラクティカルにはともかく、「指導」概念は理念として言語化される必要があった。近代的国家学説におけるアトム的な主権概念を超克するものが「指導」であるのだが、それは既存の法概念からは出てこない。西谷啓治が言うように、「主権から今一つ上の言葉が必要」[38] なのである。この隘路を抜ける一つの契機として、京都学派の議論では段階論が導入される。第八回会合では、「各々をして所を得しむるため、段階を規定する事」が論じられている。すなわち、経済発展は必ずしも封鎖経済→都市経済→国民経済→世界経済という図式通り直線的に発展するものではなく、それらは同じ時空間に併存するのだから、「各々を夫々の段階に於て所を得しむる」という論理で差等を許容しようというものである。[39]

しかし実のところ段階の問題は、民族主義の発展段階という視点から、東亜協同体論においてすでに提起されていた。たとえば蠟山政道は、一九世紀のヨーロッパにおいて国家形成原理として成立した民族主義と、それが変質して帝国主義段階に至った現代の新たな民族主義を段階的に区分し、「時間的には既に第二の民族主義に変質してゐる時に、第一の民族主義が合理化されて〔中国に〕輸入され」たのが、日中の悲劇的相剋の主因であると論じていた。そこから、「民族主義が第三期の段階に進展しなければならぬ」という歴史的要請に応じて、東亜協同体が成立するというのが蠟山の論理である。[40] 細川嘉六もまた、現代の民族問題を資本主義発展期の一九世紀における民族問題と区別し、広域圏の問題は「自己の運命を決定すべき自覚と力量とを持たなかつた過去の状態とは異り、かくの如き自覚と力量とを獲得したる、若しくは時代の変化と共に急速にこれを獲得しつつある」民族を統合せんとする、「史上空前なる困難を内包する問題」と指摘していた。(41)

このような、東亜諸民族それ自体の〈近代化〉欲求にどう向き合うかという深刻な問題意識をふまえた上で、京都学派による次のような語りを見るとき、彼らは〈近代〉を否定することによって蠟山らの提起した問題をスキップしてしまったと言うこともできる。すなわち、「〔アトム的な主権の上に指導国を置くことは〕現代国家のアトム的立場の行詰りから当然に来たものである。そこで支那やビルマや泰がこの近代のアトム的国家を目標として進まんとするイデーを打破する必要があるのではないか」。(42)

結局のところ段階論の導入は、「指導と服従の関係をはっきり認める」ためのロジックとして機能したのみであった。田辺元によれば、「共栄圏内各国の発展(stufen)段階の相違よりくる先後の秩序の関係」から、「指導と服従の関係をはっきり認める」べきであり、その上で「先後の秩序が即同時的な平等、平等が却て先後の秩序といふ円環的な指導と協力に於て真の統一を計」るのが、共栄圏の原理であるという。(43) 西谷の言う「主権から今一つ上の言葉」を創出しようとする野心的な試みは、田辺をもってしても「協同と支配」という概念しか生まなかったのである。

二　パラダイムの戦争——戦争目的論と「思想戦」

戦争目的論と戦争終結のイメージ

共栄圏理念の検討は、おおむね一九四三年以降、「思想戦」の役割を与えられる中で、敵言説批判という形式をとるようになる。本章ではこうした対抗論理の形成過程を検討する。それは以下に検討するように、戦後構想の問題に結びつく議論であった。

思想戦としての敵言説批判は、当然ながら戦局の推移と連動している。戦局が非勢に傾き始めた一九四二年の終わり頃から、矢部は決戦重点主義とでもいうべき立場を表明し始める。それは、「だら〳〵の長期戦論を打破し、決戦の山を目あてに極度の重点主義を実行する」というものであった。[44] この立場は、戦争終結の展望と密接に関連していた。この戦争終結の展望は共栄圏論と相互に規定しあうものであり、本稿が「はじめに」で述べた、カーやスノウに対する矢部の高い評価と徹底抗戦へのこだわりの併存を理解する手がかりも、そこにあるのである。

矢部は一九四三年三月に海軍から「今次戦争終局ニ至ル迄ノ様相判断」を依頼され、比較的短期間に執筆、提出した。[45] そこでの矢部による見通しは独特なものである。すなわち、今時の戦争の性格は「主体的強大国タル日独米英蘇」がそれぞれの「生活圏」を確保し得るか否かの戦争であり、もし五か国が「生活圏タル広域圏」を併立的に維持し得れば戦争は生起せず、併立的に維持できなければ「戦争ハ殲滅戦ノ性格」を持つことになる。このように戦争にフェイタルな性格を与えながら、他方で矢部は「五大広域圏ノ併存不可能ニ非ズ」とする。なぜなら、イギリスが大英帝国維持を断念し、アメリカが世界制覇の野望を抛棄すれば、大東亜共栄圏は彼らの生活圏とは抵触しないからである(独英関係は深刻であるが)。

他方で戦局は、矢部の判断によれば世界的に「兵站線ノ極限」で落ち着きつつあり、「バランス」が生じた状態が「安定化」すると考えられる。したがって戦争は講和で終わるのではなく、「自ラ戦略上ノ境界線ガ確立セラレ、ソレガ事実上ノ停戦或ハ休戦状態トナリ、ソノ状態ガ既成事実トシテ相互ニ承認セラレタル後」にはじめて終結するのであり、各国はこの「既成事実ヲ作ル事ニ努力」するであろうというのが、矢部の見通しであった。

妥協の余地はないということと、併存可能ということの一見矛盾した結合こそは、矢部の論理の独自性であった。戦局判断としては後世の目から見れば誤りであるが、論理的な可能性としてはあり得なくはない。それはともかく、日本としては「大東亜共栄圏ノ建設ヲ完遂シ既成事実ヲ速ニ作ルベキ」なのであり、そのためには「現在ノ態勢ヲ頑守シ更ニハ積極的攻撃ニ出」る必要がある。この論理が決戦重点主義になるわけである。

他方でそれは、戦後イメージの形成でもあった。すなわち、戦後の世界秩序はそのように併存する「圏際関係を基調とする」のであり、これに対して「大西洋憲章は未だ国家単位の思想に立脚」している点で旧体制の産物なのである。そこに「所を得しむ」という〈理念〉の優位性があるということになる。[46] かくして「思想戦」は世界秩序理念を競合させるパラダイムの戦争であった。

このような広域圏の併存による戦後世界秩序の正統性は、逆にいえばアメリカの戦争目的に大義名分を認めないということになる。なぜなら、アメリカがこの戦争に介入しなければ自存自衛が不可能だという理由は「毫末もない」からである。したがって米英が「世界制覇といふこと以外のどんな戦争目的を掲げてみたところで、少しも真実性がない」のであり、彼らが「戦後経営論」を唱えるのは、「実は戦争目的が明確に存在してをらぬことを示してゐる」のである。[47] この観点が、後述する「米英戦争目的及び戦後経営論の批判」(一九四四年)執筆に結びつくことになる。

さまざまな「思想戦」

パラダイムの戦争は重層的であり、「思想戦」は国内においてもさまざまなレベルで展開される。たとえば観念右翼による京都学派攻撃もその一つであり、矢部も無関係だったわけではない。[48] あるいは日中戦争いらい底流として存在し続けた現実主義的立場との摩擦も、共栄圏論の位相をはかる上で無視できない。

いかに共栄圏という理念が掲げられていても、実利論にもとづく戦争観は存在するのであり、それは実は海軍において顕著だったかもしれない。少なくとも建前上は領土化を排除する共栄圏論と、調査課内にも存在する海軍の現実主義との齟齬は、開戦前から伏在した。調査課研究会の世話役である扇一登自身が、「共栄圏的な考へ方は腹の底で持ってゐて」と付言しながらではあるが、「少くとも遠慮した占領地工作は必要もないしやるべきでない。侵略で行った方がよい。」と発言しているのである。[49] 時に漏らされる矢部の不満は、海軍の現実主義がきわめて政治的なものであったことを示している。たとえば開戦後に矢部が提出した「大東亜新秩序の政治的構図」に対する高木惣吉や扇の評は、占領地に対する陸海軍の分担をなるべく早く廃して軍政から民政へ移行すべきだという矢部の主張に反対するものであり、「共栄圏とか、共存共栄とか、帝国主義の排除といふことすら、反対してゐるといふに至っては、殆ど手の下しやうがない。」と嘆じさせるものであったらしい。[50]

我々はこの問題の背景に、日中戦争の戦争目的に関して伏流し続けたイデオロギー的対立を見ることができるかもしれない。民政党の斎藤隆夫が第七十五帝国議会(一九四〇年二月)で、賠償も領土も要求しないという近衛声明を批判して一定の潜在的な支持を獲得した問題である。[51] この問題が底流として存在し続けたことは、海軍部内の声によっても明らかである。堀少佐名の一九四四年二月五日付の文書は、戦争目的について「東亜諸民族ノ解放戦」を強調する傾向を批判して次のように述べる。すなわち、そのような傾向は「国民一般」に「セズトモヨキ戦争ヲ政府、軍人ガヤツテイルノダ」と思わしめるものであり、「我国民ノミ犠牲トナリ東亜ノ諸他民族ガ甘汁ヲ吸ヘルガ如キ施策ニ陥レル結果」を見て「国民一般」は「何ノ為ノ戦争ナルカ」に疑問を生じつつあると。[52]

こうした批判の存在は、共栄圏理念がいかに公定イデオロギーとして宣揚されても、帝国主義的戦争観とでもいうべきものが容易に消え去らないことを示している。同時にそれは、パラダイムの戦争の基底に「国民一般」の物言わぬ不満が伏在していたことを示すものでもあっただろう。堀発言に見られる庶民倫理とでもいうべきものは、学者レベルの言説にも存在する。たとえば海軍の法律政策研究会において、田中耕太郎は次のように述べている。[53]

戦争目的ニ関スル堀少佐ノ小論文ノ趣旨ハ結構ナリ、従来ハ戦争目的ガ何処ニアルノカ、例ヘバ大東亜民族ノ救済トカ、英米ノ個人主義自由主義排斥トカ種々ノ事ガ云ハレテドレガ果シテ目的ナノカ判然タラザル状態ニア

リ、日本ノ国民性ニピッタリスル如ク具体的飾リ気ナシノ目的ヲ掲ゲル要アリ

この問題とも部分的に関係しながら、陸海軍の戦略思想対立が「思想戦」のもう一つの層をなしていた。それは矢部の一貫した決戦主義とも関連する。矢部において太平洋決戦主義は、前述のように広域圏の併立という戦争目的・戦後イメージと結びついているが故に、最後まで放棄されなかった。サイパンの戦況不利が伝えられ、「神国未曾有の重大事」と記す中でも、矢部は「最後まで戦って玉砕を選ぶべく、そのためには南方は独立戦闘をやり、物資、特に燃料、船腹等は挙げて本土の方に集め、日満支で頑張るといふ筋」を提案している。[54] このような独特の「玉砕」方針が、広域圏の併立による均衡状態の出現という戦争終局イメージと、広域圏確保のための既成事実確立という戦略に基づいていたことは明らかである。台湾沖航空戦の勝利を信じ込み（一〇月一六日）、レイテについても「勝てるかも知れぬ」と期待するなど（一一月六日）、『矢部日記』において幻想に満ちた戦局判断が繰り返されるのはそのためである。また矢部の東条内閣倒閣運動へのコミットが熱を帯びてくるのも、そうした決戦主義（戦えない政治指導の現状認識と戦える内閣の擁立）に基づくものと理解される。

矢部の決戦主義の特徴は、矢部自らによる陸軍の戦略思想との対比によって、より明らかとなる。矢部は同盟通信社の研究会である火曜会に継続的に出席しているが、そこでの議論について、「同盟の連中の論じてゐること全く陸軍式の戦略で、決戦に反対し、大陸作戦重点だ。同盟の正体が判るやうな気がする」と記している。[55] 陸軍の戦略思想は大陸重点主義の長期戦論であり、矢部の発想は太平洋における決戦重点主義なのである。また別の場所での戦争指導に関する議論では、「AとBの戦略思想の対立、特にAのゲリラ体制論が最大の難物」と記している。[56] この段階での「ゲリラ体制論」は本土決戦論につながるが、このような陸軍の長期戦論に対比されるものとして、矢部の決戦重点主義があったのである。

以上の状況は、共栄圏をめぐる国内の〈パラダイムの戦争〉が、二項対立図式では理解できない重層性をもっていた

ことを示している。[57]同時にまた、矢部と海軍を一体化して考えることもできないのである。そうした重層性は、次に見る大東亜共同宣言の成立過程にも現れるであろう。

大東亜共同宣言をめぐって

矢部の共栄圏論と結びついた戦争目的論、英米の戦争目的批判の研究は、海軍省調査課のみならず、他の諸主体によるさまざまな試みとも関係していた。中でも最も長期にわたって関与したのは、外務省欧亜局の欧洲新秩序研究会である。[58]しかし本稿の議論から見て興味深いのは、国策研究会[59]における「大東亜建設宣言」の執筆である。

矢部は国策研究会から、「太平洋宣言ともいふべき文章を作ることに協力してくれ」と依頼されている（『矢部日記』一九四三年六月二二日）。波多野澄雄によれば、東条内閣の改造によって四月に入閣した重光葵外相が、外務省内に戦争目的研究会を設置したのが八月初旬であり、同研究会で後の大東亜共同宣言に至る最初の私案が出されたのが八月二〇日である。[60]それを考えると、六月二二日に「太平洋宣言」の作成を依頼した矢次一夫の情報網と嗅覚は相当のものであったといえよう。矢部はこの要請を受けて、八月一八日には「大東亜建設宣言案」[61]を国策研究会に送っている（『矢部日記』）。

矢部に即していえば、この案はしばらく放置された後、一〇月になって大東亜省によって引っ張り出される。波多野(1)によれば、外務省側の宣言案は一〇月四日に「外務省研究案」としてまとめられ、それに重光が修正を加えたものが外務省案として大東亜省案との擂り合わせにかけられたという。このときの大東亜省案の少なくとも一つが、矢部が起草した国策研究会案だったと思われる。もっとも大東亜省からの矢部へのアプローチは一〇月六日になってからである。[62]

矢部は大東亜省からの依頼に際して、「共同宣言とかいふやうなやり方に反対」である旨を強調している。[63]矢部案の特徴の一つは単独宣言という形式であり、日本の単独宣言に「大東亜諸邦」が「協力すべき旨の宣言」を行うという筋書きである。[64]単独宣言であるべき根拠は、「日本の主動的主体性」を強調するためであり、その点で次に見る重光・外務省の発想とは前提から異なっている。実際に矢部案で目立つのは、「万邦をして各々其の所を得しめ」る理念は(したがって日本の「指導的地位」も)従来通りであるが、それを根拠付ける「肇国の精神」や「皇国不動の理想」がより前面に出ていること、「大東亜戦争の完勝」なくして大東亜の解放も共栄もないことが強調されていることであろう。

ところで波多野(1)(2)は、重光外相就任以来の一連の外務省新政策と大東亜共栄圏構想の原理的な矛盾に着目し、外務省条約局と国際法学会の連携による矛盾克服の努力を通して重光外交の意義付けを行った注目すべき内容である。それによれば、外務省課長級による戦争目的研究会幹事会の議論は、政治的自主独立の尊重と資源の開放を基調としつつ、指導国概念の明示を避けた「外務省研究案」となったが、重光の修正はさらに「協力」もしくは「共同」という言葉を避けることで、「政治的、経済的、そして軍事的に日本の圏内指導権の容認を含意するような言葉を名実ともに否定」[65]するものであった。

波多野によれば、重光案が大東亜省との調整過程で後退させられたのが、大東亜共同宣言であるという。そう考えると、重光・外務省案と矢部案は理念的に対照をなすようにも見える。じっさいに矢部は重光の議会演説に対して、「相変らず「平等互恵」を唱へてゐる」と揶揄的に記している。[66]だが同時に矢部は共同宣言そのものについては、用語は異なるが「趣旨は大同」とも書いている。[67]両者の差異はどのように位置づけられるだろうか。

波多野(2)は、田畑茂二郎に見られる戦時国際法学の変質、すなわち国家平等論の否定から、いわば否定の相対化へと向かう変化を指摘した酒井の研究[68]を継承しつつ、重光の議論は「「国家平等論」を基本として、盟主論的な共栄圏論を乗り越えようとするもの」であったと位置づけている。[69]確かに、幹事会の議論には「大東亜圏内各国並に世界に対し「アピール」するものたらざるべからず。従って従来の指導国理念の極度に強調せられたる共栄圏思想は反省を要す」という認識が存在した。[70] 重光の当時の手記においても、「自主独立の国家」による「平等且対等の関係」は、しばしば繰り返されている。[71] だが重光は、「東亜は結局、日本と支那とに於て指導すると云ふ趣旨なりや」との鶴見祐輔の質問に対して、「支那も泰も何れの国も対等の立場にて進み、事実上は力あるものが実際上の指導者となる訳なり云々」と回答している。[72] また自主独立といっても、新たに独立を認めるのはフィリピンとビルマだけである。[73] それだけであれば、「大東亜建設宣言案」(矢部案)が「大東亜に存立し又は新生すべき独立諸国の独立、領土、名誉を尊重し」云々、と述べるのとさほど変わらないとも言える。

たしかに大東亜共同宣言の成立過程は、大東亜共栄圏の理念的・法的整合性をめぐる最後の相剋であった。だがそこにおける対立を一つの切断面だけで整理することはできないのではないか。いうまでもないことだが、重光・外務省も直接的に民族自決主義に回帰したわけではない。そこでも「大東亜」という広域は前提である。しかし波多野や酒井の言うように大東亜共同宣言の前文が大東亜省・海軍の意向によるもので、外務省・重光理念とは異質であるとするなら、重光理念にとって「大東亜」という圏域概念の成立根拠は、前文にある英米の侵略批判や日本の道義に基づく新秩序建設とは別に与えられなければならないことになる。そうでなければ、「大東亜」は単なる地理的概念に過ぎないことになり、建設の必然性は説明出来なくなる。

結局のところ外務省・重光案によっても、大東亜共同機構の客観的根拠は、日本による占領支配という、進行する現実以外に求めることができなくなるのではないか。その意味では、重光理念が現実には「大東亜共栄圏」に埋没せざるを得なかったという波多野の指摘は妥当であると思われる。[74] だが重光理念が共栄圏論に埋没したことは、いうまでもなく矢部らの共栄圏論の勝利を意味するものではなかった。その問題を考察するためには、戦後の国際秩序構想から逆照射する視点が必要となる。

おわりに――米英ソ本位の平和主義を排す?

矢部は一九四四年八月頃から、大東亜省の委嘱で米英の戦争目的批判、戦後経営論批判に取り組んだ。最後に、そこに現れた戦後構想の問題を取り上げたい。これは最終的には「米英戦争目的及戦後経営論の批判」[75]としてまとめられるが、矢部の戦争末期における最大の仕事は、現実政治へのコミットメントを除けばこの論文かもしれない。これははじめ「体系的な大東亜政策の原理」ということで始められたらしく[76]、八月になって、「敵の戦争目的、戦後経営論の批判」に重点を置くつもりだという表現が現れる[77]。最終的に、矢部はかなりな推敲を重ねて原稿を完成している。

はじめから「敵の戦争目的」批判を割り当てられたわけではなく、「体系的な大東亜政策の原理」を構想する中で、重点が米英戦争目的批判に移行したという上記の執筆経緯には、それなりに意味があると思われる。それは矢部に限らず、大東亜共栄圏の内的政治秩序をポジティヴに、しかも「世界史的」に展開しようという営為が、共栄圏論の論理内在的な緻密化という方向ではもはや臨界に達していたことをうかがわせるからである。それならば、矢部は何を論理的根拠に米英批判を展開したのだろうか。それは「世界制覇の保持乃至拡大といふこと以外に米英の戦争目的はない」[78]ことを明らかにすることによってであった。そのための矢部の努力は、ひたすら米英の「公式論」(たとえば大西洋憲章)と現実政略の矛盾を衝くことに傾注されている[79]。

もっとも、「戦争目的」の正当性をめぐる論戦の努力は、この時期矢部に限ったことではなかった。たとえば清沢洌は日記の中で、『中央公論』(一九四四年四月号)の座談会「必勝日本と世界戦局」における矢部の発言をやり玉に挙げ、「帝大の矢部貞治教授はドイツが非常に有利であると主張している。ウクライナをとられ、八方ふさがりの現在、東大の先生がそういっているのだ。もって一般を知るべし」と批判している[80]。ここでの清沢による矢部発言の要約は必ずしも正確ではないのだが、それはさておいて清沢が矢部と比較して高く評価している出席者の加瀬俊一も、「主敵であるアメリカの弱点はどこにあるかといふと、アメリカの国民が何のために戦争をしてゐるかわからぬところにあると思ひます」と述べて、その限りでは矢部と変わらぬロジックを展開している。[81] またその清沢自身も、対外宣伝に関する自身の案が外務省から否定されたことを受けて、「議論的に日本の立場の困難は認めて居り、その点は同感だ。しかし彼等の二割でも三割をでも日本も理屈があると考えればそれでいいんで、その努力をするんだ」と反論している。「日本が仮に敗戦する如きことあらば、被告の位置に立つだろう。そうした場合に、日本は日本の行為を弁解せねばならぬ」からである。[82] 清沢にこの言があることは、日本の戦時言説がさまざまな思想的粉飾をはぎ取った、むき出しのナショナルな主体に依拠せざるを得ないところに立ち至っていたことを示している。矢部のロジックの変質は、同時代の戦時言説における全体的な傾向であったといってよい。

共栄圏理念の臨界状態を一挙に解消したのは、〈戦後〉である。しかしその解消は、もとより全ての戦時言説に同じ〈戦後〉をもたらしたわけではない。矢部は先に引いた戦争目的批判で、カーに依拠しながら、戦後における問題解決は「革命化」によってのみ得られると述べている。[83] しかし現実には、いわゆるダンバートン・オークス案に日本で最も積極的に対応した一人である清沢洌が、「歴史は後ろ向きに走る」と同案の「強国中心の分割的秩序維持主義」批判を忘れなかったように、[84] いわば米英ソ本位の平和主義は冷戦体制となって帰結した。

それは大西洋憲章を「国家単位の思想に立脚」した秩序と批判した矢部の目には、どう映ることになるだろうか。矢部は戦後一〇年を経た時点で、「アジア――過去と現在」[85] と題する論文を書いている。そこでは、理念として必ずしも誤っていたとはいえない「大東亜共栄圏の建設」は、日中戦争の泥沼から「窮余の旗印」として思いついたかのような印象を与えたところに、すでに人を承服せしめがたいものがあったと回顧されている。率直な表明であり、本稿冒頭における検討内容の〈戦後〉的表現と言えるかもしれない。その上でしかし、アジアの自主独立が究極的には

「アジア民族の連合」によって達成されるであろうとの立場は、依然として繰り返されている。矢部にとって戦後秩序は、〈革命未だ成らず〉であっただろう。矢部がネールの「第三地域」論を、アジアの進路として理念的には正しいとするのは、米ソの権力闘争にアジアが巻き込まれるいわれはないからである。

ここで我々は、酒井論文で鮮やかに示された、田畑茂二郎を介しての「戦後外交論の形成」が、しかし実は〈戦後平和論の形成〉であったことを想起してもいいかもしれない。共栄圏理念の臨界の解消、すなわち〈戦後〉へのパラダイムシフトは、〈平和〉の価値化を条件としていた。しかし〈平和〉の価値化とナショナリズムの組み合わせをめぐる形式は、もとより一通りではなかったのである。解体後の共栄圏論者の軌跡は複線的に描かれるべきであり、戦時言説としての「共栄圏」は、そのような複線的な〈戦後〉から逆照射される必要があるだろう。

注

(1) この前提から出発する先行研究に、源川真希「「大東亜共栄圏」思想の論理とその帰結――政治学者矢部貞治を中心に」『人文学報』(東京都立大学)三〇六号、二〇〇〇年、がある。源川論文は政治学者矢部貞治の言説を検討する点でも本稿に先行する。同論文は同じく源川の「戦前日本のデモクラシー――政治学者矢部貞治の内政・外交論」『人文学報』二八七号、一九九八年、と対をなし、矢部独特のデモクラシー論(衆民政)で内政論と対外論をリンクしながら、総体として戦前日本における「リベラル・デモクラシー」克服の帰結を明らかにしようとする力作である。源川の研究は「矢部貞治関係文書」(以下「「矢部文書」」と略)をはじめて全面的に利用した研究でもある。なお以下で源川論文と表記するときは前者をさす。

(2) この問題が知的刺激に満ちた研究課題であることを初めて示したのは、酒井哲哉の一連の研究である。「戦後思想と国際政治論の交錯」『国際政治』一一七号、一九九八年、「戦後外交論の形成」北岡伸一・御厨貴編『戦争・復興・発展――昭和政治史における権力と構想』東京大学出版会、二〇〇〇年、がまず参照されるべきである。酒井はそこで、大東亜共栄圏の理論化をめぐる日本国内の言説を、民族自決原理の問い直しと新たな国際秩序の枠組みを模索する、同時代における国際政治学、国際法学の世界的な理論動向の中に位置づけ、戦後外交論の系譜へと展開することでこの問題の意義を明らかにした。本稿も、共栄圏をめぐる日本の議論の一部が、世界的な理論動向のトレンドと共振するものであったことを、Ｅ・Ｈ・カーへの矢部貞治の共感を通して鮮やかに照射した酒井論文に、多くを負うものである。本稿がささやかな差異を主張するとすれば、酒井の議論が強いて言えばモーゲンソーやカーなどの〈種本〉から始まる一種の系譜学になるのに対して、反復される同種の言説から同時代〈学知〉の構造を読むという視点に立つことである。同時にまた、酒井が評価する田畑茂二郎の戦時期言説が、地域主義的国際秩序論から出発しながら、国家平等論への部分的回帰を通して、脱植民地化するアジア・アフリカ諸国との連帯に親和的な戦後外交論へ通底したとするなら、同じ地域主義に発しつつそれとは対照的とされた矢部の側から、共栄圏論の内在的論理を検討するということになろう。

（３）　大東亜共同宣言の成立過程を分析したものとしては、波多野澄雄『太平洋戦争とアジア外交』東京大学出版会、一九九六年（以下波多野⑴と略）、同「「国家平等論」を超えて――「大東亜共栄圏」の国際法秩序をめぐる葛藤」浅野豊美・松田利彦編『植民地帝国日本の法的展開』信山社出版、二〇〇四年（以下波多野⑵と略）に注目すべきである。特に⑴は重光・外務省の意図を初めて明らかにしたものとして重要であり、⑵では酒井の視点を導入しつつ外務省条約局と国際法学会との連携の流れの中に重光外交を位置づけている。

（４）　伊藤隆『昭和十年代史断章』東京大学出版会、一九八一年。

（５）『矢部貞治日記』銀杏の巻、読売新聞社、一九七四年。以下『矢部日記』と略し、本文中では日付を表記して注記を略す。

（６）　一九四五年四月二〇日刊、弘文堂書房。実際の刊行が遅れたのは、一度空襲で焼けたためである。

（７）「思想懇談会（標語の検討）」『昭和社会経済史料集成』第一四巻、大東文化大学東洋研究所、一九八九年、二六四、二六六頁。他の参加者は高木惣吉調査課長、天川勇、安倍能成、和辻哲郎、富塚清、関口泰、谷川徹三、服部静夫。ただし「支那事変などの生ぬるい戦争」という扇の発言に見られるように、ここでの議論が陸海軍の対立を反映している面があることには注意を要する。なお以下『昭和社会経済史料集成』の引用に際しては『集成』と略記し、巻数のみを記す。また史料名は同書編者によるものをそのまま表記する。〔　〕内は引用者による（以下すべての引用史料について同様）。

（８）「外交懇談会」『集成』同右、二八六―二八七、二九二頁。他の参加者は扇一登、稲原勝治。

（９）　そのような場を成り立たせたのは、海軍という組織の政治性であったと考えられるが、ここでは立ち入らない。

(10) 「政治研究会(大東亜戦争ノ目的トシテ確立サルベキ大東亜共栄圏ノ具体的内容)」『集成』第一五巻、四一頁。

(11) 注(7)に同じ、二六五頁。

(12) 「外交懇談会(思想戦、日米戦、日米交渉等について)」『集成』第一四巻、三五四―三五五頁。

(13) 「序」の日付は一九四四年九月三〇日。

(14) 『矢部日記』には、一〇月三日に戦争目的を宣明する声明の研究を海軍から依頼されて、「結局は一戦を交へねばならぬのであらう」と記され、また一一月一四日の海軍省の研究会では「大体愈々やることに決心がついてゐるらしい」との感触を得て、「その前提で研究を進めることにした」と書かれている。

(15) 「綜合研究会(蘭印における平和政策)」『集成』第一三巻、五三四頁。

(16) 「綜合研究会(蘭印における武力政策)」同右、五五五頁。

(17) たとえば七月二九日の日記では、扇一登に対して、「占領したら軍政とすること、軍政の下に将来の高等弁務官たるべき文官を中心にして文官のスタッフを置き、一方東印度人の反和蘭分子などの中から対日協力の指導者を発見育成し、同時に憲法、政治、植民政策等の専門調査団を派遣し、之に調査と東印度憲法の立案をやらせること、その上で東印人(ママ)の意見も聴いて憲法を定め、一定の監視期間を以て東印度人の自治に委すべきこと」、「軍事外交は日本の宗主権を認める旨の条約を結ぶべきこと」、「シンガポール領域は軍事的意味で之を領有すること」等を主張している。

(18) 海軍省調査課「南方国土計画」『集成』第一四巻。

(19) 『矢部日記』によれば、八月一四日から軽井沢の板垣與一の別荘に永田清、天川勇とともに合宿している(大河内一男は欠席)。

(20) 一一月二四日付「政治外交研究会(臨戦指導方策、その他)」『集成』第一四巻、四〇〇頁。なおこの文書では「臨戦指導体制」論策の分担を、政治矢部、外交松下、経済大河内一男としている。

(21) 一一月二八日付「政治外交研究会(政治、外交)」同右、五一三頁。

(22) 注(10)に同じ、四二頁。

(23) 矢部は右に引いた一月九日の会議について、「一寸面白さうな話しが出た。それを明日十時から他の連中に示して論議する」と記し(『矢部日記』同日)、翌日の日記では海軍に送った「大東亜新秩序の政治構図」という原稿について、「我ながら中々いゝ考へが出たと思ふ」と自画自賛している。

(24)「政治研究会(大東亜共栄圏ニ於ケル新政治形態)」『集成』第一五巻、四七頁。参加者は大河内一男、松下正寿、永田清、板垣與一、天川勇。

(25) P・ドゥス「植民地なき帝国主義――「大東亜共栄圏」の構想」『思想』八一四号、一九九二年四月。

(26) 蠟山政道「世界政治と東亜共栄圏の新しき地位」『季刊 東亜政治と東亜経済』特輯「東亜共栄圏の諸問題」中央公論社、一九四一年七月。

(27) 注(7)に同じ、二六九頁。

(28) 一九四二年一月九日の政治研究会の議論(矢部・天川)。注(10)に同じ、四四頁。

(29)『矢部日記』によれば七月頃までに Carl Schmit, *Volkerrechtliche Grossraumordnung*; H. G. Wells, *The New World Order*; MacInnes, *British Commonwealth & its Unsolved Problems*; Bousque, *La Politique Musulimane et Coloniale des Pays-Bas*;「ノンネンブルッフという人の欧洲新秩序」、G. K. Howard, *America and a New World Order*(「これは面白い」とある)などである。

(30) 四月二七日の項に「矢張り教へらるゝものがある」との記述がある。

(31) 前掲『新秩序の研究』には「ローマ帝国、英帝国、大東亜共栄圏」という章があるが、それ以前にも『法律時報』一九四三年三月号に同題の文章が掲載されるなど同工異曲の文章が多い。

(32) 一九四二年九月一日付(『集成』第一七巻)。これは矢部らの議論を調査課がまとめたものだが、日記の記述から矢部の担当が明らかな「大東亜新秩序の内部的政治構図」という部分に「ローマ帝国と英帝国」という項目がある。

(33) 蠟山政道「世界経済史より観たる大東亜共栄圏」『大日本拓殖学会年報第一輯 大東亜政策の諸問題』日本評論社、一九四三年。

(34) 高山岩男「総力戦ト思想戦」(「第四回総研海軍関係研究会報告」に収録)、『集成』第一七巻、二九四―二九七頁。

(35) 京都学派と海軍の関わりについては、『矢部日記』をはじめいくつかの史料、回想に散見される。代表的なものとしては、高木惣吉『太平洋戦争と陸海軍の抗争』経済往来社、一九八二年、伊藤隆他編『高木惣吉 日記と情報』(上・下)みすず書房、二〇〇〇年、『扇一登 オーラルヒストリー』政策研究大学院大学COEオーラル政策研究プロジェクト、二〇〇三年等がある。近年、大橋良介『京都学派と日本海軍――新史料「大島メモ」をめぐって』PHP新書、二〇〇一年によって「大島メモ」の内容が明らかにされ、研究会の内容を知ることができるようになった。恒常的な参加メンバーは高山岩男、高坂正顕、西谷啓治、木村素衛、鈴木成高、宮崎市定、日高第四郎らで、時に大御所の田辺元や、柳田謙十郎らも参加している。大橋著書より前にも大島は『田辺元全集』の解説等で京都学派と海軍の関係について言及しているのだが、大橋の本が出るまで注意を払う歴史研究者は少なかったのではないか。

なお矢部は京都学派に対して多大な親近感を示している。たとえば一九四三年の四月一七日に海軍省で、高山、西谷、鈴木という「京都学派の流行人物」三人が出席して「思想戦のことを報告」するのを聞き、「これはほんものだ」との感想を述べている(『矢部日記』)。矢部は「世界史的立場と日本」も読んでおり、「流石に俊英のグループだといふ気がするが、非常に僕の考へと似たところがあるのを発見する」とも記している(『矢部日記』同年六月六日)。

(36) 大橋前掲書、一九六頁。この回には高木惣吉と天川勇も出席しており、引用部分は海軍側からの要請内容かも知れない。

(37) 同右、二四三頁。第九回会合(九月二九日)の発言。

(38) 同右、二一一頁。第五回会合(五月二四日)の発言。

(39) 同右、二二三―二二四頁。この回のメモに発言者名はなく大島による要旨である。

(40) 蠟山政道「東亜協同体の理論的構造」『アジア問題講座』第一巻、創元社、一九三九年、のち蠟山『東亜と世界』改造社、一九四一年、に収録。

(41) 「東亜共栄圏の民族問題」前掲『季刊 東亜政治と東亜経済』所収。

(42) 大橋前掲書、二三四頁。注(39)に同じ。

(43) 同右、二四一―二四二頁。第九回会合(九月二九日)における田辺の講演「共栄圏の論理について」の筆記。

(44) 『矢部日記』一九四二年一一月一六日。

(45) 「今次戦争終局ニ至ル間ノ各種様相判断」。矢部は「我ながら中々卓抜だと自惚れる」(『矢部日記』三月二八日)と記している。「矢部文書」中に原稿が残されている(国策研究会原稿用紙にペン書き、ID15-28)が、以下ではこれを簡約した調査課綜合研究会「世界大戦今後ノ見透シ」一九四三年四月一〇日(『集成』第一九巻)による。

(46) 海軍省調査課「思想戦方策ノ研究」一九四三年五月二六日(『集成』第一九巻)。この研究は矢部らのグループによるものである。

(47) 座談会「世界戦局と日本」における矢部の発言(『中央公論』一九四四年一月号)。他の参加者は長谷川才次、武村忠雄。

(48) 矢部は大日本言論報国会の一部および日本世紀社グループをはじめとする、観念右翼による京都学派攻撃について、京都学派へのシンパシーをもって対処している。たとえば一九四三年七月二五、二六日には大熊信行、谷川徹三とともに京都におもむき、高坂正顕、西谷啓治、高山岩男、鈴木成高、柳田謙十郎らと、京都学派攻撃などについて意見交換を行っている(『矢部日記』)。また高木を通じて海軍にも働きかけている。

(49) 一九四一年九月四日付「臨戦思想対策懇談会」『集成』第一四巻、一三八頁。

(50) 『矢部日記』一九四二年一月二四日。

(51) すなわち、領土化を排除する戦争理念は、国民に共有されていなかったという問題である。拙稿「戦争のパラダイム——斎藤隆夫のいわゆる「反軍」演説の意味」『比較社会文化』一、一九九五年、参照。

(52) 堀部員「大東亜戦争目的闡明ニ関スル件」『集成』第二三巻、二六四—二六五頁。

(53) 「法律政策研究会」一九四四年二月二四日『集成』第二三巻、三五七頁。田中はさらに「京都学派著述ニナル『世界史的立場ト日本』等便乗的ノモノト考フ」とも述べている。学者の参加者は田中のほか、我妻栄、石井照久、田中二郎。

(54) 『矢部日記』一九四四年六月二〇日。

(55) 『矢部日記』一九四四年九月五日。これは有田八郎、井口貞夫らを交えた会合である。

(56) 『矢部日記』一九四五年一月三日。他の参加者は天川勇、渡辺大佐、武村忠雄。A、Bはもちろん陸軍、海軍を示す。

(57) それと関連させれば、前述した現実主義は陸海軍問題の他の側面として理解することもできる。海軍の方がしばしば現実主義的かつ利権主義的であるということは、陸軍側から見た政治主体としての海軍の姿はどのようなものであったかという興味深い問題を提起するが、ここでは深入りできない。

(58) 『矢部日記』の一九四二年一〇月二三日に研究会設立の記述があり、中山伊知郎、橋爪明男、永田清、高宮晋らの名前がある。外務省側の出席者は与謝野、太田などの課長である。一九四四年一二月四日の『矢部日記』には新秩序研究会を「欧洲問題研究会」とし、政務四課から調査一課へ移すとの記述があり、長期にわたって継続している。なお、こうした活動の意味の一つは、資料の入手にあったと思われる。矢部が E. H. Carr の *Conditions of Peace* を入手するのは研究会主宰者の太田課長からであり(『矢部日記』一九四二年一二月三一日)、同研究会での報告は『カー著「平和の諸条件に就て」』(矢部文書ID9-8)として政務局第四課から印刷になっている。清沢洌も外務省から同書の配布を受けている(清沢洌『暗黒日記2』ちくま学芸文庫、二〇〇二年、一九四四年五月一二日)。戦時期に対外問題を論じる者にとって、こうした資料の配布を受ける圏内に位置しているかどうかは小さな問題ではなかっただろう。またこのような形での情報の共有は、インフォーマルなものまで含めてさまざまな議論の場を形成し、それらの議論は間接的に政策過程に反映したと思われる。

(59)矢部の国策研究会への参加は、『矢部日記』では一九四二年三月六日が初見である。矢部はそこで「世界新秩序論」をまとめるのに中心的な役割を果たした。具体的な内容については不明だが、翌年二月二五日の日記には、その発表が青木一男大東亜大臣に抑えられたとの記述があり、「指導国などゝいふのが支那や泰から嫌はれるとの理由らしい。馬鹿げた、信念のないことだ。」と述べられている。なお波多野(1)ではこの記述が何故か一九四四年同日の『大川周明日記』とされている。何かの錯誤であろうが、波多野(2)にも継承されてしまっている。波多野(1)一八八頁で『大川周明日記』とされているのは、一九四三年一〇月五日(後述)、一一月二七日以外は『矢部日記』からの混交である。大川周明顕彰会編『大川周明日記』岩崎学術出版、一九八六年、を参照。

(60)　波多野(1)、一六一頁。

(61)　源川前掲論文が推定したように、「美濃部洋次文書」に残されている「大東亜建設宣言案(仮称)」(タイプ印刷)がそれである。源川論文は「少なくとも矢部案が参考にされているのではないか」という推定に止まっているが、「矢部文書」に僅かな字句の異同があるだけの「大東亜建設宣言案」(原稿用紙にペン書き)が残されており(ID24-83)、矢部が書いたものに間違いない。ただし筆者が原稿の存在に気づくことができたのは、おそらく源川が目録もない膨大な「矢部文書」(当時憲政記念館寄託)を一点ずつひっくり返すという作業を強いられたのに対し、筆者が「自筆編」という独特のカテゴリーを含む、周到に整備された目録『矢部貞治関係文書目録』1―4、政策研究大学院大学情報研究センター、二〇〇一年―二〇〇二年、を利用できたからにすぎない。なお同文書は現在政策研究大学院大学所蔵である。

(62)　『矢部日記』によれば、同日に大東亜省の杉原総務課長から「来月大東亜会議を開いて大東亜宣言といふやうなものを共同宣言でやる」ので、「その要旨を教示してくれ」という依頼があり、矢部は翌日に国策研究会に提出したものを送っている。またこれより前に海軍の扇一登からも国策研究会案の問い合わせがあり、同じものを送っている(同十月二日)。前述の大川周明の場合、一〇月五日の日記に「大東亜省の宇山君より、やがて開かるべき大東亜会議のために「大東亜宣言」の起草を頼まる」との記述がある。ただし日記に見る限り、大川案(?)が提出されたのかどうかは不明である。これらの事情に見る限り、一〇月になってから外務省以外の関係者を含めた議論の場で検討されたものと思われる。矢部の場合から見ても、大東亜省の対応は周到な準備に基づくものではなく、外務省への対抗上、急遽なされたものではないか。なお大本営陸軍部の『機密戦争日誌』に「大東亜共同宣言ノ研究」が記載されるのも一〇月一四日であり、「主トシテ大東亜省ニ於テ有名智識ヲ動員シテ起草セシメシモ或ヒハ理念ニ走リテ現実ヲ離レ、或ヒハ皇道精神ノミヲ表現シテ大東亜民族共通ニ理解シ得サルモノアリテ満足ナル案ナシ」との批判の対象になっている一つが矢部案なのであろう。もっとも陸軍側も「関係員頭脳ヲ絞リテ起案セシモ何レモ頭脳ノ貧困ヲ嘆息セリ」という状況だったのだが(軍事史学会編『大本営陸軍部戦争指導班 機密戦争日誌』錦正社、一九九八年、四四〇―四四一頁)。

(63)『矢部日記』一〇月六日。

(64)前掲「大東亜建設宣言案」。同案は原稿、タイプ版ともに冒頭に「註」が付されており、単独宣言という形式はこの部分に書かれている。「註」ではまた「政府宣言」と「民間宣言」の双方のケースを想定している。前文プラス箇条書きという形式は実際の大東亜共同宣言と同じである(共同宣言の五項目に対して矢部案は七項目)。本文の要約的な紹介が源川前掲論文にある。

(65)波多野(1)、一六九頁。

(66)『矢部日記』一九四三年一〇月二七日。

(67)同右、一一月六日。

(68)酒井は前掲論文の中で、「広域こそが、広域秩序を成り立たしめる最も基本的な要素」とする田畑の議論を引きながら、それを主導国といえども広域の結合理念に拘束されるものと位置づけている。酒井はこの観点から、田畑の広域秩序論を重光外交への援護射撃と評価している。田畑が一方で「指導国家」日本を前提としつつ、自ら共栄圏内の平等な構成員たることを謳ったビルマ暫定憲法や、いわゆる日華新外交を引きながら、「新しい意味内容を与へられた国家平等関係の形成」(『国家平等理論の転換』日本外政協会、一九四四年、三頁)を意義づけているのを見れば、酒井の指摘は慧眼と言えよう。だが、援護射撃が実際に機能したかどうかは問わないにしても、このような田畑と矢部らの共栄圏論との差異が、誰にどのように認識されたかはまた別の問題であろう。

(69) 波多野(1)、三一四頁。

(70) 政務二課長曾根益の発言(波多野(1)、三〇六頁)。

(71) 伊藤隆・渡邊行男編『続 重光葵手記』中央公論社、一九八八年、一五五頁。

(72) 同右、一六九頁。

(73) 「支那民族に独立自主を与へ、泰の国民的要望を達成せしめ、而して比、美〔ビルマ〕両民族に独立を与へ更に他の東亜民族に満足を与ふるは帝国の政策にして国是でなくてはならぬ」(伊藤隆・渡邊行男編『重光葵手記』中央公論社、一九八六年、三三九頁)。

(74) 波多野(1)参照。ただし波多野は(2)では表題に見られるように、重光理念をよりポジティヴに評価する方向で、位置づけを修正しているように思われる。

(75) 「矢部文書」に書き込み入りの校正刷りがあり(ID24-46)、また外務省のコメントが付されたものもある(105-11)。これについては源川前掲書が検討を加えている。なおこの論文はほぼそのまま『新秩序の研究』に第四章「米英の戦争目的及び新秩序論批判」として収録されており、以下では同書から引用する。

(76) 『矢部日記』一九四四年五月八日。矢部は他に大河内一男、高山岩男、高宮晋にも依頼している(同五月三一日)。

(77) 同右、八月二日。

(78) 『新秩序の研究』一〇九頁。

(79) このような矢部のロジックの変調は、源川前掲論文によって周到に指摘されている。しかし矢部が、たとえばイギリスの社会福祉政策に言及する中で、「彼等が戦争目的として排撃する所謂「全体主義」の方向へ彼等自ら追随せざるを得ぬ」とし、他方で日本が「真の自由」を与えるとしていることをもって、矢部において米英＝「全体主義」、日本＝「自由主義」という規定がなされているとし、それをもって「リベラル・デモクラシー原理を克服しようという動きは、国内の自由主義に敗北した」と結論付ける源川の論旨には、無理があるといわざるを得ない。矢部の議論は端的に「全体主義」の優位性を主張するものとして読めばよいのである。

(80) 前掲『暗黒日記2』一九四四年四月八日。

(81)　矢部貞治・加瀬俊一・武村忠雄「必勝日本と世界戦局」『中央公論』一九四四年四月号。
(82)　前掲『暗黒日記2』一九四四年二月一〇日。
(83)　『新秩序の研究』一一四頁。
(84)　清沢洌「反枢軸国の戦後案(三)」『東洋経済新報』二一五〇号、一九四四年一一月二五日。なお清沢の例をはじめ、当時の多様な戦後構想をめぐる議論はきわめて興味深い内容を含むが、ここでは立ち入れなかった。最近の研究では、それらを日本における国際連合受容の前史として位置づける塩崎弘明『日本と国際連合』吉川弘文館、二〇〇五年、がある。
(85)　『近衛霞山公五十年祭記念論集』財団法人霞山倶楽部、一九五五年。

第八章　「帝国秩序」と「国際秩序」
——植民政策学における媒介の論理

酒井哲哉

はじめに

国際関係論の来歴において、植民政策学はどのような位置を占めているのだろうか。その有力な答の一つは、「忘れられている」、である。例えば、第二次世界大戦前におけるアメリカ国際関係論の成立史を初めて本格的に検討したB・シュミットは、二〇世紀初頭のアメリカ政治学界において、植民統治(colonial administration)への関心が急速に拡大していった過程を論じつつ、「しばしば無視されるか、あるいはごく僅かの注目しか与えられていないが、政治学内部において植民統治は、国際政治をめぐる言説のかなりの部分を占めていたのである」(1)と述べ、いわば国際関係論における忘れられた系譜として植民政策学を位置づけている。

他方、「帝国主義と民族」という問題設定に示されるように、合衆国とは異なり、伝統的にマルクス主義の影響が強かった日本の国際関係論(とりわけ国際関係史)研究においては、帝国主義論の重要性が強調され、植民政策学は、いわばその前史として、しばしば言及されてきた。従って、植民政策学の存在やその歴史的意義については、欧米よりも寧ろ日本の研究者のほうがより多くの注意を払ってきたといってよいだろう(2)。このことは、マルクス主義の影響の去った今日においても、日本の国際関係論においては相対的には地域研究・歴史研究の比重が大きいという事実に、なおもその痕跡を留めている。ただし、第二次大戦後の大学における講座の再編過程において、多くの場合「植民政策学」は「国際経済論」として改組されたために、植民政策学の歴史的展開は経済学史の文脈で論じられることが多かった。実際は、植民政策学は、政治学・経済学・農政学等にまたがる複合的な性格を持っており、狭義の経済学史の文脈に収まらない内容を有している。それ故、本稿では、国際現象をめぐる学知の系譜のなかに植民政策学を位置づけることで、従来あまり論じられてこなかった問題群を拾い上げてみたい(3)。

戦前期日本において国際現象をめぐる学知は、大別すれば、主権国家間関係を扱うものとしては国際法学・外交史(およびそこから派生した国際政治学)、帝国内関係を扱うものとしては植民政策学、といったいわば二本立ての編成をとっていた。しかし、本稿の関心からすれば、この二つの系列を単なる分業関係として捉えるのではなく、もう一歩踏み込んで二つの系列間の関連を見る必要がある。換言すれば、主権国家間関係からなる「国際秩序」と、帝国内関係からなる「帝国秩序」が無関係に並列していると考えるのではなく、両者はある論理連関を持って存在しているものとして、いわば同一の視野の下で捉えたいのである。(4) 事実、ポール・ラインシュや泉哲のように、一人で国際政治学(国際法学)と植民政策学の双方を論じていた例も少なくない。彼らはどのような論理を駆使することで、「帝国秩序」と「国際秩序」を媒介しようとしたのか。その論理構造が、ここで俎上にのせられることになるだろう。

以下の論述ではまず、植民政策学における「帝国秩序」と「国際秩序」の媒介の論理を考察する際の基本的視点を提示し、若干の方法論的問題を提起する。そのうえで、二〇世紀初頭から第一次大戦期、一九二〇年代、一九三〇年代と時系列を下りながら、植民政策学における両者の媒介の論理がどのように展開していったのかを、幾人かの植民政策学者の言説に則して論じてみたい。それはまた、植民政策学を縦糸に、政治学・法学を横糸にしながら、「帝国編成の系譜」を扱う本巻の問題設定を、国際関係論の系譜学的考察のなかで確認する作業ともなろう。

一 予備的考察——媒介の論理としての「社会」概念

植民政策学者の言説を論ずる際の典型的な議論の型の一つは、その人物が「帝国主義者」であったか、あるいは「国際主義者」であったか、という二項対立的な問題設定である。その代表例としては、新渡戸稲造をめぐる著名な論争がある。新渡戸の肖像が新たに五千円札に採用されることが発表された頃、『毎日新聞』紙上において、飯沼二郎と佐藤全弘との間で新渡戸稲造の評価をめぐって論争がかわされた。[5] すなわち、新渡戸は「生粋の帝国主義者」であり、満州事変を契機に自由主義者から帝国主義者に変節したのではないという飯沼に対して、佐藤は、新渡戸の植民思想には「世界土地共有論」に示されるような「人類協和の理想」があり、新渡戸は、「終生、キリストに従った人、真の自由主義者、人格主義者、平和主義者」であった、と反駁したのである。この背景には、日本の植民政策学者の多くが、キリスト教もしくはマルクス主義を思想的支柱としていた事情がある。その意味で、この論争の対立軸自体が植民政策学の置かれた思想史的文脈を逆照射しており、従来の研究がいわばこの対立軸に沿う形で展開されてきたことは充分に理解できる。

だが、「帝国主義」と「国際主義」とは、本当に対立的なものなのだろうか。両者は対立的に捉えられがちであるが、実際はしばしば同一人格内に両方の契機が共存しているのではないだろうか。一例をあげてみよう。一八九三年に陸羯南は、近代日本における最初の国際関係論の体系的著作ともいえる『国際論』を世に問うた。[6] この書物で、陸が強調したのは、「狼呑」と「蚕食」という概念であった。すなわち陸は、国家を主体とした意図的な侵略である「狼呑」(absorption)と、私人を主体とし意図せずして他国民の統合を解体する「蚕食」(elimination)を区別したうえで、とりわけ言語・学術・宗教等の文化的侵食による心理的蚕食の危険性を強調した。いわゆる鹿鳴館時代の欧化主義に対する批判と条約改正に対する対外硬派としての陸の立場が、この議論の背景にあったことはいうまでもないであろう。

ところで、陸が『国際論』を執筆する際に最も参照した文献は、ノヴィコウの『国際政治』であった。[7] ノヴィコウは、コンスタンティノープル生まれのロシアの社会学者で、社会進化論に基づく様々な著作を残した人物である。陸は、このノヴィコウの著作から「狼呑」と「蚕食」という概念を受け取り、ノヴィコウにあっては社会進化の低い発展段階にある非西欧諸国に対する西欧諸国の進出を説明するものであったこの二つの概念を、評価のベクトルを逆にして、西欧諸国による「文化帝国主義」を告発する理論枠組に読み替えたのである。従って、今日日本近代史でノヴィコウの名前が言及されるときは、概ねこの陸の評価に沿った形で、西欧知識人の傲慢さを象徴する「文化帝国主義者」として論じられることが多い[8]。

ノヴィコウは、ヨーロッパ史においても今日ほぼ忘れられた存在であるが、稀にその名前が言及されるときは、「帝国主義者」としてではなく、寧ろ平和運動史の文脈においてである[9]。実際、ノヴィコウは熱心なヨーロッパ連邦論者であり、ヨーロッパ各国の平和運動家との交流を図っていた。例えば、『ヨーロッパ連邦』を初めとするノヴィコウの著作の多くをドイツ語に翻訳したアルフレッド・フリートは、当時のドイツにおける平和運動の代表的活動家であり、若き日の吉野作造が共鳴を持って、その著書の内容を詳細に紹介した論文「近世平和運動論」を『国家学会雑誌』に掲載した人物である[10]。このようにノヴィコウには、「帝国主義者」と「国際主義者」という二つの側面が共存し、そのいずれに着目するかによって、正反対の評価がなされているのである。明治期の社会学者建部遯吾は、ノヴィコウの主著間の矛盾を指摘し、「其国際政策……欧州同盟論……の如きは欧人間の同盟を以て平和を進捗し理想の実現にするに足るも、欧人以外の民族との戦争闘争は、必ずしも平和理想の福音の干かる所にあらずとするものに似たり、是れ不可思議の議論にあらずや」[11]、と述べているが、このような同一人格における「帝国主義」と「国際主義」の共存を可能にする論理を改めて問わなければならないのである。従って、「帝国主義」と「国際主義」の相互関係を考察することが、本稿の第一の視点となる。

「帝国主義」と「国際主義」の両立は、西欧国家体系の核にある文明概念のヤヌス的性格とみることもできる。周知のように、近代国際法は文明国標準主義を採用し、法典整備等一定の要件を満たさない国には十全な法主体性を認めず、西欧諸国はこれらの国とは治外法権の設定を初めとするいわゆる不平等条約を締結し、場合によっては更に植民地化の対象としてきた。この観点からすれば、文明の発展段階という時間的差異を「西欧」と「非西欧」という空間的差異に投影すれば、「国際主義」と「帝国主義」は文明の到達段階に照応した対応として、矛盾なく説明できるかも知れない。

だが本稿では、これとともに、「帝国秩序」と「国際秩序」を媒介する論理として、「社会」概念の位相に留意したい。植民政策学は、ともすれば極めて国家主義的理論装置により武装されたものと考えられやすい。しかしながらそれは、事柄の一面に過ぎない。寧ろその反対に帝国秩序は、社会の自律性を称揚する視点によって理論化されることが甚だ多い。例えば、小熊英二氏はその著書の一章を、フランス社会学における同化主義的植民政策への批判が同時代の日本に与えた影響に割いているが、[12]読み込んでいくと、ここで扱われているのは、陸羯南が「国家」と区別された「社会」概念を獲得する際に参照したルロワ・ボリュー[13]の植民政策論に始まり、クロポトキンの相互扶助論と台湾総督府官僚東郷実の民族政策論との関連、そして必ずしも明示されてはいないが、太平洋戦争中に大アジア主義を提唱した平野義太郎に対するオットー・ギールケの影響といったように、実に多元的国家論やアナキズムに繋がっていく思想的系譜なのである。第一次大戦後の日本の時代思潮は、明治期の国家主権至上主義に対して、様々な形での「社会」概念の構成によって批判的視座を提示する、「社会の発見」と称される特質を持っていた。[14]こうした「社会の発見」によって提示された非国家主体の相互作用として国際関係を捉えるトランスナショナルな理論装置は、どのように帝国秩序と共振関係を持ったのか。[15]その認識的機制を、植民政策学という学知の展開に即して論ずることが、本稿の第二の視点である。

本稿の第三の視点は、「植民政策学におけるアメリカ」という問題である。そもそも近代日本における植民政策学が、アメリカ人教師の薫陶を受けた札幌農学校の卒業生によって開始されたことを考えれば、この問題が看過されてきたことは不思議に思えるかもしれない。確かに、従来の研究においても、札幌農学校の「開拓者精神」(またはその裏面としての先住民族問題)には必ず言及がなされてきた。しかし、日米両国が新興帝国主義国として台頭した二〇世紀初頭以降の植民政策学における「アメリカの影」については、これまでの論者は比較的無関心であったように思われる。例えば、先に触れた新渡戸稲造をめぐる論争にも窺われるように、これまでの新渡戸論においては、二〇世紀におけるアメリカ問題は、「太平洋の橋」としての「国際主義者」という文脈でのみ登場し、「帝国主義者」という文脈では不問のままになっているのである。この意味で、新渡戸稲造論におけるアメリカ像は分裂している、という印象さえ受ける。

尤も、「植民政策学におけるアメリカ」という問題が意外に解決しにくかった事情の一端は、想像できなくはない。試みに、二〇世紀初頭に輩出した日米両国の植民政策学の教科書を繙いてみればよい。すぐに分かるように、日米両国とも植民統治の経験を欠いた新興帝国主義国である以上、そこには内容としては、いずれも英仏等ヨーロッパ諸国の先例が連ねてあるにすぎない。従って、日本の植民政策学におけるアメリカの影響をテキストから直接論証するのは、いささか困難を伴うのである。

しかしながら、より巨視的に見たとき、「帝国秩序」と「国際秩序」の媒介の論理を考えるとき、アメリカの事例を補助線として引くことは、問題の輪郭を描く有力な手がかりになるように思われる。日本の政治学が、明治期のドイツ国家学受容から大正期における「社会の発見」を経てより現代的な政治学へと転換したことは周知の事実であるが、[16]こうした道程は何も日本に限定されたものではなかった。日本近代史研究者は、イギリス型からプロイセン型へと模範国が転換した明治一四年政変を念頭において、ドイツ国家学を概して半封建的・後進的な理論と見なす傾向があるが、これは明治憲法制定期の一八八〇年代における世界各国のドイツ国家学像とは、かなりずれる見解である。例えば、アメリカにおける本格的大学院教育は、一八八〇年代に、ドイツ国家学に範を求めながら、公共政策の専門家を養成する形で開始された。[17]札幌農学校卒業後に佐藤昌介や新渡戸稲造が学んだジョンズ・ホプキンス大学とは、まさしくこのようなドイツ国家学のアメリカにおける移植の場であったのである。

そして、アメリカにおける植民政策学と国際政治学は、こうした知的文脈の中で、ほぼ同時期に成立したのであった。その両者における開拓者が、後述するポール・ラインシュに他ならない。[18] 従って、本稿ではラインシュの複数の著作を参照しながら、「植民政策学におけるアメリカ」という問題の広がりをも、視野に入れて論を進めたい。それは、「アメリカの世紀」と呼ばれる二〇世紀の学知として、植民政策学の意義を改めて振り返ることで、「帝国秩序」と「国際秩序」の媒介の論理を今日の時点から再検討する契機ともなるであろう。

二　文明の興亡——新渡戸稲造の植民政策講義

第一次大戦の最中、新渡戸稲造は、次のように、東京帝国大学における植民政策講義の開講の辞を述べた。[19] 佐藤一斎いわく、「気運に大盛衰と小盛衰とあるは尚ほ海に大潮と小潮とあるが如し」、と。人生には栄枯盛衰興亡があり、一筋の上り道でもなく、下り道でもなく、又同じ高さの水平的進行でもなく、むしろ波動的である。スペンサーは、宇宙の運動、人生の歴史は韻律的であると言い、オストワルドは宇宙に運動の法則があると言った。又循環の法則という事を言う人もある。これが、佐藤一斎のいう「生々之易」、即ち生きとし生ける者の法則である。新渡戸はこう述べたあとで、やにわに、交差する波状の図を板書したうえで、東西文明の接触と興亡を、「波動説」によって解説した。

初回の講義を「波動説」で始めた新渡戸は、植民地の統治・土地問題・原住民政策等植民政策の各論を述べた後、最終回の講義をやはり文明の興亡という主題で締めくくった。新渡戸いわく、「思ふに、地球は五百万年後には冷たくなるであらう。国家も二万年後には大いに変化するであらう。従って植民問題も消滅するであらう」。しかしながら、政治的軍事的植民は消滅しても、何処の思想が何処を征服するかという精神的植民の問題は残るであろう。これは何れの国が東洋の文化に最も貢献するか、何れの国が精神的に東洋を植民地とするかの競争である。「植民は文明の伝播である。諸君は宜しくヴィジョンを見なければならない[20]」。

新渡戸流の名調子で語られている、東西文明論の文脈に日本の対外活動の意義を根拠づける議論は、日本の帝国主義化とともに、「東西文明調和論」として人口に膾炙したものであった。このような文明論の系譜に、札幌農学校第二期生として新渡戸の同窓であった内村鑑三も位置づけることができる。内村の初期の著作である『地人論[21]』は、「地理と歴史とは、舞台と戯曲との関係なり」として、人類の世界史と地理的構造との間に密接な相互関係を想定し、その法則性を解明する一種の目的論的な歴史地理論であった。内村は、そこで、東洋文明の東漸と西洋文明の西漸との交点に日本の地理を位置づけ、東西両洋間の媒介者たることに「日本の天職」を見出した。内村においては、個人―国民―世界は重層的に重なり合い、「地球そのものが一個有機的独立人なり」という表現に象徴されるように、人類と自然は有機的連帯関係にあるものとされていた[22]。

こうした東西文明の媒介者たることに日本の国民的使命を基礎づける議論は、内村の当初の意図を超えて、非西欧国家でありながら西欧帝国主義国の一員としての位置を獲得した日本の対外的自己表現として、日露戦後には広く用いられるようになった[23]。それは、西欧諸国には東洋文明の独自性を強調することで文化的対等性の承認を迫るとともに、近隣のアジア諸国には、文明概念による日本の帝国主義的実践を正当化する議論であった。いわば西欧に対する文化相対主義とアジア諸国に対する単系文明発展論の選択的採用が、その特色であったといってよい[24]。

新渡戸もまた、このような知的雰囲気のなかで活躍した世代であった。欧米諸国に対しては、『武士道』に代表されるような英文による日本紹介者であり、また同時に植民政策学者として日本の植民統治者に建策する立場にあった新渡戸は、確かに、「東西文明の媒介者」としての役割を背負っていた[25]。新渡戸において、「東西文明調和論」とは、植民政策学者としての自己と欧米との文化交流の担い手としての自己を繋ぎとめる、いわば留め金のような位置を占めていたのである。新渡戸において、「帝国秩序」と「国際秩序」を媒介したものは、ひとまずは、このような「文明」の論理であった。

なお、大正初期の新渡戸には、「植民の終極目的」と題する論説がある。新渡戸が説くのは、「地球の人化と人類の最高発展」という植民の終極目的のため、「世界土地共有」を必要とする「世界社会主義」の理想である。ここで新渡戸は、「人の為すことは単に自然淘汰にのみ依らずして生なるものの中に一種微妙なる作用ありて其の境遇と感応し境遇異なるに従つて変化す」というベルグソンの所説を引きながら、人類が能動的に地球を人化するのみならず、受動的に森羅万象の感化を受けることを強調している。[26]このことから窺われるように、新渡戸の人類・世界概念は、「大正生命主義」と呼ばれる思潮の刻印をうけてもいたのである。[27]それはまた、先に内村についてみたような、機械論的・原子論的自然観と対立する有機体論的・連帯論的なコスモロジーとも、呼応するものでもあっただろう。『世界法の理論』で知られるカトリシズム自然法論者の田中耕太郎は、新渡戸は「わりあいマテリアリスチック」[28]であったと評しているが、その新渡戸が理想を語れば語るほど、自然淘汰といった進化論の持つ闘争説的側面よりも有機的調和という互助説的側面が引き出されてくることは興味深い。それはまた、大正期の「社会の発見」へと、新渡戸を呼びこむ回路でもあった。[29]

冒頭に引いた新渡戸の講義では、第一次大戦期の日本で見られた黄白人種の対立という文脈で戦争を解釈する議論の影響をうけてか、東西文明の「調和」よりも「対決」というニュアンスがより強く表れている。[30]だが、いずれにせよ新渡戸の思考様式が、明治中期から大正初期に至るまで多くの論者により共有されていた文明論の系譜に棹差していたことは、これまでの記述から了解されよう。新渡戸の講義は、明治三〇年代であれば、格調高いものとして、学生に深い感銘を与えたかも知れなかった。

しかしながら、第一次大戦期に新渡戸の講義を聴講した学生には、新渡戸の議論はあまりにも通俗的な印象論のように響いた。一般に、アカデミズムの確立期にあった日露戦後から大正初期にかけての帝国大学生は、明治期の学者官僚的な帝国大学教授に対して甚だ冷淡である。対外的活動に邁進する新渡戸は、この意味では、未来のアカデミズムを担う若者達の心を捉えたとは言いがたかった。[31] しかも、第一次大戦期には、日本外交自体が転換期を迎えつつあった。新渡戸が講義の締めくくりで触れた「植民は文明の伝播である」という文言は、アメリカの植民政策学者・国際政治学者であったポール・ラインシュの言を借りたものであったが、[32] ラインシュはこの時期、ウィルソン政権下の駐華公使として日本の対華二一ケ条要求批判の急先鋒に立っていた。[33] ウィルソン主義と中国の反帝国主義ナショナリズムが共振しながら、これまでの日本外交の準拠枠組であった西欧古典外交の自明性を揺さぶる時代が訪れてきたのである。静謐な象牙の塔の外にあったのは、こうした新しい時代の息吹であった。

三 社会の発見――帝国再編と植民政策学

新渡戸はだが、第一次大戦が国際政治に齎しつつある変化に鈍感では決してなかった。先の講義でも新渡戸は、大戦が植民地と本国との関係に与える影響を、簡潔ではあるが的確に指摘していた。英本国とカナダ・オーストラリアという自治植民地との関係を概観しながら、自治植民地の本国からの分離傾向と、チェンバレンの「帝国的連合」(imperial federation)構想に代表されるような植民地と母国の結合関係を鞏固にするための政策に触れたうえで、新渡戸はこう述べていた。「此度の大戦争の結果、植民地と母国との関係は一躍数歩を進めた。併しながら、この度の結び付きは感情的なるを免れない。それは政治的又は軍事的なるものではない。故に、戦後に於ける関係は何とも断言し難い。却つて、一朝有事の際にはこのやうに結び付くのだから、平素は国家として分離して居てもよいといふ議論を生じ、その結果植民地は独立することとなるやも計られない」。[34]

第一次大戦は、欧州諸国にとってはまさしく総力戦争であった。それは本国と植民地の関係にも不可避的に波及した。戦時下の植民地の防衛協力は、帝国内における植民地の発言権の拡大につながり、戦後における帝国再編の動きを加速化させた。新渡戸の言うように、それは本国と植民地との有機的関係性を強調する求心的方向性を模索するものであったが、実は植民地の分離主義的・遠心的傾向を予期していたからこそ生じたことでもあった。第一次大戦後に新渡戸は、「およそ植民地が……外国勢力によって統治されるのを全般的に嫌うのは、ほとんど疑いない。植民地政府は、被治者の同意を受けてはいない。また、植民勢力は、白人であれ、褐色人であれ、それが託されている民衆の運命を改善するためだけに、犠牲を払って重荷を負うと信じる理由は大してない。」と述べ、本国と植民地との交際が「ギブ・アンド・テイク」の法則に基づいて行われ、「相互の利益」が規則となるような関係性を主張することになる[35]。すなわち、第一次大戦後の民族自決主義の衝撃を受けて、帝国を「相互扶助」的関係を持つ有機的協同体として捉えることでその存続意義を強調する、帝国再編論が台頭してきたのである[36]。

また戦時下の帝国内協力関係は、戦後の国際協力の雛型でもあった。南アフリカ連邦の指導者スマッツに代表されるように、戦時下の英帝国内の協力関係に関わった人物から、戦後の国際連盟に対する熱心な支持者が出てくる例は少なくない[37]。第一次大戦期の帝国再編の動向に逸早く着目した新渡戸も、一九一九年から国際連盟事務次長として活躍することとなった。

ともあれ、英帝国のコモンウェルスとしての再編は、日本の植民政策学者においても、帝国秩序の将来を考えるうえで、必ず参照される準拠枠組となった。新渡戸の後進の植民政策学者で、コモンウェルスを念頭に置きながら日本帝国再編の課題にまず立ち向かったのは、泉哲である。泉は、一八七三年北海道生まれで、新渡戸より一一才年少になる。札幌農学校を中退し、一六年間アメリカで留学生活を送った後帰国し、一九一四年から明治大学で教鞭をとっていた[38]。泉は、一九二二年「国際警察権の設定」と題する論文で東京帝国大学から法学博士の学位を授与されており、著書の大半は国際法に関わるものである。だが、同時に泉は、一九二一年に出版された『植民地統治論』に示されるように、大正期の代表的な植民政策学者の一人でもあった。『植民地統治論』の冒頭で、泉は同書の内容がアメリカ留学中に薫陶を受けたポール・ラインシュの講義及び著書の影響下にあることを明言している。[39] ラインシュは、革新主義の思想潮流の強かったウィスコンシン大学を卒業した後に、そのまま母校に残り教鞭をとっていた、アメリカにおける国際政治学・植民政策学の第一人者であった。世紀転換期におけるアメリカの国際政治への登場の意義を逸早く察知したラインシュは、極東問題や植民政策への関心が深かった。ウィルソン政権期にラインシュが駐華公使に任命されたのも、こうしたラインシュの経歴が評価されてのことであった。[40]

また日本においても、ラインシュの著作は早くから注目されていた。国際政治における中国問題を扱った『世界政治』は、原書の出版のすぐ翌年に、高田早苗によって抄訳が刊行された。[41] ラインシュは、同書の冒頭で、ルネサンス以降、中世的世界統一国家の理想がナショナリズムに置き換えられていく趨勢を概観し、二〇世紀を国民帝国主義(national imperialism)の時代としつつも、領土の拡張が主たる内容であった一九世紀の帝国主義と異なり、新世紀の帝国主義は経済的膨張に関わるものと主張していた。[42] こうした新世紀の帝国主義の特色が最もよく現れているのは、中国問題をめぐる世界政治である。ラインシュは、租借地獲得競争のような欧州列強による中国における勢力圏設定を中国分割の前兆と見る見解を斥け、勢力圏内における商業的機会均等が保持されるならば、それは門戸開放政策と矛盾しないとした。[43] 諸国民は自然に膨張する限りにおいては、互いに協力し得るものである。すなわち、領土獲得と区別された商業的膨張は、帝国主義的角逐という権力政治を生み出すのではなく、寧ろ国際協力の推進を齎す契機を内包すると、ラインシュは考えたのである。[44] これは、各国が租借地獲得などそれぞれ勢力圏を設定しつつも、一国が中国全土に排他的支配権を及ぼすのではなく、複数の列国が最終的には多国間の条約構造によって全体として中国に影響力を行使する「集団非公式帝国」[45]のなかに、国際主義の契機を見出そうとする見解ともいえるだろう。

このようなラインシュの議論は、中国保全論を掲げながらアメリカと同じく新興帝国主義国として中国進出をはかろうとした日本の立場からも、共鳴し得るものであった筈である。それはまた、早稲田系の政治学者として高田と関係の深かった浮田和民の、「倫理的帝国主義」の主張の背景にも、恐らくなっていたものと思われる[46]。実際、この時期の浮田の論説には、軍事的・侵略的膨張と経済的・自然的膨張の区別、低開発地域の富源の開発による相互利益の促進、といった、ラインシュの『世界政治』と重なる議論が散見される[47]。

同書を受けて、次にラインシュが取り組んだのは、『植民統治論』の出版である。この書物も、原著の四年後に台湾慣習研究会によって、台北で翻訳が刊行された[48]。ラインシュは、アメリカがフィリピンで取っていた同化政策に批判的であり、このような観点から、現地の旧慣を重視した植民政策のあり方を要領よく解説したのが同書であった。従って、本国と同一の法制を植民地にも適用することで議会・政党の発言権を植民地にまで及ぼそうとした内地延長主義に対抗して、総督府の自律性を主張する立場からは、ラインシュの同化主義批判は与しやすいものだったのである。ラインシュのこの著作は、日露戦後以降の日本の植民政策学に最も強い影響を与えたものの一つであり、「実に本邦斯学はランチ［ラインシュ――酒井］によって始めて体系化された[49]」とまで言われている。

だが、第一次大戦後の日本において、ラインシュの著作が持った意味は、単なる総督府の権限維持のためのものではなかった。大戦後の自由主義的思潮は植民地にまで波及し、何らかの形で現地住民の政治への参加要求に対応することの必要性を、当時の多くの植民政策学者たちは感じていた。その際、彼らの主張は植民地議会設置論に集約されていく傾向が強かった。一九二〇年代には、台湾議会設置運動に代表されるように、実際そうした参加要求を掲げた運動が登場した。明治大学で植民政策学を講じていた泉のもとには、林呈禄・蔡式穀などこの運動に関与していた台湾人学生が数多くいた[50]。泉は、こうした雰囲気に触れながら、ラインシュの同化主義批判を「植民地本位」の植民政策を基礎づける議論として読み込んでいったのである。

そして、泉が植民地の将来を考える上で準拠枠組としたのは、やはりコモンウェルスに示される英帝国の再編であった。経済学とは異なる政治学の観点に立つ植民政策学者という自己規定を下していた泉は、帝国再編の制度論にまで踏み込み、植民地と本国との対等な関係性を樹立するため、英帝国の連邦組織の設計図まで描いている。[51] こうした議論が直ちに日本と朝鮮・台湾との関係とに適用されるということまでを泉は主張していたわけではないが、泉の植民地議会設置論が長期的展望のもとではこのような視座のうちに位置づけられていたことは興味深い。連邦制や複合国家論は現代の日本人には馴染みにくい制度論であるが、大正デモクラシーと呼ばれる一九二〇年代の日本では、多くの論者が関心を示した議論であった。それは帝国再編の制度論であるとともに、当時強い影響力を持った多元的国家論のような主権の分散に関心を持つ理論装置にも馴染みやすかったからである。革命ロシアは小自治体の自由連合たるべきで中央集権的国民国家たるべきではないと喝破したアナキスト時代の山川均や、中国の連省自治運動に関心を寄せていた一九二〇年代前半の吉野作造など、同時代の他国の国家建設に向けた眼差しにも、この時期に特有の関心が窺われるのである。[52]

こうした大正デモクラシー期に台頭した動向を、最も体系的に植民政策学において展開したのが、東京帝国大学における新渡戸稲造の後継者であった矢内原忠雄である。矢内原の議論の特色は、その独特の植民概念にある。矢内原は植民政策学の対象を、従来の植民政策学が前提にしてきた植民地領有に伴う統治政策に限定せず、社会群の移動に伴う政治的・経済的・社会的相互作用の解明にまで拡大すべく広義の植民概念を採用した。これは、現代風に言えば、ヒトの広域的・越境的移動に伴う相互作用の解明を問題化したものであり、グローバリゼーション論の文脈で帝国論が読み返されるときに主題化されるような問題群に、矢内原が図らずも触れていたことを示唆している。[53]

それはまた、「社会の発見」と呼ばれるような、大正期の社会概念の析出状況とも密接な関連を持つものであった。

第一次大戦後の日本では、社会概念の構成に依りながら、国家主権概念の絶対性を否定ないしは相対化しようという動向が強かった。そして揺籃期にあった当時の日本の国際政治学においても、非国家的社会集団が織り成す越境的な相互関係から国際関係を捉えようという視点は、提示されていた。フェビアン協会の国際問題の専門家であったレナード・ウルフの議論に刺激を受けて、機能主義的統合論に繋がるような国際政治論を展開していた蠟山政道はその代表であった[54]。そして、第一次大戦直前のラインシュも、こうした議論と同様の趣旨を国際行政論として展開していたのである[55]。矢内原による国家の統治政策と区別された広義の植民概念の採用も、帝国内における社会集団の移動に伴う相互作用を主題化した点で、蠟山の視点との重なりを読み込めるだろう。

植民政策学は、ともすれば極めて国家主義的な理論装置で固められた学問という印象をもたれやすいが、既に指摘したように、それは寧ろ植民政策学の実像からはずれた見解である。例えば、これまで再三言及してきたように、ラインシュが、同化主義批判を唱える植民政策学者であると同時に、機能主義的な国際行政論の主唱者でもありえたのは、彼がそもそもアメリカの革新主義に特徴的な、形式的国家制度論に批判的な態度を有しており、法や制度を社会集団の動的交渉過程や社会のなかに生ける慣習・規範から捉え直そうという一貫した関心を持っていたからである[56]。こうした関心が、植民政策に適用されると、植民社会の実態から乖離した本国の制定法を機械的に適用することに対する批判へと発展し得る。またそれが、先進国間の相互依存的関係に適用されると、越境的な社会集団の活動と国際行政に親和的な政策領域の出現に目が向けられることになる。このように植民政策学には、形式的国家制度論には方法的にはむしろ対立する理論装置が、しばしば搭載されているのである。

なお今日では忘れられがちなことであるが、革新主義期のアメリカ政治学は、ドイツ国家学の圧倒的影響を受けた世代の業績から始まり、これをくぐりながら、社会集団論的視点を導入することで政治過程論的な視座が拓かれる形で発展していった。因みに、新渡戸はジョンズ・ホプキンスで、ラインシュはウィスコンシンで、ともに、アメリカ経済学会の創設者でありドイツ社会政策学派の議論をアメリカの文脈に導入しようとしたリチャード・イーリーから教えをうけた、いわば兄弟弟子の関係であった。[57] また、佐藤昌介・新渡戸稲造に次いで札幌農学校・北海道帝国大学における植民政策学を代表する存在となった高岡熊雄の卒業論文は、約百戸にわたる聞き取りを中心とした標本調査の手法による北海道拓殖の実態調査であり、当時としては世界的にも珍しい自然科学的な「顕微鏡的観察」による研究と評価されているが、[58] その際、同時代の農政学研究として高岡と並ぶ例外的な事例として挙げられているのは、まさしく「政治過程論」という用語の生みの親であるアーサー・ベントレーが若き日にジョンズ・ホプキンスで行った研究なのである。[59] 後に、形式的国家制度論を批判して社会集団の競合としての動態的な政治過程を把握することを提唱したベントレーの知られざる処女作は、ネブラスカの町村調査を通して西部農民の「真の経済条件」に関する「現実的知識」を獲得することを目的にしたものであった。[60] その意味で、ドイツ国家学受容から「社会の発見」へという道程は、何も日本に限定されたものではなかったのである。

こうして冒頭で独特の植民概念を掲げた矢内原の『植民及植民政策』は、最終章に「植民政策の理想」を配した。矢内原はここで、従属主義・同化主義に対して自主主義を植民政策の理想とし、自由主義も社会主義もその理想を満たすものではないとした。この部分は、いわば、冷戦期の東西体制選択の間で呻吟する知識人のイメージを投影する形で理解されてきた有名な個所である。だが、実はこの後に、矢内原は、国際連盟と英帝国の検討をおき、植民政策の理想を実現する方途として、国際連盟よりも英帝国をはるかに高く評価していた。コモンウェルスは、相互扶助的な協同体像を読み込まれることによって、いわば「国際協同体」のモデルとしての位置を与えられたのである。[61] 主権国家の集合体である国際連盟は植民地を構成員としては扱えず、それは西欧中心主義的な偏向をまぬがれない。より包括性の高い秩序は、今日言うところの南北関係を含むコモンウェルスである。このような感覚は、矢内原に限らず、戦間期日本の知識人に広範に見られたものであった。世界秩序論としての帝国再編という主題が、あるべき国際主義を考えるためにも重要なものとして意識されていたのである。

とはいえ、国際連盟と帝国再編は必ずしも二律背反ではなく、少なくとも一九二〇年代においては、矢内原の頭のなかでは、同時進行的な現象として捉えられていたことであろう。また二〇年代には、ワシントン体制や太平洋問題調査会の活動にみられるように、アジア・太平洋における機能統合的・相互依存関係も進展しつつあった。帝国再編と国際主義の同時進行的な展開という自由主義的シナリオの可能性を、大正デモクラシー期の植民政策学者達は夢想したのであった。

四　植民地なき帝国主義——広域秩序のなかの植民政策学

しかるに、このような帝国再編と国際主義の自由主義的展開の可能性を奪ったのは、満洲事変の勃発であった。中国政府は、日本が提示した日中両国の直接交渉による解決案を拒絶し、国際連盟に提訴する行動をとった。このため、日本側は、満洲事変が既存の国際秩序に抵触するものでないことを弁証する義務を負うことになった。満洲事変に際して日本政府のとった立場が、満洲事変は自衛権の行使であり、連盟規約・九ヶ国条約・不戦条約違反にはあたらないとするものであったことはよく知られている。そして、日本の国際法学界は概ね自国の政府の立場を追認する形で、論陣をはったのであった[62]。

このような状況のなかで、国際法学者としての泉哲が満洲事変に対してとった態度は、苦渋に満ちたものであった。泉は、連盟理事会にオブザーヴァーとしてアメリカを招請する案について、日本政府が理事会の全会一致を要求して反対したことに対して、この問題は単なる手続き事項であり全会一致を要求する事柄ではないと、間接的ながら日本政府を批判した。だが、日本の連盟脱退の直接的契機となった連盟総会の満洲国不承認決議に対しては、国家の承認は各国の自由意志に委ねるべきもので、利害関係を異にする多数国が合同して不承認を宣言するのは不合理であると連盟を批判した。泉は徐々に、満洲事変への慎重な批判者から端的な擁護者へと変化していった。[63]

泉はそもそも国際連盟に対して、冷笑的な態度をとっていたわけではない。泉は、連盟規約第一一条を最重視し、連盟理事会による斡旋・調停による国際紛争の解決に大きな期待を寄せていた。しかし同時に、連盟の紛争解決方法は、超国家的な制裁措置の発動によるのではなく、あくまでも独立国家の互譲協力によるものであると泉は理解していた。[64] このことは、満洲事変前後を通して変化することのない、泉の連盟観であったといってよい。「国家主義と国際主義の調和」というのが、泉の一九二〇年代からの連盟観だったのである。連盟規約の精神を、第一次大戦前から存在した紛争の平和的解決の延長線上に理解する見解であったといえよう。[65] この点では、泉の連盟観は、不戦条約を戦争放棄の文脈で捉えるのではなく、周旋・調停・仲裁裁判・司法的解決などの第一次大戦前から存在する国際紛争の平和的手段による解決策の延長線上にあるものと評価した泉と同世代の国際法学者である信夫淳平のそれと、大きく異なるものではなかった。[66] 泉の満洲事変に対する態度は、時期が下るにつれて日本政府の立場を擁護するものに変化していったが、そのことが泉の国際連盟観そのものの変質を意味するものであったか否かについては、留保の余地があるだろう。しかし、満洲事変の勃発と日本の国際連盟脱退が、泉の抱懐していた自由主義的帝国再編のシナリオの障害になったことは、いずれにせよ明らかであろう。

新渡戸稲造もまた、国際連盟常任理事国たる日本自らが齎した混乱によって、難しい位置に立たされることになった。だが、「太平洋の橋」を自認した新渡戸のとった態度は、アメリカの「誤解」を解く方向であった。新渡戸は意を決し、一九三二年四月に訪米して、各地で満洲事変における日本の立場に対して理解を求めるべく演説を試みた。それは、可能な限りアメリカ側に通じやすい表現と論理を駆使したものではあったが、聴衆の反応は控えめにいっても好意的とは言いがたかった。[67]

だが、新渡戸は一九二〇年代を通して国際連盟が到達した成果に対して、決して否定的ではなかった。一九三一年二月に記した「連盟活動の拡大」と題する論説で、新渡戸は国際連盟の活動が、時間的にも空間的にも拡大しつつあることを力説していた。最初の六年は、主として「ヨーロッパ大戦の残骸の除去に忙殺されていた」連盟は、今や政治的性質のものというよりは、社会的・経済的・道徳的活動において注目を集める活動を行っている。そのことにより平和時における国際協調の制度として連盟は成熟し、連盟の機能もヨーロッパの外部へと広がっているのである。新渡戸は、こう述べたうえで、中国における、国際連盟事務局保健部長ライヒマンの活動や、極東における連盟による阿片や人身売買の禁止活動に注意を喚起している。[68]

新渡戸が国際連盟の政治的側面ではなく、経済・社会政策領域における活動を高く評価していたことの意義は忘れてはならないだろう。安全保障領域ではともすれば負の側面が強調されやすい連盟の活動において、比較的成功したと評価されることが多いのは、技術援助・公衆衛生・阿片禁止など、社会政策における国際協力の実績である。そして、それは、しばしば看過されがちな植民政策学の一つの顔でもあることに留意すべきだろう。既に指摘したように、植民政策学には、こうした越境的な政策領域の出現とこれをめぐる機能的国際協力の推進という主題に、親和性を持つ側面が存在したからである。植民政策学者新渡戸稲造の連盟を見つめる視座は、国際協力機関に新たな国際政治の展望を見出した第一次大戦直前のラインシュの関心に意外なまでに近いのである。「非政治的領域における国際協力」という主題が、植民政策学の国際主義に残した、目立たないが重要な遺産といえるかも知れない。

しかしながら、一九三〇年代は、まぎれもない「政治の季節」を迎えた時代であった。自由主義的回路を絶たれた植民政策学は、こうした「非政治的領域における国際協力」を成熟させるのではなく、相互扶助的な協同体の設計という帝国再編論の関心を、広域秩序論に読み込む形で新たに展開していった。それはまさしく、民族自決主義は総論的に採用されつつも実際には帝国秩序は清算されていない「植民地なき帝国主義[69]」と呼ばれる戦間期国際秩序論の変奏として、一九三〇年代の広域秩序論が位置していたことに他ならなかった。

それでは広域秩序論は、植民政策学における「帝国秩序」と「国際秩序」の媒介の論理にどのような影響を与えたのであろうか。広域秩序論は、国際秩序の基本的単位が主権国家から広域へと移行し、広域圏内においては主導国を中心とした秩序の維持がなされることを前提にしている。それは近代国際法の基本原理であった国家平等原理を、個別国家による抽象的かつ平板な原子論的契約説構成として斥け、主導国による広域圏の秩序維持を具体的かつ有機的協同体原理に基づくものとして称揚するものである。[70] 従って、それは主導国原理に基づく垂直的な階層構造を予定している点で、これまで帝国秩序を支えた統治技術が総動員される契機を内包している。新たに占領地として広域圏に編入された地域を統治するためには、かつて公式帝国内の植民地で行った旧慣調査と同様の実態把握がまず必要となる。実際日中戦争以後、重点領域研究として予算が配分されたのは、まさしくこうした分野の共同研究であった。[71]

更にそれに加えて、広域内の人的・物的資源の移動・配分に関する計画的管理が必要になる。それは、広域的社会政策とも呼びえるような分野である。[72] 矢内原忠雄がその自由主義的論調を問題視された筆禍事件により大学を追われた後、永雄策郎の短期間の担当を経て、東京帝国大学経済学部の植民政策講座を担当した東畑精一は、「逆植民」という概念を提唱し、本国から植民地への影響と同時に、植民地から本国への経済革新的作用の重要性を力説したが、こうした関心は、一九二〇年代の矢内原が相互扶助的な国際協同体としてのコモンウェルスに着目した視角を、改めて広域秩序論のなかで継承・発展していったものと見ることも可能である。[73] コモンウェルスという語感が社会主義者を魅了するものであったのと同様に、広域秩序論に頻出する協同主義的メタファーは、様々な福祉関心からする戦時変革の可能性を呼び覚ましたのであった。

こうして左右両翼にわたる様々な立場の人物を抱えながら、国際現象をめぐる学知は再編されていった。矢内原忠雄は、一九五一年の学界展望において、満鉄調査部・東亜研究所・太平洋協会などの戦中期における地域調査研究を概観しながら、こう述べている。「以上は若干の例示にすぎないが、このほか外国の権威ある著書が数多く翻訳され、両者相まってまことに偉観であった。このことを、日本が中国に関するほとんど何らの科学的研究らしいものをもたずに、中日戦争に突入したことと思いあわせれば、隔世の感がある」[74]。すなわち、日中戦争後に大学を追われた矢内原の眼にも、戦中期は地域研究の躍進時代と映っていたのである。この翌一九五二年に、矢内原の手により、東京大学教養学部に日本で初めての「国際関係論」研究・教育のための機関が設立されたのは、象徴的である。

総力戦争が敵国の事情を把握するために地域研究の設立を促していった事情は、ある程度まではどの国にも妥当する現象である。ただし、日本の場合は、「大東亜共栄圏」に編入された地域の多くが、英蘭など旧宗主国の植民地であったため、これらの地域の処遇は外部化して済ませられる問題ではなかった。しかも、日本は太平洋戦争開戦後、戦争目的として「アジア解放」の大義名分を掲げたので、早晩東南アジア諸国の自決争点が浮上することは避けがたかった。無論、戦争目的の決定は場当たり的なものに過ぎず迷走を続けたが、総力戦争が脱植民地化を推進する構造的力学を、日本も免れることはできなかったのである[75]。

脱植民地化争点の浮上を問うアジア諸国による自決権の主張の台頭は、主導国原理を中心とした広域秩序の構成が問い直されるということである。主導国原理にどこまで固執するか。新興独立国にどこまで国家平等を認めるか。この対立こそが、太平洋戦争期の日本の政策決定者を原理的に規定したものであった。かくして広域秩序の内部矛盾は、広域秩序論の内側から戦後の国際関係論研究の主要動機であった「帝国主義と民族」という問題設定を産んでいったのである。それは、国際法・外交史という「国際秩序」に関わる学知と、植民政策学という「帝国秩序」に関わる学知という二本立ての編成が、「国際関係論」へと一本化される過程でもあった[76]。

おわりに

植民政策学における「植民」という概念は、論者によって広狭の両方の定義がある。すなわち、植民概念を公式帝国に編入された植民地と同義に捉え、植民地に対する統治政策を専ら植民政策学の対象とする考え方が一つである。もう一つの考えは、植民を人口希薄な地域への移住・入植と捉えるものであり、より一般化して云えば、社会群の広域的・越境的移動を植民政策学の対象とするものである。後者の視点を採る論者の代表が矢内原忠雄であり、新渡戸稲造の植民政策学講義における植民概念は前者に相当する。(77)

こうした広狭の植民概念に対しては、その優劣について、これまで様々な評価がなされてきた。例えば、佐藤昌介の植民概念は、「殖民地ハ政治上ニ於テ本国ト関係ヲ有セザルモ殖民地タルニ妨ゲナシ」というもので、本国との政治的関係を有さない古代の植民地と近代の植民地を直結させることで、近代植民地に通有の政治的関係を捨象した非歴史的議論であるのに対して、新渡戸のそれは政治的関係を要件としたことで植民地を病的存在として見なす批判精神を獲得しえた、といった評価がある。(78) また矢内原の広義の植民概念に対しては、既に同時代に、現代の植民問題は植民国と植民地の権力関係であり、矢内原の把握では、帝国主義支配の問題が曖昧になるとの批判が大内兵衛によってなされている。(79) これとは逆に、矢内原の議論は、例えば外国人労働者問題などグローバル化した現代の問題を考える上で寧ろ示唆的である、という見解も成り立ちえるであろう。(80)

しかしながら、「帝国秩序」と「国際秩序」の媒介の論理を考察する本稿の視角からすれば、広狭の植民概念の存在は優劣の問題ではなく、植民政策学の持った多義的な性格の現れであるように思われる。すなわちそれは、植民政策学の対象が、国内と国外、公式帝国と非公式帝国、帝国秩序と国際秩序、といった二項対立に馴染まない、それらをまたがる重層的領域にあったことに由来するのである。それこそが、まさに「帝国」の学知としての植民政策学が持った特質であり、植民政策学の展開が今日顧みられるべき所以なのではあるまいか。

「国際主義」と「帝国主義」は紙一重であり、「社会的」なるものは直ちに「自由主義的」とは限らない。これは寧ろ、植民地なき現代のグローバリゼーション論において「帝国」概念が招請される際に、常に問われている問題である。その意味で、植民政策学を国際関係論の忘れられた系譜から救い出すことは、現代の国際秩序論に対する感受性を研ぎ澄ます一つの素材たり得るであろう。

＊なお、本研究は科学研究費補助金・基盤研究C「戦間期日本における植民政策学の展開とその遺産」による成果である。

注

（1） Brian C. Schmidt, *The Political Discourse of Anarchy: A Disciplinary History of International Relations* (N. Y.: State University of New York, 1998), pp. 124–125.

（2） 植民政策学に関する代表的研究としては、金子文夫「日本における植民地研究の成立事情」小島麗逸編『日本帝国主義と東アジア』アジア経済研究所、一九七九年、原覺天『現代アジア研究成立史論』勁草書房、一九八四年、浅田喬二『日本植民地研究史論』未來社、一九九〇年。

（3） なお、本稿と直接関連する拙稿には、「「植民政策学」から「国際関係論」へ」浅野豊美・松田利彦編『植民地帝国日本の法的展開』信山社出版、二〇〇四年、「戦間期における帝国再編と国際主義」『国際問題』五四六号、二〇〇五年九月、があり、重複した記述もある点をお断りしておく。

（4） なお国際法学者の言説を扱った研究におけるこのような視点の可能性を示したものとして、拙稿「書評・小林啓治『国際秩序の形成と近代日本』」『歴史学研究』七九八号、二〇〇五年。

（5） 飯沼二郎「新渡戸稲造は自由主義者か」『毎日新聞』一九八一年八月二六日夕刊、佐藤全弘「新渡戸稲造は「生粋の帝国主義者」か」『毎日新聞』一九八一年九月四日夕刊。

(6)『陸羯南全集』第一巻、みすず書房、一九六八年。なお、ノヴィコウの著作と陸羯南『国際論』の関係については、本田逸夫「明治中期の「国際政治学」――陸羯南「国際論」とNovicow J., *La politique internationale* をめぐって」『法学』(東北大学)第五九巻第六号、一九九六年、が詳細に論じており、本稿の叙述もこれに負うところが多い。

(7) Jacques Novicow, *La politique internationale*, Paris: Felix Alcan, 1886.

(8) 本田前掲論文、一七―一八頁。朴羊信「陸羯南の政治認識と対外論(一)」『北大法学論集』第四九巻第一号、一九九八年、九七―九九頁。

(9) 本田前掲論文、二―三頁。

(10) フリートによるノヴィコウの独訳本には、J. Novicow, *Die Föderation Europas*, Berlin: Akademischer Verlag für sociale Wissenschaften, 1901; *Das Problem des Elends*, Leipzig: T. Thomas, 1909; *Der Krieg und seine angeblichen Wohltaten*, 2., verb. Aufl., Zürich: Art. Institut Orell Fußli, 1915. 等がある。吉野作造「近世平和運動論」『国家学会雑誌』第二三巻第九号―第一二号、第二四巻第一号―第二号、一九〇九―一〇年。吉野は大日本平和協会の会員でもあったと推測される(三谷太一郎『新版 大正デモクラシー論』東京大学出版会、一九九五年、二〇二頁)。

(11) 建部遯吾『戦争論』金港堂書籍、一九〇六年、二〇―二一頁。

(12) 小熊英二『〈日本人〉の境界』新曜社、一九九八年、第七章「差別則平等」。なお同書の書評として、拙稿「大胆な構図と入念な細部」『相関社会科学』第九号、一九九九年。

(13) 宮村治雄「自由主義如何――陸羯南の政治思想」同『開国経験の思想史――兆民と時代精神』東京大学出版会、一九九六年、二〇六―二〇九頁。

(14) この概念については、飯田泰三「吉野作造――〃ナショナル・デモクラット〃と社会の発見」小松茂夫・田中浩編『日本の国家思想』下巻、青木書店、一九八〇年。

(15) 拙稿「国際関係論と「忘れられた社会主義」――大正期日本における社会概念の析出状況とその遺産」『思想』九四五号、二〇〇三年。

(16) その当事者による古典的整理として、蠟山政道『日本における近代政治学の発達』実業之日本社、一九四九年。

(17) John G. Gunnell, *The Descent of Political Theory*, Chicago: The University of Chicago Press, 1993, pp. 50–51. な

お、明治憲法制定期に日本でよく参照されたブリュンチェリの『一般国家学』(*Allgemeine Staatslehre*) は、一八八五年に英訳が出版され、当時のアメリカの最も標準的な政治学の教科書となった。*Ibid.*, p. 35.

(18) ラインシュについては、Noel H. Pugach, *Paul S. Reinsch: Open Door Diplomat in Action*, New York: Kto Press, 1979, 篠原初枝「ポール・ラインシュとトーマス・ベイティ」『外交時報』一三〇八号、一九九四年五月。

(19) 新渡戸は生前講義録を出版することはなく、没後の一九四三年に、講座の後継者たる矢内原忠雄が聴講した大正五—六年度の講義ノートを基幹とし、高木八尺(大正三—四年度)、大内兵衛(大正元—二年度)のノートでこれを補充する形で、矢内原により講義録が編集され、『新渡戸博士 植民政策講義及論文集』として出版された。従って、同書の内容は、ほぼ第一次大戦期の講義と同一のものとみなすことができる。

(20)『新渡戸稲造全集』第四巻、教文館、一九六九年、一七—一八頁、一六七頁。

(21)『日本の名著38 内村鑑三』中央公論社、一九七一年、所収。一八九七年に刊行された同書は、日清戦争の最中に刊行された『地理学考』を改題したものである。改題に際して、付せられた第二版の序文には、旧友新渡戸の「余のこの攻究に与えられし、少なからざる奨励と援助」に対して謝意が述べられている。

(22) 前掲書、松沢弘陽解説、二九—三八頁。

(23) 松本三之介「国民的使命感」『近代日本思想史講座』第八巻、筑摩書房、一九六一年。また、国際文化交流において東西文明調和論が持った意味については、芝崎厚士『近代日本と国際文化交流——国際文化振興会の創設と展開』有信堂高文社、一九九九年、第二章。

(24) なお、こうした「東洋」概念の構築が持った意義については、Stefan Tanaka, *Japan's Orient: Rendering Pasts into History*, L.A.: University of California Press, 1993, chap. 1 が、示唆的である。

(25) 新渡戸稲造の対外思想については、太田雄三『〈太平洋の橋〉としての新渡戸稲造』みすず書房、一九八六年、北岡伸一「新渡戸稲造における帝国主義と国際主義」『岩波講座 近代日本と植民地』第四巻、岩波書店、一九九三年、が示唆的である。

(26)「植民の終極目的」前掲『新渡戸稲造全集』第四巻、所収、三六〇頁。

(27) 鈴木貞美『「生命」で読む日本近代』日本放送出版協会、一九九六年。なお、小熊英二氏は、新渡戸に関する先行研究を評して、「総じていえば、現在われわれが考える「人種差別主義者」「帝国主義者」のカテゴリーに新渡戸があてはまるか否かという基準で議論が行なわれる傾向があり、それとは別種の思想を持っていたのではないかという観点が少ないと思われる」と述べている(小熊前掲書、六九六頁)。この観点は、新渡戸に限らず、社会進化論・有機体論で構成された当時の議論を扱う場合、極めて重要な指摘である。なお、「生命主義」が、宇宙・人類・国家・社会・個人等の諸段階を備えており、当面する問題に応じて、人類普遍主義、アジア主義、日本主義といった雑多な様相を呈することについては、鈴木貞美「西田幾多郎『善の研究』を読む——生命主義哲学の形成」『日本研究』(国際日本文化研究センター紀要)第一七集、一九九八年、角川書店、一三四頁。

(28) 田中耕太郎「新渡戸先生の人」『新渡戸稲造全集』別巻、教文館、一九八七年、二八八頁。

(29) なお、日本の進化論受容自体が、闘争説的側面よりも互助説的側面により傾く嫌いがあった。世界政治が高次の統合状態に至る「宇内統一国」論を説いた加藤弘之の後年における転換は、著名な例である(前掲拙稿「「植民政策学」から「国際関係論」へ」一四頁、二五―二六頁)。

(30) ジョージ・アキタ、伊藤隆「山県有朋と「人種競争」論」『年報近代日本研究7 日本外交の危機認識』山川出版社、一九八五年。

(31) 日本の政治学におけるアカデミズムの成立を象徴する人物である小野塚喜平次は、新渡戸の対外活動に甚だ批判的であったという(森戸辰雄「教育者としての新渡戸稲造先生」前掲『新渡戸稲造全集』別巻、三〇七―三〇八頁、北岡前掲論文、一九二―一九三頁)。

(32) 前掲『新渡戸稲造全集』第四巻、三三八頁。

(33) 北岡伸一「二十一カ条再考」前掲『年報近代日本研究7 日本外交の危機認識』。

(34) 前掲『新渡戸稲造全集』第四巻、一一九―一二一頁。

(35) 「日本の植民」『新渡戸稲造全集』第二一巻、教文館、一九八六年、四九二―四九三頁。一九一九年一二月の日本協会における講演の一節である。

(36) 台湾総督府官僚であった東郷実は、クロポトキンの『相互扶助論』を援用しながら、本国と植民地の「共存共栄」の関係を弁証している(東郷実『植民政策と民族心理』岩波書店、一九二五年、三二七頁)。また、ピーター・ドウスは、一九一七年初頭までに日本の対中政策には新たな変化が見られるようになり、政治的声明に戦略的・通商的「特殊の関係」という文言のほかに、「共存」「共栄」といった「利他主義的利益」を含めるようになった、と指摘している(ピーター・ドウス「日本/西欧列強/中国の半植民地」『岩波講座 近代日本と植民地』第二巻、岩波書店、一九九二年、七三頁)。

(37) 亘祐介「国際連盟をデザインした男」『創文』四三四号、二〇〇一年。なお、スマッツは、近代諸科学を「全体論」(ホーリズム)的方法に基づき再統合する運動の主唱者でもあった(前掲亘論文、六頁)。スマッツにおいては、世界秩序の再編自体が、こうした有機体的・全体論的認識論に定礎されていたのである。こうした認識枠組の存在は、日本の事例を考えるうえでも興味深い。

(38) 泉哲については、浅田前掲書、第三章。

(39) 泉哲『植民地統治論』有斐閣、一九二一年、「例言」。

(40) ラインシュが一八九九年度にウィスコンシン大学で開講した「現代政治」(Contemporary Politics)は、合衆国で初めて世界政治を集中的に扱った科目とされている。(Schmidt, op. cit., p. 70) なおラインシュの駐華公使就任の経緯については、Pugach, op. cit., pp. 54–57.

(41) Paul S. Reinsch, *World Politics: At the End of the Nineteenth Century*, New York: Macmillan, 1900. ラインシュ著・高田早苗抄訳『帝国主義論』東京専門学校出版部、一九〇一年。

(42) *Ibid.*, pp. 3–14.

(43) *Ibid.*, pp. 184–185.

(44) *Ibid.* pp. 256–257.

(45) この概念については、ドウス前掲論文、六六頁。従って、中国は条約体系のなかでは従属的な位置を与えられつつも、国際政治における「中国問題」は、二国間的枠組によってではなく多国間的枠組で解決される傾向性を有していたことが、重要である。例えば、中国に対する国際借款団に対する評価が、ウィルソン主義的な「新外交」の理念に即応したものと高く評価される一方で、列国による中国の「国際共同管理」論に繋がる「帝国主義」的性格を持つものであると否定的評価を下されることがあるのは、こうした事情に由来する。この意味で、「中国問題」の位置づけをたどることは、「帝国秩序」と「国際秩序」の相互関係を考察する際に、極めて興味深い主題となりえる。なお、酒井一臣「中国共同管理論の展開——

「文明国標準」と協調外交」前掲『植民地帝国日本の法的展開』。

(46) 朴羊信「陸羯南の政治認識と対外論(四)」『北大法学論集』第五〇巻第一号、一九九九年、一〇三頁。

(47) 松田義男「浮田和民の倫理的帝国主義」『早稲田政治公法研究』第一二号、一九八三年、九三―九六頁、清水靖久「二十世紀初頭日本の帝国主義」『比較社会文化』(九州大学)第六巻、二〇〇〇年、八―一二頁。なお、浮田和民の「倫理的帝国主義」は、浮田自身の後年の言明によって、しばしばトライチュケの影響から説明されるが、それだけではなく、ラインシュを含む同時期の様々な帝国主義論が参照されていたのではないかと思われる。

(48) Paul S. Reinsch, *Colonial Government*, New York: Macmillan, 1902. 台湾慣習研究会訳『植民統治策』台北、台湾慣習研究会、一九〇六年。

(49) 金持一郎「我国に於ける植民政策学の発達」『経済論叢』第三八巻第一号、一九三四年、四一二頁。なお、小熊前掲書、一七八―一七九頁。

(50) 若林正丈『台湾抗日運動史研究』研文出版、一九八三年、九六頁。

(51) 泉前掲書、序一頁、三七二―三七四頁。

(52) 三谷太一郎『大正デモクラシー論』中央公論社、一九七四年、九九頁、藤村一郎「吉野作造とワシントン体制」『久留米大学法学』第四四号、二〇〇二年。また、帝国再編の文脈で吉野作造を再検討した刺激的な論稿として、平野敬和「帝国改造の政治思想――世界戦争期の吉野作造」『待兼山論叢』第三四号日本学篇、二〇〇〇年一二月、米谷匡史「戦間期知識人の帝国改造論」歴史学研究会・日本史研究会編『日本史講座第九巻 近代の転換』東京大学出版会、二〇〇五年。

(53) 村上勝彦「矢内原忠雄における植民論と植民政策」前掲『岩波講座 近代日本と植民地』第四巻、米谷匡史「矢内原忠雄の〈植民・社会政策〉論」『思想』九四五号、二〇〇三年。なお、社会群の移動に伴う社会的・文化的相互作用の解明という矢内原の方法を、戦後日本の国際関係史研究で継承しているのは、Hirano, Kenichiro, "The Japanese in Manchuria 1906–1931: A Study of the Historical Background of Manchukuo", Ph. D dissertation, Harvard University, 1983. である。「日本の対満洲政策」ではなく、「満洲における日本人」の活動が、産業・通貨・教育等様々な領域で満洲の機能的統合を齎し、こうして形成された地域的一体性が満洲における中国ナショナリズムを胚胎させる契機となることで、満洲事変の序曲となっていくという同論文の視角は、矢内原が提示した非国家的主体たる社会群の移動による相互作用への着目を、カール・ドイッチュの機能統合論によって再構成する含意を持つものであったといえよう。また矢内原の植民政策学に内在する「資本の文明化作用」に対する肯定的評価と、一九六〇年代の合衆国で一世を風靡した近代化論の発想との間に親和性があったことも見逃せない。平野健一郎氏が、「満州研究から、最近の国際交流論までをつないでいるのは、結局、国境を越えたヒトの移動ということになるわけです」と述べているのは、象徴的である(『社会科學紀要』(東京大学)、一九九七年、三九頁)。

(54) 蠟山については、拙稿「東亜協同体論から近代化論へ」『年報政治学一九九八・日本外交におけるアジア主義』岩波書店、一九九九年。

(55) Paul S. Reinsch, *Public International Union*, Boston: Ginn, 1911. なお同書は、相互依存(interdependence)という用語を国際政治学に導入した初期の例である。*Ibid*. p. 6.

(56) なお、一八九九年に刊行されたラインシュの処女作は、独立前の植民地時代のアメリカにおいて、母国であるイギリスのコモン・ローがいかに適用されたかを歴史的に検討した著作であり、当時のアメリカにおいて、コモン・ローは機械的に適用されていたのではなく、民衆の慣行にあった法解釈がなされていたことを立証しようとした著作であった。そこには、既に後の植民統治論における同化主義批判と旧慣尊重の発想に繋がる関心が窺える。Paul S. Reinsch, *English Common Law in the Early American Colonies*, N.Y.: Decapo Press, 1970, reprinted.

(57) 田中慎一「植民学の成立」『北大百年史 通説』北海道大学、一九八二年、五八四―五八五頁。John G. Gunnell, op. cit., pp. 45–48. ジョンズ・ホプキンスで教鞭とっていたイーリーや政治史学者ハーバート・アダムスは、いずれもハイデルベルグで、国法学者ブリュンチェリや歴史学派の経済学者クニースの指導を受けた人物であった。

(58) 高岡熊雄卒業論文「新植民地発達ノ順序」(奈井江植民地調査)。蝦名賢造「札幌農学校〝学派〟の形成と高岡熊雄博士の地位」高岡熊雄著・蝦名賢造編『イタリア領リビア開発政策史論』北海学園大学、一九九五年、三六五頁。

(59) 同上、三七九―三八〇頁。なお、高岡熊雄がドイツ留学から帰国後、一九〇九年に行ったことも、後の後藤新平の東京市政調査とチャールズ・ビアードの関係を想起させる、センサス(人口調査)を中心とする札幌区区政調査であり(同上、三七一―三七二頁)、「発見」された「社会」へのまなざしが、統計・調査という社会工学的テクノロジーの創設を伴う典型例となっている。こうした関係性の見通しよい記述としては、有馬学『「国際化」の中の帝国日本 一九〇五―一九二四』中央

公論新社、一九九九年、二九三―三一一頁。
(60) Arthur F. Bentley, *The Condition of the Western Farmer as illustrated by the Economic History of a Nebraska Township*, Baltimore: The Johns Hopkins Press, 1893, p. 7.
(61) 『矢内原忠雄全集』第一巻、岩波書店、一九六三年、四七八―四七九頁。
(62) 三谷前掲『大正デモクラシー論』第五章。
(63) 浅田前掲書、二七七―二九二頁。
(64) 同上、二七五頁。
(65) 泉哲『最近国際法批判』日本評論社、一九二七年、三九九―四〇七頁。泉哲「国際調停」『立教授還暦祝賀国際法論文集』有斐閣、一九三四年。
(66) 拙稿「古典外交論者と戦間期国際秩序」『国際政治』第一三九号・日本外交の国際認識と秩序構想、有斐閣、二〇〇四年。
(67) 太田前掲書、九九、一〇五―一一三頁。
(68) 『新渡戸稲造全集』第二〇巻、教文館、一九八五年、「編集余録」二三九頁。
(69) ピーター・ドウス「植民地なき帝国主義」『思想』第八一四号、一九九二年。
(70) なお、広域秩序論の構成については、拙稿「戦後外交論の形成」北岡伸一・御厨貴編『戦争・復興・発展』東京大学出版会、二〇〇〇年、一二八―一二九頁。
(71) 盛田良治氏は、満洲事変以降に輩出したこのような一連の研究を「植民地社会科学」と呼んでいる(盛田良治「戦時期〈植民地社会科学〉の隘路」『ライブラリ相関社会科学7 ネイションの軌跡』新世社、二〇〇一年)。
(72) この点については、米谷匡史「植民地/帝国の「世界史の哲学」」『日本思想史学』第三七号、二〇〇五年。
(73) 東畑精一「植民現象の本質」『経済学論集』第一〇巻八号、一九四〇年。なお、東畑については、盛田良治「東畑精一における「植民政策学」の展開」『大阪大学日本学報』第一七号、一九九八年。
(74) 「わが国国際経済論の回顧と展望」『矢内原忠雄全集』第五巻、岩波書店、一九六三年、三八二頁。
(75) この点に関する最も詳細な研究として、波多野澄雄『太平洋戦争とアジア外交』東京大学出版会、一九九六年。

(76) 拙稿「『国際関係論』の成立――近代日本研究の立場から考える」『創文』四三一号、二〇〇一年。

(77) 新渡戸は、「植民地とは新領土なり」と定義し、本国と植民地との政治的関係をその要件とした(前掲『新渡戸稲造全集』第四巻、五六―六一頁)。

(78) 田中前掲「植民学の成立」、五九九―六〇二頁。

(79) 大内兵衛「矢内原教授の「植民及植民政策」」『大内兵衛著作集』第九巻、岩波書店、一九七五年。

(80) 村上前掲「矢内原忠雄における植民論と植民政策」、二三三頁。

付録　文献解題

Ⅰ　政治学文献解題

Ⅱ　法学文献解題

Ⅲ　植民政策学文献解題

I　政治学文献解題

「帝国」の学知として戦前期日本の政治学を検討するための文献として，ここでは以下の3つの領域に関わる著作を主たる対象とする．すなわち，(1)日本本国と朝鮮・台湾等植民地からなる帝国の国制を踏まえた政治論，(2)日満関係・日中関係など日本とアジアの近隣諸国・諸地域との関係を論じた地域秩序論，(3)世界秩序と日本との関係を論じた国際秩序論，がそれにあたる．取り上げる文献は，大学などの研究・教育機関で講じられた狭義の政治学を中心にするが，必ずしもそれに限らず，現在政治思想史研究でよく論じられることの多い思想家の著作も，学知の文脈を理解するうえで必要な場合は取り上げることにしたい．また，戦前期における政治学と公法学との密接な関連を考慮して，公法学の文献も若干取り上げている．なお，「帝国」の学知としての政治学を考察するという本書の目的に鑑み，政治学一般としては重要であっても，主題の性格からはずれるものは取り上げておらず，あくまでも選択的な文献解題である点は，お断りしておきたい．

①蠟山政道『日本における近代政治学の発達』(実業之日本社，1949年)

日本における政治学の未成熟を痛烈に批判した丸山眞男の論説「科学としての政治学―その回顧と展望」(1947年)を受ける形で，1920年代以降日本の政治学の中心的担い手であった蠟山が，戦前期日本の政治学の発達を体系的に検討した著作．戦前期日本の政治学史の古典的な著作であり，今日に至るまでこれを凌駕するものはなく，学知の存在形態を知るうえで真っ先に参照さるべきものである．蠟山は明治初年以来の政治学史を，ドイツ流の国家学派と英米流の実証学派との対立として描き出し，蠟山自身がその当事者であった第一次大戦後の新カント派・多元的国家論・政治概念論争を回顧したうえで，これらがマルクス主義と民族主義の挑戦にさらされる過程を詳述している．ただし，国際政治学・外交史について触れるところは少なく，この部分は，各自が補わねばならない．なお，同書の復刻版(ぺりかん社，1968年)に付された『政治学年報』(1950年)初出の座談会は，蠟山政道と丸山眞男・中村哲・辻清明等との新旧両世代の火花を吹くような論戦が繰り広げられており，それ自体戦中から戦後への精神史を理解するための貴重な史料となっている．

②吉野作造「我国近代史に於ける政治意識の発生」(小野塚教授在職廿五年記念『政治学研究』第2巻，岩波書店，1927年)，『吉野作造選集』11巻，岩波書店，1995年，に再録

幕末・維新期の万国公法受容を通して，「公道」観念，すなわち普遍的規範意識の形成を分析した，吉野の明治文化研究の集大成ともいうべき位置を占める論文．吉野は，日本国民に近代的政治意識の発生を促した第一の原因を，「当時の政府が率先して「政

道」を自家の掌中から民間に解放したこと」に求めて，その源泉を，幕末・維新期の万国公法の受容過程に見いだした．当時の西欧国際法における自然法的残滓は，法と道徳の未分化な儒教的な「先王の道」の観念に引照されることで，単なる国家関係を超えた「人間交際の道」として理解された．かくして獲得された「公道」観念は，先験的な形而上学的規範の実在の信念となり，明治維新以後は，万機公論の議会主義と天賦人権の自由平等論へと発展していった，と吉野は結論づけている．維新期の公議輿論と万国公法論に，大正期の立憲主義の淵源を見いだすのは，吉野や尾佐竹猛等による，いわゆる「憲政史」研究の特色でもあった．その意味で本論文は，万国公法受容研究の先魁であると同時に，大正デモクラシー期における開国経験の自己理解を知るうえでも興味深い．なお，同様の主題を扱ったものとしては，尾佐竹猛『近世日本の国際観念の発達』(共立社，1932年)があり，併せて参照さるべきである．

③福沢諭吉『文明論之概略』(1875年)，『福澤諭吉全集』第4巻(岩波書店，1959年)所収

言わずと知れた『学問のすヽめ』と並ぶ福沢諭吉の代表的著作だが，「帝国」日本の学知として本書が登場するのはそれなりの理由がある．開国と万国公法受容は，西欧産の「文明」概念に基づく近代国民国家の建設を促したが，そこには一つのアポリアがあった．すなわち，西欧産の文明概念は，文明・半開・野蛮という文明の発展段階と西欧・非西欧という地理的区分が重ね合わされた地理＝歴史論を内包しており，非西欧圏に属する日本が「文明」概念を受容する際には，アジア停滞論的な「オリエンタリズム」を同時に引き受けてしまう立場に陥る可能性があったからである．『文明論之概略』において福沢は，このアポリアを，同じ文明史の枠組にありつつも，地理決定的なアジア停滞論の色彩の強いバックルよりも，歴史的条件による選択の可能性をより重視したギゾーの議論を下敷きにすることで，いわば自前の文明論の始造をはかることで解決しようとした(松沢弘陽『近代日本の形成と西洋経験』第Ⅴ章，岩波書店，1993年)．こうした文明論をめぐる政治は，三宅雪嶺・陸羯南等のいわゆる「国民論派」の知識人に引き継がれることになる．

④陸羯南『原政及国際論』(1893年)，『陸羯南全集』第1巻(みすず書房，1968年)所収

新聞「日本」の主筆として欧化主義批判を展開した陸羯南の著作．彼の政治原論及び国際政治論を知るうえで最も重要な著作であり，本講座の観点からは後者の『国際論』が注目される．同書において陸は，国家を主体とした意図的な侵略である「狼呑」と，私人を主体とし意図せずして他国民の統合を解体する「蚕食」を区別したうえで，とりわけ言語・学術・宗教等の文化的浸透による「心理的蚕食」の危険性を強調した．これは，社会進化論に依拠した多彩な著作活動を行ったロシア人ノヴィコウの著作を下敷きにしながら，ノヴィコウにあっては，西欧の非西欧に対する支配を正当化する概念装置を，いわば西欧の「文化帝国主義」を告発する理論として読み替えた点に，その独創性があった．「国民的独立」と「国民的統一」を課題とした陸の対外論は，総じて，その

非政治的活動領域への着眼故に，西欧に対する文化防衛的発想と，アジア諸国の富源の開発による拡張政策の正当化という発想が混在しており，日清戦争以後の日本の帝国主義化とともに，後者の契機が強まっていくものと見ることができよう．

⑤加藤弘之『強者の権利の競争』(哲学書院，1893年)

加藤弘之は，通常の政治思想史研究においては，初期の天賦人権説から社会進化論に基づく天賦人権説批判に転換したことが一種の「保守的転向」の事例として強調され，後年の著作について触れられることは比較的少ない．しかし，帝国編成の系譜として加藤の思想を位置づける場合，寧ろ重要なのは後期の思想的展開である．58歳の加藤弘之による本書は，彼の社会有機体説的な国家論の集大成であるが，国際関係を扱った最終章では，文明各国の共同利害の増進により社会進化の帰結として「宇内統一国」が成立する展望が示されている．社会進化論に依りながら主権国家の並立状況を超えた高次の統合状態を弁証する論理は，様々なアジア主義的言説で反復・採用されたものであり，本書も，日中戦争期の東亜協同体論の提唱されるなかで再評価を受け，1942年に法理学者田畑忍の解題を付した形で，日本評論社から再刊されている．なお本書は，*Der Kampf ums Recht des Stärkeren und seine Entwickelung* という表題で，1894年ベルリンで刊行され，オーストリア学派の代表的人物である社会学的国家論者のグムプロヴィッツから，加藤の「宇内統一国」論は理想的空論として批判を受けた．このことは，日本の社会進化論が闘争説的契機を徹底化させるよりも，社会進化の帰結として調和型の秩序像を導出する傾向が強かったことを物語る例としても興味深い．

⑥徳富蘇峰『大日本膨張論』(民友社，1894年)，植手通有編『明治文学全集34 徳富蘇峰集』(筑摩書房，1974年)所収

日清開戦前後に『国民之友』もしくは『国民新聞』に発表された，「日本国民の膨張性」，「世界に於ける日本の位地」，「戦争と国民」，「征清の真意義」など8篇の論説をまとめたもの．徳富蘇峰はもともとは，マンチェスター学派の自由貿易主義と社会学者スペンサーの「軍事型社会」から「生産型社会」への移行という図式に依拠した「平民主義」の論客として知られたが，日清戦争前から徐々に膨張主義に転じ始めた．本書は，そうした蘇峰の「転向」を，端的に示す著作として知られる．1880年代以降のイギリスには，「自由帝国主義」と呼ばれる時代思潮を迎えたが，蘇峰を初めとする民友社系知識人は同時代のイギリスの論調に敏感であり，同書の背景にも，イギリス膨張史を描いた，John Robert Seely, *The Expansion of England* (1883)のような歴史意識が共有されていたものと考えられる．

⑦幸徳秋水『廿世紀之怪物帝国主義』(警醒社書店，1901年)，『幸徳秋水全集』第3巻(明治文献，1968年)所収

日露戦争に際して「非戦論」を唱えた平民社の代表的論客である幸徳秋水の著作．幸徳が，1900年11月から翌年2月にかけて『千代田毎夕』に都合40回にわたって連載

した論説「大逆無道録」・「刀尋段段録」・「帝国主義」を加筆したうえで，再構成したもの．「帝国主義は所謂愛国心を経となし，所謂軍国主義を緯となして，以て織り成せる政策にあらずや」という有名な一節に示されるように，幸徳の帝国主義批判は，「動物的天性」とみなした愛国心と，「防御」や「保護」という目的から逸脱した軍備拡張への批判として展開されている．従って幸徳は，マルクス主義のように帝国主義を経済構造へと還元するのではなく，文化・政治・軍事にまたがる複合的な現象と捉え，究極的には帝国主義批判を，「惻隠同情」の念を抱いた「仁人義士」が世界各地で行われている不正に対して博愛の情を注ぐべき倫理的問題として把握している．幸徳の帝国主義批判は，その先駆的意義が強調される反面，理論として見たときの素朴さが指摘されることがままあるが，同時代の日本においては，「帝国主義」という用語自体ようやく使われはじめたばかりであり，本書は，「帝国主義」という幸徳にとって極めて新奇な現象に手探りで格闘した書物である，という認識を持つべきであろう．その意味で，この時期の著作・論説を検討する場合は，「帝国主義」の語義により繊細な注意が払われる必要がある．

⑧ポール・ラインシュ／高田早苗抄訳『帝国主義論』(東京専門学校出版部，1901年)

早稲田大学(東京専門学校)で政治学を講じていた高田早苗による，Paul S. Reinsch, *World Politics at the End of the Nineteenth Century*(1900)の抄訳書．ラインシュは，ウィスコンシン大学で，フロンティア理論で知られる歴史学者ターナーや，改革的な経済学者で日本の初期社会主義者が好んでその書物を読んだイーリーの薫陶を受けて学び，そのまま母校に残り教鞭をとったアメリカにおける国際政治学・植民政策学の草分け的存在であった．高田早苗による抄訳書の緒言には，「本書の目的は現下世界の列強が執る所の帝国政略を論ずると同時に支那問題が其の中心たることを説明せむとするものにして最も時勢に適切なる者なりと謂ふべし」とある．ラインシュは，20世紀を民族的帝国主義の時代と捉え，領土獲得を中心とした旧い帝国主義に代わり，20世紀には商業的拡張政策を目的とする新たな帝国主義の時代が登場したとして，この代表例として，中国における門戸開放政策を位置づけていた．こうした視点は，アメリカと同じく新興帝国主義として中国に進出しつつあった日本においては，欧州列強による中国分割論を否定する中国保全論の文脈で肯定的に受容されたものと思われる．この著作は，高田と同じく早稲田系の政治学者であった浮田和民の議論を理解するうえでも重要なものである．

⑨浮田和民『帝国主義と教育』(民友社，1901年)

1901年に『国民新聞』に連載した「日本の帝国主義」と「帝国主義の教育」を併せて，徳富蘇峰の序文を得て刊行したもの．浮田和民は，いわゆる「熊本バンド」の一員で，同志社英学校を卒業してその教授となり，1897年から東京専門学校で教えていた．同書において浮田は，現今の帝国主義は，「侵略的膨張」よりも「自然的膨張」の側面が強く，「政府的」であるより「人民的」であり，「軍事的」であるよりも「経済的」で

あるのが原則であり，それ故に，現今の帝国主義は過去のそれよりも「倫理的」性格を持つとみなした．日本の膨張は，平和的，経済的，商業的であり，国際法に立脚したものでなければならない．このような帝国主義の外交政策を実現するためには，立憲政治・地方自治・社会教育が完備され，先進国の人民としての資格要件を満たさねばならない，と主張した．こうした帝国主義のあり方を，浮田は後に「倫理的帝国主義」と命名し，1909 年に隆文館から同名の著書も刊行している．同書は，国内的には立憲主義，対外的には帝国主義を主張する，大正デモクラシー前期の政治論の代表と位置づけられることが多いが，同時代の各国の帝国主義論との比較検討も必要と思われる．

⑩有賀長雄『有賀博士陣中著述 満洲委任統治論』(早稲田大学出版部，1905 年)，**同『保護国論』**(早稲田大学出版部，1906 年)

有賀長雄は『日清戦役国際法論』(1896 年)を初めとする戦時国際法に関する著作で知られ，日露戦争にも国際法専門家として従軍した経験があった．『満洲委任統治論』は，日露戦争中に有賀が，列国に満洲をめぐる戦後の秩序構想を提示することで，有利な講和の途を拓こうとした著作である．有賀は満洲における清国の主権を認めることに細心の注意を払ったうえで，実質的な日本の満洲統治を「委任統治」という形式で，列国の了解のもとに行うことを提唱した．このように，法的主権は否定しないが実質的には他国に対して支配権を行使することはどのような法的形式において可能かという有賀の問題関心は韓国にまで拡大され，日露戦後に有賀は『保護国論』を刊行する．同書は，保護国を 4 種に類型化しつつ，それぞれの場合の法理的問題を論じたうえで，とりわけ韓国の法的地位を，同様の地位にあると有賀が見なした他国の例を引きながら検討している．同書に対しては，国際法学者立作太郎が，有賀の保護国概念が持つ法的構成の曖昧さを突く形で批判を加えたが，委任統治や保護国という，いわば「国際秩序」と「帝国秩序」の境界にある領域を対象化しようとした試みとしては，同書は興味深いものである．なお，1920 年代後半北伐の進行により満洲問題への関心が高まるなかで，有賀の『満洲委任統治論』は再評価を受けている．

⑪近衛文麿「英米本位の平和主義を排す」(『日本及日本人』1918 年 12 月 15 日号)，伊藤武編『近衛文麿清談録』(千倉書房，1936 年)所収

パリ講和会議に全権随員として出発する直前に近衛文麿が発表した論説．日中戦争時に首相であった近衛の国際政治観を物語る文書として，夙に著名なものである．近衛は冒頭で，「英国人は自己の欲望を表すに当り道徳的宗教的感情を以てする事に妙を得たり」というバーナード・ショウの言葉を引きながら，英米の唱える正義人道の主張の背後には彼らの利己主義が潜んでおり，国際連盟は現状維持を是とする「英米本位の平和主義」の産物にすぎないと激しく批判した．この論文の背景には，第一次大戦を英米とドイツの資本家同士の抗争と捉え，同じ黎明会の構成員でありながらウィルソン主義に好意的な吉野作造とは異なる立場をとった福田徳三の「国民生存権」の主張があり，近衛の態度は，ウィルソン主義に対する知識人の典型的反応の一つでもあった(中西寛

「近衛文麿「英米本位の平和主義を排す」論文の背景」『法学論叢』(京都大学)132 巻 4・5・6 号，1993 年)．本論説は，英米の普遍主義に対するイデオロギー批判を基調としているが，人種差別撤廃を正義人道の立場から主張するなど，その理論構成は，普遍主義の論理を纏った特殊主義とも呼ぶべきものになっており，この世代の政治家や知識人にウィルソン主義が与えた屈折した影響を読み取ることができる．

⑫**吉野作造「満韓を視察して」**ほか，『吉野作造選集 9 朝鮮論 付中国論三』(岩波書店，1995 年)所収

吉野作造は民本主義の主唱者として名高いが，吉野はまた，中国・朝鮮・台湾の留学生と交わり，精力的に日本の植民地政策について発言を行った論客でもあった．吉野の朝鮮論は，『中央公論』1916 年 6 月号に発表した「満韓を視察して」に端を発する．吉野はこの論説で，朝鮮が過去において日本に対する「文明の先達」であり，「独立の文明」を有していた「一独立民族」であることを端的に認め，「異民族統治の理想は其民族としての独立を尊重し，且其独立の完成によりて結局は政治的の自治を与ふるを方針とするに在り」と述べたうえで，当面は，「民族心理」を尊重した統治を要請した．このように吉野は，同化政策を批判しつつ，自立した主体として「朝鮮民族」を認知したが，台湾人留学生により 1920 年 7 月に発刊された雑誌『台湾青年』への祝辞においても，「独立の文化民族」として「台湾人」を認めたうえで，「諸君の文化的に独立するのは，真に内地人と協同せんがためです」と述べている．吉野の植民地論は，民族自決権を承認したか否かという点のみがその評価の対立軸となっている傾向があるが，より正確には，「文化民族」として朝鮮・台湾の主体性を承認したうえで，本国と植民地の「協同」に基づく「帝国改造」を唱える主張であったとみるべきであろう(米谷匡史「戦間期知識人の帝国改造論」歴史学研究会・日本史研究会編『日本史講座 9 近代の転換』東京大学出版会，2005 年)この意味で，吉野の民本主義は，ウィルソン主義に肯定的な「国際民主主義」の主張であると同時に，「帝国再編」の主張でもあった．なお上記の評論を含めて吉野の植民地論の主要論説は，『吉野作造選集』第 9 巻に再録されている．

⑬**大山郁夫『政治の社会的基礎』**(同人社，1923 年)，『大山郁夫著作集』第 4 巻(岩波書店，1987 年)所収

大山郁夫は早稲田大学で政治学を講じた，蠟山政道の区分に従えば，「国家学派」に対する「実証学派」の雄である．「もし大山郁夫氏なかりせば，この年代における実証学派の立場は遂に政治学の名に値する結実の収穫をえなかったであろう．実に「科学としての政治学」は氏によって一つの礎石が置かれたといってよい」と，蠟山は本書を激賞している．本書は，「現代の社会的諸傾向と政治学の交渉」と題した序論の後，「社会生活と政治現象」，「国際政局の進展」，「現代日本の政治生活」の 3 編からなり，既発表の雑誌論文を収録したものであるが，その視角は一貫している．大山は，社会群の闘争として政治現象を捉えるグムプロヴィッツ等オーストリア学派の影響から出発しており，

こうした関心から，社会集団の競合として政治過程を捉えるアメリカ政治学，更には，マルクス主義の階級闘争観を受容している．従って，国際政治を論じた本書第2編においても，第一次大戦後の国際政局における国際協調と平和主義の気運を認めつつも，それらは究極的には支配階級の自己防衛手段に過ぎないと捉えている．その意味で，同じ大正デモクラシー期の代表的な政治学者であっても，ウィルソン主義に「国際民主主義」の契機を見いだした吉野作造とそれを階級支配の手段と見た大山郁夫は，対照的な国際政治観を抱いていたともいえよう．

⑭信夫淳平『国際政治論叢』全4巻(日本評論社，1925-1926年)

外交官を経て早稲田大学で国際法・外交史を講じた著者による国際政治の体系的著作であり，日本で「国際政治」の名を冠した著作として，最初期のものである．『国際政治の進化及現勢』，『国際政治の綱紀及連鎖』，『国際紛争と国際連盟』，『外政監督と外交機関』の4巻からなり，それぞれ，国際政治の基本概念とその歴史，国際法と国際道徳，国際紛争の性格と国際連盟の役割，国民による外政監督と外交機構の構成と運用が，扱われている．同論叢では，第一次大戦後に国際政治概念が登場した意義を認めつつも，公開外交や勢力均衡論批判といった新外交の理念には，終始懐疑的姿勢が示されている．信夫淳平は戦時国際法の研究者としても有名であり，古典外交の規範と実践に，戦間期を通して揺るがぬ信頼を貫いた．この意味で同論叢は，新外交の時代に敢えて職業外交官による交渉の重要性を弁証したニコルソンの著作に，近似した位置を持つ書といってもよいかもしれない．なお，『外政監督と外交機関』は外政機構の変遷を詳述しており，今日でも史料価値が高い．

⑮南原繁「カントに於ける国際政治の理念」(小野塚教授在職廿五年記念『政治学研究』第1巻，岩波書店，1927年)．後に改稿のうえ，『国家と宗教』(岩波書店，1942年)第3章として収録．

南原繁は欧州留学から帰国後，1924年に東京帝国大学法学部に新たに開設された「政治学政治学史第二講座」の講義として，「国際政治学序説」を講じた．それらは，カントの『永遠平和のために』を中心とする欧州思想史であり，その成果が，南原の最初の研究論文である本論文である．カントの平和論は，大正期において広く読まれた書物であるが，それは多くの場合，いわば個と類が直結するようなコスモポリタニズムの文脈で解釈されることが多かった．これに対して，南原によるカントの平和論解釈の特色は，個と類の間に介在する民族国家の意義を積極的に取り込んだ点にある．政治思想史家としての南原の主たる研究対象は，カントとフィヒテであったが，南原は主権国家の角逐を人間理性の観点から批判するとともに，人類性と両立するような民族意識の涵養を目標としたといえよう(苅部直「平和への目覚め」『思想』945号，2003年)．こうした民族国家の理想に基づいて，民族自決に否定的な構成をとる広域秩序論に対して批判的姿勢を取る点で，南原の態度は，文献㉔の矢部貞治の議論とは距離を置く位置にあるといってよい．

⑯神川彦松『国際連盟政策論』(政治教育協会，1927 年)

神川彦松は，南原繁と同年生まれの外交史・国際政治学研究者であり，戦前期は東京帝国大学で外交史を講じ，戦後は公職追放となったが，その後明治大学で教鞭を取り，日本国際政治学会の設立に尽力した．神川には，外交史の講義の際に，国際連盟を賛美するあまり興奮して教壇からころがり落ちた，という有名な逸話があるが，本書は神川の初期の代表的著作であるとともに，そのような第一次大戦後の理想主義的潮流を示すものである．同書において，神川はまず国際政治の進化を概観し，世界連帯主義に基づく世界共同管理の思想が登場してくる経緯を述べたうえで，「国際政治の客体」として，政治・法律・経済・労働・文化の諸価値の世界共同管理を論じ，さらに，「国際政治の主体」として国際連盟を初めとする国際機構の解説を行っている．1930 年代に入ると，神川はクーデンホーフ・カレルギーの汎欧州論に触発されて，東亜連盟のような地域的機構の設立を主張するようになる．戦後は権力政治的国際政治論の担い手として知られる神川が，1920 年代の理想主義，1930 年代の地域主義を経て，どのような内在的論理によって戦後の権力政治観に到達するのかは興味深い主題であり，今後の研究による解明が望まれる．

⑰蠟山政道『国際政治と国際行政』(巌松堂書店，1928 年)

蠟山政道は，日本における行政学の草分け的存在であるが，同時に処女作『政治学の任務と対象』(1925 年)の終章以降，多くの国際政治に関する論説を残した国際政治学の開祖と呼ぶべき人物でもある．本書は，フェビアン協会の国際問題の専門家であった Leonard Woolf, *International Government* (1916) に触発されながら，国際政治と国際行政の関連を論じた著作である．蠟山は多元的国家論を経由しながら，機能主義的な国際政治観を獲得し，本書もまた，日本で最も早い時期の機能主義的な国際政治論を展開した著作と位置づけることができる．しかし，欧州における機能統合の進展と，国民主義の勃興しつつある極東とは落差があり，蠟山はこの差異に敏感であった．こうして太平洋問題調査会に見られるようなアジア・太平洋における国際協力の進展に着目しながら，台頭しつつある中国ナショナリズムをいかにこのような国際協調体制に組み込むかが，蠟山の課題となった．本書はこうした理論的考察と現状分析が，バランスよく記述された，今日の眼から見ても水準の高い著作である．

⑱信夫淳平『満蒙特殊権益論』(日本評論社，1932 年)

帝国主義の内実は条約により保証された権益の集積であり，この意味で諸権益に関する条約集とその解釈手引きの作成は，帝国主義の実務的知識にとって不可欠のものである．そのため中国在勤の外交官や彼らと密接な関係を持つ国際法学者達は，こうした分野で幾多の業績を残してきた．本書は，中国ナショナリズムの台頭により満蒙権益が国権回収の対象となることが現実化してきた段階で，「満蒙特殊権益」と呼ばれるものの歴史的形成過程と法的特質を解明することで，満蒙特殊権益の無限定性を排し，その法

的根拠をできる限り明確化することで日中間の交渉の基礎を築こうとした著作である．1929年京都で開催された太平洋問題調査会会議における中国側の激しい日本批判に衝撃をうけた著者は，アメリカにおけるこの問題の権威であった Walter Young, *Japan's Special Position in Manchuria* (1931)にも触発され，中国側に好意的であったヤングとは異なる観点から同書をまとめた．本書は実質的には満洲事変前から準備されたものであるが，伝統的な国際法学者による満洲問題の解決構想を知るうえで，重要な位置を占めている．

⑲立作太郎『時局国際法論』(日本評論社，1934年)

東京帝国大学法学部で国際法を講じ，外務省の実質的顧問であった著者による，満洲事変と国際連盟との法的諸問題を体系的に論じた著作．満洲事変に際して，中国は不戦条約を理由に国際連盟に提訴したために，日本政府は自国の立場を法的に弁証しなければならなくなった．本書は，こうした一連の法的問題に，日本外務省がどのような回答を用意していたかを知るために，頗る有益な著作である．満洲事変と連盟規約・不戦条約・九ヶ国条約との関係，自衛権及び自己保全権，満洲国の承認，連盟脱退に関する諸問題，南洋諸島の委任統治問題等が扱われている．そもそも日本外務省は，不戦条約締結時から戦争違法化の潮流に消極的であったが，それは純法理的理由というよりは，構造的に緊張関係を孕んだ日中関係においては常に何らかの形での紛争が生じ得るものであり，その場合，不戦条約を介して日中間の紛争処理が国際連盟での審議の対象になることは，却って外交的解決を困難にするという現実的判断があったためである．文献⑱⑲は，不戦条約以後の満洲問題が法的紛争になり得ることに，いかに当時の外務省やその周辺にあった国際法学者達が自覚的であったかということを物語るものであろう．

⑳蠟山政道『日満関係の研究』(斯文書院，1933年)，**同『東亜と世界』**(改造社，1941年)

信夫淳平の『満蒙特殊権益論』が伝統的立場からの満洲問題に対する接近方法を示すものであるのに対して，蠟山政道の『日満関係の研究』はそうした伝統的立場の限界を克服しようとした著作である．信夫のような法的特殊権益論では，法益侵犯に対する自益権の行使として満洲事変における日本の行為が弁証されるにとどまり，それは畢竟現状維持的な理論構成でしかない．ところが，満洲事変に伴う一連の事態は単なる現状維持を超えたものであり，新たな正当化の論理を必要とするものであった．『日満関係の研究』において，蠟山はこの難問を，法的「特殊権益論」と区別された政治的「特殊関係論」として日満関係を捉えることで突破しようとした．かくして，日満関係は政治的特殊関係として表象され，それは地域主義的秩序として理解されるようになる．蠟山は国際連盟脱退後の日本において，「地域主義」という用語を定着させた理論家でもあった．「地域主義」は連盟規約など国際社会の一般原則と抵触しない地域の特殊事情に基づく例外的な措置として当初は位置づけられたが，日中戦争以降は世界秩序の再編原理として，いわば原則にまで高められていく．『東亜と世界』はこの時期の蠟山の代表的

論説「東亜協同体の理論」を含む論集であり，「民族協和を内包する地域的開発計画」として東亜新秩序を捉えたものである．広域的福祉主義とも呼ぶべき蠟山のフェビアン主義的理念は，屈折を伴いながらも，戦前・戦中・戦後を通して一貫した立場であった．

㉑信夫清三郎『近代日本外交史』(中央公論社，1942年)

信夫清三郎は信夫淳平の息子であるが，早くから服部之総等講座派マルクス主義の影響を受けた歴史家であった．本書は，太平洋戦争開戦直前に執筆され，開戦直後に出版された，「開国」から「東亜共栄圏と外交政策」までを論じた水準の高い日本外交史の通史である．著者は，マルクス主義者として欧米帝国主義を批判する立場から，ワシントン体制を英米両国の極東支配体制として捉え，日本の英米に対する外交的依存の根底にある経済的依存を断ち切るために，自給自足経済圏を樹立する東亜共栄圏の設計を肯定的に評価した．しかも，こうした東亜共栄圏の体系が，1940年に成立した日独伊三国同盟・日華条約に加えて，その翌年の日ソ中立条約の締結により完成したことは，マルクス主義者信夫清三郎にとって「画期的な意義をもたらした」ものとして理解された．帝国主義論を唱えたマルクス主義者が，それ故に共栄圏に参画していく代表的事例として本書は位置づけられよう．なお，信夫清三郎は晩年の著作『「太平洋戦争」と「もう一つの太平洋戦争」』(勁草書房，1988年)において，同趣旨の議論を再説し，この問題に対するこだわりを示した．

㉒中村哲『植民地統治法の基本問題』(日本評論社，1943年)

中村哲は南原繁の下で西欧政治思想史を専攻し，戦前期は台北帝国大学，戦後は法政大学で教鞭をとった政治学者である．本書は，明治憲法体制の下で植民統治法制が形成された経緯を歴史的に検討したもので，帝国憲法と植民地立法の関係，内地延長主義とそれへの批判，植民統治組織としての保甲制，が論じられている．中村は早くから，柳田民俗学に強い関心を抱いており，戦時下の同化主義政策には批判的であった．同書においても抑制された筆致ながら，その立場は表明されている．戦中期の中村は，後藤新平『日本植民政策一斑・日本膨張論』を自ら解題を付したうえで再刊し(日本評論社，1944年)，新たな異民族統治の要請された大東亜共栄圏のなかで生じた後藤新平ブームの立役者の一人でもあった．晩年の中村は遺稿集『宇宙神話と君主権力の起源』(法政大学出版局，2001年)として纏められた，王権の比較民俗誌的研究に傾倒したが，このことは1960年代半ばまで支配的であったマルクス主義による天皇制批判という知的構図が融解したとき，南原門下の俊英が，戦中期の民俗学のなかに「国体」論批判の理論枠組を求めていった一例として，甚だ興味深い．

㉓平野義太郎『大アジア主義の歴史的基礎』(河出書房，1945年)

平野義太郎は講座派マルクス主義の総帥として知られ，戦中期の言動が論じられる時は，マルクス主義からアジア主義への「転向」の典型的事例として，扱われることが多い．しかし，平野の関心の原型は，最初期の著作である『民法に於けるローマ思想とゲ

ルマン思想』(有斐閣，1924年)に見られるような，ドイツの団体主義を基礎にした協同体論による近代的社会構成の変革という関心にある．平野の戦中期のアジア主義への傾斜は，このような協同体的社会構成への関心が広域秩序論のなかで開花したものと見なすべきである．太平洋戦争末期に出版された本書は，「日華連合による大アジア主義の経綸」,「支那社会の基底としての郷党及びその自治」,「支那社会の研究」,「欧米学者の支那研究」の4編からなるが，恐らく同書で最も内容的に充実しているのは，中国における現地調査を踏まえた第2編であろう．ここで平野は，ギルド社会主義の理想を中国の郷団自治論のなかに読み込んでいった橘樸の中国社会論を高く評価しており，平野の関心が大正期の社会法学の圏内にあったことが窺われる．その意味で，平野の戦中期の著作は，アナキズムに連なるような社会の自律性を主張する思考様式が，階層的な帝国秩序と意外にも親和性を持ち得た事例として考えるべきであろう．

㉔矢部貞治『新秩序の研究』(弘文堂，1945年)

東京帝国大学法学部で政治学を講じ，近衛文麿・海軍調査課のブレーンとして現実政治に深く関与した著者による世界秩序論．米英の戦争目的批判，近代世界像の再検討，ローマ帝国・英帝国・大東亜共栄圏の比較検討，大東亜の政治構成原理など，凡そ大東亜共栄圏の構成原理を考える際に不可欠の問題が明快に論じられており，当時の視座構造を知る上で極めて示唆的な著作である．高木惣吉を介して海軍調査課に影響力を有していた矢部は，占領地の軍政維持に固執した海軍の立場を反映してか，太平洋戦争中における東南アジアの自決権要求には冷淡であり，大東亜会議で採択された大東亜宣言に対しても醒めた眼差しでこれを見つめていた．また矢部は，米英の戦争目的を検討するために同時代の欧米の国際政治論を網羅的に参照しており，これを通して逆に，戦中期日本の国際秩序論の同時代性が定位し得る．とりわけ，戦中期に出版された E. H. Carr, *Conditions of Peace* (1942)を，広域秩序論の枠組で捉え，高い評価を与えている件は興味深い．

㉕田畑茂二郎『国家平等観念の転換』(秋田屋，1946年)

大東亜共栄圏は，ドイツの広域国際法の議論を援用しながら，広域・主導国・圏外諸国からの不干渉原則，の3要素からなる法的構成をとっていた．とりわけ当時問題となったのは，広域秩序における主導国の位置づけである．太平洋戦争は東南アジアから欧州宗主国の退場を齎したため，この地域からの自決権要求にどのように対応するかが問題化せざるを得なかった．文献㉔を繙けば明らかなように，正統的な広域秩序論解釈は，主導国概念を広域概念の上におき，広域秩序の成員の国家平等を否定するものであったが，このような理論構成は覇権主義としてアジア諸国の反発をかう可能性があった．そこで戦時外交を指導した重光葵は，形式的には共栄圏の構成国は平等であり，普遍的原則に基づく地域機構を樹立することで，このアポリアを解決しようとした．グロチウス以来の国家平等観念の歴史を検討した本書は，実はこのような戦中期の大東亜国際法論における論争を背景にしたものである．太平洋戦争期の田畑は，広域概念を主導国概念

の上位概念と解釈することで，主導国の恣意的行動を高次の客観的理念によって制約する構成をとった．これは広域秩序論の内側から生じた正統的な解釈への批判であり，戦中から戦後にかけての国際秩序論を媒介する試みであった．

㉖丸山眞男『日本政治思想史研究』(東京大学出版会，1952年)

1940年から1944年にかけて『国家学会雑誌』に掲載された論文を，戦後纏めて出版した著作．「近世儒教の発展における徂徠学の特質並にその国学との関連」，「近世日本政治思想における「自然」と「作為」」，「国民主義の「前期的」形成」(原題は「国民主義理論の形成」)の3章からなり，徳川社会の視座構造をなした朱子学的世界観の構造的推移のなかに，近代的政治意識の形成を位置づける独創的な把握は，その後の日本政治思想史研究に大きな影響を与えた．だが文字通り古典というべき本書が，同時代の思潮のなかでどのような位置を占める書物なのかについては，様々な議論を生んでいる．例えば丸山は，戦後に記した「あとがき」において，中国の停滞性と日本の相対的進歩性という本書の論理構成を自己批判しつつ，「当時の思想状況を思い起こしうる人は誰でも承認するように，近代の「超克」や「否定」が声高く叫ばれたなかで，明治維新の近代的側面，ひいては徳川社会における近代的要素の成熟に着目することは私だけではなく，およそファシズム的歴史学に対する強い抵抗感を意識した人々にとっていわば必死の拠点であったことも否定できぬ事実である」と述べているが，いわゆる「近代の超克」論においては，西欧の衝撃以前に内在的な近代意識の発生が存在していたが故に，戦中期における日本が西欧近代を超克する役割を担い得る，という論理構成になるのが寧ろ通例であり，この件は慎重に読まれる必要がある．また国民主義理論の形成を扱った1944年の論文は，広域秩序論のなかでは国民主義は寧ろ抑制されていたことを念頭において読まれるべきであろう．「帝国」日本の学知のなかに丸山眞男のこの著作をどう位置づけるか．そのこと自体が，帝国編成の系譜をどう理解するかに連なる課題なのである．

(酒井哲哉)

Ⅱ　法学文献解題

(1)台北帝国大学・台湾法曹関連

①臨時台湾旧慣調査会『台湾私法』(台湾総督府，1909-1912年)

臨時台湾旧慣調査会は，1901(明治34)年の発足から1919(大正8)年の解散まで19年に亘って調査事業を続けた．この調査実績のなかで，とりわけ第3回報告として公刊された，漢族系台湾人の私法領域における調査の『台湾私法』がその集大成である．全書計3巻6冊，付録参考書7冊，通算13冊5866頁にのぼる大作である．『台湾私法』の構成から見れば，まずは「基本的にはパンデクテン方式によりつつもいちじるしく変型している」という福島正夫氏の指摘が想起されなければならない．「変型」云々は，す

なわち岡松の同時代人福田徳三が指摘しているように，「人アリテノ物ト云フ考ヨリ云ヘバ人事編ハ第一巻ニ，不動産編ハ第二巻ニ充ツル方穏当ナリト信ズ」というアントン・メンガー流の説に基づくものである．従来，岡松参太郎が責任者となった『台湾私法』の方法論に対する批判は，植民政策の手先という自明的批判以外に，もっぱら西欧法体系を台湾法律に強要する，という点に絞られてきた．にもかかわらず，旧慣調査の最終目的として，「台湾民法」の創出とともに，欠陥だらけの旧日本民法典を修正せよという岡松の理想を考慮すれば，これらの批判はある意味で的外れだといわざるをえない．また，100年近く経った現在から見れば，『台湾私法』を法社会学の先駆的巨著と位置づけても妥当であろう．

②**『台法月報』**(台湾総督府法務課，1911-1943年)

1907(明治40)年6月，台湾総督府法務課所属法院月報発行所の『法院月報』が創刊されて『台湾慣習記事』を吸収し，台湾の法曹界雑誌は該誌に一元化することになる．次いで1908年の台湾刑事令及び台湾監獄令の発布など法制整備上の影響により，1911年1月，刑務関係誌『台湾監獄月報』を吸収合併して『台法月報』と改題し，総督府法務部，法院，検察局，監獄(刑務所)を包括する総督府関係最大の雑誌の1つになった．その内容は概ね「法令」「判例」「司法」「司獄統計」「慣習」「学説」「質疑」及び中国及び朝鮮の法制論，加えて列強による植民地法制の紹介など多岐にわたる論文や翻訳が掲載されており，日本統治下台湾法制史研究には欠くべからざる資料を提供している．また当時在台の実務法曹たちの法に関する知的蓄積を網羅的に見せる絶好の資料集でもある．

③**姉歯松平『本島人ノミニ関スル親族法並相続法ノ大要』**(台湾総督府官房法務課内台法月報発行所，1938年)

④**同『祭祀公業並台湾ニ於ケル特殊法律ノ研究』**(同発行所，1934年)

著者姉歯松平氏は当時の台北高等法院上告部判官であり，多年にわたり台湾という特殊な法域にあって複雑かつ困難な事業に携わってきたのである．この2つの代表的著書は，いずれも1000頁に近い膨大な学術書であり，姉歯の畢生大作と思われる．特に『台湾私法』の学者見解に対する実務法曹たちからの激しい応酬の集大成といっても過言ではない．これは当時の比較法学会を通じ，国の内外で高く評価され，1937(昭和12)年の法律新聞には「我国の民法商法その他の民事法規は，殆んど全く欧洲の法律を飜訳化してそのまま適用し，我国の実状慣習となじまないものが頗る多い．朝鮮に於いては夙に慣習法の研究者が多いが台湾には未だこの種の力作が見当られなかった．本書は多年高等法院上告部長の要職にあって篤学のほまれ高い著者が長年月の研究の成果をまとめたものであり，台湾における民法商法その他の慣習と判例等の研究に関する嚆矢唯一の好著である．」と紹介されている．実際，現在に至ってもなおその学問的重要性は失われていない．

⑤筧克彦『皇学会雑誌かみながら』(皇学会事務所，1928-1932 年)

筧克彦個人で主宰した雑誌である『皇学会雑誌かみながら』については以下のような特徴が挙げられよう.

(1) 法学者が主宰した非法学雑誌——筧自身はこれこそが「真の」法学雑誌であると自任していたかも知れないが——である点. まったく皇学雑誌と呼ぶよりほかのないものであり，いかなる面においても，神道雑誌である. ただ，筧克彦によって神道用語や法学用語，さらにはカントの用語・仏教用語に至るまでが「るつぼに放り込まれた」状態であった.

(2) この雑誌はほとんど筧克彦の一人芝居同然であったという点. 毎号の分厚いページ数の 80 パーセントを彼の文章が占めていた. しかし，内容は多岐にわたるとはいっても，「皇学」の範疇から踏み出すことはなかった. 例えば，歴史上の神道の英雄——歴代の天皇・殉教者らの肖像(「神影」)・筆墨真跡・詔勅や伝記などである. 論考類はどれも「皇学」といえるものであり，天皇・皇族・国家・国民の地位，法律，習俗，神社の儀礼などどれをとっても皇学の内に含まれるものであった. そのほか彼の手による「皇学」和歌・旅行記も見られる. 筧克彦(および増田福太郎)の皇学理論はいかにことばの罠と混乱にあふれているかについては，この雑誌を紐解けば明白であろう. そのため増田の著作をここで挙げることを省く.

⑥久保秀雄「近代法のフロンティアにおける「文化的他者」についての知——ポストコロニアル批判の法社会学(1)(2)」(『法学論叢』(京都大学)153 巻 4 号，5 号，2003 年)

戦時下の「植民地化の知」のあり方を特に問題視することなく継承した戦後の「近代化の知」は，占領統治に積極的に貢献しようとした植民地主義の問題を依然として抱え込むことになってしまっていたと考えられないか，という発想から，本論文は，「近代化の知」でもあり「植民地化の知」でもあった法社会学の両方のあり方を，近代法支配のフロンティアを拡大していく法制化プロジェクトで要請された専門知という観点から，重ね合わせて捉え直してみることにする. また，「植民地化の知」ないし「近代化の知」としての法社会学は，占領権力による上からの法制化を推進する実践知として制度化されてきたことに着目し，近代法支配の確立を目指す政治プロジェクトの展開の中でいかなる政治的・社会的機能を担うことになっていたのかについても詳しく論じている. 若手研究者がなした得難い刺激的ポスト・コロニアリズム高論.

(呉 豪 人)

(2) 京城帝国大学関連

①園部敏『行政法原論——朝鮮行政法規を基準とせる』(帝国地方行政学会朝鮮本部，1933 年)

著者は，戦前はむしろ台北帝国大学教授として知られ，戦後も京都大学教授として活躍した行政法学者であるが，本書は，彼の京城法学専門学校教授時代の著作である. それ自体として意欲的な行政法総論の著作であるが，同時に，「著者はかねがね行政法理

論の研究方法については，形式的・論理的法律観察と共に社会的認識と価値判断を伴ふべきものとし，一面朝鮮の現行法規に則しつゝ，他面団体本位な法治国理念に指導さるべき行政法理論を研鑽するの意図」から，内地の行政と朝鮮行政とを逐一対比しており，朝鮮の統治システムの叙述としても卓れている．

②松岡修太郎『外地法』(日本評論社，1936年)

60頁程度の書物ではあるが，新法学全集の1冊として，現在でも最もアクセスしやすい，外地法の標準的な概説書である．著者松岡は，1897年生まれで，1921年東京帝国大学法学部政治学科卒業，1922年京城法学専門学校教授，1924年からフランス・アメリカに留学，1926年開学と同時に京城帝国大学助教授，1928年同教授．朝鮮半島の法制度の手堅い解説で知られた論者で，京城大学関係の出版物だけでなく半島の一般向け日本語メディアにもコンスタントに執筆している．戦後は，金沢大学法文学部教授などを経て，北海道大学法学部長，北海学園大学教授を歴任したが，目立った業績はない．略歴等については，『北大法学会論集』10巻合併号(松岡教授退職記念特輯，1960年)，『北海学園大学法学研究』9巻2号(松岡教授喜寿祝賀記念論集，1974年)，参照.

③松岡修太郎『朝鮮行政法提要(総論)』(東都書籍京城支店，1943年)

小ぶりな本ではあるが，朝鮮統治法研究に情熱を傾けた著者による，おそらくは最も水準の高い概説書である．敗戦および京城帝国大学の終焉により，各論は書かれることなく終わったが，畢生の著作になるはずであったに違いない．なお，松岡には，佐々木惣一『憲法・行政法演習』(日本評論社，1941〜44年)を彷彿とさせる問答体の連載講義「朝鮮行政法(演習)」『朝鮮行政』1巻7号〜2巻6号(1937〜38年)があって，これもまた大いに参照に値する．朝鮮半島の公務員およびその志望者を相手に，わかりやすい筆致で書かれたこの連載も，朝鮮統治のシステムを理解するのにきわめて便利であり，『提要』とあわせて読まれるべきである．『提要』は稀覯本であるが，幸い，東京経済大学図書館桜井義之文庫が所蔵しており，しかも，同書に限らず桜井文庫は，ネット上で閲覧・ダウンロードが可能であるため，居ながらにして読むことができる(東京経済大学図書館ホームページ，東経大貴重書デジタル・アーカイブ)．城大の遺産を残すことに後半生をかけた桜井の情熱が，デジタル化に尽力した東経大図書館スタッフの見識と努力により，見事に甦ったことに対しては，心から敬意を表したい．同文庫には，城大法文学部スタッフによる旧慣調査・制度調査の分担表である『旧慣制度調査事務担当及編纂方法』(朝鮮総督府中枢院，1938年)の如き，内部資料もいくつか残されており，たとえば，清宮四郎が，自身も証言しているように，総督府の制度調査(官制・行政担当)に携わっていたことが，資料によっても裏付けられるなど，興味深い.

④清宮四郎『外地法序説』(有斐閣，1944年)

この本は，園部・松岡の著書とは異なり，朝鮮行政法や外地法の体系的な叙述ではなく，外地法の基本問題に対して高度の法理論的考察を加えた理論書である．法秩序の空

間的妥当範囲(ドイツ語のGeltungは「妥当」とも「通用」とも訳される)を論じているという点では，理論的には，同「市域拡張の法的問題」(『都市問題』19巻6号，1934年)と同一水準において捉えられるべき研究である．植民地法については，公法学のなかでは周辺領域であるため，なかなか水準の高い書物がでないのは，洋の東西を問わないが，清宮はそうした問題状況に挑戦している．本書を理解するためには，ホフマンやシャックなどの，具体的に引用されているドイツの植民地法研究の文献よりも，個別には引用されていないケルゼンやイェリネックの一般国家学を知っておく必要がある．それは，古典派の交響曲を聴く場合に，それがソナタ形式を踏まえていることは当然の前提知識であるのと，全く同様である．

国法秩序の人的・空間的妥当範囲を確定する際に，清宮にとって得意の分析道具は，第一に，当該国法秩序それ自体を根本規範を最上位とする段階構造として捉えるという意味でも，さらには，第二に，すべてをそうした国法秩序と人・物との「関係」において捉えるという意味でも，ケルゼン的な思考枠組である．

そこでは，まず，「大日本帝国」――さらには「内地」も，それと区別される「外地」も――と「帝国臣民」――さらには「内地人」も，それと区別される「外地人」も――の「実体」が，それぞれ解体される．そこにあるのは，大日本帝国と呼ばれる総体的な国法秩序(法形式上の「国家」)のもとで，内地と呼ばれる部分法体系(法内容上の「国家」)と外地と呼ばれる部分法体系が分立している事態である．それらと，人および物(この場合は土地)とが，関係している．

そのうえ，総体的な国法秩序(統一的統治法)が一枚岩ではなく，根本規範(基本的統治法たる憲法)を頂点とする段階構造になっており，それに由来する「内地」および「外地」の法体系も，それぞれ段階的な秩序をなしている．これに関連する人と土地は，内地領民と外地領民と相合して帝国の総体領民を形成し，内地領域と外地領域と相合して帝国の総体領域を形成するのである．

統一的統治法の頂点をなす根本規範は，基本的統治法たる憲法であり(のちにこれを清宮は「憲法の憲法」と呼ぶ)，「内地」および「外地」に共通する必要的総体憲法であるが，それに基づく下位の憲法規範は，派生的統治法たる憲法と呼ばれる．大日本帝国憲法という同じ憲法典のなかにあっても，根本規範(基本的統治法であり必要的総体憲法)と，それに基づき統治の具体的仕方を定める規範とが分かれるのである．

派生的統治法たる憲法は，「内地」と「外地」とに共通するものである必要はない．共通する場合は任意的総体憲法と名付けることができるが，「内地」適用を想定する規範と「外地」適用を想定する規範とが，すでに憲法典段階で総体的法秩序と区別され，二元的であってもよい．したがって，派生的統治法たる憲法は，均しく最高法規たる大日本帝国憲法に書いてあっても，当然に外地に通用するということにはならない．

大日本帝国憲法についていえば，具体的には1条から3条までが(憲法改正の手続でも動かせない)必要的総体憲法規範であり外地にも全面的に通用するが(それゆえ全面的非通用説は誤り)，それ以外は(憲法改正の対象となり得る)派生的統治法の条項であるから，外地にも通用する任意的総体憲法規範であるかどうかはわからない(それゆえ全

面的通用説も誤り)．解釈上，4条後段の「此ノ憲法ノ条規ニ依リ之ヲ行フ」とこれに関連する5条以下の条文は，憲法制定時に想定されていなかった新領域には当然に行われるものではなく，そこに憲法を施行するか否かは，新領域が帝国領域に加わるたびに，最高の統治者である時々の天皇が裁断することによって決められる．そのことについては明文の規定はないが，外地の特殊統治の基礎をなす不文法としての不文総体憲法である，とするのが，清宮の結論である．

⑤ハンス・ケルゼン／清宮四郎訳『一般国家学』(岩波書店，1936年，改版1971年)

このように，清宮の外地法論を理解するには，ケルゼンを読まなくてはならないうえに，ケルゼンの『一般国家学』は，具体的な文献を指示する脚注もなく抽象的な叙述が続き，イェリネックの『一般国家学』の叙述を当然の前提として書かれているので，ケルゼンの著書だけで自己完結的に理解するのも不可能である．そういうわけで，④の読者は，清宮と彼を取り巻く学問共同体の彫心鏤骨の作品である，ケルゼン『一般国家学』を読まなければならないし，その際座右には，ゲオルク・イェリネック／芦部信喜ほか訳『一般国家学』(学陽書房，1974年)を置いて，適宜参照する必要がある．ただし，両碩学のために弁護しておけば，清宮の翻訳は，正確無比ではあるが原著よりも表現が些か難しく，民法学その他の法学用語に独自の訳語をあてて，却ってケルゼンの意図した文脈を見えにくくしてしまうなどの問題がある．芦部ほか訳のイェリネックについては，大著の完訳という偉大な文化的事業であるが，何人もの共訳であるために，訳業のレベルにばらつきがあり，全体としては信頼性の高い正確な翻訳ではあるが，肝心のところの基本的な訳語の選択でしばしば問題を抱えている．原書を参照するに如くはない．

⑥清宮四郎「憲法の時間的通用範域」(『国家学会雑誌』57巻4号，1943年)

こちらは，清宮による，国法秩序の時間的妥当範囲(通用範域)についての研究であり，ケルゼンが一般国家学で提起した論点の一つに，清宮はケルゼンとは違う仕方で解答しようと試みている．ケルゼンらウィーン学派は，法秩序の「存立」に重点をおき，法それ自体は「時間」に左右されない(つまり時勢によって変動しない)と考えたが，清宮は，ウィーン学派の若手(フリッツ・シュライヤー)や新ヘーゲル学派の若手(カール・ラーレンツ)の影響を受けて，法理論の重点を，法の「存立」から法の「通用」に移す．「可能的法」が現実化され，「意味」的現実態となってこそ，法は法となるからである．そして，たとえ超歴史的に妥当するものとして構想されたとしても，それが法として定立される場合には，法は「時間的存在」に移行する．すると，「時間的妥当範囲」を議論する水準も，「通用」レヴェルにまで降りてくる．そして，その水準で，清宮は，憲法の長命と短命とを支えるものは何か，を問題とするのである．その際，憲法の永続性は，形式的にそれを廃止または停止する規定をもたないというだけでなく，実質的に，規範本来の性質とその基底にある制定根拠の強弱および制定内容の実質の善し悪し，さらに遵守・実現の基盤たる国情等によって，決まってくるとされる．そうした観点から大日本帝国憲法を見ると，その根本規範(憲法の憲法)については，その発祥において天祖の

御神勅に淵源する「神為の法」として人為を超えており，皇祖列聖相承けもって「紹述」「昭示」せられた「神法」であって，根拠は強固である．しかも，「君民一体に堅く結ばれた固有の国情はその実現を確保し，大東亜を指導する国運の隆盛はその洋々たる前途を寿いでいる．その通用の始期を遡れば年紀を超越する悠遠の太古に連結し，その通用の根拠を究めれば深遠な精神にもとづく神聖のみわざに淵源し，しかも，固有の国情と隆々たる国運とを基盤としてその実現が確保せられるわが憲法は，その通用の将来を望めば帝国とともに無窮の長寿が祝福せられる．真に万邦無比の憲法である．」(旧漢字を新漢字に変更した)．あろうことか尾高朝雄風の雄弁をふるってしまった清宮であったが，大日本帝国憲法の寿命は，実質的にはあと2年余りしか残っていなかった．何事につけ慎重だった清宮としては珍しい勇み足であるとみられ，論文集『憲法の理論』(有斐閣，1969年)に収める際には，該当箇所が削除された．しかし，戦前においても護憲派であった清宮の論理構成からすれば，理論的コンシステンシーは保たれていたというべきであろう．

⑦**Tomoo Otaka, *Grundlegung der Lehre vom sozialen Verband***, Wien, J. Springer, 1932.

⑧**尾高朝雄『国家構造論』**(岩波書店，1936年)

⑦は京城学派のリーダー尾高朝雄が，アルフレート・シュッツとともに現象学的社会学を立ち上げた記念碑的な独文著書であり，その社会理論の基礎となっているのはフッサールの現象学に依拠した尾高法哲学である．後の尾高のすべての仕事は，この独文著書の朝鮮半島および日本社会への「翻訳」であり，彼の場合もまた，処女作へ向けて成熟していったと評することができる．国立国会図書館をはじめ主要な大学図書館には所蔵されている．欧州の古本市場では，今日でも出回っており，ドイツ・オーストリアの古書店のホームページで根気よく探索すれば(便利なのは，http://www.sfb.at/)，比較的安価で入手することも可能である．

はしがきにおいて明示されているように，ディルタイ，ヘーゲル，ジンメル，ヴェーバーの4人の社会理論家と格闘し，それぞれの旨味をとって総合することをめざした書物で，そのための方法的基礎をケルゼンのフッサール的再解釈に求めている．尾高自身の日本語著書によってこの本の内容をカバーしようとすれば，まず『法律の社会的構造』(勁草書房，1957年)，および『自由論』(勁草書房，1952年)の第2章を読む必要がある．そのうえで，この独文著書で獲得された方法を「国家学」に応用した⑧を読めばよい．

⑧は，そのはしがきにあるように，独文著書の日本語版としての意味合いも与えられているが，尾高は，旧著を祖述することで満足できるような，凡百の論者とは違う．あくまで「国家学」への応用編であり，しかも，数年間とはいえ時勢の変化をも考慮に入れている．

まず，ゲマインシャフトおよびそこにおける規範秩序の叙述に，文化人類学的な知見が織り込まれている(400頁以下，295頁，303頁)．実は，当初，「法社会学」を遥かに

越える「規範社会学」の構想を抱いていた若き尾高の，最初に手がけた研究が，トーテム崇拝と呪禁信仰の研究を通じて社会規範の発生論的考察を企てた『原始信仰の社会統制作用』(1924年，謄写版刷，未公刊，筑波大学図書館蔵)であって，その内容が本書に盛り込まれているのである．穂積陳重のタブー論に言及する一方，キディングズ，デュルケームを引用するなど米田庄太郎，高田保馬の影響が色濃く感じられる初期作品ではある．けれども，そこでは既に，ゲゼルシャフト的社会関係における法が「強制規範」を必要とするに至るまでの，発展史的展望が行われている．尾高文庫所蔵のデュルケーム『宗教生活の原初形態』の英訳本 (E. Durkheim, *The elementary forms of the religious life*, translated by Joseph Ward Swain, London: Allen and Unwin, 1915.)には，精読の跡が見られるだけでなく，尾高による構想・下書メモが数葉挿まれている．尾高は，こうした研究成果を活かすことによって，『国家構造論』におけるゲマインシャフト論に厚みを増すことに成功している．と同時に，「強制規範」と「外交」に頼らざるを得ない個人中心のゲゼルシャフト化した社会への防壁として，信仰という非合理の領域とそこに由来する強制なき社会統制作用に，尾高が同情をもつ背景にもなっている．祭政一致の皇道思想を，彼がごくあっさりと受容する遠因は，ここにあろう．

次に，社会学から国家学に足を踏み入れるに際して，尾高は，「政治」の問題をその理論に組み込んでいる(229頁以下，497頁以下)．尾高朝雄「国家に於ける法と政治」京城帝国大学法学会編『国家の研究』(刀江書院，1934年)29頁以下で，そのための移行作業が行われた．その背景には，自由主義的な政治評論家として本土の総合雑誌で論陣を張ると同時に，『国家の研究』出版の基盤である法文学部「国家研究会」を主宰していた戸沢鉄彦が，多元的国家論の立場から「政治」の概念を「国家」の枠組から解放し，それを通じて国家学から政治学を自立化させようと試みていた，という事情がある．尾高は，ウィーン学派の動学を突き破って，「政治」それ自体の動態を論じた．しかし，彼は，それを単なる実力として把握することを峻拒し，国家の静態としての法と，国家の動態としての政治とを，ともに国家存立の基礎にある実践的理念(「力を伴う理念」)を共通の根源とし，そこから分岐したものとして，捉えようとした．この「政治」の根源に「矩」を求める観点は，そのまま『国家構造論』に組み込まれるとともに，思想戦の「隊長」として国家の「道義」を追求した実践活動を経て，「政治の矩」を主権論という梃子によって現実政治から自律化させようという，戦後のノモス主権論に至るまで，貫かれることになる．

最後にもう1点だけ指摘すれば，彼のゲマインシャフト(共同社会団体)，ゲゼルシャフト(利益社会団体)，ケルパーシャフト(協成社会団体)の3分論は，こうした議論を経て歴史政治的に一層具体化された．当時も今も，全体の利益が優越するゲマインシャフト・対・「個」の利益が優先されるゲゼルシャフトという対立図式が，テンニエスやヴェーバーに代表される社会学の常識である．けれども，それらの上に「道義態(Sittlichkeit)としての国家」を想定するヘーゲルの法哲学を参考にすれば，やはり，全体と「個」のいずれか一方ではなく，それらが同時に実現されるような，より上位の社会像が構想されなくてはならない．これを「国家」に限定したのは，ヘーゲルの時代的制

約であったが，国際社会への拡がりも視野に入れつつ，道義態としてのケルパーシャフトという第三の社会類型を構想したのは，尾高の独創であった．

尾高のケルパーシャフトは，当初，学問・芸術の維持・発展を目標とする，文化団体を念頭においたものであった．学問・芸術とは，人間の社会的行動によって定礎される社会的精神成態(soziale Geistesgebilde)とは区別される，物象的精神成態(sachliche Geistesgebilde)であるが，人間的利害のためではなく学芸それ自体のために，メンバーたちが全人的に没入するような団体が，ケルパーシャフトである．社会がケルパーシャフトに至る途としては，最初からそれを創設することもあろうが，原則としては，ゲマインシャフトからケルパーシャフトへ，あるいはゲゼルシャフトからケルパーシャフトへと至る方向が，想定される．それは，学芸という物象的な客観的精神それ自体のために，一人一人の個性が存分に発揮され，全体と「個」とがふたつながらに実現する桃源郷への途にほかならない．ただし，ヘーゲルの弟子ガンスが編集したヘーゲル『法哲学』の補遺の一節を引用して，尾高は，哲学と政治が奇跡的に両立し得たドイツ観念論の時代と「文化国家の理念」に言及し，それが事実の理想化に過ぎることを指摘しながらも，ケルパーシャフトが国家の理想型でもあり得ることを指摘している(S. 196)．

ところが，『国家構造論』の叙述は，具体的な現代史の進展を念頭においたものになり，急にきな臭くなる(417頁以下)．第一のゲマインシャフトからケルパーシャフトに至る途は，純粋の君主国家が立憲主義を採用しデモクラシーを行う方向であるとする一方，第二のゲゼルシャフトからケルパーシャフトに至る途は，共和国家がその民主主義を徹底して，分散の極限から求心の傾向に転換する方向であるとされ，後者の方向を「目指す」(傍点は尾高)ところに現代ファシズムの社会学的意義が認められているのである．この着想は，やがて『実定法秩序論』(岩波書店，1942年)において，立憲君主国家としての日本の優越性についての叙述のなかに，具体化されるだろう．

⑨尾高朝雄『国際正義の建設』(朝鮮総督府学務局社会教育課，1938年)
⑩尾高朝雄『国体の本義と内鮮一体』(国民総力朝鮮連盟防衛指導部，1941年)
⑪尾高朝雄『実定法秩序論』(岩波書店，1942年)
⑫尾高朝雄「国家哲学」(岩波講座『倫理学』第7冊，岩波書店，1941年)
⑬尾高朝雄「国家の目的と大陸経営」(京城帝国大学大陸文化研究会編『大陸文化研究』岩波書店，1940年)

尾高の実践活動に関連する文献を5点紹介する．⑨は，1938年の2月11日の紀元節を中心とする第2回国民精神総動員強調週間中における学務局社会教育課主催ラジオ放送の際の講演を収録したもので，城大法文学部の人気教授の一人藤田亮策の「歴史を顧みて」とあわせて，『社会教化資料第24輯』として公刊された．国内ではほとんど見つからないが，KERIS(韓国教育学術情報院)との連携による，日韓両国の大学間のILL/DD(ドキュメント・デリバリー)サービスが始まっているので，大学図書館のレファレンス担当に相談すれば入手可能ではないかと思われる．尾高は，⑨において，まだ朝鮮半島ではほとんど普及していなかったラジオの電波を通じ，本土に「半島知」を発信し

ている．そして，「出でて戦う者，入りて学ぶ者，心は一つ，身は二つ，共に手を携えて此の国家の大事の遂行にあたることこそ，永遠に輝く正義日本の姿でなければならない」という，当時の典型的な尾高レトリックを弄した後，次のように語る．

「かような，和戦両様，文武両道の一大国民精神運動が進められます時に当たりまして，私が朝鮮半島の一角から特に全国の皆様に申し上げたいと思いますのは，今や半島在住の二千万の同胞もまた，皇国臣民たるの自覚を以て，欣然此の運動に参加協力しようとしている，という事実であります」．「平安北道や咸鏡北道の固い氷に鎖された山間の僻村にも，また，怒濤の絶え間なく打ち寄せる済州島や鬱陵島の漁村にも，ほどほどにその心を尽くすことによって大君の御力となり奉り，以て同時に国家の総合的精神力の結成に寄与しつつある忠良な臣民の，その日その日の真剣ななりわいが営まれて居りますことを，私共は聖代朝鮮の大きな誇りと感ずる次第であります」．

⑩は，国民精神総動員運動が国民総力運動に再編強化された後，皇国臣民化運動のただなかで尾高が行った実践活動の，1つの頂点をなすものである．日朝同祖論によって聖地に祭り上げられていた百済の旧都扶余において行われた，2日間にわたる全鮮指導者講習会での講演速記録である．

当日は，パンフレット「内鮮一体の理念及其の具現方策要綱」が配られ，まず，古川兼秀警務局保安課長による講演「内鮮一体の具現」が行われた（これも，2日間にわたる三島修練所副所長の講話「神国日本の真相」とあわせて，1冊の速記録になっている）．これらが前座で，1日目の演者である尾高と，2日目の演者である緑旗連盟の津田剛とで分担して，パンフレットを素材に講演が行われた．内容は，事前に相当打ち合わされたものであって，津田の講演「世界の大勢と内鮮一体」（これも速記録が独立の冊子として公刊されている）と合わせて，読まれるべきものである．稀覯本であるが，国立公文書館，滋賀県立大学図書情報センター朴慶植文庫，国立国会図書館憲政資料室大野緑一郎文書，などに所蔵されている（大野緑一郎文書の目録では，尾高朝雄の筆者名では登録されていないので，タイトルから調べる必要がある）．

1　緒言　2　国家の組織　3　民主主義の原理　4　民主主義の崩壊　5　独裁主義の原理　6　独裁主義の批判　7　国体の本義　8　道義の理念　9　内鮮一体の文化建設

という構成で，「2600年の歴史」を有する内地人なら理屈を超越して会得できる「国体の本義」を，「心で会得するだけでなく理屈でも納得したい」，「理屈で分るところが摑みたい」朝鮮人のために，「広い世界的展望の上に立って」国体の何たるかについて語っている．やさしく哲学を語ることに情熱を傾けていた尾高は，講演中に，「國」の字の話，禁酒法の話等々，尾高のもてるジョークをそれこそ総力をあげて投入して，聴衆の心を奪っている．長時間にわたる講演はしばしば抱腹絶倒の様相を呈しており，謹厳実直な古川・津田の講演とは完全に対照的である．

注目すべきは，戦後「ノモス主権論」として注目される尾高の法思想が，そこで完全な形で語られていることと――人間の心のなかにある「公の心」と「私の心」，「公の

心」の表象装置としての天皇，一億一心の絶大な総力が「決して法の筋道を逸脱する力」とならないための，「君臣共に栄ゆるの法治」，「正に道に則り法に適ったところの政治」云々――，朝鮮総督府のなかにある皇国臣民化のイデオロギーのうち日朝同祖論とは本来対立する混合民族論――ナチス流の民族純潔論を退け，多民族国家の「天皇」による統合を目指す発想で，津田剛も同意する――の推進者は尾高その人であるらしいこと，である．

ここでは，思想戦の隊長としての尾高の面目が躍如としており，「和御魂と荒御魂との総合理念」，「理想と現実との正しい調和」，「道徳と正義の両々相俟つ状態」，「不正を挫いて真の平和を建設せんとする理念」としての「道義」が，強調される．国家存立の基礎にある，前述の「力を伴う理念」としての実践的理念を称して，隊長尾高は日本の「肇国の理念」と呼ぶ．そして，「今次聖戦の真に聖戦たる所以」は「肇国と共に古き道義の理念の雄渾なる顕現」であって，世界史上未だかつてない戦争を戦う道義日本の大目標が，大東亜共栄圏であると高らかに歌い上げるのである．日本精神による西洋文化と東洋文化の総合をめざし，文化西漸の実を挙げようとするその思想は，尾高の「半島文化の将来」(『京城日報』1940年9月25日)でも語られた．

この速記録には，小熊英二『単一民族神話の起原』(新曜社，1995年)および同『〈日本人〉の境界』(新曜社，1998年)が注目しており，当時の民族論のなかで尾高の議論がどういう位置を占めているのかが分析されている．もっとも，尾高の実践活動としてのこの速記録は，彼の理論的考察とりわけ⑪(およびそこに結実する一連の論文)や⑫との関連で分析される必要がある．本速記録の内容は，それらでカバーできる．

⑪についていえば，尾高がこういうテーマで研究書を完成させたのは，清宮が執着するウィーン学派の法段階説との対決なしにはあり得ないもので，「ヘーゲル会」をはじめとする京城学派の切磋琢磨の所産であることは間違いない．しかし，他方で，朝鮮総督府との関連で次第に没入していった実践活動なしに，この本がこういう形で仕上がることはなかったであろうことも疑いなく，全体として「半島知」の結晶として理解されるべき書物である．この段階では，力に対する法の優位の原理としての民主主義，法に対する力の優位の原理としての独裁主義，猜疑の政治としての民主主義，信頼の政治としての独裁主義などの定式は，もう完成している．しかも，道徳のエトスと政治のパトスを法のロゴスによって組織化する，「作業共同体」としての国家の優劣という観点からすれば，「私」に汚染されない「公」を実現する「求心性」と国民の「自己経営」を促進する「遠心性」とを両立させ得るのは，君主中心と君民一体によって貫かれた立憲君主国家にほかならない，とされる(当時誰も問題視しなかったが，本書の段階では，自由権も必須の構成要素であり，大正デモクラシーへの回帰という美濃部憲法学説なみの「危険思想」を，尾高は説いていた)．

ファシズムが最先端のファッショナブルな政治思想であったことを思うと，立憲君主制に回帰するこの行論は不思議にも思われる．心情的にいえば，2人の尊敬する師ケルゼンとフッサールを抑圧したナチスに加担する気になれなかった，ということもあろうが，尾高の議論には裏付けがある．尾高は，「ヘーゲル会」の研鑽を生かしてヘーゲル

の本来の立場から，新ヘーゲル学派がコミットする独裁主義・指導者国家を批判しているのである．この見解は，多民族主義の政治思想ともども，朝鮮総督府の公認するところとなる．

⑬は，そうした「半島知」を，満洲事変後の大陸経営にも応用してみたもの．同「大東亜共栄圏の文化理念」(京城帝国大学大陸文化研究会編『続 大陸文化研究』岩波書店，1943年)も同様で，この段階で，世界は，米英のデモクラシー，独伊のファシズム，ソ連のコミュニズム，そして日本の皇道思想の4陣営，4政治思想の激突の様相となる．尾高は，カール・シュミットの広域秩序論が全盛のなか，ここではフィヒテの封鎖商業国家論を持ち出すことにより，グローバル化を原理的に否認しようとする．そもそも国家には自然的限界があることを前提に，その範囲のなかで保護主義による経済運営とそれを通じての理性国家の実現をめざしたフィヒテの理論が現代に甦ると，指導的な国家ごとに自給自足的にブロック化した国際新秩序の思想になる，というわけである．そして，日本中心のブロックとしての「大東亜共栄圏」の構想を，国際新秩序のもとでの共存共栄・国際平和という国際正義を追求するものと位置付け，その優越する文化理念が西漸をしてゆく趨勢を語ることで，中国人民を主観的には説得しようとしている．同様の言説は，同「国家主義と国際主義」『文教の朝鮮』173号18頁以下にもみられる．ジュネーヴの国際連盟を中心とする戦後国際秩序は，国家主義的勢力拡張を牽制すべく個人主義(人権)と国際主義(人類の平和)を結びつけたものの，実力の裏付けを欠いて破綻した．独伊につられて英仏(実はソ連までも)が国際主義に離反し国家主義的行動に走っている現在，日本だけが，国家の実力に裏付けられた有効確実な国際新秩序をめざし，国家主義と国際主義の総合帰一という大事業を推進しているのだ，という定式化で語る．

こうした議論を理論的に整理して，「隊長」としての姿とは別人のような冷静な筆致で分析したのが，⑫である．ジュネーヴ湖畔の抽象理論によるグローバル化を「金融資本国家の跳梁跋扈の舞台を提供する」だけだと批判し，国家と世界との間にいくつかの地域国際秩序の成立を計画すべきだと説く．理性の狡智により，国際連盟による経済封鎖が却って経済封鎖に耐えるだけの自給自足経済圏の生成を促し，各国際秩序が，その圏内の政治的・経済的・文化的な組織化を有効に行い得る指導的な国家を中心に形成されつつある今日，その自然的な限界をめぐる争いが戦争に発展した悲劇の彼岸には，世界一律の抽象的国際秩序体制に替わる道義的世界として，今日でいう欧州連合，東アジア共同体の如きものを展望すべきだというのである．

⑭松尾敬一「戦中の尾高法哲学」(『神戸法学雑誌』14巻4号，1965年)

これは，尾高の死後その弟子によって編まれた，真に良くできたアンソロジーである．政治的な立場から，問題の多い尾高の言説を裁断するのは，容易である．けれども，松尾は，そうした思考のショートサーキットを回避し，丹念に尾高の思考過程を追ってゆく．すべて尾高の文章によって語らせながら，そのナチス嫌い・ナチス批判等々の論点を鋭く指摘する行論は，執筆に際して投入した労力の大きさを行間に滲ませる．ただし，そこで検討されているのはすべて，「学者」として冷静な筆致を維持して書かれた理論

的な著作ばかりであり，そのため，師匠の尾高に対して，一貫して優しい．ここでもし，当時は全くといってよいほど知られていなかった「隊長」としての言説を視野に入れ，その「半島」での「ますらをぶり」を考慮すれば，果たして松尾も弁護しきれるのかどうか．尾高の「男らしさ」と「優しさ」は，清宮四郎から本郷正門前万定主人まで口を揃えて証言するところであって，朝鮮半島における皇国臣民化の運動を通じ，彼が朝鮮人のためにパターナリスティックな「意味充実」の努力を最大限払ったことは疑いないとしても，「意味剝奪」が「半島人」にもたらす痛みを自覚化していた形跡はない．おそらく，それが主題化されるのは，尾高自身が手痛い意味剝奪を被った戦後のことであろう．

⑮本社主催座談会「城大の使命を語る」(『京城日報』1940年7月13日—7月25日)
⑯京城帝国大学創立五十周年記念誌『紺碧遥かに』(京城帝国大学同窓会，1974年)
⑰桜井義之『青丘余録』(限定版，1980年)

城大論を3つ挙げる．塩原時三郎学務局長の度重なる介入により，ついには城大速水総長の事実上の更迭という事態に立ち至り，京城帝国大学は学園の危機に陥った．憤りとともに学園を去る者も少なくなく，人材流出が顕著になる一方，所詮は，バックにいる南次郎総督が退任するまでの辛抱だという観測もあり，首を引っ込めて嵐が去るのを待つものもあった．尾高は，といえば，これを一時の嵐とは考えず，全人格的に受け止めて対応したが，周囲からはむしろ総督府よりの人物として浮き上がることにもなっていた．

そうした時期に，南次郎シンパの御手洗辰雄社長肝煎りで京城日報に連載された，城大の将来を考える座談会が⑮である．尾高，清宮を含む16人による匿名の座談会だが，たった1人で8回連載の丸1回分しゃべりまくっているEという男がいる．これが尾高朝雄であることは120％明らかで，学問と政治との葛藤の歴史を該博な知識を披瀝しながら語りつつ，研究の自律性と大学の自治を最大限強調しつつ，自治が与えられていればこその大学人の社会的な責任をも強調する正論を語っている．一方，清宮も参加しているが，どの発言が彼のものであるかはわからない．常にdetachedで無難なことを話すのは他の座談会でも同様で，これは，清宮の信条にも関係している(樋口陽一「清宮四郎先生のご逝去を悼む」『ジュリスト』946号78頁以下(有斐閣，1989年)を参照)．何事にも入れ込んでしまう尾高とは好対照をなしている．

これに対して，戦後の城大論として，決定的に大きな貢献をなしたのが，⑯である．戦後の卒業生たちは，今日に続く同窓会誌『紺碧』(国立国会図書館蔵)で，結束を強めてきた．在韓の同窓生との連絡も再開し，清宮四郎を団長とする訪韓団を組織し，校舎訪問・旧友再会も成し遂げている．そうしたなかで，『紺碧』誌上で「城大再現」を合い言葉に，本書の公刊計画が立ち上がった．彼らは，もはや自然に定礎しない「意味の世界」のなかの京城帝国大学を，少しでも形あるものとして後世に残すべく，四散した関連資料をかき集め，編年体での学園史を可能な限り正確かつ中立的に執筆した．特定の立場に偏らず，写真や座談会など多面的な構成によって「城大再現」を実現した同書

は，朝鮮史研究にとってもきわめて貴重なモニュメントに仕上がっている．同窓生たちの気持ちが，惻々と伝わる好文献である．

そのなかで，京城帝国大学同窓会の大黒柱として活躍したのが，桜井義之である．彼は，京城帝国大学法文学部助手として鈴木武雄ほかの研究を支えるとともに，戦後は，東京都立大学図書館事務長にスカウトされ，穂積陳重・重遠文庫，船田享二文庫の購入に関与するなど同大学の図書充実に努めた経歴の持ち主である．彼のエッセイ集をひとつ挙げるとすれば，⑰であろう．

⑱鈴木敬夫『朝鮮植民地統治法の研究——治安法下の皇民化教育』（北海道大学図書刊行会，1989年）

⑲浅野豊美・松田利彦編『植民地帝国日本の法的構造』，『植民地帝国日本の法的展開』（信山社出版，2004年）

最後に，新旧2点の朝鮮統治研究を，挙げておく．⑱は，韓国との結びつきの強い法哲学者による，政治的にも批判的な立場からの研究であり，最終章は，尾高朝雄を取り上げている．これに対して，⑲は，より若い世代による，政治的には中立的な立場からの，研究である．本書との関連では，とりわけ浅野豊美「植民地での条約改正と日本帝国の法的形成」『植民地帝国日本の法的構造』は，清宮四郎『外地法序説』への言及も含む．同氏が力を入れる「共通法」研究に引きずられて，国際私法的な構成が強く出過ぎている嫌いはあるが，精密な分析は非常に参考になる．

（石川健治）

Ⅲ　植民政策学文献解題

(1) 北大学派植民学

1876年，北海道統治機関であった開拓使は，北海道開拓に資する人材の養成を目的として札幌農学校を開設した．内国植民地であった北海道に設置された札幌農学校は，実地に植民策を考究・教授する教育研究機関であった．こうした出自に，東北帝国大学農科大学・北海道帝国大学へと改組される中で，「北大学派」と呼ばれる植民学の一潮流を形成していく萌芽を認めることができる．

①佐藤昌介「大農論」（『農学会会報』第3号，1888年11月）

札幌農学校一期生の佐藤昌介（1856–1939年）は，アメリカ留学などを経て，農業経済学担当の教授となった．1894年に校長となって以降は東北帝国大学農科大学・北海道帝国大学の学長・総長を35年にわたって務めた．1890年に植民学の講義を開講し，東北帝国大学農科大学と改組となった1907年には農政学殖民学講座を開設した．本文献は佐藤の最も初期の著作である．日本の農業を「小農中ノ小農ニシテ過小農」と評価し，北海道への植民によって自作農を創出し，「北海道ノ大農ヲ以テ本邦大農ノ極点トナシ

北海道ノ中小農ヲ以テ内地府県ノ大中農トナス」ことを提唱している.

②佐藤昌介「殖民史講義」(自筆講義ノート，1891年1月，北海道大学大学院農学研究科農業経済学科図書室所蔵)

本講義ノートは現在知られている日本最初の植民学講義記録である．表紙には「明治廿九年九月」「殖民論講義原稿」の記載があり，増補の跡をうかがうことができる．必ずしも整然とした講論とは言い難いが，イギリス古典派経済学の影響のもとに広範な項目を取り上げて自由主義的植民論を展開している.「殖民地政府の土蕃ニ対スル政略」では，留学中に見聞したネイティヴ・アメリカンの窮状から「土蕃問題ハ至難ナル哉」と認識し，植民地の被抑圧民族問題に怜悧な知見を示している．本講義ノートは，井上勝生「佐藤昌介「植民論」初期講義ノート(上)(中)」(『北海道大学文学研究科紀要』第115，116号，2005年2，7月)において，その3分の2までが翻刻されている．残りの部分も順次，翻刻がなされる予定である.

③佐藤昌介「殖民論」(佐藤昌介講義，半澤洵筆記，1900年，北海道大学大学院農学研究科農業経済学科図書室所蔵)

本講義ノートは，後に農学校教授となる半澤洵(応用菌学)が生徒として受講した佐藤の講義の記録である．10年前の講義ノートとの間には，内容構成に大きな改訂を認めることができる．その背景に，日清・日露戦間期の日本と東アジアをめぐる国際情勢の変化があることをうかがわせる内容となっている．実際に，佐藤の植民論は1900年前後を境に北海道への内国植民論からそれを前提とした海外植民論へと傾斜していく．本講義ノートは，井上勝生「佐藤昌介「植民論」講義ノート――植民学と札幌農学校」(『北海道大学文学部紀要』第93号，1998年3月)において，全文が翻刻されている.

④矢内原忠雄編『新渡戸博士植民政策講義及論文集』(岩波書店，1943年)

新渡戸稲造(1862–1933年)は，札幌農学校二期生として卒業後，留学などを経て農学校教授となり，佐藤と共に植民論などの講義を担当して北大学派植民学の形成に寄与した．1898年に療養のため農学校を去り，1901年には台湾総督府民政長官後藤新平の招聘に応じて総督府技師となった．その後，京都・東京両帝国大学で「植民政策」を講じ，植民地台湾経営の経験を踏まえて植民政策学を確立した．それは東大において矢内原らが継承していく．農学校時代の新渡戸の講義内容を知る記録は存在しない．本書は，東京帝国大学における1916–17年の植民政策講義を矢内原ら受講者のノートより編集し，さらに「糖業改良意見書」などの植民政策関連論文を併載している．新渡戸は,「講義」で被抑圧民族問題に多くを割き，植民政策の原理として「原住民の利益を重んずべし」と述べている．しかし，問題の指摘の範囲にとどまっており，飽くまでも植民地領有の肯定を前提としている点に留意する必要がある.

⑤高岡熊雄『北海道農論』(裳華房，1899年)

1898年，新渡戸の後任となったのは，佐藤，新渡戸に学んだ高岡熊雄(1871–1961年)である．高岡は，北大学派植民学を理論づけて常に主柱であり続け，北海道帝国大学第3代総長も務めた．また，植民地関連の調査や北海道庁，札幌区・市の諸調査にも深く関与し，植民地農政をはじめ北海道政や札幌区・市政においても重きをなした．高岡の最初の著書である本書は，1897年に北海道庁長官が北海道農会に対して諮詢した「大中小農ノ適度」という問題への答申である．高岡は，北海道を地理的条件などから三地域に分かち，そのうち「中央凹地帯」(石狩平野)に照準を合わせ，大・中・小農の定義よりはじめて農業経営の現状分析を行っている．北海道では未だ十分に興起していない中農の育成を心掛けつつ，大・中・小農の三者均衡を取る施策を提唱している．

⑥高岡熊雄『普魯西内国殖民制度』(台湾日日新報社，1906年)

高岡は，1900年に農学校よりドイツ留学を命ぜられ，ドイツでは学問形成においてシュモラー(Gustav von Schmoller)ら新歴史学派の影響を強く受け，プロイセン王国の植民政策との比較という視点から北海道拓殖問題を研究した．02年，新渡戸を伴ってドイツを訪れた台湾総督府民政長官後藤新平が，高岡にプロイセン王国のポーランド植民政策についての調査を委嘱した．その調査をもとに帰国後に著したのが本書である．北大学派植民学は北海道開拓を課題としたことから，佐藤においては内国植民論が中心に据えられたが，高岡もそれを継承していることを示す文献である．

⑦高岡熊雄『樺太農業植民問題』(西ヶ原刊行会，1935年)

北大学派植民学の内国植民論は，日本が植民地を拡大していくと共にその対象をも広げ，高岡により農業移民論へと展開され理論づけられていった．高岡は，台湾・朝鮮などの植民地統治機関と深い関わりを持ち，各種調査を主導した．1933年には拓務省の設置した樺太拓殖調査会の一員として現地調査を行い，その調査結果をまとめたものが本書である．樺太経済は漁業と林業によって成り立ってきたが，両者は頭打ち状態になっているとし，農業移民を進める必要性を説く．ただし，樺太は農業をなし得る南部であっても決して適地とは言い難く，国家による手厚い保護が不可欠であることを説いている．

⑧高岡熊雄『ドイツ内南洋統治史論』(日本学術振興会，1954年)

本書は，1886年から1918年に至るドイツによる南洋諸島統治を，統治体制と政治・社会・産業・貿易・人口・財政などの点から分析している．高岡はかつて南洋庁熱帯産業研究所顧問を務め，日本統治下の南洋諸島を視察・調査していた．それをもとに「熱帯植民者としての日本民族」(『経済学農政学研究資料』，北海道帝国大学農学部経済学農政学教室，1939年)を執筆している．本書はこうした一連の植民地政策への関わりの中で結実したものである．高岡は，植民地を失った戦後の日本において，本書を執筆する意義について「吾人学徒の研究は必ずしも自国のためのみに極限して行われるものでは

ない．吾人さらに一層視野を拡大し，広く人類の安寧福祉を増進することを以て，科学的研究の目的としなければならない」と記している．戦後，「植民学」が「農業開発論」と変名し来った事実を念頭に考察したい文献である．

⑨高岡熊雄『イタリア領リビア開発政策史論』(蝦名賢造編，北海学園大学，1995年)

本書は高岡の遺稿を編集したものである．1911年から第2次世界大戦に至る期間の，イタリアによるリビア統治を分析している．高岡は1938年に日本の委任統治領南洋諸島を視察したときに，熱帯への移住植民地統治の成功例としてイタリアのリビア統治に関心を持った．本書の刊行は高岡の学問的業績の顕彰という意味合いが非常に強い．植民政策学史研究の視点から，こうした本書刊行の現代的意味をも検討する必要があるだろう．

⑩上原轍三郎『北海道屯田兵制度』(北海道庁拓殖部，1914年)

高岡は1933年に北海道帝国大学総長に就任するが，後任として植民学を担当したのが上原轍三郎(1883-1972年)である．本書は上原が佐藤，高岡の指導のもとに作成し，東北帝国大学農科大学に提出した卒業論文をもとにしている．屯田兵制度について「本道ノ拓殖警備ヲ主眼トシ之レニ士族ノ救済テフ一種ノ社会政策ヲ加味シタルモノ」と定義し，屯田兵に関わる諸制度・農業経営・経費・成績を詳査して北海道拓殖への影響を考察して，「本制度ハ有効ニシテ成功セル制度ナリシコトヲ結論スル」としている．上原は，植民成績評価的な視点による研究方法を高岡から受け継いでいる．

⑪上原轍三郎『植民地として観たる南洋群島の研究』(南洋文化協会，1940年)

本書は，1937年に上原が南洋庁より委嘱を受け，南洋諸島の植民地事情を視察して，翌年に提出した復命書である．上原は，南洋諸島を「栽植植民地」(資本投入，植民地居住民使役，植民地商品栽培に適した植民地)，「移住植民地」(移住民が事業に従事するに適した植民地)，「根拠的植民地」(帝国の政治・経済・軍事等の根拠地となる植民地)の特質を併有していると位置づける．日本からの移住を強化するための施策を提唱し，南洋庁を通じた移民と，半官半民会社である南洋興発株式会社の差配する「労務者」(農業労働者)と「耕作者」(小作農)の共存による植民事業を志向している．なお，高岡を中心とする北大学派植民学の中で，上原は南洋諸島を担当していた．

⑫高岡熊雄・上原轍三郎『北支移民の研究』(日本学術振興会第2及第14特別委員会報告『東亜経済研究』(II)，書肆有斐閣，1943年)

北海道帝国大学は，1933年には大学をあげて「満蒙研究会」(39年に「東亜研究会」と改称)を発足させ，高岡をはじめとする農学部農業経済学科がその中心となった．満洲移民研究は，北大学派植民学にとって総力を挙げて取り組むべき中心的課題であった．本書は高岡と上原の名義となっているが，実際には農業経済学科のスタッフによる研究成果である．華北から満洲への中国人労働者の流入実態を分析し，華北経済および「満

洲国」経済の共栄と日本人の満洲移民のために，統制を伴う適切な移民政策の必要性が説かれている．なお，日本人移民に関する研究には，上原「満洲農業移民の一形態——天理村」(北海道帝国大学満蒙研究会『満蒙研究資料』24，1937年)がある．

⑬**矢島武「植民及び植民学の性格」**(『法経会論叢』〔北海道帝国大学法経会〕第9輯，1941年4月)

矢島武(1909-92年)は，高岡，上原に学び，満洲を担当フィールドとした．本文献は，東畑精一の影響を受けて，北大学派植民学の体系化を表明した論考である．矢島は，植民学の研究を「植民本質論」「植民主体論」「植民客体論＝植民地論」「植民機関＝制度論」「植民政策作用論」の五つに分類できるとする．これらの部分的研究を行ってきた「歴史学派は事実の記載のみに専念した観がある」とし，その重要性は認めつつも，理論的考察によってその由来・比重・意義などを確定しなければ「我々の将来に対する政策に寄与する力は極めて不正確，貧弱」であると述べている．従来の北大学派植民学の研究への控えめながら的確な批判ともなっている．

⑭**高倉新一郎『アイヌ政策史』**(日本評論社，1942年)

高岡，上原に学んだ高倉新一郎(1902-90年)は，北大学派植民学の最後に順列し，主に樺太を担当した．高倉は，矢内原ら東大系統の植民政策学の影響をも受けていた．本書は，蝦夷地に和人を統率する権力が現われた16世紀から，1899年の北海道旧土人保護法制定とその実施に至る，和人権力のアイヌ政策を実証的に分析している．北大学派植民学の研究としては唯一，植民地の被抑圧民族問題を正面から取り上げている．保護法に至るまでのアイヌ同化政策の方針は肯定するが，「其手段が，アイヌの生活を深く理解する事なしに，当局者の合理主義と御都合主義とから生れたもので，充分に其効果を発揮し得なかった」と評価を下している．本書は，精細な資料踏査と実証性の高さ，そして前述のアイヌ同化政策に対する評価から，現在でも北海道史・アイヌ史の先駆的研究として批判の対象にあがることの多い文献である．

⑮**高倉新一郎『北海道拓殖史』**(柏葉書院，1947年)

本書は日本拓殖協会の「日本植民史叢書」中の『北海道樺太拓殖史』として脱稿されたが，敗戦へと向かう情勢により計画が頓挫し，戦後上梓された．前近代を含め，北海道・樺太の拓殖政策を分析している．北海道・樺太の拓殖を「我国に於ける最初の大規模な計画的植民事業であった」と定義し，その経験と知識が台湾・朝鮮・南洋諸島・満洲などの植民事業に大きな役割を果たしたと評価している．こうした認識は，そのまま北大学派植民学に対する極めて肯定的な自己総括へ結びつくことになると言い得るだろう．

⑯**『古河講堂「旧標本庫」人骨問題報告書』**(北海道大学文学部古河講堂「旧標本庫」人骨問題調査委員会，1997年)

⑰『古河講堂「旧標本庫」人骨問題報告書Ⅱ』(北海道大学文学部古河講堂「旧標本庫」人骨問題調査委員会，2004年)

1995年，北海道大学文学部管理下の古河講堂の一室で人間の頭骨6体が発見された．そのうち3体には「オタスの杜風葬オロッコ」，1体には「韓国東学党首魁ノ首級ナリト云フ／佐藤政次郎氏ヨリ」との付箋が貼付されていた．文学部が調査委員会を設置し，これらの人骨の搬入経路を調査した結果が両報告書である．97年の報告書では，東学農民軍指導者の頭骨との情報が記された頭骨について，東学農民戦争と日本軍による弾圧の経過，札幌農学校の植民学(特に佐藤昌介と新渡戸稲造)と植民地経営の関わりなどを詳細に調査し，佐藤政次郎が札幌農学校出身の韓国統監府技手であった可能性が極めて高く，「遺骨が札幌農学校若しくは北海道大学へ搬入された可能性が十分にある」と結論づけている．サハリン先住民族ウィルタ(オロッコ)のものとされる頭骨については搬入経路を明確にできず，調査不足との批判もあって再調査が行われ，2004年の報告書となった．両報告書は，近代日本の学知を担った大学が，国家による植民地経営への責任と今現在においても無縁ではなく，今後も考究を続けねばならないことを示唆している．

(井上高聡)

(2)1895-1920年

北海道に次ぐ第二の植民地として台湾が領有されたことで，帝国の学知は台湾インパクトともいうべき新たな展開の局面を迎える．それは，それまで北海道というセツルメントコロニーへの国民の移住・定住を主眼に，それに伴って蓄積されてきた知の体系が，英仏独の各列強によるアジア・アフリカ植民地統治に由来する学知の吸収を通じて，大きく変容していったプロセスということができる．

故に，この時期の植民政策学の主要な関心は，異質な住民社会を念頭にしながら植民地における統治組織がいかにあるべきかという問題に集約されていくことになる．その課題を中心に，帝国全体の法制的構造，中央での植民地管理組織，そして第三国との錯綜する権利関係の国際関係的処分方策などが論じられることとなった．それは明治日本の国民統合政策，人口希薄地でのセツルメントコロニー経営，そして多数の土着住民を前提とする属領経営，この3つが複雑に折り重なりながら帝国の学知が形成されていったことを物語る．

国家学の中で衛生学は重要な位置を占めていた．①と②は，個人を有機体としての国家の構成員と見なす衛生学に関する文献である．これは，北海道拓殖経験のみならず，明治国家による国民統合モデルが日本の植民政策学の基層をなしていたことを示す．また，③以下の翻訳文献は，英仏独米の植民地統治にまつわる学知が，台湾領有を直接の契機として吸収されていった痕跡を伝えるものである．

①後藤新平『国家衛生原理』(報文社，1889年)

後藤新平の植民地統治政策の指針となった「衛生学」とは，どのような学問であるの

かを考えるために必読の書．宇宙には「天然の法則」があるとの観念の下で，社会と国家にあたかも人体の感じる如き生理的円満を実現するのが衛生学であるとされる．特に，後藤が尊重しようとした「慣習」や「性法」の定義とその起源が，後藤の考えた有機体としての国家論の中で説明されている点，及び，「間接広義の衛生制度」こそ行政であり，国家の機能は個人の公法上私法上の権利義務の範囲を法制をもって定めること(82頁)とされている点は，明治の植民政策学受容の思想的背景の一端を窺うものである．

②後藤新平『衛生制度論』(忠愛社，1890年)

①が抽象的理論を総集成したものであるのに対して，本書は実際上の法律命令＝法制の具体的条文と対照させながら，衛生学の内務の一部としての展開の諸相を述べている．冒頭には，シュタインに依拠しながら，衛生学が国家学の一部であり，「自治の良習を養い」，立憲制と代議制の基礎を強固にするために欠くことができず，更には，外務，財務，兵事，司法にも関わるものとして定義されている．その一方，狭義の衛生学が自由な個人の無限の発達を助長するための「保険制度」，自由な個人には如何ともしがたい疾病を除去するための「医事制度」，個人の能力に差がある故に結果の不平等を是正し，道徳的倫理的統一を回復するための「社会衛生」から構成されているとされる点は，税や医療・年金制度が争点と化す20世紀の福祉国家を予言しているとさえ考えられよう．国家とは，自由な個人を社会関係の中に包摂し，希望と必要を共有して生活を営む協同体と，利益で結合した会社等の機能的団体とを統一するものであるとされている点は，「同化」の意味を分析する視点さえ提供しているかのようである．

③ルロアー・ボゥリュー／台湾事務局訳『馬多加須加児殖民論』(台湾事務局，1898年9月〔拓殖務大臣官房文書課，1897年5月〕)．

著者はフランス人経済学者．フランス植民地統治失敗の原因は，忍耐力の欠如とそれを国策上最重要視しなかったことにあるとされ，その反省の上に，新興勢力としての日本を評価しながら，フランスのチュニジア占領以後に西洋国際政治に登場した保護条約の性格，農産物をフランス本国に輸出する際の関税，第三国外国人に対する行政権如何の問題を論じている．保護がそもそも国際政治においても「新語」で「不確実かつあいまい」であるとの指摘や，鉱山を中心とする植民地における産業経営と植民地防衛のための植民兵問題を論じている点も興味深い．この題名は，当時のフランスにとってマダガスカル島の保護権が緊急の課題であったために付されたが，内容はフランス植民地全般に及んでいる．

④安遜／遠藤剛太郎訳『英国拓殖地印度及雑領地制度』(台湾事務局，1898年)
⑤ルーカス『英国殖民誌』(台湾日日新報社，1898年)

安遜とは，Anson, Sir William Reynell, bart (1843–1914)のことで，*The law and custom of the Constitution* が原著である．翻訳を行ったのは遠藤剛太郎で，遠藤が台湾に赴任する直前に出版された．ルーカスの原著は，Lucas, Charles Prestwood, Sir,

(1853–1931)による *Historical Geography of the British Colony* である．後藤新平がその抄訳を桂太郎台湾総督に見せて，台湾に赴任する官吏の教育用に紹介したことがきっかけとなって，桂によって翻訳された．

両書共に，国家学的観点から，イギリス帝国内部の統治機構の制度論的な分析を行っている．台湾統治体制をいかに設計し，それを明治憲法体制にどのように包摂するのかという差し迫った課題に応じるために翻訳された，イギリスモデルの紹介書であったということができる．

⑥ヘルフェリッヒ／森孝三訳『殖民行政組織改革論』(東京博文館，1905 年)

Helfferich, Karl Theodor (1872–1928) は，ベルリン大学の経済学・金融関係の教授でドイツ政府外務省植民局に勤務した．翻訳者森孝三は台湾総督府警察官．森はこのあと後藤新平の秘書となり，1920 年代にはドイツも訪問している．

後藤新平が序文を寄せている．後藤がドイツ式の植民統治モデルの導入に積極的であったのは，衛生学を学んだシュタインの影響と，ドイツ自体が「植民行政組織には毫も歴史上の所憑」なく「無一文」の状態からドイツ帝国を創造し，「比較的短期間内に幾多の変遷」を経験してきたことにあった．本書では，植民地行政が母国のどの省庁にどのような事情で委任されてきたのかという英仏独の事例，及び，その教訓を反映して計画され短期間でドイツの植民帝国としての膨張を可能にしたドイツ植民地法制度が詳しく紹介されている．法制度の焦点は，ドイツ植民省が設立された過程，総督や総督府評議会の役割と権限，予算配分，民政と植民地軍の関係である．これらは，1910 年，後藤が第二次桂内閣の通信大臣であった時代に，日韓併合をにらんで設置した拓殖局の参考とされたと考えられる．後藤はやがて，ヘルフェリッヒの後輩にあたるドイツ人ゾルフとも親交を結ぶが，ゾルフは，植民地行政に関する列国の国際協力体制，及び，トランスナショナルな宣教活動・企業活動の国際秩序への包摂を称えた学者であり，後述される大正期「社会」の登場を前提にした植民政策学を切り開いていった人物である．山本美越乃が序言を寄せている(ヴェー・ハー・ゾルフ／長田三郎訳『将来の植民政策』有斐閣，1926 年)．

⑦日向輝武『殖民史論』(自費出版，1903 年)

アメリカ植民政策学の影響を日本にもたらしたのは，アメリカに留学した日本人留学生達であった．ウィスコンシン大学で国際政治学と共に殖民政策学を担当していたポール・ラインシュ (Reinsch, Paul Samuel, 1869–1923) の *Colonial Government* (1902) を初めて翻訳し『殖民史論』として翌年に出版したのは日向輝武であった．ただし，出典が全く明記されていないことから，日向の編書とされた本書は，現代であれば疑いなく剽窃であろう．日向は明治時代中期，群馬県前橋で結成された「上毛青年会」に竹越与三郎等と名を連ねた民権の士であり，保安条例による投獄を恐れてサンフランシスコに 18 歳で渡米した青年であった．星亨の後援でハワイへの植民事業を手がけ，その 15 年後の 1903 年には，六つの会社を吸収合併して成立した「大陸殖民会社」の副社長とな

った．そして1906年からは，保護下にあった大韓帝国で，韓国政府移民保護法に基づいた，韓国人移民送出事業にも取り組んだ．

同様のラインシュ本を使った剽窃に限りなく近い書としては，山内正瞭『殖民論』(金刺芳流堂，1905年)がある．これは，ルロア・ボリュー他の論者の植民論を自己流に翻訳して付け加え，時事的な解説を加えてまとめ上げたもので，日本の植民政策学が英仏独の寄せ集め状態の中から生まれたことを象徴している．

⑧ラインシュ／台湾慣習研究会訳『殖民地統治策』(台北：台湾慣習研究会，1906年)

ラインシュの名前を明記して初めて，正式に*Colonial Government*(1902)を訳したもの．ラインシュの植民地統治への問題意識は，自由放任の時代が終わり，列国が争って植民地拡張に乗り出しているとの現状認識に根ざしていた．アメリカは，それまでの西部開拓の延長ではなく，門戸開放機会均等主義に則った現地住民の「進歩」への貢献を目的として植民地へ関与すべしとされている．

台湾慣習研究会による本書の翻訳には星製薬の創業者，星一が関与した可能性がある．英文原書がニューヨークで出版された1902年，アメリカ留学生の星と後藤新平は初めて面会し，星の案内で後藤はニューヨークを初視察した．その3年後，台湾総督府専売局長であった宮尾舜治もニューヨークを訪れ星と面会，一方，新渡戸稲造と星は，星の経営する雑誌の取材中，パリ万国博覧会を契機に親交を結んでいた．台湾総督府の殖産局長であった新渡戸は，後藤新平の招きで台湾に1か月滞在した星と再会し，統計等の作成その他を依頼したとされる．ニューヨーク，東京，台北を結ぶ，こうした人間関係の中から，正規のラインシュ翻訳本が刊行されたことは疑いなかろう．朝鮮統監となる曾禰荒助も，農商務大臣時代に新渡戸の台湾総督府殖産局長就任を働きかけており，伊藤博文もニューヨーク視察で知り合った星に韓国統監府勤務を働きかけた．植民政策学は当時の日本の周辺地域関与を占う最先端の学問であり，そのネットワークは保護下韓国へも及んでいたと言える．

⑨ポール・エス・ランチ／松岡正男・田宮弘太郎訳『殖民政策』(東京同文館，1910年)

ラインシュ(ランチとも表記される)の，*Colonial administration*(1905)の翻訳．前著は英仏等の植民地統治の大綱に留まっていたが，本書は，法学的分析とは対極にあって，世界各地の事例を細かく実例を挙げて示しながら，財政，税務，教育，移民，現地住民の社会改良，通貨，商業，交通，土地，労働，警察，軍備等の実務的な側面に焦点をあて，英仏そしてアメリカの植民地フィリピンの実例をまとめている．日本での翻訳書出版に際してラインシュが松岡に寄せた日本版序では，日本が台湾植民政策の成功によって「全世界より大信用を博し」たとされており，イギリス人の世界史上最善の植民地経験が日本によって踏襲されたともされている．

翻訳者は，松岡正男・田宮弘太郎で，松岡はラインシュの講義を聴講したアメリカ留学経験者であり，『婦人之友』を創刊した初の女性記者，羽仁もと子の弟でもあった．松岡は，京城日報，時事新報，マニラ新報社長を歴任し，『植民新論』(巌松堂書店，

1922年),『植民及移民の見方』(日本評論社, 1926年),『赤裸々に視た琉球の現状』(大阪毎日新聞社, 1940年)等を執筆している. ラインシュは, このあと, *International unions and their administration*(1907)という国際行政に関する著書を出版, 1911年にはドイツのベルリン大学とライプチヒ大学の客員となり, その後, 1913年からウィルソン大統領の指名で9年間にもわたって中国公使を務め, ワシントン会議では中国政府の特別顧問になる. 1923年上海で客死.

⑩東郷実『日本植民論』(文武堂, 1906年)
⑪東郷実『植民政策と民族心理』(岩波書店, 1925年)

⑩の冒頭は, 後藤新平の題字, 佐藤昌介, 高岡熊雄, 新渡戸稲造の校閲によって飾られている. それに象徴されるように, 札幌農学校出身の東郷実によって書かれたこの2冊は, 北海道の拓殖経験と台湾統治経験が融合しながら, 英仏独のモデルの採長補短と比較参照によって, 日本独自の植民政策学が形成されていった様相を象徴する. 東郷は, 日本人の文化的特性からして, 農業植民を行うことが日本帝国の発展にとって最善の道であり, 人口密度や耕作可能地面積の点で北海道はまもなく飽和状態に達し, 台湾も新たな農業移民を受け入れる余裕はないとした. その上で, 韓国と満洲・シベリアこそが農業移民送出の有望な土地であり, 現地住民の同化も容易であるとしている. 日露戦後経営の中で, 植民事業構想が盛り上がっていた様子についても,「不満の講和に熱涙を注げるの同胞よ, 真に国を愛せば其涙を拭ひ渾身の勇気を振るひ奮励一番鍬, 鎌を執って起て」としており, 当時の日本人の満韓への移民熱を窺わせるに十分である.

しかし現地住民の「同化」の見通しは余りにも楽観的であったと言える. 本書は東郷の台湾赴任直前に執筆されたが, その後18年間の台湾経験は, 東郷自身の楽観的同化観に反省を迫り, 東郷の到達点としての著作⑪となって結実したと考えられる. この⑪は,「科学」としての植民政策学の基礎の上に, 異民族統治の学たる「民族心理学」を置こうとしたもので, 現地住民を別個の政治組織による自治の下に置くことがその主眼であった.

⑫尾崎行雄「領土拡張主義と商権拡張主義——商権拡張のための領土拡張」(『中央公論』1912〔明治45〕年3月号)

日本の植民政策の展開は, 国策の根本方針を領土拡張に置くのか商権拡張に置くのかという大命題と深い関係を有していたことが窺える論文. 人口密集地は商権拡張の目的には良いが領土拡張の目的にはならず, むしろ「本国の弱点を増す」とされる. なぜなら, 島国の国防は海軍をもって行わなければならないのに, 大陸で世界の一大陸軍国と接しながら領土を形成するには, 強大な陸軍をも必要とするからである.「何れの国と雖も陸海軍の双方」で「世界の一等国と対抗する力を養う」ことは不可能であると尾崎は的確な指摘を行ったが, それは, 日露戦後から日韓併合の時期の日本が, 植民地帝国としての大きな分岐点に立っていたことを証して余りあるものである.

⑬持地六三郎『台湾殖民政策』(冨山房，1912 年)

持地は，植民政策学が「学」として完成されたものではなく，各国に共通普遍の原理原則はないと見抜いていた．その立場から，台湾統治の実践的経験を自己の実務体験に照らしながら凝縮したものが本書である．旧慣調査，司法制度，貨幣，灌漑，貿易・築港，交通，教育，衛生，理蕃，移民と現場の実務に対応した諸分野を網羅しており，著述は理念的であるよりも極めて事実中心である．実務レベルの「少壮官吏」に十分な活動権限が与えられたことと，中央政府と帝国議会が台湾内の政策に干渉しなかったことが台湾統治成功の原因ともされている．また，台湾統治が現地住民と内地住民の現実の利害調整を主要問題とする新段階に入ったとの認識の下に，投資(開発搾取)植民地から農業植民地へと台湾を転換し，内地からの農業移民導入を促進すべしともされている点は，以後の台湾統治体制の変容を予言しているようにも見える．

⑭江木翼『英国植民地統治法の発達に就て』(1918 年)

カナダ・オーストラリア・南アフリカ・ニュージーランドなどのイギリス植民地が「責任政治」へ極めて短期間に移行したプロセスを解説したもの．イギリスがインドやカナダのケベックでフランス人等の現地住民の法律を尊重しながら，その上にイギリス式の行政・立法・司法制度を発展させてきたこと，第一次大戦を契機に選挙を通じて植民地の住民にのみ責任を負う政府が成立したこと，これにより，イギリス帝国が「法律上の連合」体へと変化したこと，それらが，驚きを伴って語られている．第一次大戦を契機とした脱植民地化の潮流に日本帝国もまた敏感に反応していたこと，それが朝鮮・台湾議会を通じた自治，もしくは，完全な「同化」の強制という相容れない手段による日本帝国の脱植民地化の契機となっていたことが窺える書であり，「社会」の視点と住民の自決を念頭にした 1920 年代の植民政策学の新たな展開を先取りしている著作ともいうことができる．

(浅野豊美)

(3) 1920 年以降

第一次大戦後の植民政策学は，ウィルソン主義・レーニン主義の衝撃により加速化した植民地の抵抗運動と民族自決主義の台頭を前に，変容を遂げていった．そこでは，植民地議会設置論など植民地への一定の自治権付与が議論されるとともに，本国と植民地の関係を相互扶助的な協同体と読み替えることで帝国の存立意義を弁証する，帝国再編論が展開された．また 1920 年代の日本の思想状況は，さまざまな社会概念を対置することで明治期の国家主権至上主義を批判する「社会の発見」と称されるような特徴を持っていた．従って，植民政策学においても，コロニアルな問題と「社会的」な問題が交錯する領域が問われることになった．この時期の植民政策学が優れて今日的な意義を持つのは，トランスナショナルな理論装置と帝国秩序の関連について考察する手がかりを与えるからである．

①山本美越乃『植民政策研究』(弘文堂, 1920年)

京都帝国大学経済学部で，その創設の1919年から1933年まで植民政策講座を担当した山本美越乃の体系的著作．1920年代の植民政策学の代表的著作としてまず取り上げられるべき文献である．山本は，植民政策の基調が，母国本位主義より植民地本位主義を経て今や相互享益主義の時代に突入したことを指摘する．そのうえで，植民統治政策としては，同化主義ではなく自治主義を支持し，イギリスの自治領を参照して，植民地議会の設置と責任内閣制の樹立を唱えた．これは植民地の分離独立を回避しながら，帝国の有機的関係を強調する1920年代の植民政策学の開幕を告げる書である．『植民地問題私見』(弘文堂, 1921年)は，同じ著書による植民地問題に関する評論集であり，「将来の植民地統治策」・「朝鮮の産業的発展の特質」のほか，山東問題・シベリア出兵など外交問題も扱っている．

②泉哲『植民地統治論』(有斐閣, 1921年)

次に，札幌農学校を中退し16年間のアメリカ留学を経て明治大学・京城帝国大学で教鞭を取った泉哲の著書②が重要である．同書は，アメリカにおける植民政策学のパイオニアであったポール・ラインシュの講義及び著作の影響を受けたものであり，泉の植民統治論も山本美越乃と同じく同化主義に批判的である．ただし，泉は国際法学者でもあり，経済学ではなく政治学の立場から植民政策を論ずることを明言して，植民地と本国との対等な関係性を樹立するため英帝国の連邦組織の設計図まで描いている．明治大学の泉の講義には，台湾議会設置運動の担い手になった台湾人留学生が出席しており，あたかも吉野作造の中国・朝鮮論が書かれた背景と相通じるものがある．

③矢内原忠雄『植民及植民政策』(有斐閣, 1926年)

だが1920年代の植民政策学の頂点は，東京帝国大学で新渡戸稲造の後継者であった矢内原忠雄の体系的著作③であろう．同書の最大の特色は，独特の植民概念にある．矢内原は，本国と植民地の政治的従属関係を本質とする把握を「形式的植民地概念」とし，社会群の移住に伴う社会的経済的活動の行われる地域を「実質的植民地」と捉え，植民政策学の対象を後者に置くことを主張した．これは国家の統治政策から植民政策学を解放するとともに，社会群の移住に伴う相互作用を主題化した点で，帝国内における「社会的」なるものの位相に踏み込む契機となるものであった．『植民政策の新基調』(弘文堂, 1927年)は各論的に矢内原の所説を展開したもので，「シオン運動に就て」・「朝鮮統治の方針」など7論文を採録している．パレスチナにおける民族共生や朝鮮議会設置への強い関心など，矢内原の問題意識をより直截に知りえる著作である．

④東畑精一「植民概念の要因」(『国家学会雑誌』56巻8号, 1942年8月), **同「逆植民」**(『上田貞次郎博士記念論文集4 人口及東亜経済の研究』科学主義工業社, 1943年)

日中開戦後，辞職した矢内原忠雄の後をうけて，東京帝大農学部教授の東畑精一(農業経済学者)が経済学部の「植民政策」講座を兼任した(1939-45年)．そこで東畑が提

唱した理論が「逆植民」(countercolonisation)である．これは，朝鮮・台湾・満洲・中国・東南アジアなど植民地・占領地と接触することによって，日本経済が植民地・占領地の経済・社会を変容させるだけでなく，それが逆流・反作用をひきおこし，日本本国の経済・社会をも変容させることを定式化するものであった．これは，戦時下の広域経済圏(「東亜新秩序」・「大東亜共栄圏」)の開発をつうじて，日本農業自身を革新・変革しようとする議論である．当時の東畑は，昭和研究会・農業問題研究会や日満農政研究会などのメンバーとして国策にも関与していた．この時期の「植民政策」関連の著作は，体系的な単著にまとめられることはなかったが，戦後の東畑はアジア経済研究所の初代所長などを歴任し，戦後日本の「地域研究」の一翼をになう知的文脈を形成した．

⑤加田哲二『現代の植民政策』(慶應書房，1939年)，**同『植民政策』**(ダイヤモンド社，1940年)

経済学者の加田哲二は，日中戦争期には昭和研究会・東亜経済ブロック研究会のメンバーとなり，「東亜協同体」論の論客となった．『東亜協同体論』(日本青年外交協会，1939年)を刊行し，既存の帝国主義的搾取とは異なる，互恵的・双務的な開発・発展の論理を提示していく．そして加田は，慶應義塾大学・経済学部の「植民政策」講座を担当し(1938年より)，「東亜協同体」論を，帝国主義的搾取をのりこえた新たな植民政策・民族政策として提示していった．これは，戦時下の広域経済圏(「東亜新秩序」・「大東亜共栄圏」)を，帝国主義の支配・搾取関係を廃棄し，植民地・占領地の開発・発展をもたらす互恵的・双務的な関係を実現するものとして正当化していく議論である．『現代の植民政策』，『植民政策』は，戦時下の植民政策学が，植民地支配の止揚を標榜する「植民地なき帝国主義」(P. ドウス)の一環として展開を遂げたことを如実にしめす著作である．

⑥近藤康男『満洲農業経済論』(日本評論社，1942年)

近藤康男は，マルクス主義の方法による農業経済学の確立者である．戦時期には，昭和研究会・農業問題研究会や日満農政研究会などのメンバーとして国策に関与していく．そこでは，日本農業と満洲農業の相互連関をつうじて，生産力の拡充・発展をもたらすべきこと，その不可欠の前提として，「資本と私的土地所有の関係の調整」が必要であることが論じられた．『満洲農業経済論』には，日満農政研究会における討議・報告をもとにした論考がまとめられている．また，第1章「日満経済関係の発展」は，東京帝大農学部における「植民政策」講義(1940年)の一部である．これらは，戦時下の経済再編成をつうじて日本農業の革新・変革をめざした『転換期の農業問題』(日本評論社，1939年)などと合わせて読まれるべきものである．マルクス主義系の戦時下の社会科学は，広域経済圏の戦時変革をつうじて，アジア／日本の経済・社会を革新・変革する理論へと転換していったが，近藤康男の植民政策論はその一環をなすものであった．

⑦細川嘉六『アジア民族政策論』(東洋経済新報社，1940年)，**同『植民史』**(東洋経済新

報社，1941年)

細川嘉六は，マルクス主義の立場・方法によって植民地問題・労働問題を研究する在野の研究者である(大原社会問題研究所研究員)．戦時期の広域圏論(「東亜新秩序」・「大東亜共栄圏」)の時代思潮のなかでも，帝国主義批判・民族自決論を堅持し，独自の視座から日本の民族政策を批判的に論評しつづけた．帝国主義を批判し，民族自治・独立を支持するソ連の民族政策を評価しつつ，日本の民族政策にも，帝国主義を自己否定する根本的な転換が必要であることを訴えた．『アジア民族政策論』は，1930年代後半に書かれた時評を集成した論文集．『植民史』は，序論・台湾・朝鮮・満洲・東亜共栄圏の5篇からなり，日本の植民政策の歴史を批判的に検討した体系的な書である．これらは，尾崎秀実・中西功など，中国の抗日ナショナリズムを評価し，日本帝国主義の批判を試みる論者たちと連携しながら，戦時下の論壇において独自の文脈を形成するものであった．

⑧永丘智太郎『極東の計画と民族』(第一出版社，1938年)

永丘(饒平名)智太郎は，沖縄出身のマルクス主義者であり，日本共産党の結成にも参加したほか，『改造』編集部などに勤務した．戦時期には，拓殖奨励館(後，日本拓殖協会)の主事として，植民政策・民族政策の調査・研究にたずさわった．その議論は，帝国日本の拡張にたいする単なる翼賛ではなく，マイノリティである沖縄人がいかに生き延びることができるかを究明しようとするものでもあった．『極東の計画と民族』は，日本の大陸政策や南進政策，そしてソ連の極東政策・民族政策を論じた論考を集成したものだが，そこでは，満洲に移住した朝鮮人や，南洋(東南アジア・ミクロネシア)に移住した沖縄人の生活に注目して論じている．これは，大日本帝国のなかの被圧迫民族である朝鮮人・沖縄人が，戦時下の帝国日本の拡張のなかで，いかに生きる場を確保できるかを究明しようとするものであり，独自の視座から植民政策論を展開するものであった．

⑨『大日本拓植学会年報第1輯 大東亜政策の諸問題』(日本評論社，1943年)

1942年4月，「大日本拓植学会」の創立大会がおこなわれた．この年報は，その記念講演や研究報告を収録したものであり，学会の創立経過や会則・会員名簿などが付されている．会長は高岡熊雄，常任理事は浅香末起・加田哲二・金田近二・東畑精一・上原轍三郎・山田文雄，移民・植民研究にかかわる数多くの人物が結集した学会であり，近代日本の植民政策学の最終段階の様子を知ることができる．また，年報に収められた東畑精一・山本登共著による「我が国における植民学展望」は，近代初頭以来の植民政策学の歩みをたどりながら，詳細な文献情報を挙げるものであり，書誌的資料として現在もなお有益な文献である．年報は，戦局の進展にともない第1輯のみで途絶したものと思われる．なお，学会の実務を幹事として担っていた板垣與一・川野重任・山本登は，戦後に「アジア政経学会」創設やアジア経済研究所発足に関わり，戦時下の植民政策学から戦後の「地域研究」へとつながる知的人脈を形成することになる．

⑩板垣與一『アジアの民族主義と経済発展』(東洋経済新報社，1962年)

純粋経済学を批判し，「政治経済学」を構築する若き理論家であった板垣與一は，東京商科大学・「植民政策」講座の担当者となる(1940年より)．ついで，太平洋戦争期には南方占領地(マレー・インドネシア)の社会調査に参加し，植民政策・民族政策を論じていた．それは，「大東亜共栄圏」建設をつうじて諸民族に自立・発展をもたらし，「植民政策の終焉」を実現しようとする議論であった．このような戦時下の南方調査は，戦後の板垣の東南アジア地域研究の基盤となっていく．東南アジアの近代化・発展を論じる『アジアの民族主義と経済発展』は，戦後の板垣の主著であり，戦時下の植民政策学が戦後の「地域研究」へと変容をとげた軌跡をしめすものである．板垣は，「アジア政経学会」創設やアジア経済研究所発足にも深く関わり，戦後日本の東南アジア地域研究を立ち上げ，制度化していくさいの重要な担い手となった．

⑪若槻泰雄・鈴木譲二『海外移住政策史論』(福村出版，1975年)

人口過剰で民衆は貧しかった近代日本は，大量の移民・植民の送出国であった．アジア・太平洋戦争の敗戦により，日本は東アジア・東南アジアの植民地・占領地を喪失したが，とりわけ中南米への移民は戦後もつづいた．本書は，戦後の講和条約発効後の日本の移民政策の変遷を，高度経済成長による繁栄の達成によって終息していく時期まで，克明にたどった大著である．戦後においても，政府(外務省)が直接・間接に斡旋・援護する形で組織的な移民送出政策がおこなわれた．それは，現地での開拓・経営に失敗した場合にも，救済策を施さずに放置する「棄民」政策というべきものであり，今もなお多くの課題を残している．近代日本の移民・植民政策の帰結を如実に示すものと言える．

⑫金子文夫「日本における植民地研究の成立事情」(小島麗逸編『日本帝国主義と東アジア』アジア経済研究所，1979年)，**同「日本の植民政策学の成立と展開」**(『季刊 三千里』41号，1985年2月)

研究には，書誌的文献が不可欠であるが，上記の2論文は植民政策学の展開を検討する際に，まず参照されるべきものである．著者は戦前期日本における植民地研究を，(1)植民地あるいは勢力圏における実態調査，(2)欧米帝国主義諸国の植民史，植民地事情，植民地政策等の翻訳＝摂取，(3)大学の植民政策講座を拠点とする植民政策学研究の，3つの領域から俯瞰している．大学・植民関係官庁のみならず，東邦協会・東洋協会など植民地関係団体の役員人事・機関誌に至るまで目配りのきいた検討がなされており，植民地研究の制度史的知識を得るためにも貴重な文献である．

⑬浅田喬二『日本知識人の植民地認識』(校倉書房，1985年)，**同『日本植民地研究史論』**(未來社，1990年)

講座派マルクス主義に立脚しながら植民地地主制の研究に従事してきた著者が，戦前期日本の植民地研究を，個々の著作内容にまで踏み込んで詳細に検討した文献である．

前者は，尾崎秀実・中西功・大上末広など1930年代のマルクス主義者の満洲・中国論を中心にとりあげながら，「満洲経済論争」・「中国統一化論争」など当時の論争点を整理・再検討している．後者は，新渡戸稲造・泉哲・矢内原忠雄・細川嘉六という代表的な植民政策学者の所説を，植民概念の規定，植民統治策，朝鮮・台湾・満洲論など，網羅的に検討したものであり，植民地研究の研究史として最も体系的な著作といえる．本書と併せて，同じ著者による「山本美越乃の植民論」(上)(下)(『経済学論集』(駒澤大学)18巻1・2号，3号，1986年11，12月)を通読すれば，植民政策学の学説史についてほぼその全容がつかめよう．

⑭原覚天『現代アジア研究成立史論』(勁草書房，1984年)

総力戦争が地域研究の制度化を促す事情は各国に共通する現象であるが，日本の場合，ポツダム宣言受諾によるいわば他律的な大日本帝国の解体が，戦前・戦中期の知的遺産の戦後への継承関係を見えにくくしている側面が大きい．このなかで同書は，戦前・戦中期のアジア研究を熟知した著者が，満鉄調査部・東亜研究所・太平洋問題調査会の活動実態を網羅的に検討した著作であり，戦後の研究の前提を知るための必読文献である．本書はまた，総力戦争の中で開花した調査・フィールドワークという「知の技法」が有した意義を考える際に参考になるとともに，戦後日本の国際関係論研究が戦前期の植民政策学研究から何を継承したのかを検討するうえでも示唆的である．太平洋問題調査会の日本研究についても紙数を割いており，欧米の地域研究の成立史と日本の植民地研究との比較という視座を得ることも可能であろう．1000頁近い大著に負けない読者の熱意が，次なる研究のステップになることを願ってやまない．

(米谷匡史・酒井哲哉)

■岩波オンデマンドブックス■

岩波講座「帝国」日本の学知 第1巻
「帝国」編成の系譜

2006年2月24日 第1刷発行
2019年11月8日 オンデマンド版発行

発行者 岡本 厚

発行所 株式会社 岩波書店
〒101-8002 東京都千代田区一ツ橋2-5-5
電話案内 03-5210-4000
https://www.iwanami.co.jp/

印刷／製本・法令印刷

ISBN 978-4-00-730944-1　Printed in Japan